AF613756

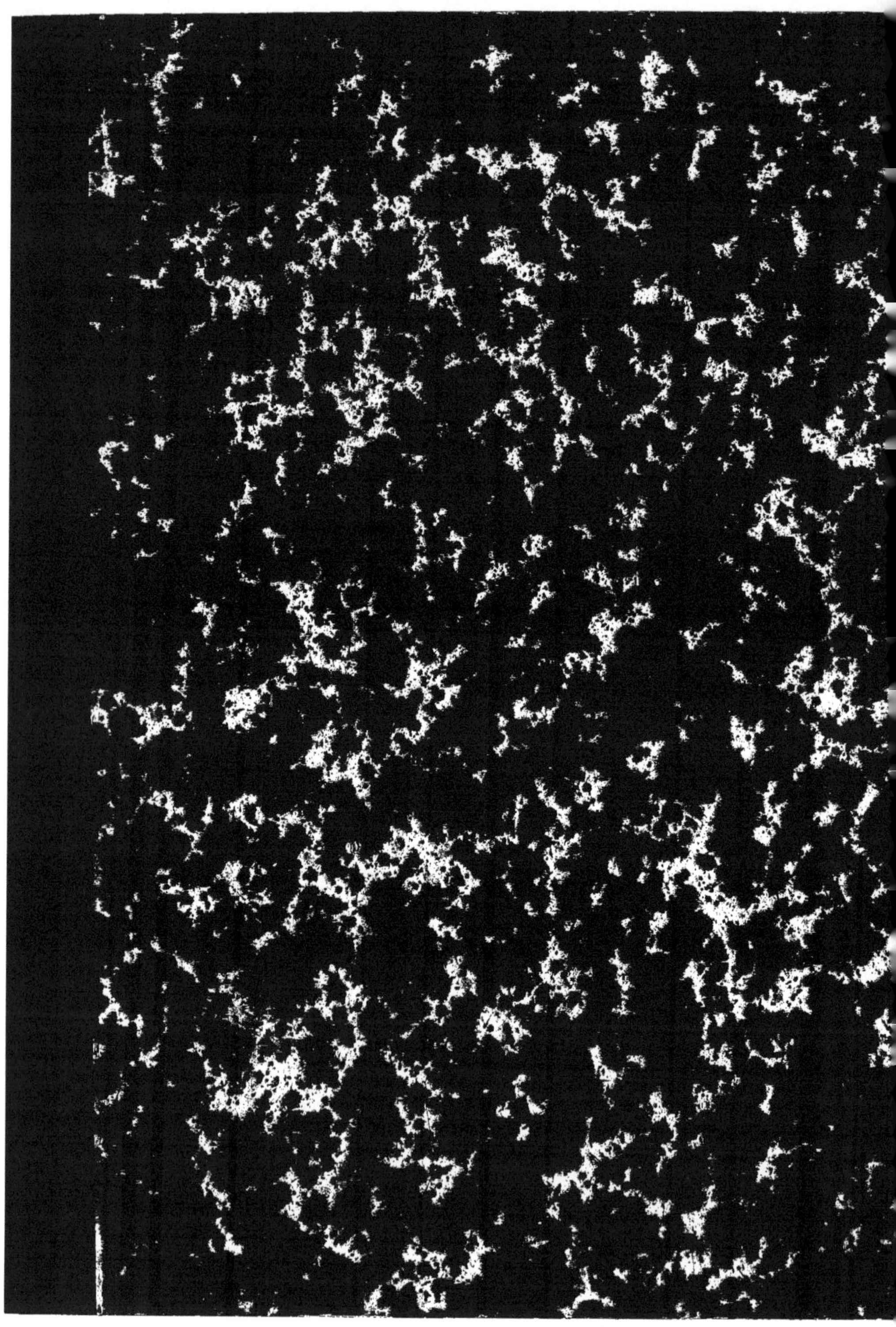

MINISTÈRE DE LA GUERRE

LIVRET SPÉCIAL

POUR

LES DIRECTIONS A DONNER AUX MILITAIRES ISOLÉS

AYANT DROIT AUX CONVOIS

ET VOYAGEANT PAR LES CHEMINS DE FER, LES DILIGENCES

ET LES BATEAUX A VAPEUR.

PARIS

IMPRIMERIE CENTRALE DES CHEMINS DE FER, DE NAPOLÉON CHAIX ET Cie.

RUE BERGÈRE, 20, PRÈS DU BOULEVARD MONTMARTRE.

JANVIER 1856.

MINISTÈRE

DE LA GUERRE.

LE MARÉCHAL DE FRANCE MINISTRE SECRÉTAIRE D'ÉTAT DE LA GUERRE,

à MM. les Généraux de division et Généraux de brigade, commandant les divisions et les subdivisions territoriales ou les brigades actives; les Intendants et Sous-Intendants militaires, les Préfets et Sous-Préfets, les Chefs de légion et les Commandants de compagnies de gendarmerie, et les Conseils d'administration des corps de toutes armes.
(4e Direction (Administration), Bureau de l'intendance militaire, du service de marche, des transports et des équipages militaires.)

Paris, le 24 novembre 1855.

AVIS DE L'APPROBATION D'UN NOUVEAU LIVRET POUR LES DIRECTIONS A DONNER AUX MILITAIRES ISOLÉS TRANSPORTÉS PAR LES CHEMINS DE FER, LES DILIGENCES ET LES BATEAUX A VAPEUR.

MESSIEURS,

J'ai approuvé, sous la date de ce jour, un nouveau Livret pour les directions à donner aux militaires transportés par les chemins de fer, les diligences et les bateaux à vapeur.

Ce Livret, dont un exemplaire est ci-joint, se trouve divisé en deux parties :

La première partie présente le tableau sommaire des distances qui existent entre chacune des résidences de sous-intendant militaire.

La deuxième partie contient le détail des itinéraires et leur décompte en kilomètres.

Ce Livret fournit à l'autorité militaire le moyen de suivre et de surveiller les militaires isolés, transportés par les chemins de fer, les diligences et les bateaux à vapeur, et il servira de base :

1° A la direction à donner à ces militaires;

2° A l'établissement des mandats pour ces divers modes de locomotion;

3° A la vérification des comptes du service des convois militaires.

On se conformera, sans restriction ni réserve, aux itinéraires détaillés à la seconde partie du Livret; et les directions qui y sont établies ne pourront être modifiées sans autorisation ministérielle. Toute disposition contraire, antérieure à la publication du présent Livret, est annulée.

Disposition nouvelle dans l'établissement des Mandats.

L'article 14 du marché du 9 mars 1855, pour l'exécution du service des convois militaires, inséré au Journal officiel militaire, page 521, désigne les fonctionnaires qui ont mission de délivrer les mandats de convoi aux militaires voyageant isolément et librement par les voies rapides.

Comme par le passé, ces fonctionnaires établiront, au point de départ, *les mandats pour la totalité du parcours. Mais j'appelle leur attention sur la disposition suivante, que j'ai cru nécessaire d'introduire pour la complète exécution du service.*

Les diligences et les chemins de fer ne pénètrent pas dans toutes les localités secondaires, et souvent la destination finale du militaire est éloignée de 5, 10 et même 20 kilomètres du point où s'arrêtent les moyens de transport organisés; il importe cependant d'assurer l'arrivée du militaire à destination.

Dans ce but, j'ai décidé que lorsque le lieu de destination ne sera pas desservi par un chemin de fer ou une diligence, *le sous-intendant militaire* du point de départ délivrera un mandat final *pour le trajet compris entre le dernier gîte d'étape desservi par la diligence et le lieu de destination finale.*

De cette manière, le militaire aura toujours un titre qu'il pourra présenter au dernier gîte d'étape, pour être transporté à destination, attendu que, dans chaque gîte, est un préposé de l'entreprise des convois.

Une notice, placée en tête du Livret, contient quelques explications qui en faciliteront l'usage.

Le Maréchal de France

Ministre Secrétaire d'État de la Guerre,

Signé VAILLANT.

Pour ampliation :

Le Conseiller d'État Directeur de l'Administration.

DARRICAU.

NOTICE EXPLICATIVE.

Le tableau sommaire comprend, à la 1re colonne, la distance totale en kilomètres d'un point à un autre.

Les itinéraires, au nombre de 7138, mettent en communication toutes les résidences de sous-intendant militaire entre elles; ils sont ou détaillés, ou sommaires. Les itinéraires détaillés indiquent les points d'arrêt indispensables, sur le parcours total; les itinéraires sommaires donnent le nombre des kilomètres parcourus, et renvoient au numéro qui contient le détail.

Pour le tracé des itinéraires, on a adopté de préférence les lignes desservies par un service continu, afin d'éviter les séjours en route et de diminuer le nombre des mandats de convoi.

Les distances à franchir en chemin de fer ont été décomptées d'après le *Livret-Chaix*, et celles à parcourir en diligence, d'après le *Livre de Poste*.

Toutes les localités indiquées aux itinéraires sont des points d'arrêt occasionnés par l'interruption des voies de communication.

L'usage du présent livret est fort simple, puisque chaque itinéraire est complet, sans qu'il soit besoin de recourir à un itinéraire précédent.

Ainsi, par exemple, pour diriger un militaire d'Aix à Lille, on verra, en se reportant au nº 175 des itinéraires, qu'il y a trois mandats à délivrer, savoir :

D'Aix à Lyon.	308	kilomètres.
De Lyon à Paris.	507	—
De Paris à Lille.	274	—
TOTAL.	1,089	kilomètres.

Le Livret de juin 1852 comprenait, pour le même parcours, cinq mandats et 1087 kilomètres.

Délivrance des feuilles de route aux militaires transportés par les chemins de fer, les diligences et les bateaux à vapeur.

Les feuilles de route devront exactement relater les itinéraires, tels qu'ils sont indiqués au Livret spécial.

Établissement des mandats de chemins de fer, diligences et bateaux à vapeur.

L'établissement de ces mandats est réglementé par la circulaire imprimée en tête du Livret.

Vérification des comptes.

Ce Livret spécial sera considéré comme un tarif, pour toutes les distances qui y sont mentionnées ; les légères modifications que pourrait amener l'ouverture des chemins de fer en cours d'exécution ne seront opérées, sur ce document, que sur l'initiative ministérielle. Quant aux parcours qui n'y figurent pas, ils seront décomptés, savoir :

Ceux franchis en chemins de fer, d'après le *Livret-Chaix*,

Ceux effectués en diligences et bateaux à vapeur, d'après le *Livre de Poste*.

La vérification des comptes se fera comme il est indiqué à l'article 25 du marché du 9 mars 1855.

ERRATA.

IIe Partie, page 128, nº 4353, Itinéraire d'Épinal à Nevers, *au lieu de* Paris 189, *lisez* Nevers 189.
— page 138, nº 4676, Itinéraire de Gap à Guéret, *au lieu de* Lyon 101, *lisez* Lyon 209.
— Id. id. *au lieu de* total 414, *lisez* total 522.

Ire PARTIE.

TABLEAU GÉNÉRAL

Des Distances qui existent entre chacune des diverses Résidences de Sous-Intendant militaire, SAVOIR :

D'AGEN à	DISTANCES en KILOMÈTRES.	NUMÉROS des ITINÉRAIRES.
Aix	519	1
Albi	144	2
Alençon	627	3
Amiens	768	4
Angers	598	5
Angoulême	222	6
Arras	835	7
Auch	74	8
Aurillac	266	9
Auxerre	592	10
Avignon	456	11
Bar-le-Duc	874	12
Baréges	203	13
Bayonne	208	14
Beauvais	728	15
Belfort	808	16
Besançon	710	17
Blois	548	18
Bordeaux	144	19
Boulogne	892	20
Bourbonne	744	21
Bourg	592	22
Bourges	450	23
Brest	801	24
Briançon	734	25
Caen	728	26
Cahors	105	27
Calais	997	28
Cambrai	828	29
Carcassonne	201	30
Cette	329	31
Châlons-sur-Marne	792	32
Chalon-sur-Saône	601	33
Chartres	573	34
Châteauroux	356	35
Cherbourg	861	36
Clermont	381	37
Colmar	888	38
Compiègne	720	39
Digne	608	40
Dijon	636	41
Douai	861	42
Draguignan	627	43
Dunkerque	976	44
Épinal	817	45
Évreux	728	46
Fère (La)	773	47
Foix	189	48
Fontainebleau	588	49
Gap	643	50
Givet	940	51
Grenoble	675	52
Guéret	315	53
Haguenau	1116	54
Langres	702	55
Laon	797	56
Laval	631	57
Lille	894	58
Limoges	231	59
Lons-le-Saunier	654	60
Lorient	642	61
Lunéville	1005	62
Lyon	565	63
Mâcon	558	64
Mans (Le)	573	65
Marseille	535	66
Maubeuge	880	67
Melun	603	68
Mende	315	69
Metz	1013	70
Mézières	873	71
Montauban	70	72
Montbrison	494	73
Mont-de-Marsan	109	74
Montpellier	358	75
Moulins	453	76
Nancy	972	77
Nantes	478	78
Napoléon-Vendée	420	79
Nevers	519	80
Nîmes	408	81
Niort	338	82
Orléans	500	83
Paris	620	84
Pau	184	85
Périgueux	136	86
Perpignan	322	87
Poitiers	390	88
Privas	523	89
Puy (Le)	404	90
Quimper	709	91
Rennes	585	92
Rochefort	306	93
Rochelle (La)	337	94
Rodez	200	95
Rouen	760	96
Saint-Brieuc	685	97
Saint-Germain	643	98
Saint-Lô	767	99
Saint-Omer	956	100
Sarreguemines	1089	101
Saumur	555	102
Schelestadt	1166	103
Strasbourg	1121	104
Tarbes	146	105
Thionville	1039	106
Toulon	595	107
Toulouse	107	108
Tours	491	109
Troyes	669	110
Tulle	238	111
Valence	581	112
Valenciennes	897	113
Vannes	586	114
Verdun	873	115
Vernon	700	116
Versailles	637	117
Vesoul	743	118

D'AIX à	DISTANCES en KILOMÈTRES.	NUMÉROS des ITINÉRAIRES.
Albi	389	119
Alençon	949	120
Amiens	1063	121
Angers	950	122
Angoulême	701	123
Arras	1030	124
Auch	501	125
Aurillac	431	126
Auxerre	607	127
Avignon	78	128
Bar-le-Duc	702	129
Baréges	632	130
Bayonne	721	131
Beauvais	923	132
Belfort	618	133
Besançon	520	134
Blois	787	135
Bordeaux	675	136
Boulogne	1087	137
Bourbonne	609	138
Bourg	370	139
Bourges	616	140
Brest	1320	141
Briançon	240	142
Caen	1052	143
Cahors	472	144
Calais	1192	145
Cambrai	1023	146
Carcassonne	330	147
Cette	201	148
Châlons sur-Marne	730	149
Chalon-sur-Saône	434	150
Chartres	801	151
Châteauroux	697	152
Cherbourg	1173	153
Clermont	418	154
Colmar	698	155

D'AIX à	DISTANCES en KILOMÈTRES.	NUMÉROS des ITINÉRAIRES.
Compiègne	915	156
Digne	110	157
Dijon	501	158
Douai	1056	159
Draguignan	108	160
Dunkerque	1171	161
Épinal	643	162
Évreux	923	163
Fère (La)	968	164
Foix	428	165
Fontainebleau	756	166
Gap	149	167
Givet	917	168
Grenoble	250	169
Guéret	548	170
Haguenau	795	171
Langres	567	172
Laon	992	173
Laval	1024	174
Lille	1089	175
Limoges	597	176
Lons-le-Saunier	432	177
Lorient	1216	178
Lunéville	706	179
Lyon	308	180
Mâcon	375	181
Mans (Le)	925	182
Marseille	29	183
Maubeuge	1075	184
Melun	770	185
Mende	271	186
Metz	750	187
Mézières	850	188
Montauban	463	189
Montbrison	335	190
Mont-de-Marsan	613	191
Montpellier	173	192
Moulins	494	193
Nancy	693	194
Nantes	1038	195
Napoléon-Vendée	846	196
Nevers	547	197
Nîmes	123	198
Niort	759	199
Orléans	728	200
Paris	815	201
Pau	614	202
Périgueux	615	203
Perpignan	334	204
Poitiers	695	205
Privas	187	206
Puy (Le)	284	207
Quimper	1269	208
Rennes	1075	209
Rochefort	810	210
Rochelle (La)	826	211
Rodez	355	212
Rouen	955	213
Saint-Brieuc	1175	214

D'AIX à	DISTANCES en KILOMÈTRES.	NUMÉROS des ITINÉRAIRES.
Saint-Germain	838	215
Saint-Lô	1104	216
Saint-Omer	1151	217
Sarreguemines	826	218
Saumur	907	219
Schelestadt	721	220
Strasbourg	766	221
Tarbes	575	222
Thionville	776	223
Toulon	80	224
Toulouse	424	225
Tours	857	226
Troyes	651	227
Tulle	516	228
Valence	203	229
Valenciennes	1092	230
Vannes	1146	231
Verdun	771	232
Vernon	895	233
Versailles	832	234
Vesoul	567	235

D'ALBI à	DISTANCES en KILOMÈTRES.	NUMÉROS des ITINÉRAIRES.
Alençon	726	236
Amiens	897	237
Angers	687	238
Angoulême	366	239
Arras	964	240
Auch	153	241
Aurillac	182	242
Auxerre	561	243
Avignon	314	244
Bar-le-Duc	758	245
Baréges	284	246
Bayonne	373	247
Beauvais	857	248
Belfort	727	249
Besançon	629	250
Blois	636	251
Bordeaux	288	252
Boulogne	1021	253
Bourbonne	690	254
Bourg	479	255
Bourges	516	256
Brest	1098	257
Briançon	592	258
Caen	817	259
Cahors	136	260
Calais	1126	261
Cambrai	957	262
Carcassonne	107	263
Cette	190	264
Châlons-sur-Marne	921	265
Chalon-sur-Saône	543	266
Chartres	675	267
Châteauroux	458	268
Cherbourg	933	269

D'ALBI à	DISTANCES en KILOMÈTRES.	NUMÉROS des ITINÉRAIRES.
Clermont	304	270
Colmar	807	271
Compiègne	849	272
Digne	166	273
Dijon	582	274
Douai	990	275
Draguignan	497	276
Dunkerque	1105	277
Épinal	763	278
Évreux	857	279
Fère (La)	902	280
Foix	158	281
Fontainebleau	716	282
Gap	491	283
Givet	1069	284
Grenoble	523	285
Guéret	417	286
Haguenau	904	287
Langres	648	288
Laon	926	289
Laval	761	290
Lille	1023	291
Limoges	333	292
Lons-le-Saunier	541	293
Lorient	939	294
Lunéville	801	295
Lyon	417	296
Mâcon	484	297
Mans (Le)	662	298
Marseille	393	299
Maubeuge	1009	300
Melun	731	301
Mende	194	302
Metz	831	303
Mézières	1002	304
Montauban	74	305
Montbrison	396	306
Mont-de-Marsan	253	307
Montpellier	216	308
Moulins	399	309
Nancy	774	310
Nantes	775	311
Napoléon-Vendée	562	312
Nevers	452	313
Nîmes	256	314
Niort	475	315
Orléans	628	316
Paris	749	317
Pau	266	318
Périgueux	280	319
Perpignan	228	320
Poitiers	479	321
Privas	371	322
Puy (Le)	283	323
Quimper	1006	324
Rennes	812	325
Rochefort	475	326
Rochelle (La)	491	327
Rodez	79	328

D'ALBI à	DISTANCES en KILOMÈTRES.	NUMÉROS des ITINÉRAIRES.
Rouen	889	329
Saint-Brieuc	912	330
Saint-Germain	772	331
Saint-Lô	861	332
Saint-Omer	1085	333
Sarreguemines	907	334
Saumur	643	335
Schelestadt	830	336
Strasbourg	875	337
Tarbes	227	338
Thionville	857	339
Toulon	453	340
Toulouse	76	341
Tours	580	242
Troyes	638	343
Tulle	269	344
Valence	429	345
Valenciennes	1026	346
Vannes	883	347
Verdun	798	348
Vernon	829	349
Versailles	766	350
Vesoul	676	351

D'ALENÇON à	DISTANCES en KILOMÈTRES.	NUMÉROS des ITINÉRAIRES.
Amiens	413	352
Angers	142	353
Angoulême	350	354
Arras	480	355
Auch	669	356
Aurillac	670	357
Auxerre	440	358
Avignon	839	359
Bar-le-Duc	519	360
Baréges	770	361
Bayonne	681	362
Beauvais	367	363
Belfort	708	364
Besançon	671	365
Blois	162	366
Bordeaux	483	367
Boulogne	537	368
Bourbonne	590	369
Bourg	740	370
Bourges	301	371
Brest	409	372
Briançon	836	373
Caen	101	374
Cahors	579	375
Calais	642	376
Cambrai	473	377
Carcassonne	828	378
Cette	956	379
Châlons-sur-Marne	437	380
Chalon-sur-Saône	648	381
Chartres	177	382
Châteauroux	333	383
Cherbourg	222	384
Clermont	513	385
Colmar	834	386
Compiègne	365	387
Digne	905	388
Dijon	580	389
Douai	506	390
Draguignan	1000	391
Dunkerque	621	392
Épinal	662	393
Évreux	116	394
Fère (La)	418	395
Foix	816	396
Fontainebleau	324	397
Gap	818	398
Givet	585	399
Grenoble	717	400
Guéret	424	401
Haguenau	761	402
Langres	572	403
Laon	442	404
Laval	91	405
Lille	539	406
Limoges	458	407
Lons-le-Saunier	712	408
Lorient	324	409
Lunéville	650	410
Lyon	609	411
Mâcon	706	412
Mans (Le)	54	413
Marseille	959	414
Maubeuge	525	415
Melun	310	416
Mende	699	417
Metz	658	418
Mézières	518	419
Montauban	697	420
Montbrison	583	421
Mont-de-Marsan	614	422
Montpellier	937	423
Moulins	420	424
Nancy	617	425
Nantes	222	426
Napoléon-Vendée	267	427
Nevers	371	428
Nîmes	887	429
Niort	271	430
Orléans	189	431
Paris	265	432
Pau	696	433
Périgueux	436	434
Perpignan	949	435
Poitiers	237	436
Privas	753	437
Puy (Le)	647	438
Quimper	391	439
Rennes	164	440
Rochefort	316	441
Rochelle (La)	314	442
Rodez	696	443
Rouen	142	444
Saint-Brieuc	264	445
Saint-Germain	261	446
Saint-Lô	145	447
Saint-Omer	601	448
Sarreguemines	734	449
Saumur	147	450
Schelestadt	811	451
Strasbourg	766	452
Tarbes	713	453
Thionville	684	454
Toulon	1019	455
Toulouse	734	456
Tours	136	457
Troyes	444	458
Tulle	455	459
Valence	714	460
Valenciennes	542	461
Vannes	267	461 bis
Verdun	518	462
Vernon	148	463
Versailles	248	464
Vesoul	646	465

D'AMIENS à	DISTANCES en KILOMÈTRES.	NUMÉROS des ITINÉRAIRES.
Angers	491	466
Angoulême	598	467
Arras	67	468
Auch	841	469
Aurillac	750	470
Auxerre	323	471
Avignon	885	472
Bar-le-Duc	402	473
Baréges	1018	474
Bayonne	929	475
Beauvais	67	476
Belfort	591	477
Besançon	554	478
Blois	328	479
Bordeaux	731	480
Boulogne	124	481
Bourbonne	473	482
Bourg	623	483
Bourges	381	484
Brest	766	485
Briançon	882	486
Caen	385	487
Cahors	735	488
Calais	229	489
Cambrai	103	490
Carcassonne	940	491
Cette	1010	492
Châlons-sur-Marne	320	493
Chalon-sur-Saône	531	494
Chartres	236	495
Châteauroux	413	496

D'AMIENS à	DISTANCES en KILOMÈTRES.	NUMÉROS des ITINÉRAIRES.
Cherbourg	506	497
Clermont	593	498
Colmar	717	499
Compiègne	113	500
Digne	951	501
Dijon	463	502
Douai	94	503
Draguignan	1071	504
Dunkerque	208	505
Épinal	545	506
Évreux	166	507
Fère (La)	108	508
Foix	927	509
Fontainebleau	207	510
Gap	864	511
Givet	326	512
Grenoble	763	513
Guéret	504	514
Haguenau	644	515
Langres	455	516
Laon	132	517
Laval	448	518
Lille	127	519
Limoges	538	520
Lons-le-Saunier	595	521
Lorient	681	522
Lunéville	533	523
Lyon	655	524
Mâcon	589	525
Mans (Le)	359	526
Marseille	1005	527
Maubeuge	166	528
Melun	193	529
Mende	779	530
Metz	541	531
Mézières	259	532
Montauban	796	533
Montbrison	664	534
Mont-de-Marsan	862	535
Montpellier	983	536
Moulins	490	537
Nancy	500	538
Nantes	579	539
Napoléon-Vendée	616	540
Nevers	451	541
Nîmes	933	542
Niort	561	543
Orléans	269	544
Paris	148	545
Pau	944	546
Périgueux	632	547
Perpignan	1144	548
Poitiers	485	549
Privas	799	550
Puy (Le)	727	551
Quimper	748	552
Rennes	521	553
Rochefort	622	554
Rochelle (La)	624	555

D'AMIENS à	DISTANCES en KILOMÈTRES.	NUMÉROS des ITINÉRAIRES.
Rodez	818	556
Rouen	113	557
Saint-Brieuc	621	558
Saint-Germain	171	559
Saint-Lô	448	560
Saint-Omer	188	561
Sarreguemines	617	562
Saumur	448	563
Schelestadt	694	564
Strasbourg	649	565
Tarbes	913	566
Thionville	567	567
Toulon	1065	568
Toulouse	845	569
Tours	384	570
Troyes	327	571
Tulle	627	572
Valence	760	573
Valenciennes	129	574
Vannes	624	575
Verdun	401	576
Vernon	228	577
Versailles	165	578
Vesoul	529	579

D'ANGERS à	DISTANCES en KILOMÈTRES.	NUMÉROS des ITINÉRAIRES.
Angoulême	321	580
Arras	558	581
Auch	640	582
Aurillac	511	583
Auxerre	371	584
Avignon	859	585
Bar-le-Duc	597	586
Baréges	741	587
Bayonne	652	588
Beauvais	451	589
Belfort	663	590
Besançon	610	591
Blois	164	592
Bordeaux	454	593
Boulogne	615	594
Bourbonne	569	595
Bourg	551	596
Bourges	334	597
Brest	370	598
Briançon	856	599
Caen	217	600
Cahors	534	601
Calais	720	602
Cambrai	551	603
Carcassonne	799	604
Cette	927	605
Châlons-sur-Marne	515	606
Chalon-sur-Saône	557	607
Chartres	210	608
Châteauroux	366	609
Cherbourg	304	610

D'ANGERS à	DISTANCES en KILOMÈTRES.	NUMÉROS des ITINÉRAIRES.
Clermont	538	611
Colmar	912	612
Compiègne	443	613
Digne	925	614
Dijon	592	615
Douai	584	616
Draguignan	1045	617
Dunkerque	690	618
Épinal	642	619
Évreux	253	620
Fère (La)	496	621
Foix	787	622
Fontainebleau	310	623
Gap	838	624
Givet	663	625
Grenoble	737	626
Guéret	355	627
Haguenau	839	628
Langres	527	629
Laon	520	630
Laval	74	631
Lille	617	632
Limoges	337	633
Lons-le-Saunier	621	634
Lorient	252	635
Lunéville	728	636
Lyon	629	637
Mâcon	579	638
Mans (Le)	88	639
Marseille	979	640
Maubeuge	603	641
Melun	325	642
Mende	671	643
Metz	736	644
Mézières	596	645
Montauban	668	646
Montbrison	603	647
Mont-de-Marsan	585	648
Montpellier	957	649
Moulins	413	650
Nancy	695	651
Nantes	88	652
Napoléon-Vendée	125	653
Nevers	403	654
Nîmes	907	655
Niort	167	656
Orléans	222	657
Paris	313	658
Pau	667	659
Périgueux	407	660
Perpignan	920	661
Poitiers	208	662
Privas	773	663
Puy (Le)	680	664
Quimper	319	665
Rennes	125	666
Rochefort	229	667
Rochelle (La)	211	668
Rodez	614	669

D'ANGERS à	DISTANCES en KILOMÈTRES.	NUMÉROS des ITINÉRAIRES.
Rouen	483	670
Saint-Brieuc	225	671
Saint-Germain	366	672
Saint-Lô	227	673
Saint-Omer	679	674
Sarreguemines	812	675
Saumur	43	676
Schelestadt	889	677
Strasbourg	844	678
Tarbes	684	679
Thionville	762	680
Toulon	1039	681
Toulouse	705	682
Tours	107	683
Troyes	430	684
Tulle	426	685
Valence	734	686
Valenciennes	620	687
Vannes	196	688
Verdun	596	689
Vernon	423	690
Versailles	282	691
Vesoul	601	692

D'ANGOULÊME à	DISTANCES en KILOMÈTRES.	NUMÉROS des ITINÉRAIRES.
Arras	665	693
Auch	346	694
Aurillac	273	695
Auxerre	478	696
Avignon	622	697
Bar-le-Duc	704	698
Baréges	420	699
Bayonne	331	700
Beauvais	558	701
Belfort	680	702
Besançon	582	703
Blois	270	704
Bordeaux	133	705
Boulogne	722	706
Bourbonne	676	707
Bourg	493	708
Bourges	289	709
Brest	732	710
Briançon	692	711
Caen	451	712
Cahors	229	713
Calais	827	714
Cambrai	658	715
Carcassonne	478	716
Cette	606	717
Châlons-sur-Marne	622	718
Chalon-sur-Saône	473	719
Chartres	356	720
Châteauroux	226	721
Cherbourg	572	722
Clermont	282	723
Colmar	1019	724

D'ANGOULÊME à	DISTANCES en KILOMÈTRES.	NUMÉROS des ITINÉRAIRES.
Compiègne	550	725
Digne	774	726
Dijon	508	727
Douai	691	728
Draguignan	808	729
Dunkerque	806	730
Épinal	749	731
Évreux	558	732
Fère (La)	603	733
Foix	466	734
Fontainebleau	417	735
Gap	675	736
Givet	770	737
Grenoble	574	738
Guéret	187	739
Haguenau	946	740
Langres	634	741
Laon	627	742
Laval	395	743
Lille	724	744
Limoges	103	745
Lons-le-Saunier	537	746
Lorient	413	747
Lunéville	835	748
Lyon	466	749
Mâcon	459	750
Mans (Le)	296	751
Marseille	721	752
Maubeuge	710	753
Melun	432	754
Mende	433	755
Metz	843	756
Mézières	703	757
Montauban	292	758
Montbrison	395	759
Mont-de Marsan	264	760
Montpellier	622	761
Moulins	325	762
Nancy	802	763
Nantes	409	764
Napoléon-Vendée	196	765
Nevers	358	766
Nîmes	594	767
Niort	109	768
Orléans	329	769
Paris	450	770
Pau	346	771
Périgueux	86	772
Perpignan	599	773
Poitiers	113	774
Privas	566	775
Puy (Le)	416	776
Quimper	640	777
Rennes	446	778
Rochefort	109	779
Rochelle (La)	125	780
Rodez	346	781
Rouen	590	782
Saint-Brieuc	546	783

D'ANGOULÊME à	DISTANCES en KILOMÈTRES.	NUMÉROS des ITINÉRAIRES.
Saint-Germain	473	784
Saint-Lô	490	785
Saint-Omer	786	786
Sarreguemines	919	787
Saumur	277	788
Schelestadt	996	789
Strasbourg	951	790
Tarbes	363	791
Thionville	869	792
Toulon	781	793
Toulouse	384	794
Tours	214	795
Troyes	629	796
Tulle	188	797
Valence	527	798
Valenciennes	727	799
Vannes	517	800
Verdun	703	801
Vernon	530	802
Versailles	467	803
Vesoul	615	804

D'ARRAS à	DISTANCES en KILOMÈTRES.	NUMÉROS des ITINÉRAIRES.
Auch	908	805
Aurillac	779	806
Auxerre	390	807
Avignon	952	808
Bar-le-Duc	469	809
Baréges	1037	810
Bayonne	996	811
Beauvais	134	812
Belfort	658	813
Besançon	621	814
Blois	395	815
Bordeaux	798	816
Boulogne	191	817
Bourbonne	540	818
Bourg	690	819
Bourges	448	820
Brest	833	821
Briançon	949	822
Caen	452	823
Cahors	802	824
Calais	163	825
Cambrai	35	826
Carcassonne	1006	827
Cette	1077	828
Châlons-sur-Marne	387	829
Chalon-sur-Saône	598	830
Chartres	303	831
Châteauroux	480	832
Cherbourg	573	833
Clermont-Ferrand	660	834
Colmar	784	835
Compiègne	143	836
Digne	1018	837
Dijon	530	838

D'ARRAS à	DISTANCES en KILOMÈTRES.	NUMÉROS des ITINÉRAIRES.
Douai	26	839
Draguignan	1113	840
Dunkerque	141	841
Épinal	612	842
Évreux	233	843
Fère (La)	98	844
Foix	994	845
Fontainebleau	274	846
Gap	931	847
Givet	249	848
Grenoble	830	849
Guéret	571	850
Haguenau	711	851
Langres	522	852
Laon	122	853
Laval	515	854
Lille	59	855
Limoges	605	856
Lons-le-Saunier	662	857
Lorient	748	858
Lunéville	600	859
Lyon	722	860
Mâcon	656	861
Mans (Le)	426	862
Marseille	1072	863
Maubeuge	99	864
Melun	260	865
Mende	846	866
Metz	608	867
Mézières	182	868
Montauban	863	869
Montbrison	717	870
Mont-de-Marsan	929	871
Montpellier	1050	872
Moulins	557	873
Nancy	567	874
Nantes	646	875
Napoléon-Vendée	648	876
Nevers	518	877
Nîmes	1000	878
Niort	628	879
Orléans	336	880
Paris	215	881
Pau	1011	882
Périgueux	700	883
Perpignan	1127	884
Poitiers	552	885
Privas	866	886
Puy (Le)	794	887
Quimper	815	888
Rennes	588	889
Rochefort	689	890
Rochelle (La)	691	891
Rodez	885	892
Rouen	355	893
Saint-Brieuc	688	894
Saint-Germain	238	895
Saint-Lô	515	896
Saint-Omer	121	897

D'ARRAS à	DISTANCES en KILOMÈTRES.	NUMÉROS des ITINÉRAIRES.
Sarreguemines	684	898
Saumur	515	899
Schelestadt	761	900
Strasbourg	716	901
Tarbes	980	902
Thionville	634	903
Toulon	1132	904
Toulouse	912	905
Tours	451	906
Troyes	394	907
Tulle	694	908
Valence	827	909
Valenciennes	62	910
Vannes	691	911
Verdun	468	912
Vernon	295	913
Versailles	232	914
Vesoul	596	915

D'AUCH à	DISTANCES en KILOMÈTRES.	NUMÉROS des ITINÉRAIRES.
Aurillac	260	916
Auxerre	665	917
Avignon	426	918
Bar-le-Duc	947	919
Baréges	131	920
Bayonne	220	921
Beauvais	801	922
Belfort	867	923
Besançon	769	924
Blois	631	925
Bordeaux	186	926
Boulogne	965	927
Bourbonne	803	928
Bourg	643	929
Bourges	523	930
Brest	843	931
Briançon	704	932
Caen	765	933
Cahors	145	934
Calais	1070	935
Cambrai	901	936
Carcassonne	171	937
Cette	299	938
Châlons-sur-Marne	865	939
Chalon-sur-Saône	674	940
Chartres	646	941
Châteauroux	429	942
Cherbourg	903	943
Clermont-Ferrand	417	944
Colmar	961	945
Compiègne	793	946
Digne	578	947
Dijon	709	948
Douai	931	949
Draguignan	612	950
Dunkerque	1049	951
Épinal	890	952
Évreux	801	953
Fère (La)	846	954
Foix	159	955
Fontainebleau	736	956
Gap	613	957
Givet	1013	958
Grenoble	645	959
Guéret	388	960
Haguenau	1189	961
Langres	775	962
Laon	870	963
Laval	714	964
Lille	967	965
Limoges	304	966
Lons-le-Saunier	690	967
Lorient	684	968
Lunéville	1078	969
Lyon	551	970
Mâcon	594	971
Mans (Le)	615	972
Marseille	505	973
Maubeuge	953	974
Melun	751	975
Mende	328	976
Metz	1086	977
Mézières	946	978
Montauban	83	979
Montbrison	530	980
Mont-de-Marsan	112	981
Montpellier	328	982
Moulins	526	983
Nancy	1045	984
Nantes	520	985
Napoléon-Vendée	462	986
Nevers	592	987
Nîmes	378	988
Niort	380	989
Orléans	573	990
Paris	693	991
Pau	111	992
Périgueux	209	993
Perpignan	292	994
Poitiers	408	995
Privas	493	996
Puy (Le)	417	997
Quimper	751	998
Rennes	627	999
Rochefort	348	1000
Rochelle (La)	379	1001
Rodez	213	1002
Rouen	833	1003
Saint-Brieuc	727	1004
Saint-Germain	716	1005
Saint-Lô	809	1006
Saint-Omer	1029	1007
Sarreguemines	1162	1008
Saumur	597	1009
Schelestadt	1239	1010
Strasbourg	1194	1011

D'AUCH à	DISTANCES en KILOMÈTRES.	NUMÉROS des ITINÉRAIRES.
Tarbes	74	1012
Thionville	1112	1013
Toulon	565	1014
Toulouse	77	1015
Tours	533	1016
Troyes	742	1017
Tulle	278	1018
Valence	551	1019
Valenciennes	970	1020
Vannes	628	1021
Verdun	946	1022
Vernon	773	1023
Versailles	710	1024
Vesoul	816	1025

D'AURILLAC à	DISTANCES en KILOMÈTRES.	NUMÉROS des ITINÉRAIRES.
Auxerre	414	1026
Avignon	356	1027
Bar-le-Duc	856	1028
Baréges	389	1029
Bayonne	478	1030
Beauvais	710	1031
Belfort	607	1032
Besançon	509	1033
Blois	539	1034
Bordeaux	308	1035
Boulogne	874	1036
Bourbonne	543	1037
Bourg	383	1038
Bourges	369	1039
Brest	922	1040
Briançon	567	1041
Caen	839	1042
Cahors	161	1043
Calais	979	1044
Cambrai	810	1045
Carcassonne	289	1046
Cette	324	1047
Châlons-sur Marne	774	1048
Chalon-sur-Saône	400	1049
Chartres	554	1050
Châteauroux	463	1051
Cherbourg	960	1052
Clermont	157	1053
Colmar	687	1054
Compiègne	702	1055
Digne	511	1056
Dijon	435	1057
Douai	843	1058
Draguignan	539	1059
Dunkerque	958	1060
Épinal	616	1061
Évreux	710	1062
Fère (La)	755	1063
Foix	308	1064
Fontainebleau	569	1065
Gap	546	1066
Givet	922	1067
Grenoble	429	1068
Guéret	258	1069
Haguenau	769	1070
Langres	501	1071
Laon	779	1072
Laval	585	1073
Lille	876	1074
Limoges	174	1075
Lons-le-Saunier	445	1076
Lorient	763	1077
Lunéville	654	1078
Lyon	321	1079
Mâcon	334	1080
Mans (Le)	569	1081
Marseille	435	1082
Maubeuge	862	1083
Melun	584	1084
Mende	160	1085
Metz	684	1086
Mézières	855	1087
Montauban	177	1088
Montbrison	270	1089
Mont-de-Marsan	364	1090
Montpellier	296	1091
Moulins	252	1092
Nancy	627	1093
Nantes	599	1094
Napoléon-Vendée	423	1095
Nevers	305	1096
Nimes	308	1097
Niort	336	1098
Orléans	481	1099
Paris	602	1100
Pau	371	1101
Périgueux	187	1102
Perpignan	410	1103
Poitiers	303	1104
Privas	423	1105
Puy (Le)	187	1106
Quimper	830	1107
Rennes	636	1108
Rochefort	382	1109
Rochelle (La)	398	1110
Rodez	103	1111
Rouen	742	1112
Saint-Brieuc	736	1113
Saint-Germain	625	1114
Saint-Lô	902	1115
Saint-Omer	938	1116
Sarreguemines	760	1117
Saumur	468	1118
Schelestadt	702	1119
Strasbourg	747	1120
Tarbes	334	1121
Thionville	710	1122
Toulon	495	1123
Toulouse	226	1124
Tours	587	1125
Troyes	491	1126
Tulle	85	1127
Valence	360	1128
Valenciennes	879	1129
Vannes	707	1130
Verdun	651	1131
Vernon	682	1132
Versailles	619	1133
Vesoul	542	1134

D'AUXERRE à	DISTANCES en KILOMÈTRES.	NUMÉROS des ITINÉRAIRES.
Avignon	529	1135
Bar-le-Duc	197	1136
Baréges	794	1137
Bayonne	809	1138
Beauvais	281	1139
Belfort	292	1140
Besançon	247	1141
Blois	207	1142
Bordeaux	611	1143
Boulogne	445	1144
Bourbonne	198	1145
Bourg	255	1146
Bourges	142	1147
Brest	782	1148
Briançon	526	1149
Caen	412	1150
Cahors	558	1151
Calais	552	1152
Cambrai	383	1153
Carcassonne	784	1154
Cette	654	1155
Châlons-sur-Marne	156	1156
Chalon-sur-Saône	174	1157
Chartres	263	1158
Châteauroux	237	1159
Cherbourg	533	1160
Clermont	257	1161
Colmar	403	1162
Compiègne	275	1163
Digne	595	1164
Dijon	154	1165
Douai	416	1166
Draguignan	690	1167
Dunkerque	531	1168
Épinal	271	1169
Évreux	283	1170
Fère (La)	328	1171
Foix	751	1172
Fontainebleau	114	1173
Gap	508	1174
Givet	343	1175
Grenoble	407	1176
Guéret	275	1177
Haguenau	480	1178
Langres	156	1179
Laon	352	1180

D'AUXERRE à	DISTANCES en KILOMÈTRES.	NUMÉROS des ITINÉRAIRES.
Laval	475	1181
Lille	449	1182
Limoges	361	1183
Lons-le-Saunier	238	1184
Lorient	623	1185
Lunéville	369	1186
Lyon	299	1187
Mâcon	232	1188
Mans (Le)	386	1189
Marseille	649	1190
Maubeuge	435	1191
Melun	129	1192
Mende	443	1193
Metz	377	1194
Mézières	276	1195
Montauban	620	1196
Montbrison	322	1197
Mont-de-Marsan	742	1198
Montpellier	627	1199
Moulins	162	1200
Nancy	336	1201
Nantes	459	1202
Napoléon-Vendée	461	1203
Nevers	109	1204
Nîmes	577	1205
Niort	441	1206
Orléans	149	1207
Paris	175	1208
Pau	824	1209
Périgueux	456	1210
Perpignan	788	1211
Poitiers	365	1212
Privas	443	1213
Puy (Le)	391	1214
Quimper	690	1215
Rennes	451	1216
Rochefort	502	1217
Rochelle (La)	504	1218
Rodez	482	1219
Rouen	315	1220
Saint-Brieuc	551	1221
Saint-Germain	198	1222
Saint-Lô	475	1223
Saint-Omer	511	1224
Sarreguemines	453	1225
Saumur	328	1226
Schelestadt	372	1227
Strasbourg	485	1228
Tarbes	737	1229
Thionville	403	1230
Toulon	709	1231
Toulouse	636	1232
Tours	264	1233
Troyes	77	1234
Tulle	400	1235
Valence	404	1236
Valenciennes	452	1237
Vannes	567	1238
Verdun	237	1239

D'AUXERRE à	DISTANCES en KILOMÈTRES.	NUMÉROS des ITINÉRAIRES.
Vernon	255	1240
Versailles	192	1241
Vesoul	230	1242
D'AVIGNON à		
Bar-le-Duc	624	1243
Baréges	557	1244
Bayonne	646	1245
Beauvais	845	1246
Belfort	540	1247
Besançon	442	1248
Blois	709	1249
Bordeaux	600	1250
Boulogne	1009	1251
Bourbonne	531	1252
Bourg	292	1253
Bourges	538	1254
Brest	1283	1255
Briançon	278	1256
Caen	974	1257
Cahors	400	1258
Calais	1114	1259
Cambrai	945	1260
Carcassonne	255	1261
Cette	126	1262
Châlons-sur-Marne	653	1263
Chalon-sur-Saône	356	1264
Chartres	723	1265
Châteauroux	619	1266
Cherbourg	1095	1267
Clermont	340	1268
Colmar	620	1269
Compiègne	837	1270
Digne	152	1271
Dijon	423	1272
Douai	978	1273
Draguignan	186	1274
Dunkerque	1093	1275
Épinal	565	1276
Évreux	845	1277
Fère (La)	890	1278
Foix	353	1279
Fontainebleau	678	1280
Gap	187	1281
Givet	839	1282
Grenoble	219	1283
Guéret	470	1284
Haguenau	717	1285
Langres	489	1286
Laon	914	1287
Laval	905	1288
Lille	1011	1289
Limoges	519	1290
Lons-le-Saunier	354	1291
Lorient	1124	1292
Lunéville	628	1293
Lyon	230	1294

D'AVIGNON à	DISTANCES en KILOMÈTRES.	NUMÉROS des ITINÉRAIRES.
Mâcon	297	1295
Mans (Le)	847	1296
Marseille	120	1297
Maubeuge	997	1298
Melun	692	1299
Mende	196	1300
Metz	672	1301
Mézières	772	1302
Montauban	388	1303
Montbrison	257	1304
Mont-de-Marsan	538	1305
Montpellier	98	1306
Moulins	416	1307
Nancy	615	1308
Nantes	960	1309
Napoléon-Vendée	768	1310
Nevers	469	1311
Nîmes	48	1312
Niort	681	1313
Orléans	650	1314
Paris	737	1315
Pau	539	1316
Périgueux	543	1317
Perpignan	259	1318
Poitiers	617	1319
Privas	109	1320
Puy (Le)	206	1321
Quimper	1191	1322
Rennes	997	1323
Rochefort	762	1324
Rochelle (La)	793	1325
Rodez	283	1326
Rouen	877	1327
Saint-Brieuc	1097	1328
Saint-Germain	760	1329
Saint-Lô	1037	1330
Saint-Omer	1073	1331
Sarreguemines	748	1332
Saumur	828	1333
Schelestadt	643	1334
Strasbourg	688	1335
Tarbes	500	1336
Thionville	698	1337
Toulon	180	1338
Toulouse	349	1339
Tours	765	1340
Troyes	573	1341
Tulle	444	1342
Valence	125	1343
Valenciennes	1014	1344
Vannes	1068	1345
Verdun	662	1346
Vernon	817	1347
Versailles	754	1348
Vesoul	489	1349

DE BAR-LE-DUC à	DISTANCES en KILOMÈTRES.	NUMÉROS des ITINÉRAIRES.
Barèges	1078	1350
Bayonne	1035	1351
Beauvais	362	1352
Belfort	240	1353
Besançon	234	1354
Blois	434	1355
Bordeaux	837	1356
Boulogne	526	1357
Bourbonne	138	1358
Bourg	361	1359
Bourges	487	1360
Brest	872	1361
Briançon	621	1362
Caen	491	1363
Cahors	841	1364
Calais	631	1365
Cambrai	260	1366
Carcassonne	879	1367
Cette	749	1368
Châlons-sur-Marne	82	1369
Chalon-sur-Saône	269	1370
Chartres	342	1371
Châteauroux	519	1372
Cherbourg	612	1373
Clermont	454	1374
Colmar	315	1375
Compiègne	354	1376
Digne	690	1377
Dijon	201	1378
Douai	495	1379
Draguignan	785	1380
Dunkerque	610	1381
Épinal	143	1382
Évreux	362	1383
Fère (La)	197	1384
Foix	977	1385
Fontainebleau	312	1386
Gap	603	1387
Givet	238	1388
Grenoble	502	1389
Guéret	610	1390
Haguenau	242	1391
Langres	135	1392
Laon	173	1393
Laval	554	1394
Lille	354	1395
Limoges	644	1396
Lons-le-Saunier	325	1397
Lorient	787	1398
Lunéville	131	1399
Lyon	394	1400
Mâcon	327	1401
Mans (Le)	465	1402
Marseille	744	1403
Maubeuge	261	1404
Melun	299	1405
Mende	617	1406
Metz	139	1407
Mézières	171	1408
Montauban	902	1409
Montbrison	495	1410
Mont-de-Marsan	968	1411
Montpellier	722	1412
Moulins	596	1413
Nancy	98	1414
Nantes	685	1415
Napoléon-Vendée	687	1416
Nevers	557	1417
Nîmes	672	1418
Niort	667	1419
Orléans	375	1420
Paris	254	1421
Pau	1050	1422
Périgueux	739	1423
Perpignan	883	1424
Poitiers	591	1425
Privas	538	1426
Puy (Le)	528	1427
Quimper	854	1428
Rennes	627	1429
Rochefort	728	1430
Rochelle (La)	730	1431
Rodez	679	1432
Rouen	394	1433
Saint-Brieuc	727	1434
Saint-Germain	277	1435
Saint-Lô	554	1436
Saint-Omer	590	1437
Sarreguemines	215	1438
Saumur	554	1439
Schelestadt	292	1440
Strasbourg	247	1441
Tarbes	1019	1442
Thionville	165	1443
Toulon	804	1444
Toulouse	951	1445
Tours	490	1446
Troyes	120	1447
Tulle	597	1448
Valence	499	1449
Valenciennes	531	1450
Vannes	730	1451
Verdun	69	1452
Vernon	334	1453
Versailles	271	1454
Vesoul	209	1454 bis

DE BARÉGES à	DISTANCES en KILOMÈTRES.	NUMÉROS des ITINÉRAIRES.
Bayonne	203	1455
Beauvais	930	1456
Belfort	1010	1457
Besançon	912	1458
Blois	760	1459
Bordeaux	287	1460
Boulogne	1094	1461
Bourbonne	946	1462
Bourg	774	1463
Bourges	619	1464
Brest	944	1465
Briançon	835	1466
Caen	866	1467
Cahors	274	1468
Calais	1199	1469
Cambrai	1030	1470
Carcassonne	302	1471
Cette	430	1472
Châlons-sur-Marne	994	1473
Chalon-sur-Saône	803	1474
Chartres	775	1475
Châteauroux	558	1476
Cherbourg	1004	1477
Clermont	548	1478
Colmar	1090	1479
Compiègne	922	1480
Digne	709	1481
Dijon	838	1482
Douai	1063	1483
Draguignan	743	1484
Dunkerque	1178	1485
Épinal	1019	1486
Évreux	930	1487
Fère (La)	975	1488
Foix	290	1489
Fontainebleau	788	1490
Gap	744	1491
Givet	1142	1492
Grenoble	776	1493
Guéret	517	1494
Haguenau	1318	1495
Langres	904	1496
Laon	999	1497
Laval	815	1498
Lille	1096	1499
Limoges	433	1500
Lons-le-Saunier	801	1501
Lorient	785	1502
Lunéville	1207	1503
Lyon	680	1504
Mâcon	725	1505
Mans (Le)	716	1506
Marseille	636	1507
Maubeuge	1082	1508
Melun	803	1509
Mende	457	1510
Metz	1215	1511
Mézières	1075	1512
Montauban	214	1513
Montbrison	661	1514
Mont-de-Marsan	156	1515
Montpellier	459	1516
Moulins	655	1517
Nancy	1174	1518
Nantes	621	1519
Napoléon-Vendée	563	1520
Nevers	721	1521

DE BARÈGES à	DISTANCES en KILOMÈTRES.	NUMÉROS des ITINÉRAIRES.
Nîmes	509	1522
Niort	481	1523
Orléans	700	1524
Paris	822	1525
Pau	96	1526
Périgueux	339	1527
Perpignan	423	1528
Poitiers	513	1529
Privas	624	1530
Puy (Le)	546	1531
Quimper	852	1532
Rennes	728	1533
Rochefort	449	1534
Rochelle (La)	480	1535
Rodez	342	1536
Rouen	962	1537
Saint-Brieuc	828	1538
Saint-Germain	845	1539
Saint-Lô	910	1540
Saint-Omer	1158	1541
Sarreguemines	1291	1542
Saumur	698	1543
Schelestadt	1308	1544
Strasbourg	1323	1545
Tarbes	57	1546
Thionville	1241	1547
Toulon	696	1548
Toulouse	208	1549
Tours	634	1550
Troyes	1001	1551
Tulle	407	1552
Valence	682	1553
Valenciennes	1099	1554
Vannes	729	1555
Verdun	1075	1556
Vernon	902	1557
Versailles	839	1558
Vesoul	945	1559

DE BAYONNE à	DISTANCES en KILOMÈTRES.	NUMÉROS des ITINÉRAIRES.
Beauvais	889	1560
Belfort	1057	1561
Besançon	959	1562
Blois	601	1563
Bordeaux	198	1564
Boulogne	1053	1565
Bourbonne	946	1566
Bourg	809	1567
Bourges	772	1568
Brest	855	1569
Briançon	924	1570
Caen	782	1571
Cahors	302	1572
Calais	1158	1573
Cambrai	989	1574
Carcassonne	391	1575
Cette	519	1576
Châlons-sur-Marne	953	1577
Chalon-sur-Saône	873	1578
Chartres	733	1579
Châteauroux	562	1580
Cherbourg	903	1581
Clermont	564	1582
Colmar	1137	1583
Compiègne	881	1584
Digne	798	1585
Dijon	819	1586
Douai	1022	1587
Draguignan	832	1588
Dunkerque	1137	1589
Épinal	1018	1590
Évreux	889	1591
Fère (La)	934	1592
Foix	379	1593
Fontainebleau	748	1594
Gap	833	1595
Givet	1101	1596
Grenoble	865	1597
Guéret	498	1598
Haguenau	1277	1599
Langres	903	1600
Laon	958	1601
Laval	726	1602
Lille	1055	1603
Limoges	414	1604
Lons-le-Saunier	871	1605
Lorient	696	1606
Lunéville	1166	1607
Lyon	747	1608
Mâcon	741	1609
Mans (Le)	627	1610
Marseille	725	1611
Maubeuge	1041	1612
Melun	763	1613
Mende	548	1614
Metz	1174	1615
Mézières	1034	1616
Montauban	303	1617
Montbrison	677	1618
Mont-de-Marsan	99	1619
Montpellier	548	1620
Moulins	636	1621
Nancy	1133	1622
Nantes	532	1623
Napoléon-Vendée	474	1624
Nevers	674	1625
Nîmes	598	1626
Niort	392	1627
Orléans	660	1628
Paris	781	1629
Pau	107	1630
Périgueux	319	1631
Perpignan	512	1632
Poitiers	444	1633
Privas	713	1634
Puy (Le)	637	1635
Quimper	763	1636
Rennes	639	1637
Rochefort	360	1638
Rochelle (La)	391	1639
Rodez	433	1640
Rouen	921	1641
Saint-Brieuc	739	1642
Saint-Germain	804	1643
Saint-Lô	821	1644
Saint-Omer	1117	1645
Sarreguemines	1250	1646
Saumur	609	1647
Schelestadt	1160	1648
Strasbourg	1205	1649
Tarbes	146	1650
Thionville	1200	1651
Toulon	785	1652
Toulouse	297	1653
Tours	545	1654
Troyes	960	1655
Tulle	446	1656
Valence	771	1657
Valenciennes	1058	1658
Vannes	640	1659
Verdun	1034	1660
Vernon	861	1661
Versailles	798	1662
Vesoul	926	1663

DE BEAUVAIS à	DISTANCES en KILOMÈTRES.	NUMÉROS des ITINÉRAIRES.
Belfort	551	1664
Besançon	514	1665
Blois	288	1666
Bordeaux	691	1667
Boulogne	191	1668
Bourbonne	433	1669
Bourg	583	1670
Bourges	341	1671
Brest	726	1672
Briançon	812	1673
Caen	213	1674
Cahors	695	1675
Calais	296	1676
Cambrai	170	1677
Carcassonne	899	1678
Cette	970	1679
Châlons-sur-Marne	280	1680
Chalon-sur-Saône	491	1681
Chartres	196	1682
Châteauroux	373	1683
Cherbourg	334	1684
Clermont	553	1685
Colmar	677	1686
Compiègne	74	1687
Digne	911	1688
Dijon	423	1689
Douai	161	1690

DE BEAUVAIS à	DISTANCES en KILOMÈTRES.	NUMÉROS des ITINÉRAIRES.
Draguignan	1006	1691
Dunkerque	275	1692
Épinal	505	1693
Évreux	99	1694
Fère (La)	127	1695
Foix	887	1696
Fontainebleau	167	1697
Gap	824	1698
Givet	346	1699
Grenoble	723	1700
Guéret	464	1701
Haguenau	604	1702
Langres	415	1703
Laon	151	1704
Laval	408	1705
Lille	193	1706
Limoges	498	1707
Lons-le-Saunier	555	1708
Lorient	641	1709
Lunéville	493	1710
Lyon	615	1711
Mâcon	549	1712
Mans (Le)	319	1713
Marseille	965	1714
Maubeuge	233	1715
Melun	153	1716
Mende	739	1717
Metz	501	1718
Mézières	279	1719
Montauban	756	1720
Montbrison	624	1721
Mont-de-Marsan	822	1722
Montpellier	943	1723
Moulins	450	1724
Nancy	460	1725
Nantes	539	1726
Napoléon-Vendée	541	1727
Nevers	411	1728
Nîmes	893	1729
Niort	521	1730
Orléans	229	1731
Paris	108	1732
Pau	904	1733
Périgueux	593	1734
Perpignan	1104	1735
Poitiers	445	1736
Privas	759	1737
Puy (Le)	687	1738
Quimper	708	1739
Rennes	481	1740
Rochefort	583	1741
Rochelle (La)	585	1742
Rodez	778	1743
Rouen	80	1744
Saint-Brieuc	581	1745
Saint-Germain	131	1746
Saint-Lô	276	1747
Saint-Omer	255	1748
Sarreguemines	577	1749
Saumur	408	1750
Schelestadt	654	1751
Strasbourg	609	1752
Tarbes	873	1753
Thionville	527	1754
Toulon	1025	1755
Toulouse	805	1756
Tours	344	1757
Troyes	287	1758
Tulle	587	1759
Valence	720	1760
Valenciennes	196	1761
Vannes	584	1762
Verdun	361	1763
Vernon	67	1764
Versailles	125	1765
Vesoul	489	1766

DE BELFORT à	DISTANCES en KILOMÈTRES.	NUMÉROS des ITINÉRAIRES.
Besançon	98	1767
Blois	499	1768
Bordeaux	859	1769
Boulogne	715	1770
Bourbonne	124	1771
Bourg	248	1772
Bourges	427	1773
Brest	1061	1774
Briançon	537	1775
Caen	680	1776
Cahors	765	1777
Calais	820	1778
Cambrai	651	1779
Carcassonne	795	1780
Cette	665	1781
Châlons-sur-Marne	309	1782
Chalon-sur-Saône	207	1783
Chartres	531	1784
Châteauroux	521	1785
Cherbourg	803	1786
Clermont	442	1787
Colmar	80	1788
Compiègne	543	1789
Digne	606	1790
Dijon	169	1791
Douai	684	1792
Draguignan	701	1793
Dunkerque	799	1794
Épinal	97	1795
Évreux	551	1796
Fère (La)	596	1797
Foix	893	1798
Fontainebleau	384	1799
Gap	519	1800
Givet	442	1801
Grenoble	418	1802
Guéret	493	1803
Haguenau	177	1804
Langres	136	1805
Laon	620	1806
Laval	743	1807
Lille	717	1808
Limoges	574	1809
Lons-le-Saunier	186	1810
Lorient	915	1811
Lunéville	160	1812
Lyon	310	1813
Mâcon	265	1814
Mans (Le)	654	1815
Marseille	660	1816
Maubeuge	479	1817
Melun	399	1818
Mende	533	1819
Metz	224	1820
Mézières	375	1821
Montauban	776	1822
Montbrison	411	1823
Mont-de-Marsan	990	1824
Montpellier	638	1825
Moulins	355	1826
Nancy	167	1827
Nantes	751	1828
Napoléon-Vendée	753	1829
Nevers	358	1830
Nîmes	588	1831
Niort	733	1832
Orléans	441	1833
Paris	443	1834
Pau	972	1835
Périgueux	672	1836
Perpignan	799	1837
Poitiers	657	1838
Privas	454	1839
Puy (Le)	444	1840
Quimper	982	1841
Rennes	816	1842
Rochefort	794	1843
Rochelle (La)	796	1844
Rodez	648	1845
Rouen	583	1846
Saint-Brieuc	916	1847
Saint-Germain	466	1848
Saint-Lô	743	1849
Saint-Omer	779	1850
Sarreguemines	252	1851
Saumur	620	1852
Schelestadt	103	1853
Strasbourg	148	1854
Tarbes	941	1855
Thionville	250	1856
Toulon	720	1857
Toulouse	889	1858
Tours	556	1859
Troyes	264	1860
Tulle	585	1861
Valence	415	1862
Valenciennes	720	1863

DE BELFORT à	DISTANCES en KILOMÈTRES.	NUMÉROS des ITINÉRAIRES.
Vannes	859	1864
Verdun	265	1865
Vernon	523	1866
Versailles	460	1867
Vesoul	62	1868
DE BESANÇON à		
Blois	454	1869
Bordeaux	761	1870
Boulogne	678	1871
Bourbonne	109	1872
Bourg	150	1873
Bourges	351	1874
Brest	1024	1875
Briançon	439	1876
Caen	643	1877
Cahors	667	1878
Calais	783	1879
Cambrai	614	1880
Carcassonne	697	1881
Cette	567	1882
Châlons-sur-Marne	272	1883
Chalon-sur-Saône	109	1884
Chartres	494	1885
Châteauroux	445	1886
Cherbourg	764	1887
Clermont	344	1888
Colmar	178	1889
Compiègne	506	1890
Digne	508	1891
Dijon	93	1892
Douai	647	1893
Draguignan	603	1894
Dunkerque	762	1895
Épinal	123	1896
Évreux	514	1897
Fère (La)	559	1898
Foix	795	1899
Fontainebleau	349	1900
Gap	421	1901
Givet	459	1902
Grenoble	320	1903
Guéret	395	1904
Haguenau	275	1905
Langres	99	1906
Laon	583	1907
Laval	706	1908
Lille	680	1909
Limoges	498	1910
Lons-le-Saunier	88	1911
Lorient	870	1912
Lunéville	186	1913
Lyon	212	1914
Mâcon	167	1915
Mans (Le)	617	1916
Marseille	562	1917
Maubeuge	501	1918

DE BESANÇON à	DISTANCES en KILOMÈTRES.	NUMÉROS des ITINÉRAIRES.
Melun	364	1919
Mende	435	1920
Metz	250	1921
Mézières	401	1922
Montauban	678	1923
Montbrison	313	1924
Mont-de-Marsan	892	1925
Montpellier	540	1926
Moulins	257	1927
Nancy	193	1928
Nantes	706	1929
Napoléon-Vendée	708	1930
Nevers	282	1931
Nîmes	490	1932
Niort	688	1933
Orléans	396	1934
Paris	406	1935
Pau	874	1936
Périgueux	574	1937
Perpignan	701	1938
Poitiers	612	1939
Privas	356	1940
Puy (Le)	346	1941
Quimper	937	1942
Rennes	779	1943
Rochefort	749	1944
Rochelle (La)	751	1945
Rodez	550	1946
Rouen	546	1947
Saint-Brieuc	879	1948
Saint-Germain	429	1949
Saint-Lô	706	1950
Saint-Omer	742	1951
Sarreguemines	350	1952
Saumur	575	1953
Schelestadt	201	1954
Strasbourg	246	1955
Tarbes	835	1956
Thionville	276	1957
Toulon	622	1958
Toulouse	791	1959
Tours	511	1960
Troyes	227	1961
Tulle	487	1962
Valence	317	1963
Valenciennes	683	1964
Vannes	814	1965
Verdun	280	1966
Vernon	486	1967
Versailles	423	1968
Vesoul	47	1969
DE BLOIS à		
Bordeaux	403	1970
Boulogne	452	1971
Bourbonne	405	1972
Bourg	450	1973

DE BLOIS à	DISTANCES en KILOMÈTRES.	NUMÉROS des ITINÉRAIRES.
Bourges	171	1974
Brest	516	1975
Briançon	693	1976
Caen	263	1977
Cahors	524	1978
Calais	557	1979
Cambrai	388	1980
Carcassonne	729	1981
Cette	749	1982
Châlons-sur-Marne	352	1983
Chalon-sur-Saône	428	1984
Chartres	131	1985
Châteauroux	202	1986
Cherbourg	384	1987
Clermont	382	1988
Colmar	749	1989
Compiègne	280	1990
Digne	762	1991
Dijon	361	1992
Douai	421	1993
Draguignan	857	1994
Dunkerque	536	1995
Épinal	478	1996
Évreux	288	1997
Fère (La)	333	1998
Foix	715	1999
Fontainebleau	146	2000
Gap	675	2001
Givet	500	2002
Grenoble	574	2003
Guéret	293	2004
Haguenau	676	2005
Langres	363	2006
Laon	357	2007
Laval	198	2008
Lille	454	2009
Limoges	327	2010
Lons-le-Saunier	492	2011
Lorient	415	2012
Lunéville	565	2013
Lyon	466	2014
Mâcon	416	2015
Mans (Le)	108	2016
Marseille	816	2017
Maubeuge	440	2018
Melun	161	2019
Mende	568	2020
Metz	573	2021
Mézières	433	2022
Montauban	584	2023
Montbrison	440	2024
Mont-de-Marsan	531	2025
Montpellier	722	2026
Moulins	280	2027
Nancy	532	2028
Nantes	251	2029
Napoléon-Vendée	253	2030
Nevers	227	2031
Nimes	694	2032

DE BLOIS à	DISTANCES en KILOMÈTRES.	NUMÉROS des ITINÉRAIRES.
Niort	234	2033
Orléans	58	2034
Paris	180	2035
Pau	616	2036
Périgueux	422	2037
Perpignan	848	2038
Poitiers	158	2039
Privas	610	2040
Puy (Le)	516	2041
Quimper	482	2042
Rennes	271	2043
Rochefort	295	2044
Rochelle (La)	297	2045
Rodez	604	2046
Rouen	320	2047
Saint-Brieuc	371	2048
Saint-Germain	203	2049
Saint-Lô	307	2050
Saint-Omer	516	2051
Sarreguemines	649	2052
Saumur	120	2053
Schelestadt	726	2054
Strasbourg	681	2055
Tarbes	633	2056
Thionville	599	2057
Toulon	876	2058
Toulouse	633	2059
Tours	57	2060
Troyes	359	2061
Tulle	416	2062
Valence	571	2063
Valenciennes	457	2064
Vannes	359	2065
Verdun	433	2066
Vernon	260	2067
Versailles	197	2068
Vesoul	437	2069

DE BORDEAUX à	DISTANCES en KILOMÈTRES.	NUMÉROS des ITINÉRAIRES.
Boulogne	855	2070
Bourbonne	772	2071
Bourg	577	2072
Bourges	422	2073
Brest	657	2074
Briançon	776	2075
Caen	584	2076
Cahors	212	2077
Calais	960	2078
Cambrai	791	2079
Carcassonne	345	2080
Cette	473	2081
Châlons-sur-Marne	755	2082
Chalon-sur-Saône	586	2083
Chartres	535	2084
Châteauroux	344	2085
Cherbourg	705	2086
Clermont	366	2087
Colmar	939	2088
Compiègne	683	2089
Digne	752	2090
Dijon	621	2091
Douai	824	2092
Draguignan	783	2093
Dunkerque	939	2094
Épinal	845	2095
Évreux	691	2096
Fère (La)	736	2097
Foix	333	2098
Fontainebleau	550	2099
Gap	787	2100
Givet	903	2101
Grenoble	657	2102
Guéret	300	2103
Haguenau	1079	2104
Langres	754	2105
Laon	760	2106
Laval	487	2107
Lille	857	2108
Limoges	216	2109
Lons-le-Saunier	639	2110
Lorient	498	2111
Lunéville	968	2112
Lyon	549	2113
Mâcon	543	2114
Mans (Le)	429	2115
Marseille	679	2116
Maubeuge	843	2117
Melun	565	2118
Mende	444	2119
Metz	976	2120
Mézières	836	2121
Montauban	214	2122
Montbrison	479	2123
Mont-de-Marsan	131	2124
Montpellier	502	2125
Moulins	438	2126
Nancy	935	2127
Nantes	334	2128
Napoléon-Vendée	276	2129
Nevers	476	2130
Nîmes	552	2131
Niort	194	2132
Orléans	462	2133
Paris	583	2134
Pau	213	2135
Périgueux	121	2136
Perpignan	466	2137
Poitiers	246	2138
Privas	667	2139
Puy (Le)	500	2140
Quimper	565	2141
Rennes	441	2142
Rochefort	162	2143
Rochelle (La)	193	2144
Rodez	329	2145
Rouen	723	2146
Saint-Brieuc	541	2147
Saint-Germain	606	2148
Saint-Lô	623	2149
Saint-Omer	919	2150
Sarreguemines	1052	2151
Saumur	411	2152
Schelestadt	962	2153
Strasbourg	1007	2154
Tarbes	230	2155
Thionville	1002	2156
Toulon	739	2157
Toulouse	251	2158
Tours	347	2159
Troyes	626	2160
Tulle	223	2161
Valence	725	2162
Valenciennes	860	2163
Vannes	442	2164
Verdun	836	2165
Vernon	663	2166
Versailles	600	2167
Vesoul	728	2168

DE BOULOGNE à	DISTANCES en KILOMÈTRES.	NUMÉROS des ITINÉRAIRES.
Bourbonne	597	2169
Bourg	747	2170
Bourges	505	2171
Brest	890	2172
Briançon	1006	2173
Caen	509	2174
Cahors	859	2175
Calais	35	2176
Cambrai	198	2177
Carcassonne	1063	2178
Cette	1134	2179
Châlons-sur-Marne	444	2180
Chalon-sur-Saône	655	2181
Chartres	360	2182
Châteauroux	537	2183
Cherbourg	630	2184
Clermont	717	2185
Colmar	841	2186
Compiègne	237	2187
Digne	1075	2188
Dijon	587	2189
Douai	172	2190
Draguignan	1170	2191
Dunkerque	138	2192
Épinal	669	2193
Évreux	380	2194
Fère (La)	232	2195
Foix	1051	2196
Fontainebleau	331	2197
Gap	988	2198
Givet	412	2199
Grenoble	887	2200
Guéret	628	2201

DE BOULOGNE à	DISTANCES en KILOMÈTRES.	NUMÉROS des ITINÉRAIRES.
Haguenau	768	2202
Langres	579	2203
Laon	256	2204
Laval	572	2205
Lille	103	2206
Limoges	662	2207
Lons-le-Saunier	719	2208
Lorient	805	2209
Lunéville	657	2210
Lyon	779	2211
Mâcon	713	2212
Mans (Le)	483	2213
Marseille	1129	2214
Maubeuge	245	2215
Melun	317	2216
Mende	903	2217
Metz	665	2218
Mézières	345	2219
Montauban	920	2220
Montbrison	774	2221
Mont-de-Marsan	986	2222
Montpellier	1107	2223
Moulins	614	2224
Nancy	624	2225
Nantes	703	2226
Napoléon-Vendée	705	2227
Nevers	575	2228
Nîmes	1057	2229
Niort	685	2230
Orléans	393	2231
Paris	272	2232
Pau	1068	2233
Périgueux	757	2234
Perpignan	1184	2235
Poitiers	609	2236
Privas	923	2237
Puy (Le)	851	2238
Quimper	872	2239
Rennes	645	2240
Rochefort	746	2241
Rochelle (La)	748	2242
Rodez	942	2243
Rouen	237	2244
Saint-Brieuc	745	2245
Saint-Germain	295	2246
Saint-Lô	572	2247
Saint-Omer	78	2248
Sarreguemines	741	2249
Saumur	572	2250
Schelestadt	818	2251
Strasbourg	773	2252
Tarbes	1037	2253
Thionville	691	2254
Toulon	1189	2255
Toulouse	969	2256
Tours	508	2257
Troyes	451	2258
Tulle	751	2259
Valence	884	2260

DE BOULOGNE à	DISTANCES en KILOMÈTRES.	NUMÉROS des ITINÉRAIRES.
Valenciennes	208	2261
Vannes	748	2262
Verdun	525	2263
Vernon	352	2264
Versailles	289	2265
Vesoul	653	2266

DE BOURBONNE à	DISTANCES en KILOMÈTRES.	NUMÉROS des ITINÉRAIRES.
Bourg	258	2267
Bourges	340	2268
Brest	943	2269
Briançon	528	2270
Caen	562	2271
Cahors	704	2272
Calais	702	2273
Cambrai	533	2274
Carcassonne	786	2275
Cette	656	2276
Châlons-sur-Marne	191	2277
Chalon-sur-Saône	177	2278
Chartres	413	2279
Châteauroux	434	2280
Cherbourg	683	2281
Clermont	386	2282
Colmar	186	2283
Compiègne	425	2284
Digne	597	2285
Dijon	108	2286
Douai	566	2287
Draguignan	692	2288
Dunkerque	681	2289
Épinal	73	2290
Évreux	433	2291
Fère (La)	478	2292
Foix	884	2293
Fontainebleau	266	2294
Gap	510	2295
Givet	371	2296
Grenoble	409	2297
Guéret	429	2298
Haguenau	243	2299
Langres	42	2300
Laon	282	2301
Laval	625	2302
Lille	599	2303
Limoges	513	2304
Lons-le-Saunier	197	2305
Lorient	821	2306
Lunéville	136	2307
Lyon	301	2308
Mâcon	234	2309
Mans (Le)	536	2310
Marseille	651	2311
Maubeuge	370	2312
Melun	281	2313
Mende	524	2314
Metz	161	2315
Mézières	312	2316
Montauban	720	2317
Montbrison	402	2318
Mont-de-Marsan	879	2319
Montpellier	629	2320
Moulins	291	2321
Nancy	104	2322
Nantes	657	2323
Napoléon-Vendée	659	2324
Nevers	297	2325
Nîmes	579	2326
Niort	639	2327
Orléans	347	2328
Paris	325	2329
Pau	914	2330
Périgueux	654	2331
Perpignan	790	2332
Poitiers	563	2333
Privas	445	2334
Puy (Le)	435	2335
Quimper	888	2336
Rennes	698	2337
Rochefort	700	2338
Rochelle (La)	702	2339
Rodez	611	2340
Rouen	465	2341
Saint-Brieuc	798	2342
Saint-Germain	348	2343
Saint-Lô	625	2344
Saint-Omer	661	2345
Sarreguemines	237	2346
Saumur	526	2347
Schelestadt	174	2348
Strasbourg	214	2349
Tarbes	877	2350
Thionville	187	2351
Toulon	711	2352
Toulouse	766	2353
Tours	462	2354
Troyes	146	2355
Tulle	529	2356
Valence	406	2357
Valenciennes	602	2358
Vannes	765	2359
Verdun	207	2360
Vernon	405	2361
Versailles	342	2362
Vesoul	62	2363

DE BOURG à	DISTANCES en KILOMÈTRES.	NUMÉROS des ITINÉRAIRES.
Bourges	279	2364
Brest	983	2365
Briançon	289	2366
Caen	712	2367
Cahors	517	2368
Calais	852	2369
Cambrai	683	2370

DE BOURG à	DISTANCES en KILOMÈTRES.	NUMÉROS des ITINÉRAIRES.
Carcassonne	547	2371
Cette	417	2372
Châlons-sur-Marne	379	2373
Chalon-sur Saône	81	2374
Chartres	563	2375
Châteauroux	373	2376
Cherbourg	833	2377
Clermont	211	2378
Colmar	328	2379
Compiègne	575	2380
Digne	358	2381
Dijon	150	2382
Douai	716	2383
Draguignan	453	2384
Dunkerque	831	2385
Épinal	273	2386
Évreux	583	2387
Fère (La)	628	2388
Foix	645	2389
Fontainebleau	416	2390
Gap	271	2391
Givet	566	2392
Grenoble	170	2393
Guéret	308	2394
Haguenau	425	2395
Langres	249	2396
Laon	652	2397
Laval	687	2398
Lille	749	2399
Limoges	390	2400
Lons-le-Saunier	62	2401
Lorient	865	2402
Lunéville	336	2403
Lyon	62	2404
Mâcon	34	2405
Mans (Le)	598	2406
Marseille	412	2407
Maubeuge	558	2408
Melun	430	2409
Mende	285	2410
Metz	400	2411
Mézières	499	2412
Montauban	530	2413
Montbrison	163	2414
Mont-de-Marsan	742	2415
Montpellier	390	2416
Moulins	170	2417
Nancy	343	2418
Nantes	701	2419
Napoléon-Vendée	713	2420
Nevers	223	2421
Nîmes	340	2422
Niort	549	2423
Orléans	401	2424
Paris	475	2425
Pau	724	2426
Périgueux	456	2427
Perpignan	551	2428
Poitiers	473	2429

DE BOURG à	DISTANCES en KILOMÈTRES.	NUMÉROS des ITINÉRAIRES.
Privas	206	2430
Puy (Le)	196	2431
Quimper	932	2432
Rennes	738	2433
Rochefort	610	2434
Rochelle (La)	612	2435
Rodez	400	2436
Rouen	615	2437
Saint-Brieuc	838	2438
Saint-Germain	498	2439
Saint-Lô	775	2440
Saint-Omer	811	2441
Sarreguemines	476	2442
Saumur	580	2443
Schelestadt	351	2444
Strasbourg	396	2445
Tarbes	687	2446
Thionville	426	2447
Toulon	472	2448
Toulouse	555	2449
Tours	516	2450
Troyes	300	2451
Tulle	354	2452
Valence	167	2453
Valenciennes	752	2454
Vannes	809	2455
Verdun	422	2456
Vernon	555	2457
Versailles	492	2458
Vesoul	197	2459

DE BOURGES à	DISTANCES en KILOMÈTRES.	NUMÉROS des ITINÉRAIRES.
Brest	704	2460
Briançon	535	2461
Caen	429	2462
Cahors	416	2463
Calais	610	2464
Cambrai	441	2465
Carcassonne	621	2466
Cette	579	2467
Châlons-sur-Marne	405	2468
Chalon-sur-Saône	223	2469
Chartres	185	2470
Châteauroux	94	2471
Cherbourg	550	2472
Clermont	212	2473
Colmar	507	2474
Compiègne	333	2475
Digne	604	2476
Dijon	258	2477
Douai	474	2478
Draguignan	699	2479
Dunkerque	589	2480
Épinal	413	2481
Évreux	341	2482
Fère (La)	386	2483
Foix	609	2484

DE BOURGES à	DISTANCES en KILOMÈTRES.	NUMÉROS des ITINÉRAIRES.
Fontainebleau	200	2485
Gap	517	2486
Givet	485	2487
Grenoble	416	2488
Guéret	185	2489
Haguenau	729	2490
Langres	298	2491
Laon	410	2492
Laval	367	2493
Lille	507	2494
Limoges	219	2495
Lons-le-Saunier	287	2496
Lorient	619	2497
Lunéville	618	2498
Lyon	308	2499
Mâcon	245	2500
Mans (Le)	279	2501
Marseille	658	2502
Maubeuge	493	2503
Melun	215	2504
Mende	398	2505
Metz	626	2506
Mézières	486	2507
Montauban	478	2508
Montbrison	269	2509
Mont-de-Marsan	553	2510
Montpellier	552	2511
Moulins	109	2512
Nancy	585	2513
Nantes	422	2514
Napoléon-Vendée	423	2515
Nevers	69	2516
Nîmes	524	2517
Niort	257	2518
Orléans	112	2519
Paris	233	2520
Pau	635	2521
Périgueux	314	2522
Perpignan	742	2523
Poitiers	181	2524
Privas	452	2525
Puy (Le)	346	2526
Quimper	653	2527
Rennes	459	2528
Rochefort	318	2529
Rochelle (La)	320	2530
Rodez	437	2531
Rouen	373	2532
Saint-Brieuc	559	2533
Saint-Germain	256	2534
Saint-Lô	473	2535
Saint-Omer	569	2536
Sarreguemines	702	2537
Saumur	290	2538
Schelestadt	530	2539
Strasbourg	580	2540
Tarbes	562	2541
Thionville	652	2542
Toulon	718	2543

DE BOURGES à	DISTANCES en KILOMÈTRES.	NUMÉROS des ITINÉRAIRES.
Toulouse	527	2544
Tours	227	2545
Troyes	219	2546
Tulle	308	2547
Valence	413	2548
Valenciennes	510	2549
Vannes	530	2550
Verdun	486	2551
Vernon	313	2552
Versailles	250	2553
Vesoul	365	2554

DE BREST à	DISTANCES en KILOMÈTRES.	NUMÉROS des ITINÉRAIRES.
Briançon	1352	2555
Caen	391	2556
Cahors	869	2557
Calais	995	2558
Cambrai	826	2559
Carcassonne	1002	2560
Cette	1130	2561
Châlons-sur-Marne	790	2562
Chalon-sur-Saône	1001	2563
Chartres	530	2564
Châteauroux	736	2565
Cherbourg	405	2566
Clermont	916	2567
Colmar	1187	2568
Compiègne	718	2569
Digne	1409	2570
Dijon	933	2571
Douai	859	2572
Draguignan	1443	2573
Dunkerque	974	2574
Épinal	1015	2575
Évreux	512	2576
Fère (La)	771	2577
Foix	990	2578
Fontainebleau	677	2579
Gap	1334	2580
Givet	938	2581
Grenoble	1233	2582
Guéret	827	2583
Haguenau	1114	2584
Langres	925	2585
Laon	795	2586
Laval	318	2587
Lille	892	2588
Limoges	748	2589
Lons-le-Saunier	1065	2590
Lorient	159	2591
Lunéville	1003	2592
Lyon	1125	2593
Mâcon	1059	2594
Mans (Le)	407	2595
Marseille	1336	2596
Maubeuge	878	2597
Melun	663	2598
Mende	1102	2599
Metz	1011	2600
Mézières	871	2601
Montauban	871	2602
Montbrison	973	2603
Mont-de-Marsan	788	2604
Montpellier	1159	2605
Moulins	813	2606
Nancy	970	2607
Nantes	323	2608
Napoléon-Vendée	394	2609
Nevers	773	2610
Nîmes	1209	2611
Niort	463	2612
Orléans	592	2613
Paris	618	2614
Pau	870	2615
Périgueux	818	2616
Perpignan	1123	2617
Poitiers	578	2618
Privas	1269	2619
Puy (Le)	1050	2620
Quimper	92	2621
Rennes	245	2622
Rochefort	508	2623
Rochelle (La)	477	2624
Rodez	984	2625
Rouen	524	2626
Saint-Brieuc	145	2627
Saint-Germain	614	2628
Saint-Lô	328	2629
Saint-Omer	954	2630
Sarreguemines	1087	2631
Saumur	413	2632
Schelestadt	1164	2633
Strasbourg	1119	2634
Tarbes	887	2635
Thionville	1037	2636
Toulon	1396	2637
Toulouse	908	2638
Tours	477	2639
Troyes	797	2640
Tulle	796	2641
Valence	1230	2642
Valenciennes	895	2643
Vannes	215	2644
Verdun	871	2645
Vernon	547	2646
Versailles	601	2647
Vesoul	999	2648

DE BRIANÇON à	DISTANCES en KILOMÈTRES.	NUMÉROS des ITINÉRAIRES.
Caen	971	2649
Cahors	675	2650
Calais	1111	2651
Cambrai	912	6522
Carcassonne	533	2653
Cette	403	2654
Châlons-sur-Marne	649	2655
Chalon-sur-Saône	353	2656
Chartres	720	2657
Châteauroux	616	2658
Cherbourg	1092	2659
Clermont	411	2660
Colmar	617	2661
Compiègne	834	2662
Digne	178	2663
Dijon	420	2664
Douai	975	2665
Draguignan	273	2666
Dunkerque	1090	2667
Épinal	562	2668
Évreux	842	2669
Fère (La)	887	2670
Foix	631	2671
Fontainebleau	675	2672
Gap	91	2673
Givet	836	2674
Grenoble	119	2675
Guéret	541	2676
Haguenau	714	2677
Langres	486	2678
Laon	911	2679
Laval	930	2680
Lille	1008	2681
Limoges	590	2682
Lons-le-Saunier	351	2683
Lorient	1108	2684
Lunéville	625	2685
Lyon	227	2686
Mâcon	294	2687
Mans (Le)	801	2688
Marseille	269	2689
Maubeuge	991	2690
Melun	689	2691
Mende	450	2692
Metz	669	2693
Mézières	769	2694
Montauban	666	2695
Montbrison	328	2696
Mont-de-Marsan	816	2697
Montpellier	376	2698
Moulins	413	2699
Nancy	612	2700
Nantes	944	2701
Napoléon-Vendée	839	2702
Nevers	466	2703
Nîmes	326	2704
Niort	752	2705
Orléans	647	2706
Paris	734	2707
Pau	817	2708
Périgueux	656	2709
Perpignan	537	2710
Poitiers	716	2711
Privas	252	2712

DE BRIANÇON à	DISTANCES en KILOMÈTRES.	NUMÉROS des ITINÉRAIRES.
Puy (Le)	361	2713
Quimper	1175	2714
Rennes	981	2715
Rochefort	802	2716
Rochelle (La)	818	2717
Rodez	558	2718
Rouen	874	2719
Saint-Brieuc	1081	2720
Saint-Germain	757	2721
Saint-Lô	1034	2722
Saint-Omer	1070	2723
Sarreguemines	745	2724
Saumur	823	2725
Schelestadt	640	2726
Strasbourg	685	2727
Tarbes	778	2728
Thionville	695	2729
Toulon	320	2730
Toulouse	627	2731
Tours	759	2732
Troyes	570	2733
Tulle	554	2734
Valence	213	2735
Valenciennes	1011	2736
Vannes	1052	2737
Verdun	659	2738
Vernon	814	2739
Versailles	751	2740
Vesoul	486	2741

DE CAEN à	DISTANCES en KILOMÈTRES.	NUMÉROS des ITINÉRAIRES.
Cahors	680	2742
Calais	614	2743
Cambrai	445	2744
Carcassonne	929	2745
Cette	1057	2746
Châlons-sur-Marne	409	2747
Chalon-sur-Saône	620	2748
Chartres	203	2749
Châteauroux	345	2750
Cherbourg	121	2751
Clermont	682	2752
Colmar	806	2753
Compiègne	337	2754
Digne	1040	2755
Dijon	552	2756
Douai	478	2757
Draguignan	1135	2758
Dunkerque	593	2759
Épinal	634	2760
Évreux	127	2761
Fère (La)	390	2762
Foix	917	2763
Fontainebleau	296	2764
Gap	953	2765
Givet	557	2766
Grenoble	852	2767
Guéret	436	2768
Haguenau	733	2769
Langres	544	2770
Laon	414	2771
Laval	143	2772
Lille	511	2773
Limoges	467	2774
Lons-le-Saunier	684	2775
Lorient	333	2776
Lunéville	622	2777
Lyon	744	2778
Mâcon	678	2779
Mans (Le)	155	2780
Marseille	1094	2781
Maubeuge	497	2782
Melun	282	2783
Mende	868	2784
Metz	630	2785
Mézières	490	2786
Montauban	798	2787
Montbrison	753	2788
Mont-de-Marsan	715	2789
Montpellier	1072	2790
Moulins	579	2791
Nancy	589	2792
Nantes	280	2793
Napoléon-Vendée	342	2794
Nevers	540	2795
Nîmes	1022	2796
Niort	414	2797
Orléans	358	2798
Paris	237	2799
Pau	797	2800
Périgueux	537	2801
Perpignan	1050	2802
Poitiers	338	3803
Privas	888	2804
Puy (Le)	816	2805
Quimper	400	2806
Rennes	173	2807
Rochefort	475	2808
Rochelle (La)	477	2809
Rodez	744	2810
Rouen	133	2811
Saint-Brieuc	246	2812
Saint-Germain	260	2813
Saint-Lô	63	2814
Saint-Omer	573	2815
Sarreguemines	706	2816
Saumur	243	2817
Schelestadt	783	2818
Strasbourg	738	2819
Tarbes	814	2820
Thionville	656	2821
Toulon	1154	2822
Toulouse	835	2823
Tours	237	2824
Troyes	416	2825
Tulle	556	2826
Valence	849	2827
Valenciennes	514	2828
Vannes	276	2829
Verdun	490	2830
Vernon	159	2831
Versailles	254	2832
Vesoul	618	2833

DE CAHORS à	DISTANCES en KILOMÈTRES.	NUMÉROS des ITINÉRAIRES.
Calais	964	2834
Cambrai	795	2835
Carcassonne	205	2836
Cette	333	2837
Châlons-sur-Marne	759	2838
Chalon-sur-Saône	567	2839
Chartres	539	2840
Châteauroux	322	2841
Cherbourg	801	2842
Clermont	276	2843
Colmar	854	2844
Compiègne	687	2845
Digne	612	2846
Dijon	602	2847
Douai	828	2848
Draguignan	643	2849
Dunkerque	943	2850
Épinal	783	2851
Évreux	695	2852
Fère (La)	740	2853
Foix	193	2854
Fontainebleau	554	2855
Gap	647	2856
Givet	907	2857
Grenoble	679	2858
Guéret	281	2859
Haguenau	1083	2860
Langres	668	2861
Laon	764	2862
Laval	624	2863
Lille	861	2864
Limoges	197	2865
Lons-le-Saunier	591	2866
Lorient	802	2867
Lunéville	972	2868
Lyon	455	2869
Mâcon	495	2870
Mans (Le)	525	2871
Marseille	539	2872
Maubeuge	847	2873
Melun	569	2874
Mende	232	2875
Metz	980	2876
Mézières	840	2877
Montauban	62	2878
Montbrison	389	2879
Mont-de-Marsan	203	2880
Montpellier	362	2881

DE CAHORS à	DISTANCES en KILOMÈTRES.	NUMÉROS des ITINÉRAIRES.
Moulins	419	2882
Nancy	939	2883
Nantes	638	2884
Napoléon-Vendée	425	2885
Nevers	485	2886
Nîmes	412	2887
Niort	338	2888
Orléans	466	2889
Paris	587	2890
Pau	256	2891
Périgueux	143	2892
Perpignan	336	2893
Poitiers	342	2894
Privas	527	2895
Puy (Le)	321	2896
Quimper	869	2897
Rennes	675	2898
Rochefort	338	2899
Rochelle (La)	354	2900
Rodez	117	2901
Rouen	727	2902
Saint-Brieuc	775	2903
Saint-Germain	610	2904
Saint-Lô	719	2905
Saint-Omer	923	2906
Sarreguemines	1056	2907
Saumur	506	2908
Schelestadt	1133	2909
Strasbourg	1088	2910
Tarbes	217	2911
Thionville	1006	2912
Toulon	599	2913
Toulouse	111	2914
Tours	443	2915
Troyes	635	2916
Tulle	133	2917
Valence	585	2918
Valenciennes	864	2919
Vannes	746	2920
Verdun	840	2921
Vernon	667	2922
Versailles	604	2923
Vesoul	709	2924

DE CALAIS à	DISTANCES en KILOMÈTRES.	NUMÉROS des ITINÉRAIRES.
Cambrai	163	2925
Carcassonne	1168	2926
Cette	1239	2927
Châlons-sur-Marne	549	2928
Chalon-sur-Saône	760	2929
Chartres	465	2930
Châteauroux	642	2931
Cherbourg	735	2932
Clermont	822	2933
Colmar	946	2934
Compiègne	342	2935
Digne	1180	2936
Dijon	692	2937
Douai	137	2938
Draguignan	1275	2939
Dunkerque	103	2940
Épinal	774	2941
Évreux	396	2942
Fère (La)	261	2943
Foix	1150	2944
Fontainebleau	436	2945
Gap	1093	2946
Givet	377	2947
Grenoble	902	2948
Guéret	733	2949
Haguenau	873	2950
Langres	684	2951
Laon	285	2952
Laval	677	2953
Lille	103	2954
Limoges	767	2955
Lons-le-Saunier	824	2956
Lorient	910	2957
Lunéville	762	2958
Lyon	884	2959
Mâcon	818	2960
Mans (Le)	588	2961
Marseille	1234	2962
Maubeuge	210	2963
Melun	422	2964
Mende	1008	2965
Metz	770	2966
Mézières	310	2967
Montauban	1025	2968
Montbrison	879	2969
Mont-de-Marsan	1091	2970
Montpellier	1212	2971
Moulins	719	2972
Nancy	729	2973
Nantes	808	2974
Napoléon-Vendée	810	2975
Nevers	680	2976
Nîmes	1162	2977
Niort	790	2978
Orléans	498	2979
Paris	377	2980
Pau	1173	2981
Périgueux	862	2982
Perpignan	1289	2983
Poitiers	714	2984
Privas	1028	2985
Puy (Le)	956	2986
Quimper	977	2987
Rennes	750	2988
Rochefort	851	2989
Rochelle (La)	853	2990
Rodez	1047	2991
Rouen	212	2992
Saint-Brieuc	850	2993
Saint-Germain	400	2994
Saint-Lô	677	2995
Saint-Omer	43	2996
Sarreguemines	846	2997
Saumur	677	2998
Schelestadt	923	2999
Strasbourg	878	3000
Tarbes	1142	3001
Thionville	796	3002
Toulon	1294	3003
Toulouse	1074	3004
Tours	613	3005
Troyes	556	3006
Tulle	856	3007
Valence	989	3008
Valenciennes	173	3009
Vannes	853	3010
Verdun	630	3011
Vernon	457	3012
Versailles	394	3013
Vesoul	758	3014

DE CAMBRAI à	DISTANCES en KILOMÈTRES.	NUMÉROS des ITINÉRAIRES.
Carcassonne	999	3015
Cette	1070	3016
Châlons-sur-Marne	178	3017
Chalon-sur-Saône	591	3018
Chartres	296	3019
Châteauroux	473	3020
Cherbourg	566	3021
Clermont	653	3022
Colmar	575	3023
Compiègne	108	3024
Digne	1011	3025
Dijon	523	3026
Douai	26	3027
Draguignan	1106	3028
Dunkerque	141	3029
Épinal	403	3030
Évreux	269	3031
Fère (La)	63	3032
Foix	987	3033
Fontainebleau	267	3034
Gap	924	3035
Givet	214	3036
Grenoble	823	3037
Guéret	564	3038
Haguenau	502	3039
Langres	351	3040
Laon	87	3041
Laval	508	3042
Lille	59	3043
Limoges	598	3044
Lons-le-Saunier	655	3045
Lorient	741	3046
Lunéville	391	3047
Lyon	715	3048
Mâcon	649	3049
Mans (Le)	419	3050

DE CAMBRAI à	DISTANCES en KILOMÈTRES.	NUMÉROS des ITINÉRAIRES.
Marseille	1065	3051
Maubeuge	69	3052
Melun	253	3053
Mende	839	3054
Metz	399	3055
Mézières	147	3056
Montauban	856	3057
Montbrison	710	3058
Mont-de-Marsan	922	3059
Montpellier	1043	3060
Moulins	550	3061
Nancy	358	3062
Nantes	639	3063
Napoléon-Vendée	641	3064
Nevers	511	3065
Nîmes	993	3066
Niort	621	3067
Orléans	329	3068
Paris	208	3069
Pau	1004	3070
Périgueux	693	3071
Perpignan	1120	3072
Poitiers	545	3073
Privas	859	3074
Puy (Le)	787	3075
Quimper	808	3076
Rennes	581	3077
Rochefort	682	3078
Rochelle (La)	684	3079
Rodez	878	3080
Rouen	216	3081
Saint-Brieuc	681	3082
Saint-Germain	231	3083
Saint-Lô	498	3084
Saint-Omer	156	3085
Sarreguemines	475	3086
Saumur	508	3087
Schelestadt	552	3088
Strasbourg	507	3089
Tarbes	973	3090
Thionville	425	3091
Toulon	1125	3092
Toulouse	905	3093
Tours	444	3094
Troyes	257	3095
Tulle	687	3096
Valence	820	3097
Valenciennes	32	3098
Vannes	684	3099
Verdun	249	3100
Vernon	288	3101
Versailles	225	3102
Vesoul	425	3103

DE CARCASSONNE à	DISTANCES en KILOMÈTRES.	NUMÉROS des ITINÉRAIRES.
Cette	131	3104
Châlons-sur-Marne	907	3105
Chalon-sur-Saône	611	3106
Chartres	744	3107
Châteauroux	525	3108
Cherbourg	990	3109
Clermont	411	3110
Colmar	875	3111
Compiègne	891	3112
Digne	407	3113
Dijon	678	3114
Douai	1032	3115
Draguignan	438	3116
Dunkerque	1147	3117
Épinal	820	3118
Évreux	899	3119
Fère (La)	944	3120
Foix	98	3121
Fontainebleau	759	3122
Gap	442	3123
Givet	1094	3124
Grenoble	474	3125
Guéret	486	3126
Haguenau	972	3127
Langres	744	3128
Laon	968	3129
Laval	772	3130
Lille	1065	3131
Limoges	402	3132
Lons-le-Saunier	609	3133
Lorient	843	3134
Lunéville	883	3135
Lyon	485	3136
Mâcon	552	3137
Mans (Le)	714	3138
Marseille	334	3139
Maubeuge	1051	3140
Melun	774	3141
Mende	301	3142
Metz	927	3143
Mézières	1027	3144
Montauban	143	3145
Montbrison	476	3146
Mont-de-Marsan	283	3147
Montpellier	157	3148
Moulins	506	3149
Nancy	870	3150
Nantes	679	3151
Napoléon-Vendée	621	3152
Nevers	559	3153
Nîmes	207	3154
Niort	539	3155
Orléans	671	3156
Paris	791	3157
Pau	284	3158
Périgueux	348	3159
Perpignan	121	3160
Poitiers	591	3161
Privas	322	3162
Puy (Le)	363	3163
Quimper	910	3164
Rennes	786	3165
Rochefort	507	3166
Rochelle (La)	538	3167
Rodez	186	3168
Rouen	931	3169
Saint-Brieuc	886	3170
Saint-Germain	814	3171
Saint-Lô	908	3172
Saint-Omer	1127	3173
Sarreguemines	1003	3174
Saumur	620	3175
Schelestadt	898	3176
Strasbourg	943	3177
Tarbes	245	3178
Thionville	953	3179
Toulon	394	3180
Toulouse	94	3181
Tours	632	3182
Troyes	828	3183
Tulle	338	3184
Valence	380	3185
Valenciennes	1068	3186
Vannes	787	3187
Verdun	917	3188
Vernon	871	3189
Versailles	808	3190
Vesoul	744	3191

DE CETTE à	DISTANCES en KILOMÈTRES.	NUMÉROS des ITINÉRAIRES.
Châlons-sur-Marne	777	3192
Chalon-sur-Saône	481	3193
Chartres	848	3194
Châteauroux	695	3195
Cherbourg	1118	3196
Clermont	389	3197
Colmar	745	3198
Compiègne	962	3199
Digne	278	3200
Dijon	548	3201
Douai	1103	3202
Draguignan	309	3203
Dunkerque	1218	3204
Épinal	690	3205
Évreux	970	3206
Fère (La)	1015	3207
Foix	229	3208
Fontainebleau	803	3209
Gap	313	3210
Givet	964	3211
Grenoble	345	3212
Guéret	519	3213
Haguenau	842	3214
Langres	614	3215
Laon	1039	3216
Laval	900	3217
Lille	1136	3218
Limoges	530	3219

DE CETTE à	DISTANCES en KILOMÈTRES.	NUMÉROS des ITINÉRAIRES.
Lons-le-Saunier. . . .	479	3220
Lorient.	971	3221
Lunéville.	753	3222
Lyon.	355	3223
Mâcon	422	3224
Mans (Le).	842	3225
Marseille	204	3226
Maubeuge.	1122	3227
Melun.	817	3228
Mende.	225	3229
Metz	797	3230
Mézières.	897	3231
Montauban	214	3232
Montbrison	346	3233
Mont-de-Marsan. . . .	411	3234
Montpellier.	27	3235
Moulins.	484	3236
Nancy.	740	3237
Nantes	807	3238
Napoléon-Vendée. . .	749	3239
Nevers.	537	3240
Nîmes.	77	3241
Niort.	667	3242
Orléans.	775	3243
Paris	862	3244
Pau.	412	3245
Périgueux.	465	3246
Perpignan.	135	3247
Poitiers.	659	3248
Privas.	192	3249
Puy (Le).	233	3250
Quimper.	1038	3251
Rennes.	914	3252
Rochefort.	635	3253
Rochelle (La)	666	3254
Rodez.	220	3255
Rouen.	1002	3256
Saint-Brieuc.	1014	3257
Saint-Germain.	885	3258
Saint-Lô.	1036	3259
Saint-Omer.	1198	3260
Sarreguemines.	873	3261
Saumur.	748	3262
Schelestadt.	768	3263
Strasbourg.	813	3264
Tarbes.	373	3265
Thionville.	823	3266
Toulon.	264	3267
Toulouse.	222	3268
Tours.	760	3269
Troyes.	698	3270
Tulle	408	3271
Valence.	250	3272
Valenciennes	1139	3273
Vannes	915	3274
Verdun.	787	3275
Vernon.	942	3276
Versailles.	879	3277
Vesoul.	614	3278

DE CHALONS-SUR-MARNE à	DISTANCES en KILOMÈTRES.	NUMÉROS des ITINÉRAIRES.
Chalon-sur Saône . . .	297	3279
Chartres.	260	3280
Châteauroux.	437	3281
Cherbourg.	530	3282
Clermont.	413	3283
Colmar.	397	3284
Compiègne	138	3285
Digne.	718	3286
Dijon.	229	3287
Douai.	413	3288
Draguignan.	813	3289
Dunkerque	528	3290
Épinal.	225	3291
Évreux.	280	3292
Fère (La).	115	3293
Foix.	951	3294
Fontainebleau.	231	3295
Gap.	631	3296
Givet.	187	3297
Grenoble	530	3298
Guéret.	528	3299
Haguenau	324	3300
Langres.	173	3301
Laon	91	3302
Laval.	472	3303
Lille.	446	3304
Limoges.	562	3305
Lons-le-Saunier. . . .	328	3306
Lorient	705	3307
Lunéville.	213	3308
Lyon	422	3309
Mâcon.	355	3310
Mans (Le).	383	3311
Marseille	772	3312
Maubeuge.	179	3313
Melun.	217	3314
Mende.	599	3315
Metz.	221	3316
Mézières.	120	3317
Montauban	820	3318
Montbrison	523	3319
Mont-de-Marsan. . . .	886	3320
Montpellier	750	3321
Moulins.	514	3322
Nancy.	180	3323
Nantes.	603	3324
Napoléon-Vendée . . .	605	3325
Nevers.	475	3326
Nîmes.	700	3327
Niort	585	3328
Orléans.	293	3329
Paris	172	3330
Pau.	968	3331
Périgueux.	657	3332
Perpignan.	911	3333
Poitiers.	509	3334
Privas.	566	3335
Puy (Le).	556	3336
Quimper.	772	3337
Rennes.	545	3338
Rochefort.	646	3339
Rochelle (La)	648	3340
Rodez.	638	3341
Rouen.	312	3342
Saint-Brieuc.	645	3343
Saint-Germain.	195	3344
Saint-Lô.	472	3345
Saint-Omer.	508	3346
Sarreguemines.	297	3347
Saumur.	472	3348
Schelestadt.	374	3349
Strasbourg.	329	3350
Tarbes.	937	3351
Thionville.	247	3352
Toulon.	832	3353
Toulouse	869	3354
Tours.	408	3355
Troyes.	79	3356
Tulle	556	3357
Valence.	527	3358
Valenciennes	210	3359
Vannes.	648	3360
Verdun	81	3361
Vernon	252	3362
Versailles.	189	3363
Vesoul.	247	3364

DE CHALON-SUR-SAONE à	DISTANCES en KILOMÈTRES.	NUMÉROS des ITINÉRAIRES.
Chartres.	471	3365
Châteauroux.	351	3366
Cherbourg.	741	3367
Clermont.	235	3368
Colmar.	287	3369
Compiègne	483	3370
Digne.	422	3371
Dijon.	68	3372
Douai.	624	3373
Draguignan.	517	3374
Dunkerque	739	3375
Épinal.	232	3376
Évreux.	491	3377
Fère (La)	536	3378
Foix.	709	3379
Fontainebleau.	324	3380
Gap.	335	3381
Givet.	485	3382
Grenoble	234	3383
Guéret.	286	3384
Haguenau	384	3385
Langres.	135	3386
Laon	560	3387
Laval.	631	3388
Lille.	657	3389
Limoges.	370	3390
Lons-le-Saunier. . . .	61	3391
Lorient	809	3392

DE CHALON-SUR-SAONE à	DISTANCES en KILOMÈTRES.	NUMÉROS des ITINÉRAIRES.
Lunéville	288	3393
Lyon	126	3394
Mâcon	58	3395
Mans (Le)	489	3396
Marseille	476	3397
Maubeuge	476	3398
Melun	338	3399
Mende	349	3400
Metz	317	3401
Mézières	417	3402
Montauban	569	3403
Montbrison	227	3404
Mont-de-Marsan	710	3405
Montpellier	454	3406
Moulins	148	3407
Nancy	260	3408
Nantes	645	3409
Napoléon-Vendée	647	3410
Nevers	154	3411
Nîmes	404	3412
Niort	527	3413
Orléans	336	3414
Paris	383	3415
Pau	763	3416
Périgueux	465	3417
Perpignan	615	3418
Poitiers	451	3419
Privas	270	3420
Puy (Le)	260	3421
Quimper	876	3422
Rennes	682	3423
Rochefort	588	3424
Rochelle (La)	590	3425
Rodez	460	3426
Rouen	523	3427
Saint-Brieuc	782	3428
Saint-Germain	406	3429
Saint-Lô	683	3430
Saint-Omer	719	3431
Sarreguemines	393	3432
Saumur	514	3433
Schelestadt	310	3434
Strasbourg	355	3435
Tarbes	726	3436
Thionville	343	3437
Toulon	536	3438
Toulouse	619	3439
Tours	450	3440
Troyes	218	3441
Tulle	378	3442
Valence	231	3443
Valenciennes	660	3444
Vannes	753	3445
Verdun	308	3446
Vernon	463	3447
Versailles	400	3448
Vesoul	156	3449

DE CHARTRES à	DISTANCES en KILOMÈTRES.	NUMÉROS des ITINÉRAIRES.
Châteauroux	217	3450
Cherbourg	321	3451
Clermont	397	3452
Colmar	657	3453
Compiègne	188	3454
Digne	789	3455
Dijon	403	3456
Douai	329	3457
Draguignan	884	3458
Dunkerque	444	3459
Épinal	485	3460
Évreux	76	3461
Fère (La)	241	3462
Foix	730	3463
Fontainebleau	147	3464
Gap	702	3465
Givet	408	3466
Grenoble	601	3467
Guéret	308	3468
Haguenau	584	3469
Langres	395	3470
Laon	265	3471
Laval	212	3472
Lille	362	3473
Limoges	342	3474
Lons-le-Saunier	535	3475
Lorient	445	3476
Lunéville	473	3477
Lyon	493	3478
Mâcon	529	3479
Mans (Le)	123	3480
Marseille	843	3481
Maubeuge	348	3482
Melun	133	3483
Mende	583	3484
Metz	481	3485
Mézières	341	3486
Montauban	509	3487
Montbrison	464	3488
Mont-de-Marsan	660	3489
Montpellier	821	3490
Moulins	304	3491
Nancy	440	3492
Nantes	299	3493
Napoléon-Vendée	336	3494
Nevers	255	3495
Nîmes	771	3496
Niort	365	3497
Orléans	73	3498
Paris	88	3499
Pau	748	3500
Périgueux	437	3501
Perpignan	863	3502
Poitiers	289	3503
Privas	637	3504
Puy (Le)	531	3505
Quimper	512	3506
Rennes	285	3507
Rochefort	426	3508

DE CHARTRES à	DISTANCES en KILOMÈTRES.	NUMÉROS des ITINÉRAIRES.
Rochelle (La)	428	3509
Rodez	622	3510
Rouen	228	3511
Saint-Brieuc	385	3512
Saint-Germain	84	3513
Saint-Lô	322	3514
Saint-Omer	424	3515
Sarreguemines	557	3516
Saumur	252	3517
Schelestadt	634	3518
Strasbourg	589	3519
Tarbes	716	3520
Thionville	507	3521
Toulon	903	3522
Toulouse	648	3523
Tours	142	3524
Troyes	267	3525
Tulle	431	3526
Valence	598	3527
Valenciennes	365	3528
Vannes	388	3529
Verdun	341	3530
Vernon	108	3531
Versailles	71	3532
Vesoul	469	3533
DE CHATEAUROUX à		
Cherbourg	466	3534
Clermont	306	3535
Colmar	601	3536
Compiègne	365	3537
Digne	685	3538
Dijon	352	3539
Douai	506	3540
Draguignan	780	3541
Dunkerque	621	3542
Épinal	507	3543
Évreux	373	3544
Fère (La)	418	3545
Foix	515	3546
Fontainebleau	232	3547
Gap	598	3548
Givet	585	3549
Grenoble	497	3550
Guéret	91	3551
Haguenau	761	3552
Langres	392	3553
Laon	442	3554
Laval	248	3555
Lille	539	3556
Limoges	125	3557
Lons-le-Saunier	381	3558
Lorient	467	3559
Lunéville	650	3560
Lyon	389	3561
Mâcon	339	3562
Mans (Le)	190	3563

DE CHATEAUROUX à	DISTANCES en KILOMÈTRES.	NUMÉROS des ITINÉRAIRES.
Marseille	739	3564
Maubeuge	525	3565
Melun	247	3566
Mende	492	3567
Metz	658	3568
Mézières	518	3569
Montauban	382	3570
Montbrison	419	3571
Mont-de-Marsan	475	3572
Montpellier	646	3573
Moulins	203	3574
Nancy	617	3575
Nantes	295	3576
Napoléon-Vendée	305	3577
Nevers	163	3578
Nîmes	618	3579
Niort	194	3580
Orléans	144	3581
Paris	265	3582
Pau	557	3583
Périgueux	220	3584
Perpignan	648	3585
Poitiers	118	3586
Privas	533	3587
Puy (Le)	440	3588
Quimper	526	3589
Rennes	321	3590
Rochefort	255	3591
Rochelle (La)	257	3592
Rodez	531	3593
Rouen	405	3594
Saint-Brieuc	421	3595
Saint-Germain	288	3596
Saint-Lô	384	3597
Saint-Omer	601	3598
Sarreguemines	650	3599
Saumur	172	3600
Schelestadt	624	3601
Strasbourg	674	3602
Tarbes	499	3603
Thionville	684	3604
Toulon	799	3605
Toulouse	431	3606
Tours	108	3607
Troyes	282	3608
Tulle	214	3609
Valence	494	3610
Valenciennes	542	3611
Vannes	403	3612
Verdun	518	3613
Vernon	345	3614
Versailles	282	3615
Vesoul	459	3616

DE CHERBOURG à	DISTANCES en KILOMÈTRES.	NUMÉROS des ITINÉRAIRES.
Clermont	803	3617
Colmar	927	3618
Compiègne	458	3619
Digne	1161	3620
Dijon	673	3621
Douai	599	3622
Draguignan	1256	3623
Dunkerque	714	3624
Épinal	755	3625
Évreux	245	3626
Fère (La)	511	3627
Foix	1038	3628
Fontainebleau	417	3629
Gap	1074	3630
Givet	678	3631
Grenoble	973	3632
Guéret	557	3633
Haguenau	854	3634
Langres	665	3635
Laon	535	3636
Laval	230	3637
Lille	632	3638
Limoges	588	3639
Lons-le-Saunier	805	3640
Lorient	371	3641
Lunéville	743	3642
Lyon	865	3643
Mâcon	799	3644
Mans (Le)	271	3645
Marseille	1215	3646
Maubeuge	618	3647
Melun	403	3648
Mende	989	3649
Metz	751	3650
Mézières	611	3651
Montauban	919	3652
Montbrison	860	3653
Mont-de-Marsan	836	3654
Montpellier	1193	3655
Moulins	700	3656
Nancy	710	3657
Nantes	318	3658
Napoléon-Vendée	389	3659
Nevers	661	3660
Nîmes	1143	3661
Niort	535	3662
Orléans	479	3663
Paris	358	3664
Pau	918	3665
Périgueux	658	3666
Perpignan	1171	3667
Poitiers	459	3668
Privas	1009	3669
Puy (Le)	937	3670
Quimper	438	3671
Rennes	211	3672
Rochefort	596	3673
Rochelle (La)	598	3674
Rodez	865	3675
Rouen	254	3676
Saint-Brieuc	260	3677
Saint-Germain	381	3678
Saint-Lô	77	3679
Saint-Omer	694	3680
Sarreguemines	827	3681
Saumur	348	3682
Schelestadt	904	3683
Strasbourg	859	3684
Tarbes	935	3685
Thionville	777	3686
Toulon	1275	3687
Toulouse	956	3688
Tours	358	3689
Troyes	537	3690
Tulle	677	3691
Valence	970	3692
Valenciennes	735	3693
Vannes	314	3694
Verdun	611	3695
Vernon	277	3696
Versailles	375	3697
Vesoul	739	3698

DE CLERMONT-FERRAND à	DISTANCES en KILOMÈTRES.	NUMÉROS des ITINÉRAIRES.
Colmar	522	3699
Compiègne	545	3700
Digne	482	3701
Dijon	278	3702
Douai	686	3703
Draguignan	526	3704
Dunkerque	801	3705
Épinal	459	3706
Évreux	553	3707
Fère (La)	598	3708
Foix	462	3709
Fontainebleau	412	3710
Gap	393	3711
Givet	765	3712
Grenoble	292	3713
Guéret	130	3714
Haguenau	612	3715
Langres	344	3716
Laon	622	3717
Laval	579	3718
Lille	719	3719
Limoges	179	3720
Lons-le-Saunier	273	3721
Lorient	798	3722
Lunéville	497	3723
Lyon	184	3724
Mâcon	177	3725
Mans (Le)	521	3726
Marseille	439	3727
Maubeuge	705	3728
Melun	427	3729
Mende	186	3730
Metz	527	3731
Mézières	698	3732

DE CLERMONT-FERRAND à	DISTANCES en KILOMÈTRES.	NUMÉROS des ITINÉRAIRES.
Montauban	334	3733
Montbrison	113	3734
Mont-de-Marsan	497	3735
Montpellier	340	3736
Moulins	95	3737
Nancy	470	3738
Nantes	634	3739
Napoléon-Vendée	428	3740
Nevers	148	3741
Nîmes	312	3742
Niort	341	3743
Orléans	324	3744
Paris	445	3745
Pau	528	3746
Périgueux	245	3747
Perpignan	532	3748
Poitiers	277	3749
Privas	284	3750
Puy (Le)	134	3751
Quimper	865	3752
Rennes	663	3753
Rochefort	391	3754
Rochelle (La)	407	3755
Rodez	225	3756
Rouen	585	3757
Saint-Brieuc	763	3758
Saint-Germain	468	3759
Saint-Lô	745	3760
Saint-Omer	781	3761
Sarreguemines	603	3762
Saumur	503	3763
Schelestadt	545	3764
Strasbourg	590	3765
Tarbes	491	3766
Thionville	553	3767
Toulon	499	3768
Toulouse	380	3769
Tours	439	3770
Troyes	334	3771
Tulle	143	3772
Valence	245	3773
Valenciennes	722	3774
Vannes	742	3775
Verdun	494	3776
Vernon	525	3777
Versailles	462	3778
Vesoul	385	3779

DE COLMAR à	DISTANCES en KILOMÈTRES.	NUMÉROS des ITINÉRAIRES.
Compiègne	669	3780
Digne	686	3781
Dijon	249	3782
Douai	810	3783
Draguignan	781	3784
Dunkerque	925	3785
Épinal	113	3786
Évreux	677	3787
Fère (La)	722	3788
Foix	973	3789
Fontainebleau	451	3790
Gap	599	3791
Givet	403	3792
Grenoble	498	3793
Guéret	570	3794
Haguenau	97	3795
Langres	216	3796
Laon	746	3797
Laval	869	3798
Lille	843	3799
Limoges	654	3800
Lons-le-Saunier	266	3801
Lorient	995	3802
Lunéville	184	3803
Lyon	390	3804
Mâcon	345	3805
Mans (Le)	780	3806
Marseille	740	3807
Maubeuge	448	3808
Melun	466	3809
Mende	613	3810
Metz	193	3811
Mézières	336	3812
Montauban	856	3813
Montbrison	491	3814
Mont-de-Marsan	1070	3815
Montpellier	718	3816
Moulins	432	3817
Nancy	136	3818
Nantes	831	3819
Napoléon-Vendée	833	3820
Nevers	438	3821
Nîmes	668	3822
Niort	813	3823
Orléans	521	3824
Paris	569	3825
Pau	1159	3826
Périgueux	749	3827
Perpignan	879	3828
Poitiers	737	3829
Privas	534	3830
Puy (Le)	524	3831
Quimper	1062	3832
Rennes	868	3833
Rochefort	874	3834
Rochelle (La)	876	3835
Rodez	728	3836
Rouen	709	3837
Saint-Brieuc	968	3838
Saint-Germain	592	3839
Saint-Lô	869	3840
Saint-Omer	905	3841
Sarreguemines	172	3842
Saumur	700	3843
Schelestadt	23	3844
Strasbourg	68	3845
Tarbes	1120	3846
Thionville	219	3847
Toulon	800	3848
Toulouse	969	3849
Tours	636	3850
Troyes	331	3851
Tulle	665	3852
Valence	495	3853
Valenciennes	846	3854
Vannes	939	3855
Verdun	234	3856
Vernon	649	3857
Versailles	586	3858
Vesoul	142	3859

DE COMPIÈGNE à	DISTANCES en KILOMÈTRES.	NUMÉROS des ITINÉRAIRES.
Digne	903	3860
Dijon	415	3861
Douai	134	3862
Draguignan	998	3863
Dunkerque	249	3864
Épinal	497	3865
Évreux	208	3866
Fère (La)	53	3867
Foix	879	3868
Fontainebleau	159	3869
Gap	816	3870
Givet	272	3871
Grenoble	715	3872
Guéret	456	3873
Haguenau	596	3874
Langres	407	3875
Laon	77	3876
Laval	400	3877
Lille	167	3878
Limoges	490	3879
Lons-le-Saunier	547	3880
Lorient	633	3881
Lunéville	485	3882
Lyon	607	3883
Mâcon	541	3884
Mans (Le)	311	3885
Marseille	957	3886
Maubeuge	155	3887
Melun	145	3888
Mende	731	3889
Metz	493	3890
Mézières	205	3891
Montauban	748	3892
Montbrison	602	3893
Mont-de-Marsan	814	3894
Montpellier	935	3895
Moulins	442	3896
Nancy	452	3897
Nantes	531	3898
Napoléon-Vendée	533	3899
Nevers	403	3900
Nîmes	885	3901

DE COMPIÈGNE à	DISTANCES en KILOMÈTRES.	NUMÉROS des ITINÉRAIRES.
Niort	513	3902
Orléans	221	3903
Paris	100	3904
Pau	896	3905
Périgueux	585	3906
Perpignan	1012	3907
Poitiers	437	3908
Privas	751	3909
Puy (Le)	679	3910
Quimper	700	3911
Rennes	473	3912
Rochefort	574	3913
Rochelle (La)	576	3914
Rodez	770	3915
Rouen	154	3916
Saint-Brieuc	573	3917
Saint-Germain	123	3918
Saint-Lô	400	3919
Saint-Omer	229	3920
Sarreguemines	569	3921
Saumur	400	3922
Schelestadt	646	3923
Strasbourg	601	3924
Tarbes	865	3925
Thionville	519	3926
Toulon	1017	3927
Toulouse	797	3928
Tours	336	3929
Troyes	279	3930
Tulle	579	3931
Valence	712	3932
Valenciennes	140	3933
Vannes	576	3934
Verdun	353	3935
Vernon	141	3936
Versailles	117	3937
Vesoul	481	3938

DE DIGNE à	DISTANCES en KILOMÈTRES.	NUMÉROS des ITINÉRAIRES.
Dijon	489	3939
Douai	1044	3940
Draguignan	95	3941
Dunkerque	1159	3942
Épinal	631	3943
Évreux	911	3944
Fère (La)	956	3945
Foix	505	3946
Fontainebleau	744	3947
Gap	87	3948
Givet	905	3949
Grenoble	188	3950
Guéret	609	3951
Haguenau	783	3952
Langres	555	3953
Laon	980	3954
Laval	971	3955
Lille	1077	3956
Limoges	659	3957
Lons-le-Saunier	420	3958
Lorient	1190	3959
Lunéville	694	3960
Lyon	296	3961
Mâcon	363	3962
Mans (Le)	870	3963
Marseille	139	3964
Maubeuge	1063	3965
Melun	758	3966
Mende	351	3967
Metz	738	3968
Mézières	838	3969
Montauban	540	3970
Montbrison	397	3971
Mont-de-Marsan	690	3972
Montpellier	250	3973
Moulins	482	3974
Nancy	681	3975
Nantes	1013	3976
Napoléon-Vendée	908	3977
Nevers	535	3978
Nîmes	200	3979
Niort	821	3980
Orléans	716	3981
Paris	803	3982
Pau	691	3983
Périgueux	692	3984
Perpignan	411	3985
Poitiers	785	3986
Privas	261	3987
Puy (Le)	358	3988
Quimper	1244	3989
Rennes	1050	3990
Rochefort	871	3991
Rochelle (La)	887	3992
Rodez	432	3993
Rouen	943	3994
Saint-Brieuc	1150	3995
Saint-Germain	826	3996
Saint-Lô	1103	3997
Saint-Omer	1139	3998
Sarreguemines	814	3999
Saumur	892	4000
Schelestadt	709	4001
Strasbourg	754	4002
Tarbes	652	4003
Thionville	764	4004
Toulon	185	4005
Toulouse	501	4006
Tours	828	4007
Troyes	639	4008
Tulle	623	4009
Valence	277	4010
Valenciennes	1080	4011
Vannes	1121	4012
Verdun	728	4013
Vernon	883	4014
Versailles	820	4015
Vesoul	555	4016

DE DIJON à	DISTANCES en KILOMÈTRES.	NUMÉROS des ITINÉRAIRES.
Douai	556	4017
Draguignan	584	4018
Dunkerque	671	4019
Épinal	181	4020
Évreux	423	4021
Fère (La)	468	4022
Foix	776	4023
Fontainebleau	256	4024
Gap	402	4025
Givet	416	4026
Grenoble	301	4027
Guéret	321	4028
Haguenau	334	4029
Langres	66	4030
Laon	492	4031
Laval	615	4032
Lille	589	4033
Limoges	405	4034
Lons-le-Saunier	99	4035
Lorient	848	4036
Lunéville	219	4037
Lyon	193	4038
Mâcon	126	4039
Mans (Le)	526	4040
Marseille	543	4041
Maubeuge	408	4042
Melun	271	4043
Mende	416	4044
Metz	249	4045
Mézières	349	4046
Montauban	612	4047
Montbrison	294	4048
Mont-de-Marsan	745	4049
Montpellier	521	4050
Moulins	183	4051
Nancy	192	4052
Nantes	613	4053
Napoléon-Vendée	615	4054
Nevers	189	4055
Nîmes	471	4056
Niort	595	4057
Orléans	303	4058
Paris	315	4059
Pau	808	4060
Périgueux	500	4061
Perpignan	682	4062
Poitiers	519	4063
Privas	337	4064
Puy (Le)	327	4065
Quimper	844	4066
Rennes	688	4067
Rochefort	656	4068
Rochelle (La)	658	4069
Rodez	531	4070
Rouen	455	4071
Saint-Brieuc	788	4072
Saint-Germain	338	4073
Saint-Lô	615	4074
Saint-Omer	651	4075

DE DIJON à	DISTANCES en KILOMÈTRES.	NUMÉROS des ITINÉRAIRES.
Sarreguemines	325	4076
Saumur	482	4077
Schelestadt	272	4078
Strasbourg	322	4079
Tarbes	769	4080
Thionville	275	4081
Toulon	603	4082
Toulouse	772	4083
Tours	418	4084
Troyes	150	4085
Tulle	421	4086
Valence	298	4087
Valenciennes	592	4088
Vannes	721	4089
Verdun	239	4090
Vernon	395	4091
Versailles	332	4092
Vesoul	107	4093

DE DOUAI à	DISTANCES en KILOMÈTRES.	NUMÉROS des ITINÉRAIRES.
Draguignan	1139	4094
Dunkerque	115	4095
Épinal	638	4096
Évreux	253	4097
Fère (La)	89	4098
Foix	1020	4099
Fontainebleau	300	4100
Gap	957	4101
Givet	240	4102
Grenoble	856	4103
Guéret	597	4104
Haguenau	737	4105
Langres	548	4106
Laon	113	4107
Laval	541	4108
Lille	33	4109
Limoges	631	4110
Lons-le-Saunier	688	4111
Lorient	774	4112
Lunéville	626	4113
Lyon	748	4114
Mâcon	682	4115
Mans (Le)	452	4116
Marseille	1098	4117
Maubeuge	73	4118
Melun	286	4119
Mende	872	4120
Metz	634	4121
Mézières	173	4122
Montauban	889	4123
Montbrison	743	4124
Mont-de-Marsan	955	4125
Montpellier	1076	4126
Moulins	583	4127
Nancy	593	4128
Nantes	672	4129
Napoléon-Vendée	674	4130
Nevers	544	4131
Nîmes	1026	4132
Niort	654	4133
Orléans	362	4134
Paris	241	4135
Pau	1037	4136
Périgueux	726	4137
Perpignan	1153	4138
Poitiers	578	4139
Privas	892	4140
Puy (Le)	820	4141
Quimper	841	4142
Rennes	614	4143
Rochefort	715	4144
Rochelle (La)	717	4145
Rodez	911	4146
Rouen	381	4147
Saint-Brieuc	714	4148
Saint-Germain	264	4149
Saint-Lô	541	4150
Saint-Omer	95	4151
Sarreguemines	710	4152
Saumur	541	4153
Schelestadt	787	4154
Strasbourg	742	4155
Tarbes	1006	4156
Thionville	660	4157
Toulon	1158	4158
Toulouse	938	4159
Tours	477	4160
Troyes	420	4161
Tulle	720	4162
Valence	853	4163
Valenciennes	36	4164
Vannes	717	4165
Verdun	494	4166
Vernon	321	4167
Versailles	258	4168
Vesoul	622	4169

DE DRAGUIGNAN à	DISTANCES en KILOMÈTRES.	NUMÉROS des ITINÉRAIRES.
Dunkerque	1254	4170
Épinal	726	4171
Évreux	1006	4172
Fère (La)	1051	4173
Foix	536	4174
Fontainebleau	839	4175
Gap	182	4176
Givet	1000	4177
Grenoble	283	4178
Guéret	656	4179
Haguenau	878	4180
Langres	650	4181
Laon	1075	4182
Laval	1066	4183
Lille	1172	4184
Limoges	705	4185
Lons-le-Saunier	515	4186
Lorient	1272	4187
Lunéville	789	4188
Lyon	391	4189
Mâcon	458	4190
Mans (Le)	965	4191
Marseille	113	4192
Maubeuge	1158	4193
Melun	853	4194
Mende	379	4195
Metz	833	4196
Mézières	933	4197
Montauban	571	4198
Montbrison	443	4199
Mont-de-Marsan	721	4200
Montpellier	281	4201
Moulins	577	4202
Nancy	776	4203
Nantes	1108	4204
Napoléon-Vendée	954	4205
Nevers	630	4206
Nîmes	231	4207
Niort	867	4208
Orléans	811	4209
Paris	898	4210
Pau	722	4211
Périgueux	723	4212
Perpignan	442	4213
Poitiers	803	4214
Privas	295	4215
Puy (Le)	392	4216
Quimper	1339	4217
Rennes	1145	4218
Rochefort	918	4219
Rochelle (La)	934	4220
Rodez	463	4221
Rouen	1038	4222
Saint-Brieuc	1245	4223
Saint-Germain	921	4224
Saint-Lô	1198	4225
Saint-Omer	1234	4226
Sarreguemines	909	4227
Saumur	987	4228
Schelestadt	804	4229
Strasbourg	849	4230
Tarbes	683	4231
Thionville	859	4232
Toulon	80	4233
Toulouse	532	4234
Tours	923	4235
Troyes	734	4236
Tulle	624	4237
Valence	311	4238
Valenciennes	1175	4239
Vannes	1216	4240
Verdun	823	4241
Vernon	978	4242
Versailles	915	4243
Vesoul	650	4244

DE DUNKERQUE à	DISTANCES en KILOMÈTRES.	NUMÉROS des ITINÉRAIRES.
Épinal	753	4245
Évreux	464	4246
Fère (La)	204	4247
Foix	1135	4248
Fontainebleau	415	4249
Gap	1072	4250
Givet	355	4251
Grenoble	971	4252
Guéret	712	4253
Haguenau	852	4254
Langres	663	4255
Laon	228	4256
Laval	656	4257
Lille	82	4258
Limoges	746	4259
Lons-le-Saunier	803	4260
Lorient	889	4261
Lunéville	741	4262
Lyon	863	4263
Mâcon	797	4264
Mans (Le)	567	4265
Marseille	1213	4266
Maubeuge	188	4267
Melun	401	4268
Mende	987	4269
Metz	749	4270
Mézières	288	4271
Montauban	1004	4272
Montbrison	858	4273
Mont-de-Marsan	1070	4274
Montpellier	1191	4275
Moulins	698	4276
Nancy	708	4277
Nantes	787	4278
Napoléon-Vendée	789	4279
Nevers	659	4280
Nîmes	1141	4281
Niort	769	4282
Orléans	477	4283
Paris	356	4284
Pau	1152	4285
Périgueux	841	4286
Perpignan	1268	4287
Poitiers	693	4288
Privas	1007	4289
Puy (Le)	935	4290
Quimper	956	4291
Rennes	729	4292
Rochefort	830	4293
Rochelle (La)	832	4294
Rodez	1026	4295
Rouen	245	4296
Saint-Brieuc	829	4297
Saint-Germain	379	4298
Saint-Lô	656	4299
Saint-Omer	61	4300
Sarreguemines	825	4301
Saumur	656	4302
Schelestadt	902	4303
Strasbourg	857	4304
Tarbes	1121	4305
Thionville	775	4306
Toulon	1273	4307
Toulouse	1053	4308
Tours	592	4309
Troyes	535	4310
Tulle	835	4311
Valence	968	4312
Valenciennes	151	4313
Vannes	832	4314
Verdun	609	4315
Vernon	436	4316
Versailles	373	4317
Vesoul	737	4318

D'ÉPINAL à	DISTANCES en KILOMÈTRES.	NUMÉROS des ITINÉRAIRES.
Évreux	605	4319
Fère (La)	550	4320
Foix	918	4321
Fontainebleau	338	4322
Gap	544	4323
Givet	337	4324
Grenoble	443	4325
Guéret	502	4326
Haguenau	170	4327
Langres	115	4328
Laon	574	4329
Laval	697	4330
Lille	671	4331
Limoges	586	4332
Lons-le-Saunier	211	4333
Lorient	894	4334
Lunéville	63	4335
Lyon	335	4336
Mâcon	290	4337
Mans (Le)	608	4338
Marseille	685	4339
Maubeuge	374	4340
Melun	353	4341
Mende	558	4342
Metz	127	4343
Mézières	270	4344
Montauban	793	4345
Montbrison	436	4346
Mont-de-Marsan	1015	4347
Montpellier	663	4348
Moulins	364	4349
Nancy	70	4350
Nantes	730	4351
Napoléon-Vendée	732	4352
Nevers	370	4353
Nîmes	613	4354
Niort	712	4355
Orléans	420	4356
Paris	397	4357
Pau	997	4358
Périgueux	681	4359
Perpignan	824	4360
Poitiers	636	4361
Privas	479	4362
Puy (Le)	469	4363
Quimper	961	4364
Rennes	770	4365
Rochefort	773	4366
Rochelle (La)	775	4367
Rodez	673	4368
Rouen	537	4369
Saint-Brieuc	870	4370
Saint-Germain	420	4371
Saint-Lô	697	4372
Saint-Omer	733	4373
Sarreguemines	203	4374
Saumur	599	4375
Schelestadt	101	4376
Strasbourg	141	4377
Tarbes	950	4378
Thionville	153	4379
Toulon	745	4380
Toulouse	914	4381
Tours	535	4382
Troyes	218	4383
Tulle	610	4384
Valence	440	4385
Valenciennes	674	4386
Vannes	838	4387
Verdun	168	4388
Vernon	477	4389
Versailles	414	4390
Vesoul	76	4391

D'ÉVREUX à	DISTANCES en KILOMÈTRES.	NUMÉROS des ITINÉRAIRES.
Fère (La)	261	4392
Foix	887	4393
Fontainebleau	167	4394
Gap	824	4395
Givet	428	4396
Grenoble	723	4397
Guéret	464	4398
Haguenau	604	4399
Langres	415	4400
Laon	285	4401
Laval	207	4402
Lille	382	4403
Limoges	498	4404
Lons-le-Saunier	555	4405
Lorient	440	4406
Lunéville	493	4407
Lyon	615	4408
Mâcon	549	4409
Mans (Le)	170	4410
Marseille	965	4411
Maubeuge	368	4412
Melun	153	4413

D'ÉVREUX à	DISTANCES en KILOMÈTRES.	NUMÉROS des ITINÉRAIRES.
Mende	739	4414
Metz	501	4415
Mézières	361	4416
Montauban	756	4417
Montbrison	610	4418
Mont-de-Marsan	822	4419
Montpellier	943	4420
Moulins	450	4421
Nancy	460	4422
Nantes	338	4423
Napoléon-Vendée	383	4424
Nevers	411	4425
Nîmes	893	4426
Niort	521	4427
Orléans	229	4428
Paris	108	4429
Pau	904	4430
Périgueux	593	4431
Perpignan	1020	4432
Poitiers	445	4433
Privas	759	4434
Puy (Le)	687	4435
Quimper	507	4436
Rennes	280	4437
Rochefort	582	4438
Rochelle (La)	584	4439
Rodez	778	4440
Rouen	51	4441
Saint-Brieuc	370	4442
Saint-Germain	81	4443
Saint-Lô	190	4444
Saint-Omer	444	4445
Sarreguemines	577	4446
Saumur	258	4447
Schelestadt	654	4448
Strasbourg	609	4449
Tarbes	873	4450
Thionville	527	4451
Toulon	1025	4452
Toulouse	805	4453
Tours	344	4454
Troyes	287	4455
Tulle	587	4456
Valence	720	4457
Valenciennes	385	4458
Vannes	383	4459
Verdun	361	4460
Vernon	32	4461
Versailles	125	4462
Vesoul	489	4463

DE LA FÈRE à	DISTANCES en KILOMÈTRES.	NUMÉROS des ITINÉRAIRES.
Foix	932	4464
Fontainebleau	212	4465
Gap	869	4466
Givet	219	4467
Grenoble	768	4468
Guéret	509	4469
Haguenau	439	4470
Langres	288	4471
Laon	24	4472
Laval	453	4473
Lille	122	4474
Limoges	543	4475
Lons-le-Saunier	600	4476
Lorient	686	4477
Lunéville	328	4478
Lyon	660	4479
Mâcon	594	4480
Mans (Le)	364	4481
Marseille	1010	4482
Maubeuge	102	4483
Melun	198	4484
Mende	784	4485
Metz	336	4486
Mézières	134	4487
Montauban	801	4488
Montbrison	655	4489
Mont-de-Marsan	867	4490
Montpellier	988	4491
Moulins	495	4492
Nancy	295	4493
Nantes	584	4494
Napoléon-Vendée	586	4495
Nevers	456	4496
Nîmes	938	4497
Niort	566	4498
Orléans	274	4499
Paris	153	4500
Pau	949	4501
Périgueux	638	4502
Perpignan	1065	4503
Poitiers	490	4504
Privas	804	4505
Puy (Le)	732	4506
Quimper	753	4507
Rennes	526	4508
Rochefort	627	4509
Rochelle (La)	629	4510
Rodez	823	4511
Rouen	293	4512
Saint-Brieuc	626	4513
Saint-Germain	176	4514
Saint-Lô	453	4515
Saint-Omer	219	4516
Sarreguemines	412	4517
Saumur	453	4518
Schelestadt	489	4519
Strasbourg	444	4520
Tarbes	918	4521
Thionville	362	4522
Toulon	1070	4523
Toulouse	850	4524
Tours	389	4525
Troyes	194	4526
Tulle	632	4527
Valence	765	4528
Valenciennes	95	4529
Vannes	629	4530
Verdun	196	4531
Vernon	233	4532
Versailles	170	4533
Vesoul	362	4534

DE FOIX à	DISTANCES en KILOMÈTRES.	NUMÉROS des ITINÉRAIRES.
Fontainebleau	745	4535
Gap	540	4536
Givet	1099	4537
Grenoble	572	4538
Guéret	470	4539
Haguenau	1070	4540
Langres	842	4541
Laon	956	4542
Laval	820	4543
Lille	1058	4544
Limoges	386	4545
Lons-le-Saunier	707	4546
Lorient	831	4547
Lunéville	981	4548
Lyon	583	4549
Mâcon	650	4550
Mans (Le)	762	4551
Marseille	432	4552
Maubeuge	1039	4553
Melun	760	4554
Mende	352	4555
Metz	1025	4556
Mézières	1032	4557
Montauban	131	4558
Montbrison	574	4559
Mont-de-Marsan	271	4560
Montpellier	255	4561
Moulins	557	4562
Nancy	968	4563
Nantes	667	4564
Napoléon-Vendée	609	4565
Nevers	610	4566
Nîmes	305	4567
Niort	527	4568
Orléans	657	4569
Paris	779	4570
Pau	272	4571
Périgueux	325	4572
Perpignan	169	4573
Poitiers	579	4574
Privas	420	4575
Puy (Le)	461	4576
Quimper	898	4577
Rennes	774	4578
Rochefort	495	4579
Rochelle (La)	526	4580
Rodez	237	4581
Rouen	919	4582

DE FOIX à	DISTANCES en KILOMÈTRES.	NUMÉROS des ITINÉRAIRES.
Saint-Brieuc	874	4583
Saint-Germain	802	4584
Saint-Lô	956	4585
Saint-Omer	1115	4586
Sarreguemines	1101	4587
Saumur	744	4588
Schelestadt	996	4589
Strasbourg	1041	4590
Tarbes	233	4591
Thionville	1051	4592
Toulon	492	4593
Toulouse	82	4594
Tours	680	4595
Troyes	865	4596
Tulle	326	4597
Valence	478	4598
Valenciennes	1056	4599
Vannes	775	4600
Verdun	1015	4601
Vernon	859	4602
Versailles	796	4603
Vesoul	842	4604

de FONTAINEBLEAU à	DISTANCES en KILOMÈTRES.	NUMÉROS des ITINÉRAIRES.
Gap	657	4605
Givet	379	4606
Grenoble	556	4607
Guéret	323	4608
Haguenau	555	4609
Langres	248	4610
Laon	236	4611
Laval	359	4612
Lille	333	4613
Limoges	357	4614
Lons-le-Saunier	388	4615
Lorient	592	4616
Lunéville	444	4617
Lyon	448	4618
Mâcon	382	4619
Mans (Le)	270	4620
Marseille	798	4621
Maubeuge	319	4622
Melun	15	4623
Mende	598	4624
Metz	452	4625
Mézières	312	4626
Montauban	616	4627
Montbrison	479	4628
Mont-de-Marsan	681	4629
Montpellier	776	4630
Moulins	319	4631
Nancy	411	4632
Nantes	398	4633
Napoléon-Vendée	400	4634
Nevers	223	4635
Nîmes	726	4636
Niort	380	4637
Orléans	88	4638
Paris	59	4639
Pau	763	4640
Périgueux	452	4641
Perpignan	878	4642
Poitiers	304	4643
Privas	592	4644
Puy (Le)	582	4645
Quimper	629	4646
Rennes	432	4647
Rochefort	441	4648
Rochelle (La)	443	4649
Rodez	637	4650
Rouen	199	4651
Saint-Brieuc	532	4652
Saint-Germain	82	4653
Saint-Lô	359	4654
Saint-Omer	395	4655
Sarreguemines	528	4656
Saumur	267	4657
Schelestadt	605	4658
Strasbourg	560	4659
Tarbes	731	4660
Thionville	478	4661
Toulon	858	4662
Toulouse	663	4663
Tours	203	4664
Troyes	120	4665
Tulle	446	4666
Valence	553	4667
Valenciennes	330	4668
Vannes	506	4669
Verdun	312	4670
Vernon	139	4671
Versailles	76	4672
Vesoul	322	4673

DE GAP à	DISTANCES en KILOMÈTRES.	NUMÉROS des ITINÉRAIRES.
Givet	818	4674
Grenoble	101	4675
Guéret	522	4676
Haguenau	696	4677
Langres	468	4678
Laon	893	4679
Laval	881	4680
Lille	990	4681
Limoges	572	4682
Lons-le-Saunier	333	4683
Lorient	1086	4684
Lunéville	607	4685
Lyon	209	4686
Mâcon	276	4687
Mans (Le)	783	4688
Marseille	178	4689
Maubeuge	976	4690
Melun	671	4691
Mende	383	4692
Metz	651	4693
Mézières	751	4694
Montauban	575	4695
Montbrison	310	4696
Mont-de-Marsan	725	4697
Montpellier	285	4698
Moulins	395	4699
Nancy	594	4700
Nantes	926	4701
Napoléon-Vendée	821	4702
Nevers	448	4703
Nîmes	235	4704
Niort	734	4705
Orléans	629	4706
Paris	716	4707
Pau	726	4708
Périgueux	638	4709
Perpignan	446	4710
Poitiers	698	4711
Privas	234	4712
Puy (Le)	343	4713
Quimper	1157	4714
Rennes	963	4715
Rochefort	784	4716
Rochelle (La)	800	4717
Rodez	467	4718
Rouen	856	4719
Saint-Brieuc	1063	4720
Saint-Germain	739	4721
Saint-Lô	1016	4722
Saint-Omer	1052	4723
Sarreguemines	727	4724
Saumur	805	4725
Schelestadt	622	4726
Strasbourg	667	4727
Tarbes	687	4728
Thionville	677	4729
Toulon	224	4730
Toulouse	536	4731
Tours	741	4732
Troyes	552	4733
Tulle	536	4734
Valence	195	4735
Valenciennes	993	4736
Vannes	1034	4737
Verdun	510	4738
Vernon	796	4739
Versailles	733	4740
Vesoul	468	4741

DE GIVET à	DISTANCES en KILOMÈTRES.	NUMÉROS des ITINÉRAIRES.
Grenoble	717	4742
Guéret	676	4743
Haguenau	371	4744
Langres	360	4745
Laon	195	4746
Laval	620	4747

DE GIVET à	DISTANCES en KILOMÈTRES.	NUMÉROS des ITINÉRAIRES.
Lille	273	4748
Limoges	710	4749
Lons-le-Saunier	515	4750
Lorient	853	4751
Lunéville	294	4752
Lyon	609	4753
Mâcon	542	4754
Mans (Le)	531	4755
Marseille	959	4756
Maubeuge	171	4757
Melun	365	4758
Mende	951	4759
Metz	220	4760
Mézières	67	4761
Montauban	968	4762
Montbrison	710	4763
Mont-de-Marsan	1034	4764
Montpellier	937	4765
Moulins	505	4766
Nancy	267	4767
Nantes	751	4768
Napoléon-Vendée	753	4769
Nevers	452	4770
Nîmes	887	4771
Niort	733	4772
Orléans	441	4773
Paris	320	4774
Pau	1116	4775
Périgueux	805	4776
Perpignan	1098	4777
Poitiers	657	4778
Privas	753	4779
Puy (Le)	899	4780
Quimper	920	4781
Rennes	693	4782
Rochefort	794	4783
Rochelle (La)	796	4784
Rodez	990	4785
Rouen	460	4786
Saint-Brieuc	793	4787
Saint-Germain	343	4788
Saint-Lô	620	4789
Saint-Omer	370	4790
Sarreguemines	296	4791
Saumur	620	4792
Schelestadt	402	4793
Strasbourg	400	4794
Tarbes	1085	4795
Thionville	248	4796
Toulon	1019	4797
Toulouse	1017	4798
Tours	556	4799
Troyes	266	4800
Tulle	799	4801
Valence	714	4802
Valenciennes	208	4803
Vannes	796	4804
Verdun	169	4805
Vernon	400	4806
Versailles	337	4807
Vesoul	434	4808

DE GRENOBLE à	DISTANCES en KILOMÈTRES.	NUMÉROS des ITINÉRAIRES.
Guéret	421	4809
Haguenau	595	4810
Langres	367	4811
Laon	792	4812
Laval	780	4813
Lille	889	4814
Limoges	471	4815
Lons-le-Saunier	232	4816
Lorient	989	4817
Lunéville	506	4818
Lyon	108	4819
Mâcon	175	4820
Mans (Le)	682	4821
Marseille	279	4822
Maubeuge	875	4823
Melun	570	4824
Mende	331	4825
Metz	550	4826
Mézières	650	4827
Montauban	607	4828
Montbrison	209	4829
Mont-de-Marsan	757	4830
Montpellier	317	4831
Moulins	294	4832
Nancy	493	4833
Nantes	825	4834
Napoléon-Vendée	720	4835
Nevers	347	4836
Nîmes	267	4837
Niort	633	4838
Orléans	528	4839
Paris	615	4840
Pau	758	4841
Périgueux	537	4842
Perpignan	478	4843
Poitiers	597	4844
Privas	133	4845
Puy (Le)	242	4846
Quimper	1056	4847
Rennes	862	4848
Rochefort	683	4849
Rochelle (La)	699	4850
Rodez	383	4851
Rouen	755	4852
Saint-Brieuc	962	4853
Saint-Germain	638	4854
Saint-Lô	915	4855
Saint-Omer	951	4856
Sarreguemines	626	4857
Saumur	704	4858
Schelestadt	521	4859
Strasbourg	566	4860
Tarbes	719	4861
Thionville	576	4862
Toulon	399	4863
Toulouse	568	4864
Tours	640	4865
Troyes	451	4866
Tulle	435	4867
Valence	94	4868
Valenciennes	892	4869
Vannes	933	4870
Verdun	540	4871
Vernon	695	4872
Versailles	632	4873
Vesoul	367	4874

DE GUÉRET à	DISTANCES en KILOMÈTRES.	NUMÉROS des ITINÉRAIRES.
Haguenau	852	4875
Langres	387	4876
Laon	533	4877
Laval	339	4878
Lille	630	4879
Limoges	84	4880
Lons-le-Saunier	350	4881
Lorient	556	4882
Lunéville	741	4883
Lyon	314	4884
Mâcon	274	4885
Mans (Le)	281	4886
Marseille	569	4887
Maubeuge	616	4888
Melun	338	4889
Mende	316	4890
Metz	749	4891
Mézières	609	4892
Montauban	343	4893
Montbrison	243	4894
Mont-de-Marsan	424	4895
Montpellier	470	4896
Moulins	138	4897
Nancy	708	4898
Nantes	396	4899
Napoléon-Vendée	310	4900
Nevers	191	4901
Nîmes	442	4902
Niort	223	4903
Orléans	235	4904
Paris	356	4905
Pau	499	4906
Périgueux	179	4907
Perpignan	607	4908
Poitiers	147	4909
Privas	414	4910
Puy (Le)	264	4911
Quimper	627	4912
Rennes	431	4913
Rochefort	284	4914
Rochelle (La)	286	4915
Rodez	355	4916

DE GUÉRET à	DISTANCES en KILOMÈTRES.	NUMÉROS des ITINÉRAIRES.
Rouen	496	4917
Saint-Brieuc	531	4918
Saint-Germain	379	4919
Saint-Lô	475	4920
Saint-Omer	692	4921
Sarreguemines	825	4922
Saumur	263	4923
Schelestadt	902	4924
Strasbourg	857	4925
Tarbes	460	4926
Thionville	775	4927
Toulon	629	4928
Toulouse	392	4929
Tours	199	4930
Troyes	373	4931
Tulle	173	4932
Valence	375	4933
Valenciennes	633	4934
Vannes	504	4935
Verdun	609	4936
Vernon	436	4937
Versailles	373	4938
Vesoul	428	4939

DE HAGUENAU à	DISTANCES en KILOMÈTRES.	NUMÉROS des ITINÉRAIRES.
Langres	268	4940
Laon	415	4941
Laval	796	4942
Lille	770	4943
Limoges	886	4944
Lons-le-Saunier	363	4945
Lorient	1029	4946
Lunéville	115	4947
Lyon	487	4948
Mâcon	442	4949
Mans (Le)	707	4950
Marseille	837	4951
Maubeuge	408	4952
Melun	541	4953
Mende	710	4954
Metz	151	4955
Mézières	304	4956
Montauban	946	4957
Montbrison	588	4958
Mont-de-Marsan	1210	4959
Montpellier	815	4960
Moulins	534	4961
Nancy	142	4962
Nantes	927	4963
Napoléon-Vendée	929	4964
Nevers	540	4965
Nîmes	765	4966
Niort	909	4967
Orléans	617	4968
Paris	496	4969
Pau	1256	4970
Périgueux	851	4971
Perpignan	976	4972
Poitiers	833	4973
Privas	631	4974
Puy (Le)	621	4975
Quimper	1096	4976
Rennes	869	4977
Rochefort	970	4978
Rochelle (La)	972	4979
Rodez	825	4980
Rouen	636	4981
Saint-Brieuc	969	4982
Saint-Germain	519	4983
Saint-Lô	796	4984
Saint-Omer	832	4985
Sarreguemines	75	4986
Saumur	796	4987
Schelestadt	74	4988
Strasbourg	29	4989
Tarbes	1217	4990
Thionville	177	4991
Toulon	897	4992
Toulouse	1066	4993
Tours	732	4994
Troyes	339	4995
Tulle	755	4996
Valence	592	4997
Valenciennes	773	4998
Vannes	972	4999
Verdun	216	5000
Vernon	576	5001
Versailles	513	5002
Vesoul	239	5003

DE LANGRES à	DISTANCES en KILOMÈTRES.	NUMÉROS des ITINÉRAIRES.
Laon	264	5004
Laval	607	5005
Lille	581	5006
Limoges	471	5007
Lons-le-Saunier	165	5008
Lorient	779	5009
Lunéville	153	5010
Lyon	259	5011
Mâcon	192	5012
Mans (Le)	518	5013
Marseille	609	5014
Maubeuge	352	5015
Melun	263	5016
Mende	482	5017
Metz	183	5018
Mézières	276	5019
Montauban	678	5020
Montbrison	360	5021
Mont-de-Marsan	885	5022
Montpellier	587	5023
Moulins	249	5024
Nancy	126	5025
Nantes	615	5026
Napoléon-Vendée	617	5027
Nevers	255	5028
Nîmes	537	5029
Niort	597	5030
Orléans	305	5031
Paris	307	5032
Pau	872	5033
Périgueux	612	5034
Perpignan	748	5035
Poitiers	521	5036
Privas	403	5037
Puy (Le)	393	5038
Quimper	846	5039
Rennes	680	5040
Rochefort	658	5041
Rochelle (La)	660	5042
Rodez	569	5043
Rouen	447	5044
Saint-Brieuc	780	5045
Saint-Germain	330	5046
Saint-Lô	607	5047
Saint-Omer	643	5048
Sarreguemines	259	5049
Saumur	484	5050
Schelestadt	216	5051
Strasbourg	256	5052
Tarbes	835	5053
Thionville	209	5054
Toulon	669	5055
Toulouse	724	5056
Tours	420	5057
Troyes	128	5058
Tulle	487	5059
Valence	364	5060
Valenciennes	584	5061
Vannes	718	5062
Verdun	173	5063
Vernon	387	5064
Versailles	424	5065
Vesoul	74	5066

DE LAON à	DISTANCES en KILOMÈTRES.	NUMÉROS des ITINÉRAIRES.
Laval	477	5067
Lille	146	5068
Limoges	567	5069
Lons-le-Saunier	624	5070
Lorient	710	5071
Lunéville	304	5072
Lyon	684	5073
Mâcon	618	5074
Mans (Le)	388	5075
Marseille	1034	5076
Maubeuge	88	5077
Melun	222	5078
Mende	808	5079
Metz	312	5080
Mézières	128	5081

DE LAON à

DE LAON à	DISTANCES en KILOMÈTRES.	NUMÉROS des ITINÉRAIRES.
Montauban	825	5082
Montbrison	679	5083
Mont-de-Marsan	891	5084
Montpellier	1012	5085
Moulins	519	5086
Nancy	271	5087
Nantes	608	5088
Napoléon-Vendée	610	5089
Nevers	480	5090
Nîmes	962	5091
Niort	590	5092
Orléans	298	5093
Paris	177	5094
Pau	973	5095
Périgueux	662	5096
Perpignan	1089	5097
Poitiers	514	5098
Privas	828	5099
Puy (Le)	756	5100
Quimper	777	5101
Rennes	550	5102
Rochefort	651	5103
Rochelle (La)	653	5104
Rodez	847	5105
Rouen	317	5106
Saint-Brieuc	650	5107
Saint-Germain	200	5108
Saint-Lô	477	5109
Saint-Omer	208	5110
Sarreguemines	388	5111
Saumur	477	5112
Schelestadt	465	5113
Strasbourg	420	5114
Tarbes	942	5115
Thionville	338	5116
Toulon	1094	5117
Toulouse	874	5118
Tours	413	5119
Troyes	170	5120
Tulle	656	5121
Valence	789	5122
Valenciennes	119	5123
Vannes	653	5124
Verdun	172	5125
Vernon	257	5126
Versailles	194	5127
Vesoul	338	5128

DE LAVAL à

DE LAVAL à	DISTANCES en KILOMÈTRES.	NUMÉROS des ITINÉRAIRES.
Lille	574	5129
Limoges	370	5130
Lons-le-Saunier	654	5131
Lorient	233	5132
Lunéville	685	5133
Lyon	672	5134
Mâcon	622	5135
Mans (Le)	90	5136
Marseille	1022	5137
Maubeuge	560	5138
Melun	345	5139
Mende	765	5140
Metz	693	5141
Mézières	553	5142
Montauban	701	5143
Montbrison	646	5144
Mont-de-Marsan	618	5145
Montpellier	989	5146
Moulins	486	5147
Nancy	652	5148
Nantes	131	5149
Napoléon-Vendée	199	5150
Nevers	436	5151
Nîmes	950	5152
Niort	317	5153
Orléans	255	5154
Paris	300	5155
Pau	700	5156
Périgueux	440	5157
Perpignan	893	5158
Poitiers	241	5159
Privas	816	5160
Puy (Le)	713	5161
Quimper	300	5162
Rennes	73	5163
Rochefort	378	5164
Rochelle (La)	380	5165
Rodez	647	5166
Rouen	233	5167
Saint-Brieuc	173	5168
Saint-Germain	296	5169
Saint-Lô	153	5170
Saint-Omer	636	5171
Sarreguemines	769	5172
Saumur	118	5173
Schelestadt	846	5174
Strasbourg	801	5175
Tarbes	717	5176
Thionville	719	5177
Toulon	1082	5178
Toulouse	678	5179
Tours	140	5180
Troyes	479	5181
Tulle	459	5182
Valence	777	5183
Valenciennes	577	5184
Vannes	176	5185
Verdun	553	5186
Vernon	239	5187
Versailles	283	5188
Vesoul	634	5189

DE LILLE à

DE LILLE à	DISTANCES en KILOMÈTRES.	NUMÉROS des ITINÉRAIRES.
Limoges	664	5190
Lons-le-Saunier	721	5191
Lorient	807	5192
Lunéville	659	5193
Lyon	781	5194
Mâcon	715	5195
Mans (Le)	485	5196
Marseille	1131	5197
Maubeuge	106	5198
Melun	319	5199
Mende	905	5200
Metz	667	5201
Mézières	206	5202
Montauban	922	5203
Montbrison	776	5204
Mont-de-Marsan	988	5205
Montpellier	1109	5206
Moulins	616	5207
Nancy	626	5208
Nantes	705	5209
Napoléon-Vendée	707	5210
Nevers	577	5211
Nîmes	1059	5212
Niort	687	5213
Orléans	395	5214
Paris	274	5215
Pau	1070	5216
Périgueux	759	5217
Perpignan	1186	5218
Poitiers	611	5219
Privas	925	5220
Puy (Le)	853	5221
Quimper	874	5222
Rennes	647	5223
Rochefort	748	5224
Rochelle (La)	750	5225
Rodez	944	5226
Rouen	414	5227
Saint-Brieuc	747	5228
Saint-Germain	297	5229
Saint-Lô	574	5230
Saint-Omer	62	5231
Sarreguemines	743	5232
Saumur	574	5233
Schelestadt	820	5234
Strasbourg	775	5235
Tarbes	1039	5236
Thionville	693	5237
Toulon	1191	5238
Toulouse	971	5239
Tours	510	5240
Troyes	453	5241
Tulle	753	5242
Valence	886	5243
Valenciennes	69	5244
Vannes	750	5245
Verdun	527	5246
Vernon	354	5247
Versailles	291	5248
Vesoul	655	5249

DE LIMOGES à	DISTANCES en KILOMÈTRES.	NUMÉROS des ITINÉRAIRES.
Lons-le-Saunier	434	5250
Lorient	587	5251
Lunéville	775	5252
Lyon	362	5253
Mâcon	356	5254
Mans (Le)	312	5255
Marseille	618	5256
Maubeuge	650	5257
Melun	372	5258
Mende	334	5259
Metz	783	5260
Mézières	643	5261
Montauban	259	5262
Montbrison	292	5263
Mont-de-Marsan	340	5264
Montpellier	470	5265
Moulins	222	5266
Nancy	742	5267
Nantes	425	5268
Napoléon-Vendée	249	5269
Nevers	288	5270
Nîmes	491	5271
Niort	162	5272
Orléans	269	5273
Paris	390	5274
Pau	429	5275
Périgueux	95	5276
Perpignan	523	5277
Poitiers	129	5278
Privas	463	5279
Puy (Le)	313	5280
Quimper	658	5281
Rennes	462	5282
Rochefort	212	5283
Rochelle (La)	228	5284
Rodez	277	5285
Rouen	530	5286
Saint-Brieuc	562	5287
Saint-Germain	413	5288
Saint-Lô	506	5289
Saint-Omer	726	5290
Sarreguemines	850	5291
Saumur	294	5292
Schelestadt	936	5293
Strasbourg	891	5294
Tarbes	376	5295
Thionville	809	5296
Toulon	678	5297
Toulouse	308	5298
Tours	230	5299
Troyes	477	5300
Tulle	89	5301
Valence	424	5302
Valenciennes	667	5303
Vannes	535	5304
Verdun	643	5305
Vernon	470	5306
Versailles	407	5307
Vesoul	512	5308

DE LONS-LE-SAUNIER à	DISTANCES en KILOMÈTRES.	NUMÉROS des ITINÉRAIRES.
Lorient	873	5309
Lunéville	274	5310
Lyon	124	5311
Mâcon	96	5312
Mans (Le)	553	5313
Marseille	474	5314
Maubeuge	507	5315
Melun	402	5316
Mende	347	5317
Metz	348	5318
Mézières	448	5319
Montauban	592	5320
Montbrison	225	5321
Mont-de-Marsan	804	5322
Montpellier	452	5323
Moulins	212	5324
Nancy	291	5325
Nantes	709	5326
Napoléon-Vendée	678	5327
Nevers	218	5328
Nîmes	402	5329
Niort	591	5330
Orléans	400	5331
Paris	447	5332
Pau	786	5333
Périgueux	529	5334
Perpignan	613	5335
Poitiers	515	5336
Privas	268	5337
Puy (Le)	258	5338
Quimper	940	5339
Rennes	746	5340
Rochefort	652	5341
Rochelle (La)	654	5342
Rodez	462	5343
Rouen	587	5344
Saint-Brieuc	846	5345
Saint-Germain	470	5346
Saint-Lô	747	5347
Saint-Omer	783	5348
Sarreguemines	424	5349
Saumur	578	5350
Schelestadt	289	5351
Strasbourg	334	5352
Tarbes	749	5353
Thionville	374	5354
Toulon	534	5355
Toulouse	703	5356
Tours	514	5357
Troyes	249	5358
Tulle	416	5359
Valence	229	5360
Valenciennes	724	5361
Vannes	817	5362
Verdun	324	5363
Vernon	527	5364
Versailles	461	5365
Vesoul	135	5366

DE LORIENT à	DISTANCES en KILOMÈTRES.	NUMÉROS des ITINÉRAIRES.
Lunéville	918	5367
Lyon	881	5368
Mâcon	831	5369
Mans (Le)	323	5370
Marseille	1177	5371
Maubeuge	793	5372
Melun	578	5373
Mende	984	5374
Metz	926	5375
Mézières	786	5376
Montauban	712	5377
Montbrison	911	5378
Mont-de-Marsan	629	5379
Montpellier	1000	5380
Moulins	695	5381
Nancy	885	5382
Nantes	164	5383
Napoléon-Vendée	235	5384
Nevers	655	5385
Nîmes	1050	5386
Niort	304	5387
Orléans	474	5388
Paris	533	5389
Pau	711	5390
Périgueux	659	5391
Perpignan	964	5392
Poitiers	460	5393
Privas	1026	5394
Puy (Le)	932	5395
Quimper	67	5396
Rennes	160	5397
Rochefort	349	5398
Rochelle (La)	318	5399
Rodez	866	5400
Rouen	466	5401
Saint-Brieuc	122	5402
Saint-Germain	529	5403
Saint-Lô	291	5404
Saint-Omer	869	5405
Sarreguemines	1002	5406
Saumur	295	5407
Schelestadt	1079	5408
Strasbourg	1034	5409
Tarbes	728	5410
Thionville	952	5411
Toulon	1237	5412
Toulouse	749	5413
Tours	359	5414
Troyes	712	5415
Tulle	678	5416
Valence	986	5417
Valenciennes	810	5418
Vannes	56	5419
Verdun	786	5420
Vernon	489	5421
Versailles	516	5422
Vesoul	914	5423

DE LUNÉVILLE à	DISTANCES en KILOMÈTRES.	NUMÉROS des ITINÉRAIRES.
Lyon	398	5424
Mâcon	345	5425
Mans (Le)	596	5426
Marseille	748	5427
Maubeuge	331	5428
Melun	359	5429
Mende	621	5430
Metz	84	5431
Mézières	227	5432
Montauban	831	5433
Montbrison	499	5434
Mont-de-Marsan	1099	5435
Montpellier	726	5436
Moulins	402	5437
Nancy	27	5438
Nantes	816	5439
Napoléon-Vendée	818	5440
Nevers	688	5441
Nîmes	676	5442
Niort	798	5443
Orléans	506	5444
Paris	385	5445
Pau	1181	5446
Périgueux	870	5447
Perpignan	887	5448
Poitiers	722	5449
Privas	542	5450
Puy (Le)	532	5451
Quimper	985	5452
Rennes	758	5453
Rochefort	859	5454
Rochelle (La)	861	5455
Rodez	722	5456
Rouen	525	5457
Saint-Brieuc	858	5458
Saint-Germain	408	5459
Saint-Lô	685	5460
Saint-Omer	721	5461
Sarreguemines	131	5462
Saumur	685	5463
Schelestadt	108	5464
Strasbourg	125	5465
Tarbes	1150	5466
Thionville	110	5467
Toulon	808	5468
Toulouse	977	5469
Tours	621	5470
Troyes	224	5471
Tulle	640	5472
Valence	503	5473
Valenciennes	662	5474
Vannes	861	5475
Verdun	125	5476
Vernon	465	5477
Versailles	402	5478
Vesoul	139	5479

DE LYON à	DISTANCES en KILOMÈTRES.	NUMÉROS des ITINÉRAIRES.
Mâcon	67	5480
Mans (Le)	574	5481
Marseille	350	5482
Maubeuge	601	5483
Melun	462	5484
Mende	223	5485
Metz	442	5486
Mézières	542	5487
Montauban	468	5488
Montbrison	101	5489
Mont-de-Marsan	680	5490
Montpellier	328	5491
Moulins	186	5492
Nancy	385	5493
Nantes	717	5494
Napoléon-Vendée	729	5495
Nevers	239	5496
Nîmes	278	5497
Niort	565	5498
Orléans	420	5499
Paris	507	5500
Pau	662	5501
Périgueux	429	5502
Perpignan	489	5503
Poitiers	489	5504
Privas	144	5505
Puy (Le)	134	5506
Quimper	948	5507
Rennes	754	5508
Rochefort	626	5509
Rochelle (La)	628	5510
Rodez	338	5511
Rouen	647	5512
Saint-Brieuc	854	5513
Saint-Germain	530	5514
Saint-Lô	807	5515
Saint-Omer	843	5516
Sarreguemines	518	5517
Saumur	596	5518
Schelestadt	413	5519
Strasbourg	458	5520
Tarbes	625	5521
Thionville	468	5522
Toulon	410	5523
Toulouse	493	5524
Tours	532	5525
Troyes	343	5526
Tulle	327	5527
Valence	105	5528
Valenciennes	784	5529
Vannes	825	5530
Verdun	432	5531
Vernon	587	5532
Versailles	524	5533
Vesoul	259	5534

DE MACON à	DISTANCES en KILOMÈTRES.	NUMÉROS des ITINÉRAIRES.
Mans (Le)	524	5535
Marseille	417	5536
Maubeuge	534	5537
Melun	396	5538
Mende	290	5539
Metz	375	5540
Mézières	475	5541
Montauban	535	5542
Montbrison	168	5543
Mont-de-Marsan	747	5544
Montpellier	395	5545
Moulins	136	5546
Nancy	318	5547
Nantes	667	5548
Napoléon-Vendée	679	5549
Nevers	189	5550
Nîmes	345	5551
Niort	515	5552
Orléans	367	5553
Paris	441	5554
Pau	729	5555
Périgueux	422	5556
Perpignan	556	5557
Poitiers	439	5558
Privas	211	5559
Puy (Le)	201	5560
Quimper	898	5561
Rennes	704	5562
Rochefort	576	5563
Rochelle (La)	578	5564
Rodez	402	5565
Rouen	581	5566
Saint-Brieuc	804	5567
Saint-Germain	464	5568
Saint-Lô	741	5569
Saint-Omer	777	5570
Sarreguemines	451	5571
Saumur	546	5572
Schelestadt	368	5573
Strasbourg	413	5574
Tarbes	692	5575
Thionville	401	5576
Toulon	477	5577
Toulouse	560	5578
Tours	482	5579
Troyes	276	5580
Tulle	320	5581
Valence	172	5582
Valenciennes	718	5583
Vannes	775	5584
Verdun	365	5585
Vernon	521	5586
Versailles	458	5587
Vesoul	214	5588

DE MANS (LE) à	DISTANCES en KILOMÈTRES.	NUMÉROS des ITINÉRAIRES.
Marseille	924	5589
Maubeuge	471	5590
Melun	256	5591
Mende	676	5592
Metz	604	5593
Mézières	464	5594
Montauban	643	5595
Montbrison	548	5596
Mont-de-Marsan	560	5597
Montpellier	830	5598
Moulins	388	5599
Nancy	563	5600
Nantes	177	5601
Napoléon-Vendée	213	5602
Nevers	335	5603
Nîmes	802	5604
Niort	259	5605
Orléans	152	5606
Paris	211	5607
Pau	642	5608
Périgueux	382	5609
Perpignan	895	5610
Poitiers	183	5611
Privas	718	5612
Puy (Le)	624	5613
Quimper	390	5614
Rennes	163	5615
Rochefort	320	5616
Rochelle (La)	322	5617
Rodez	642	5618
Rouen	196	5619
Saint-Brieuc	263	5620
Saint-Germain	207	5621
Saint-Lô	199	5622
Saint-Omer	517	5623
Sarreguemines	680	5624
Saumur	93	5625
Schelestadt	757	5626
Strasbourg	712	5627
Tarbes	659	5628
Thionville	630	5629
Toulon	984	5630
Toulouse	680	5631
Tours	82	5632
Troyes	390	5633
Tulle	401	5634
Valence	679	5635
Valenciennes	488	5636
Vannes	266	5637
Verdun	464	5638
Vernon	202	5639
Versailles	194	5640
Vesoul	592	5641

DE MARSEILLE à	DISTANCES en KILOMÈTRES.	NUMÉROS des ITINÉRAIRES.
Maubeuge	1117	5642
Melun	812	5643
Mende	275	5644
Metz	792	5645
Mézières	892	5646
Montauban	467	5647
Montbrison	377	5648
Mont-de-Marsan	617	5649
Montpellier	177	5650
Moulins	536	5651
Nancy	735	5652
Nantes	1067	5653
Napoléon-Vendée	867	5654
Nevers	589	5655
Nîmes	127	5656
Niort	780	5657
Orléans	770	5658
Paris	857	5659
Pau	618	5660
Périgueux	619	5661
Perpignan	338	5662
Poitiers	747	5663
Privas	229	5664
Puy (Le)	305	5665
Quimper	1298	5666
Rennes	1104	5667
Rochefort	841	5668
Rochelle (La)	872	5669
Rodez	359	5670
Rouen	997	5671
Saint-Brieuc	1204	5672
Saint-Germain	880	5673
Saint-Lô	1157	5674
Saint-Omer	1193	5675
Sarreguemines	868	5676
Saumur	946	5677
Schelestadt	763	5678
Strasbourg	808	5679
Tarbes	579	5680
Thionville	818	5681
Toulon	60	5682
Toulouse	428	5683
Tours	878	5684
Troyes	693	5685
Tulle	520	5686
Valence	245	5687
Valenciennes	1134	5688
Vannes	1175	5689
Verdun	782	5690
Vernon	937	5691
Versailles	874	5692
Vesoul	609	5693

DE MAUBEUGE à	DISTANCES en KILOMÈTRES.	NUMÉROS des ITINÉRAIRES.
Melun	305	5694
Mende	891	5695
Metz	257	5696
Mézières	104	5697
Montauban	908	5698
Montbrison	762	5699
Mont-de-Marsan	974	5700
Montpellier	1095	5701
Moulins	602	5702
Nancy	304	5703
Nantes	691	5704
Napoléon-Vendée	693	5705
Nevers	563	5706
Nîmes	1045	5707
Niort	673	5708
Orléans	381	5709
Paris	260	5710
Pau	1056	5711
Périgueux	745	5712
Perpignan	1172	5713
Poitiers	597	5714
Privas	911	5715
Puy (Le)	839	5716
Quimper	800	5717
Rennes	633	5718
Rochefort	734	5719
Rochelle (La)	736	5720
Rodez	930	5721
Rouen	279	5722
Saint-Brieuc	733	5723
Saint-Germain	283	5724
Saint-Lô	560	5725
Saint-Omer	168	5726
Sarreguemines	333	5727
Saumur	500	5728
Schelestadt	439	5729
Strasbourg	456	5730
Tarbes	1025	5731
Thionville	283	5732
Toulon	1177	5733
Toulouse	957	5734
Tours	496	5735
Troyes	258	5736
Tulle	739	5737
Valence	872	5738
Valenciennes	37	5739
Vannes	736	5740
Verdun	206	5741
Vernon	340	5742
Versailles	277	5743
Vesoul	426	5744

DE MELUN à	DISTANCES en KILOMÈTRES.	NUMÉROS des ITINÉRAIRES.
Mende	572	5745
Metz	428	5746
Mézières	298	5747
Montauban	631	5748
Montbrison	451	5749
Mont-de-Marsan	696	5750
Montpellier	790	5751
Moulins	291	5752
Nancy	397	5753

DE MELUN à	DISTANCES en KILOMÈTRES.	NUMÉROS des ITINÉRAIRES.
Nantes	413	5754
Napoléon-Vendée	415	5755
Nevers	238	5756
Nimes	740	5757
Niort	395	5758
Orléans	103	5759
Paris	45	5760
Pau	778	5761
Périgueux	467	5762
Perpignan	893	5763
Poitiers	319	5764
Privas	606	5765
Puy (Le)	520	5766
Quimper	645	5767
Rennes	418	5768
Rochefort	456	5769
Rochelle (La)	458	5770
Rodez	611	5771
Rouen	185	5772
Saint-Brieuc	518	5773
Saint-Germain	68	5774
Saint-Lô	345	5775
Saint-Omer	381	5776
Sarreguemines	514	5777
Saumur	282	5778
Schelestadt	591	5779
Strasbourg	546	5780
Tarbes	746	5781
Thionville	464	5782
Toulon	872	5783
Toulouse	678	5784
Tours	218	5785
Troyes	135	5786
Tulle	461	5787
Valence	567	5788
Valenciennes	322	5789
Vannes	521	5790
Verdun	298	5791
Vernon	125	5792
Versailles	62	5793
Vesoul	337	5794

DE MENDE à	DISTANCES en KILOMÈTRES.	NUMÉROS des ITINÉRAIRES.
Metz	665	5795
Mézières	719	5796
Montauban	245	5797
Montbrison	202	5798
Mont-de-Marsan	424	5799
Montpellier	198	5800
Moulins	281	5801
Nancy	608	5802
Nantes	820	5803
Napoléon-Vendée	583	5804
Nevers	334	5805
Nimes	148	5806
Niort	496	5807
Orléans	510	5808
Paris	631	5809
Pau	439	5810
Périgueux	347	5811
Perpignan	359	5812
Poitiers	463	5813
Privas	135	5814
Puy (Le)	89	5815
Quimper	1051	5816
Rennes	849	5817
Rochefort	546	5818
Rochelle (La)	562	5819
Rodez	115	5820
Rouen	771	5821
Saint-Brieuc	949	5822
Saint-Germain	654	5823
Saint-Lô	901	5824
Saint-Omer	967	5825
Sarreguemines	741	5826
Saumur	689	5827
Schelestadt	636	5828
Strasbourg	681	5829
Tarbes	402	5830
Thionville	691	5831
Toulon	335	5832
Toulouse	270	5833
Tours	625	5834
Troyes	520	5835
Tulle	245	5836
Valence	174	5837
Valenciennes	908	5838
Vannes	928	5839
Verdun	655	5840
Vernon	711	5841
Versailles	648	5842
Vesoul	482	5843

DE METZ à	DISTANCES en KILOMÈTRES.	NUMÉROS des ITINÉRAIRES.
Mézières	153	5844
Montauban	1041	5845
Montbrison	543	5846
Mont-de-Marsan	1107	5847
Montpellier	770	5848
Moulins	432	5849
Nancy	57	5850
Nantes	824	5851
Napoléon-Vendée	826	5852
Nevers	438	5853
Nimes	720	5854
Niort	806	5855
Orléans	514	5856
Paris	393	5857
Pau	1189	5858
Périgueux	749	5859
Perpignan	931	5860
Poitiers	730	5861
Privas	586	5862
Puy (Le)	576	5863
Quimper	993	5864
Rennes	766	5865
Rochefort	867	5866
Rochelle (La)	869	5867
Rodez	752	5868
Rouen	533	5869
Saint-Brieuc	866	5870
Saint-Germain	416	5871
Saint-Lô	693	5872
Saint-Omer	729	5873
Sarreguemines	76	5874
Saumur	693	5875
Schelestadt	192	5876
Strasbourg	180	5877
Tarbes	1158	5878
Thionville	26	5879
Toulon	852	5880
Toulouse	1090	5881
Tours	629	5882
Troyes	259	5883
Tulle	670	5884
Valence	547	5885
Valenciennes	294	5886
Vannes	869	5887
Verdun	65	5888
Vernon	473	5889
Versailles	410	5890
Vesoul	203	5891

DE MÉZIÈRES à	DISTANCES en KILOMÈTRES.	NUMÉROS des ITINÉRAIRES.
Montauban	901	5892
Montbrison	643	5893
Mont-de-Marsan	967	5894
Montpellier	870	5895
Moulins	595	5896
Nancy	200	5897
Nantes	684	5898
Napoléon-Vendée	686	5899
Nevers	556	5900
Nimes	820	5901
Niort	666	5902
Orléans	374	5903
Paris	253	5904
Pau	1049	5905
Périgueux	738	5906
Perpignan	1031	5907
Poitiers	590	5908
Privas	686	5909
Puy (Le)	832	5910
Quimper	853	5911
Rennes	626	5912
Rochefort	727	5913
Rochelle (La)	729	5914
Rodez	923	5915
Rouen	393	5916
Saint-Brieuc	726	5917
Saint-Germain	276	5918

DE MÉZIÈRES à	DISTANCES en KILOMÈTRES.	NUMÉROS des ITINÉRAIRES.
Saint-Lô	553	5919
Saint-Omer	268	5920
Sarreguemines	229	5921
Saumur	553	5922
Schelestadt	335	5923
Strasbourg	333	5924
Tarbes	1018	5925
Thionville	179	5926
Toulon	952	5927
Toulouse	950	5928
Tours	489	5929
Troyes	199	5930
Tulle	732	5931
Valence	647	5932
Valenciennes	141	5933
Vannes	729	5934
Verdun	102	5935
Vernon	333	5936
Versailles	270	5937
Vesoul	367	5938

DE MONTAUBAN à	DISTANCES en KILOMÈTRES.	NUMÉROS des ITINÉRAIRES.
Montbrison	447	5939
Mont-de-Marsan	179	5940
Montpellier	290	5941
Moulins	429	6942
Nancy	804	5943
Nantes	548	5944
Napoléon-Vendée	490	5945
Nevers	482	5946
Nîmes	340	5947
Niort	408	5948
Orléans	526	5949
Paris	648	5950
Pau	194	5951
Périgueux	206	5952
Perpignan	264	5953
Poitiers	460	2954
Privas	455	5955
Puy (Le)	334	5956
Quimper	779	5957
Rennes	655	5958
Rochefort	376	5959
Rochelle (La)	407	5960
Rodez	130	5961
Rouen	788	5962
Saint-Brieuc	755	5963
Saint-Germain	671	5964
Saint-Lô	837	5965
Saint-Omer	981	5966
Sarreguemines	937	5967
Saumur	569	5968
Schelestadt	879	5969
Strasbourg	924	5970
Tarbes	157	5971
Thionville	887	5972
Toulon	527	5973
Toulouse	49	5974
Tours	561	5975
Troyes	668	5976
Tulle	195	5977
Valence	513	5978
Valenciennes	925	5979
Vannes	656	5980
Verdun	828	5981
Vernon	728	5982
Versailles	665	5983
Vesoul	727	5984

DE MONTBRISON à	DISTANCES en KILOMÈTRES.	NUMÉROS des ITINÉRAIRES.
Mont-de-Marsan	603	5985
Montpellier	319	5986
Moulins	160	5987
Nancy	486	5988
Nantes	691	5989
Napoléon-Vendée	541	5990
Nevers	213	5991
Nîmes	291	5992
Niort	454	5993
Orléans	391	5994
Paris	502	5995
Pau	643	5996
Périgueux	358	5997
Perpignan	480	5998
Poitiers	390	5999
Privas	171	6000
Puy (Le)	113	6001
Quimper	922	6002
Rennes	728	6003
Rochefort	504	6004
Rochelle (La)	520	6005
Rodez	317	6006
Rouen	642	6007
Saint-Brieuc	828	6008
Saint-Germain	525	6009
Saint-Lô	802	6010
Saint-Omer	838	6011
Sarreguemines	619	6012
Saumur	570	6013
Schelestadt	514	6014
Strasbourg	559	6015
Tarbes	604	6016
Thionville	569	6017
Toulon	437	6018
Toulouse	472	6019
Tours	506	6020
Troyes	399	6021
Tulle	256	6022
Valence	132	6023
Valenciennes	779	6024
Vannes	799	6025
Verdun	533	6026
Vernon	582	6027
Versailles	519	6028
Vesoul	360	6029

DE MONT-DE-MARSAN à	DISTANCES en KILOMÈTRES.	NUMÉROS des ITINÉRAIRES.
Montpellier	440	6030
Moulins	562	6031
Nancy	1066	6032
Nantes	465	6033
Napoléon-Vendée	407	6034
Nevers	628	6035
Nîmes	490	6036
Niort	325	6037
Orléans	593	6038
Paris	714	6039
Pau	82	6040
Périgueux	245	6041
Perpignan	404	6042
Poitiers	377	6043
Privas	605	6044
Puy (Le)	513	6045
Quimper	696	6046
Rennes	572	6047
Rochefort	293	6048
Rochelle (La)	324	6049
Rodez	309	6050
Rouen	854	6051
Saint-Brieuc	672	6052
Saint-Germain	737	6053
Saint-Lô	754	6054
Saint-Omer	1050	6055
Sarreguemines	1183	6056
Saumur	512	6057
Schelestadt	1093	6058
Strasbourg	1138	6059
Tarbes	99	6060
Thionville	1133	6061
Toulon	677	6062
Toulouse	189	6063
Tours	478	6064
Troyes	757	6065
Tulle	317	6066
Valence	663	6067
Valenciennes	991	6068
Vannes	573	6069
Verdun	967	6070
Vernon	791	6071
Versailles	731	6072
Vesoul	852	6073

DE MONTPELLIER à	DISTANCES en KILOMÈTRES.	NUMÉROS des ITINÉRAIRES.
Moulins	435	6074
Nancy	713	6075
Nantes	836	6076
Napoléon-Vendée	778	6077
Nevers	488	6078
Nîmes	50	6079
Niort	696	6080
Orléans	664	6081
Paris	835	6082
Pau	441	6083
Périgueux	453	6084

DE MONTPELLIER à	DISTANCES en KILOMÈTRES.	NUMÉROS des ITINÉRAIRES.
Perpignan	161	6085
Poitiers	617	6086
Privas	165	6087
Puy (Le)	206	6088
Quimper	1067	6089
Rennes	943	6090
Rochefort	664	6091
Rochelle (La)	695	6092
Rodez	193	6093
Rouen	975	6094
Saint-Brieuc	1043	6095
Saint-Germain	858	6096
Saint-Lô	1055	6097
Saint-Omer	1171	6098
Sarreguemines	846	6099
Saumur	843	6100
Schelestadt	741	6101
Strasbourg	786	6102
Tarbes	402	6103
Thionville	796	6104
Toulon	237	6105
Toulouse	251	6106
Tours	779	6107
Troyes	671	6108
Tulle	381	6109
Valence	223	6110
Valenciennes	1112	6111
Vannes	944	6112
Verdun	760	6113
Vernon	915	6114
Versailles	852	6115
Vesoul	587	6116

DE MOULINS à	DISTANCES en KILOMÈTRES.	NUMÉROS des ITINÉRAIRES.
Nancy	375	6117
Nantes	531	6118
Napoléon-Vendée	543	6119
Nevers	53	6120
Nîmes	407	6121
Niort	379	6122
Orléans	231	6123
Paris	342	6124
Pau	623	6125
Périgueux	317	6126
Perpignan	596	6127
Poitiers	303	6128
Privas	330	6129
Puy (Le)	229	6130
Quimper	762	6131
Rennes	568	6132
Rochefort	440	6133
Rochelle (La)	442	6134
Rodez	320	6135
Rouen	482	6136
Saint-Brieuc	668	6137
Saint-Germain	365	6138
Saint-Lô	642	6139
Saint-Omer	678	6140
Sarreguemines	508	6141
Saumur	410	6142
Schelestadt	458	6143
Strasbourg	503	6144
Tarbes	586	6145
Thionville	458	6146
Toulon	596	6147
Toulouse	475	6148
Tours	346	6149
Troyes	239	6150
Tulle	238	6151
Valence	291	6152
Valenciennes	619	6153
Vannes	639	6154
Verdun	390	6155
Vernon	422	6156
Versailles	359	6157
Vesoul	290	6158

DE NANCY à	DISTANCES en KILOMÈTRES.	NUMÉROS des ITINÉRAIRES.
Nantes	783	6159
Napoléon-Vendée	785	6160
Nevers	655	6161
Nîmes	663	6162
Niort	765	6163
Orléans	473	6164
Paris	352	6165
Pau	1148	6166
Périgueux	837	6167
Perpignan	874	6168
Poitiers	689	6169
Privas	529	6170
Puy (Le)	519	6171
Quimper	952	6172
Rennes	725	6173
Rochefort	826	6174
Rochelle (La)	828	6175
Rodez	695	6176
Rouen	492	6177
Saint-Brieuc	825	6178
Saint-Germain	375	6179
Saint-Lô	652	6180
Saint-Omer	688	6181
Sarreguemines	133	6182
Saumur	652	6183
Schelestadt	194	6184
Strasbourg	149	6185
Tarbes	1117	6186
Thionville	83	6187
Toulon	795	6188
Toulouse	1049	6189
Tours	588	6190
Troyes	197	6191
Tulle	613	6192
Valence	490	6193
Valenciennes	629	6194

DE NANCY à	DISTANCES en KILOMÈTRES.	NUMÉROS des ITINÉRAIRES.
Vannes	891	6195
Verdun	98	6196
Vernon	432	6197
Versailles	369	6198
Vesoul	146	6199

DE NANTES à	DISTANCES en KILOMÈTRES.	NUMÉROS des ITINÉRAIRES.
Napoléon-Vendée	71	6200
Nevers	491	6201
Nîmes	886	6202
Niort	140	6203
Orléans	310	6204
Paris	431	6205
Pau	547	6206
Périgueux	495	6207
Perpignan	800	6208
Poitiers	296	6209
Privas	861	6210
Puy (Le)	768	6211
Quimper	231	6212
Rennes	107	6213
Rochefort	185	6214
Rochelle (La)	154	6215
Rodez	702	6216
Rouen	571	6217
Saint-Brieuc	207	6218
Saint-Germain	454	6219
Saint-Lô	241	6220
Saint-Omer	767	6221
Sarreguemines	900	6222
Saumur	131	6223
Schelestadt	977	6224
Strasbourg	932	6225
Tarbes	564	6226
Thionville	850	6227
Toulon	1127	6228
Toulouse	585	6229
Tours	195	6230
Troyes	518	6231
Tulle	514	6232
Valence	822	6233
Valenciennes	708	6234
Vannes	108	6235
Verdun	684	6236
Vernon	511	6237
Versailles	448	6238
Vesoul	787	6239

DE NAPOLÉON-VENDÉE à	DISTANCES en KILOMÈTRES.	NUMÉROS des ITINÉRAIRES.
Nevers	493	6240
Nîmes	828	6241
Niort	87	6242
Orléans	312	6243
Paris	433	6244
Pau	489	6245

DE NAPOLÉON-VENDÉE à	DISTANCES en KILOMÈTRES.	NUMÉROS des ITINÉRAIRES.
Périgueux	282	6246
Perpignan	742	6247
Poitiers	163	6248
Privas	873	6249
Puy (Le)	770	6250
Quimper	302	6251
Rennes	178	6252
Rochefort	114	6253
Rochelle (La)	83	6254
Rodez	526	6255
Rouen	573	6256
Saint-Brieuc	278	6257
Saint-Germain	456	6258
Saint-Lô	312	6259
Saint-Omer	769	6260
Sarreguemines	902	6261
Saumur	133	6262
Schelestadt	979	6263
Strasbourg	934	6264
Tarbes	506	6265
Thionville	852	6266
Toulon	1015	6267
Toulouse	527	6268
Tours	197	6269
Troyes	520	6270
Tulle	338	6271
Valence	834	6272
Valenciennes	710	6273
Vannes	179	6274
Verdun	686	6275
Vernon	513	6276
Versailles	450	6277
Vesoul	789	6278

DE NEVERS à	DISTANCES en KILOMÈTRES.	NUMÉROS des ITINÉRAIRES.
Nîmes	517	6279
Niort	473	6280
Orléans	182	6281
Paris	303	6282
Pau	689	6283
Périgueux	383	6284
Perpignan	743	6285
Poitiers	250	6286
Privas	383	6287
Puy (Le)	282	6288
Quimper	722	6289
Rennes	528	6290
Rochefort	534	6291
Rochelle (La)	536	6292
Rodez	373	6293
Rouen	443	6294
Saint-Brieuc	628	6295
Saint-Germain	326	6296
Saint-Lô	529	6297
Saint-Omer	639	6298
Sarreguemines	514	6299
Saumur	360	6300
Schelestadt	461	6301
Strasbourg	511	6302
Tarbes	706	6303
Thionville	464	6304
Toulon	649	6305
Toulouse	596	6306
Tours	296	6307
Troyes	186	6308
Tulle	291	6309
Valence	344	6310
Valenciennes	580	6311
Vannes	599	6312
Verdun	346	6313
Vernon	383	6314
Versailles	320	6315
Vesoul	296	6316

DE NIMES à	DISTANCES en KILOMÈTRES.	NUMÉROS des ITINÉRAIRES.
Niort	653	6317
Orléans	636	6318
Paris	785	6319
Pau	491	6320
Périgueux	492	6321
Perpignan	211	6322
Poitiers	589	6323
Privas	115	6324
Puy (Le)	178	6325
Quimper	1117	6326
Rennes	975	6327
Rochefort	687	6328
Rochelle (La)	703	6329
Rodez	232	6330
Rouen	925	6331
Saint-Brieuc	1075	6332
Saint-Germain	808	6333
Saint-Lô	1027	6334
Saint-Omer	1121	6335
Sarreguemines	796	6336
Saumur	815	6337
Schelestadt	691	6338
Strasbourg	736	6339
Tarbes	452	6340
Thionville	746	6341
Toulon	187	6342
Toulouse	301	6343
Tours	751	6344
Troyes	621	6345
Tulle	393	6346
Valence	173	6347
Valenciennes	1062	6348
Vannes	991	6349
Verdun	710	6350
Vernon	865	6351
Versailles	802	6352
Vesoul	537	6353

DE NIORT à	DISTANCES en KILOMÈTRES.	NUMÉROS des ITINÉRAIRES.
Orléans	292	6354
Paris	413	6355
Pau	407	6356
Périgueux	195	6357
Perpignan	660	6358
Poitiers	76	6359
Privas	625	6360
Puy (Le)	475	6361
Quimper	371	6362
Rennes	247	6363
Rochefort	61	6364
Rochelle (La)	63	6365
Rodez	439	6366
Rouen	553	6367
Saint-Brieuc	347	6368
Saint-Germain	436	6369
Saint-Lô	453	6370
Saint-Omer	749	6371
Sarreguemines	882	6372
Saumur	124	6373
Schelestadt	959	6374
Strasbourg	914	6375
Tarbes	424	6376
Thionville	832	6377
Toulon	933	6378
Toulouse	445	6379
Tours	177	6380
Troyes	500	6381
Tulle	251	6382
Valence	586	6383
Valenciennes	690	6384
Vannes	248	6385
Verdun	666	6386
Vernon	493	6387
Versailles	430	6388
Vesoul	609	6389

D'ORLÉANS à	DISTANCES en KILOMÈTRES.	NUMÉROS des ITINÉRAIRES.
Paris	121	6390
Pau	675	6391
Périgueux	364	6392
Perpignan	790	6393
Poitiers	216	6394
Privas	564	6395
Puy (Le)	458	6396
Quimper	511	6397
Rennes	347	6398
Rochefort	353	6399
Rochelle (La)	355	6400
Rodez	549	6401
Rouen	261	6402
Saint-Brieuc	447	6403
Saint-Germain	144	6404
Saint-Lô	334	6405
Saint-Omer	457	6406
Sarreguemines	590	6407
Saumur	179	6408
Schelestadt	667	6409
Strasbourg	622	6410
Tarbes	643	6411

D'ORLÉANS à	DISTANCES en KILOMÈTRES.	NUMÉROS des ITINÉRAIRES.
Thionville	540	6412
Toulon	830	6413
Toulouse	575	6414
Tours	115	6415
Troyes	208	6416
Tulle	358	6417
Valence	525	6418
Valenciennes	398	6419
Vannes	418	6420
Verdun	374	6421
Vernon	201	6422
Versailles	138	6423
Vesoul	379	6424
DE PARIS à		
Pau	796	6425
Périgueux	485	6426
Perpignan	912	6427
Poitiers	337	6428
Privas	651	6429
Puy (Le)	579	6430
Quimper	600	6431
Rennes	373	6432
Rochefort	474	6433
Rochelle (La)	476	6434
Rodez	670	6435
Rouen	140	6436
Saint-Brieuc	473	6437
Saint-Germain	23	6438
Saint-Lô	300	6439
Saint-Omer	336	6440
Sarreguemines	469	6441
Saumur	300	6442
Schelestadt	546	6443
Strasbourg	501	6444
Tarbes	765	6445
Thionville	419	6446
Toulon	917	6447
Toulouse	697	6448
Tours	236	6449
Troyes	179	6450
Tulle	479	6451
Valence	612	6452
Valenciennes	277	6453
Vannes	476	6454
Verdun	253	6455
Vernon	80	6456
Versailles	17	6457
Vesoul	381	6458
DE PAU à		
Périgueux	334	6459
Perpignan	405	6460
Poitiers	459	6461
Privas	606	6462
Puy (Le)	528	6463
Quimper	773	6464

DE PAU à	DISTANCES en KILOMÈTRES.	NUMÉROS des ITINÉRAIRES.
Rennes	654	6465
Rochefort	375	6466
Rochelle (La)	406	6467
Rodez	324	6468
Rouen	936	6469
Saint-Brieuc	754	6470
Saint-Germain	819	6471
Saint-Lô	836	6472
Saint-Omer	1132	6473
Sarreguemines	1265	6474
Saumur	624	6475
Schelestadt	1182	6476
Strasbourg	1227	6477
Tarbes	39	6478
Thionville	1215	6479
Toulon	678	6480
Toulouse	190	6481
Tours	560	6482
Troyes	883	6483
Tulle	389	6484
Valence	664	6485
Valenciennes	1073	6486
Vannes	655	6487
Verdun	1049	6488
Vernon	876	6489
Versailles	813	6490
Vesoul	1028	6491
DE PÉRIGUEUX à		
Perpignan	458	6492
Poitiers	199	6493
Privas	482	6494
Puy (Le)	374	6495
Quimper	726	6496
Rennes	532	6497
Rochefort	195	6498
Rochelle (La)	211	6499
Rodez	260	6500
Rouen	625	6501
Saint-Brieuc	632	6502
Saint-Germain	508	6503
Saint-Lô	576	6504
Saint-Omer	821	6505
Sarreguemines	954	6506
Saumur	363	6507
Schelestadt	1031	6508
Strasbourg	986	6509
Tarbes	282	6510
Thionville	904	6511
Toulon	731	6512
Toulouse	243	6513
Tours	300	6514
Troyes	533	6515
Tulle	102	6516
Valence	490	6517
Valenciennes	762	6518
Vannes	603	6519
Verdun	728	6520

DE PÉRIGUEUX à	DISTANCES en KILOMÈTRES.	NUMÉROS de ITINÉRAIRES.
Vernon	565	6521
Versailles	402	6522
Vesoul	607	6523
DE PERPIGNAN à		
Poitiers	712	6524
Privas	326	6525
Puy (Le)	367	6526
Quimper	1031	6527
Rennes	907	6528
Rochefort	628	6529
Rochelle (La)	659	6530
Rodez	307	6531
Rouen	1052	6532
Saint-Brieuc	1007	6533
Saint-Germain	935	6534
Saint-Lô	1089	6535
Saint-Omer	1248	6536
Sarreguemines	1007	6537
Saumur	741	6538
Schelestadt	902	6539
Strasbourg	947	6540
Tarbes	366	6541
Thionville	9[illegible]7	6542
Toulon	398	6543
Toulouse	215	6544
Tours	813	6545
Troyes	832	6546
Tulle	459	6547
Valence	384	6548
Valenciennes	1189	6549
Vannes	908	6550
Verdun	921	6551
Vernon	992	6552
Versailles	929	6553
Vesoul	748	6554
DE POITIERS à		
Privas	561	6555
Puy (Le)	411	6556
Quimper	527	6557
Rennes	333	6558
Rochefort	137	6559
Rochelle (La)	139	6560
Rodez	406	6561
Rouen	477	6562
Saint-Brieuc	433	6563
Saint-Germain	360	6564
Saint-Lô	377	6565
Saint-Omer	673	6566
Sarreguemines	806	6567
Saumur	165	6568
Schelestadt	883	6569
Strasbourg	838	6570
Tarbes	456	6571
Thionville	756	6572
Toulon	776	6573

DE POITIERS à	DISTANCES en KILOMÈTRES.	NUMÉROS des ITINÉRAIRES.
Toulouse	437	6574
Tours	101	6575
Troyes	516	6576
Tulle	218	6577
Valence	522	6578
Valenciennes	614	6579
Vannes	404	6580
Verdun	590	6581
Vernon	417	6582
Versailles	354	6583
Vesoul	546	6584

DE PRIVAS à

Puy (Le)	212	6585
Quimper	1092	6586
Rennes	898	6587
Rochefort	675	6588
Rochelle (La)	691	6589
Rodez	250	6590
Rouen	791	6591
Saint-Brieuc	998	6592
Saint-Germain	674	6593
Saint-Lô	951	6594
Saint-Omer	987	6595
Sarreguemines	662	6596
Saumur	740	6597
Schelestadt	557	6598
Strasbourg	602	6599
Tarbes	567	6600
Thionville	612	6601
Toulon	289	6602
Toulouse	416	6603
Tours	676	6604
Troyes	487	6605
Tulle	427	6606
Valence	39	6607
Valenciennes	928	6608
Vannes	969	6609
Verdun	576	6610
Vernon	731	6611
Versailles	668	6612
Vesoul	403	6613

DE PUY (LE) à

Quimper	999	6614
Rennes	797	6615
Rochefort	525	6616
Rochelle (La)	541	6617
Rodez	204	6618
Rouen	719	6619
Saint-Brieuc	897	6620
Saint-Germain	602	6621
Saint-Lô	849	6622
Saint-Omer	915	6623
Sarreguemines	652	6624
Saumur	637	6625
Schelestadt	547	6626
Strasbourg	592	6627

DE PUY (LE) à	DISTANCES en KILOMÈTRES.	NUMÉROS des ITINÉRAIRES.
Tarbes	491	6628
Thionville	602	6629
Toulon	386	6630
Toulouse	359	6631
Tours	573	6632
Troyes	477	6633
Tulle	272	6634
Valence	173	6635
Valenciennes	856	6636
Vannes	876	6637
Verdun	566	6638
Vernon	659	6639
Versailles	596	6640
Vesoul	393	6641

DE QUIMPER à

Rennes	227	6642
Rochefort	416	6643
Rochelle (La)	385	6644
Rodez	933	6645
Rouen	533	6646
Saint-Brieuc	189	6647
Saint-Germain	596	6648
Saint-Lô	361	6649
Saint-Omer	936	6650
Sarreguemines	1069	6651
Saumur	362	6652
Schelestadt	1146	6653
Strasbourg	1101	6654
Tarbes	795	6655
Thionville	1019	6656
Toulon	1304	6657
Toulouse	816	6658
Tours	426	6659
Troyes	779	6660
Tulle	745	6661
Valence	1110	6662
Valenciennes	877	6663
Vannes	123	6664
Verdun	853	6665
Vernon	556	6666
Versailles	583	6667
Vesoul	981	6668

DE RENNES à

Rochefort	292	6669
Rochelle (La)	261	6670
Rodez	739	6671
Rouen	306	6672
Saint-Brieuc	100	6673
Saint-Germain	369	6674
Saint-Lô	134	6675
Saint-Omer	709	6676
Sarreguemines	842	6677
Saumur	168	6678
Schelestadt	919	6679
Strasbourg	874	6680
Tarbes	671	6681

DE RENNES à	DISTANCES en KILOMÈTRES.	NUMÉROS des ITINÉRAIRES.
Thionville	792	6682
Toulon	1164	6683
Toulouse	692	6684
Tours	213	6685
Troyes	552	6686
Tulle	551	6687
Valence	985	6688
Valenciennes	650	6689
Vannes	103	6690
Verdun	626	6691
Vernon	312	6692
Versailles	356	6693
Vesoul	754	6694

DE ROCHEFORT à

Rochelle (La)	31	6695
Rodez	455	6696
Rouen	614	6697
Saint-Brieuc	392	6698
Saint-Germain	497	6699
Saint-Lô	426	6700
Saint-Omer	810	6701
Sarreguemines	943	6702
Saumur	185	6703
Schelestadt	1020	6704
Strasbourg	975	6705
Tarbes	392	6706
Thionville	893	6707
Toulon	901	6708
Toulouse	413	6709
Tours	238	6710
Troyes	561	6711
Tulle	297	6712
Valence	636	6713
Valenciennes	751	6714
Vannes	293	6715
Verdun	727	6716
Vernon	554	6717
Versailles	491	6718
Vesoul	730	6719

DE ROCHELLE (LA) à

Rodez	471	6720
Rouen	616	6721
Saint-Brieuc	361	6722
Saint-Germain	499	6723
Saint-Lô	395	6724
Saint-Omer	812	6725
Sarreguemines	945	6726
Saumur	167	6727
Schelestadt	1022	6728
Strasbourg	977	6729
Tarbes	423	6730
Thionville	805	6731
Toulon	932	6732
Toulouse	444	6733
Tours	240	6734

DE ROCHELLE (LA) à	DISTANCES en KILOMÈTRES.	NUMÉROS des ITINÉRAIRES.
Troyes	563	6735
Tulle	313	6736
Valence	649	6737
Valenciennes	753	6738
Vannes	262	6739
Verdun	729	6740
Vernon	556	6741
Versailles	493	6742
Vesoul	732	6743

DE RODEZ à		
Rouen	810	6744
Saint-Brieuc	839	6745
Saint-Germain	693	6746
Saint-Lô	970	6747
Saint-Omer	1006	6748
Sarreguemines	828	6749
Saumur	623	6750
Schelestadt	770	6751
Strasbourg	815	6752
Tarbes	287	6753
Thionville	778	6754
Toulon	422	6755
Toulouse	155	6756
Tours	560	6757
Troyes	559	6758
Tulle	188	6759
Valence	289	6760
Valenciennes	947	6761
Vannes	863	6762
Verdun	719	6763
Vernon	750	6764
Versailles	687	6765
Vesoul	597	6766

DE ROUEN à		
Saint-Brieuc	379	6767
Saint-Germain	163	6768
Saint-Lô	196	6769
Saint-Omer	184	6770
Sarreguemines	609	6771
Saumur	284	6772
Schelestadt	686	6773
Strasbourg	641	6774
Tarbes	905	6775
Thionville	559	6776
Toulon	1057	6777
Toulouse	837	6778
Tours	376	6779
Troyes	319	6780
Tulle	619	6781
Valence	752	6782
Valenciennes	243	6783
Vannes	409	6784
Verdun	393	6785
Vernon	60	6786

DE ROUEN à	DISTANCES en KILOMÈTRES.	NUMÉROS des ITINÉRAIRES.
Versailles	157	6787
Vesoul	521	6788

DE SAINT-BRIEUC à		
Saint-Germain	469	6789
Saint-Lô	183	6790
Saint-Omer	809	6791
Sarreguemines	942	6792
Saumur	268	6793
Schelestadt	1019	6794
Strasbourg	974	6795
Tarbes	771	6796
Thionville	892	6797
Toulon	1280	6798
Toulouse	792	6799
Tours	332	6800
Troyes	652	6801
Tulle	651	6802
Valence	1085	6803
Valenciennes	750	6804
Vannes	113	6805
Verdun	726	6806
Vernon	402	6807
Versailles	456	6808
Vesoul	854	6809

DE ST-GERMAIN à		
Saint-Lô	271	6810
Saint-Omer	359	6811
Sarreguemines	492	6812
Saumur	323	6813
Schelestadt	569	6814
Strasbourg	524	6815
Tarbes	788	6816
Thionville	442	6817
Toulon	940	6818
Toulouse	720	6819
Tours	259	6820
Troyes	202	6821
Tulle	502	6822
Valence	635	6823
Valenciennes	300	6824
Vannes	472	6825
Verdun	276	6826
Vernon	75	6827
Versailles	13	6828
Vesoul	404	6829

DE SAINT-LO à		
Saint-Omer	636	6830
Sarreguemines	769	6831
Saumur	271	6832
Schelestadt	846	6833
Strasbourg	801	6834
Tarbes	853	6835

DE SAINT-LO à	DISTANCES en KILOMÈTRES.	NUMÉROS des ITINÉRAIRES.
Thionville	719	6836
Toulon	1217	6837
Toulouse	874	6838
Tours	276	6839
Troyes	479	6840
Tulle	595	6841
Valence	912	6842
Valenciennes	577	6843
Vannes	237	6844
Verdun	553	6845
Vernon	222	6846
Versailles	284	6847
Vesoul	681	6848

DE SAINT-OMER à		
Sarreguemines	805	6849
Saumur	636	6850
Schelestadt	882	6851
Strasbourg	837	6852
Tarbes	1101	6853
Thionville	755	6854
Toulon	1253	6855
Toulouse	1033	6856
Tours	572	6857
Troyes	515	6858
Tulle	815	6859
Valence	948	6860
Valenciennes	131	6861
Vannes	812	6862
Verdun	589	6863
Vernon	416	6864
Versailles	353	6865
Vesoul	717	6866

DE SARREGUEMINES à		
Saumur	769	6867
Schelestadt	149	6868
Strasbourg	104	6869
Tarbes	1234	6870
Thionville	102	6871
Toulon	928	6872
Toulouse	1097	6873
Tours	705	6874
Troyes	335	6875
Tulle	746	6876
Valence	623	6877
Valenciennes	370	6878
Vannes	945	6879
Verdun	141	6880
Vernon	549	6881
Versailles	486	6882
Vesoul	279	6883

DE SAUMUR à		
Schelestadt	846	6884
Strasbourg	801	6885

DE SAUMUR à	DISTANCES en KILOMÈTRES.	NUMÉROS des ITINÉRAIRES.
Tarbes	611	6886
Thionville	719	6887
Toulon	1006	6888
Toulouse	662	6889
Tours	64	6890
Troyes	387	6891
Tulle	383	6892
Valence	701	6893
Valenciennes	577	6894
Vannes	239	6895
Verdun	553	6896
Vernon	380	6897
Versailles	317	6898
Vesoul	558	6899

DE SCHELESTADT à	DISTANCES en KILOMÈTRES.	NUMÉROS des ITINÉRAIRES.
Strasbourg	45	6900
Tarbes	1014	6901
Thionville	220	6902
Toulon	823	6903
Toulouse	992	6904
Tours	782	6905
Troyes	319	6906
Tulle	696	6907
Valence	518	6908
Valenciennes	823	6909
Vannes	1022	6910
Verdun	233	6911
Vernon	626	6912
Versailles	563	6913
Vesoul	165	6914

DE STRASBOURG à	DISTANCES en KILOMÈTRES.	NUMÉROS des ITINÉRAIRES.
Tarbes	1089	6915
Thionville	206	6916
Toulon	868	6917
Toulouse	1037	6918
Tours	737	6919
Troyes	349	6920
Tulle	741	6921
Valence	563	6922
Valenciennes	778	6923
Vannes	977	6924
Verdun	245	6925
Vernon	581	6926
Versailles	518	6927
Vesoul	210	6928

DE TARBES à	DISTANCES en KILOMÈTRES.	NUMÉROS des ITINÉRAIRES.
Thionville	1184	6929
Toulon	639	6930
Toulouse	151	6931
Tours	577	6932
Troyes	814	6933
Tulle	350	6934
Valence	625	6935
Valenciennes	1042	6936
Vannes	672	6937
Verdun	1018	6938
Vernon	845	6939
Versailles	782	6940
Vesoul	888	6941

DE THIONVILLE à	DISTANCES en KILOMÈTRES.	NUMÉROS des ITINÉRAIRES.
Toulon	878	6942
Toulouse	1017	6943
Tours	655	6944
Troyes	326	6945
Tulle	696	6946
Valence	573	6947
Valenciennes	320	6948
Vannes	895	6949
Verdun	91	6950
Vernon	499	6951
Versailles	436	6952
Vesoul	229	6953

DE TOULON à	DISTANCES en KILOMÈTRES.	NUMÉROS des ITINÉRAIRES.
Toulouse	488	6954
Tours	938	6955
Troyes	753	6956
Tulle	580	6957
Valence	305	6958
Valenciennes	1194	6959
Vannes	1235	6960
Verdun	842	6961
Vernon	997	6962
Versailles	934	6963
Vesoul	669	6964

DE TOULOUSE à	DISTANCES en KILOMÈTRES.	NUMÉROS des ITINÉRAIRES.
Tours	538	6965
Troyes	783	6966
Tulle	244	6967
Valence	474	6968
Valenciennes	974	6969
Vannes	693	6970
Verdun	950	6971
Vernon	777	6972
Versailles	714	6973
Vesoul	838	6974

DE TOURS à	DISTANCES en KILOMÈTRES.	NUMÉROS des ITINÉRAIRES.
Troyes	323	6975
Tulle	319	6976
Valence	637	6977
Valenciennes	513	6978
Vannes	303	6979
Verdun	489	6980
Vernon	316	6981
Versailles	253	6982
Vesoul	494	6983

DE TROYES à	DISTANCES en KILOMÈTRES.	NUMÉROS des ITINÉRAIRES.
Tulle	477	6984
Valence	448	6985
Valenciennes	289	6986
Vannes	626	6987
Verdun	160	6988
Vernon	259	6989
Versailles	196	6990
Vesoul	202	6991

DE TULLE à	DISTANCES en KILOMÈTRES.	NUMÉROS des ITINÉRAIRES.
Valence	388	6992
Valenciennes	756	6993
Vannes	622	6994
Verdun	637	6995
Vernon	559	6996
Versailles	496	6997
Vesoul	528	6998

DE VALENCE à	DISTANCES en KILOMÈTRES.	NUMÉROS des ITINÉRAIRES.
Valenciennes	889	6999
Vannes	930	7000
Verdun	537	7001
Vernon	692	7002
Versailles	629	7003
Vesoul	364	7004

DE VALENCIENNES à	DISTANCES en KILOMÈTRES.	NUMÉROS des ITINÉRAIRES.
Vannes	753	7005
Verdun	213	7006
Vernon	357	7007
Versailles	294	7008
Vesoul	658	7009

DE VANNES à	DISTANCES en KILOMÈTRES.	NUMÉROS des ITINÉRAIRES.
Verdun	729	7010
Vernon	415	7011
Versailles	459	7012
Vesoul	857	7013

DE VERDUN à	DISTANCES en KILOMÈTRES.	NUMÉROS des ITINÉRAIRES.
Vernon	333	7014
Versailles	270	7015
Vesoul	233	7016

DE VERNON à	DISTANCES en KILOMÈTRES.	NUMÉROS des ITINÉRAIRES.
Versailles	97	7017
Vesoul	461	7018

DE VERSAILLES à	DISTANCES en KILOMÈTRES.	NUMÉROS des ITINÉRAIRES.
Vesoul	398	7019

APPENDICE

DE ST-ÉTIENNE à	DISTANCES en KILOMÈTRES.	NUMÉROS des ITINÉRAIRES.
Agen	503	7020
Aix	300	7021
Albi	360	7022
Alençon	599	7023
Amiens	669	7024
Angers	622	7025
Angoulême	450	7026
Arras	736	7027
Auch	494	7028
Aurillac	264	7029
Auxerre	559	7030
Avignon	222	7031
Bar-le-Duc	450	7032
Baréges	644	7033
Bayonne	733	7034
Beauvais	629	7035
Belfort	366	7036
Besançon	268	7037
Blois	459	7038
Bordeaux	687	7039
Boulogne	793	7040
Bourbonne	357	7041
Bourg	118	7042
Bourges	288	7043
Brest	992	7044
Briançon	283	7045
Caen	760	7046
Cahors	398	7047
Calais	898	7048
Cambrai	729	7049
Carcassonne	440	7050
Cette	310	7051
Châlons-sur-Marne	478	7052
Chalon-sur-Saône	182	7053
Chartres	483	7054
Châteauroux	382	7055
Cherbourg	879	7056
Clermont	168	7057
Colmar	446	7058
Compiègne	621	7059
Digne	374	7060
Dijon	249	7061
Douai	762	7062
Draguignan	408	7063
Dunkerque	877	7064
Épinal	391	7065
Évreux	629	7066
Fère (La)	674	7067
Foix	518	7068
Fontainebleau	504	7069
Gap	265	7070
Givet	665	7071
Grenoble	164	7072
Guéret	298	7073
Haguenau	543	7074
Langres	315	7075
Laon	698	7076
Laval	665	7077
Lille	795	7078
Limoges	347	7079
Lons-le-Saunier	180	7080
Lorient	874	7081
Lunéville	468	7082
Lyon	56	7083
Mâcon	123	7084
Mans (Le)	567	7085
Marseille	342	7086
Maubeuge	781	7087
Melun	518	7088
Mende	166	7089
Metz	498	7090
Mézières	598	7091
Montauban	411	7092
Montbrison	55	7093
Mont-de-Marsan	606	7094
Montpellier	283	7095
Moulins	179	7096
Nancy	441	7097
Nantes	710	7098
Napoléon-Vendée	722	7099
Nevers	232	7100
Nîmes	255	7101
Niort	509	7102
Orléans	410	7103
Paris	521	7104
Pau	605	7105
Périgueux	413	7106
Perpignan	444	7107
Poitiers	482	7108
Privas	136	7109
Puy (Le)	77	7110
Quimper	941	7111
Rennes	747	7112
Rochefort	559	7113
Rochelle (La)	575	7114
Rodez	281	7115
Rouen	661	7116
Saint-Brieuc	847	7117
Saint-Germain	544	7118
Saint-Lô	821	7119
Saint-Omer	857	7120
Sarreguemines	574	7121
Saumur	589	7122
Schelestadt	469	7123
Strasbourg	514	7124
Tarbes	568	7125
Thionville	524	7126
Toulon	402	7127
Toulouse	436	7128
Tours	525	7129
Troyes	399	7130
Tulle	311	7131
Valence	97	7132
Valenciennes	798	7133
Vannes	818	7134
Verdun	488	7135
Vernon	601	7136
Versailles	538	7137
Vesoul	315	7138

IIe PARTIE.

ITINÉRAIRES.

AGEN.

N° 1. D'AGEN à AIX.

Toulouse	107k
Montpellier	251
Aix	161
	519

N° 2. D'AGEN à ALBI.

Albi	144k

N° 3. D'AGEN A ALENÇON.

Bordeaux	144k
Tours	347
Alençon	136
	627

N° 4. D'AGEN à AMIENS.

Paris	620k
Amiens	148
	768

N° 5. D'AGEN à ANGERS.

Bordeaux	144k
Angers	454
	598

N° 6. D'AGEN à ANGOULÊME.

Angoulême	222k

N° 7. D'AGEN à ARRAS.

Paris	620k
Arras	215
	835

N° 8. D'AGEN à AUCH.

Auch	74k

N° 9. D'AGEN à AURILLAC.

Cahors	105k
Aurillac	161
	266

N° 10. D'AGEN à AUXERRE.

Périgueux	136k
Limoges	95
Châteauroux	125
Bourges	94
Auxerre	142
	592

N° 11. D'AGEN à AVIGNON.

Toulouse	107k
Montpellier	251
Avignon	98
	456

N° 12. D'AGEN à BAR-LE-DUC.

Paris	620k
Bar-le-Duc	254
	874

N° 13. D'AGEN à BARÉGES.

Tarbes	146k
Baréges	57
	203

N° 14. D'AGEN à BAYONNE.

Bayonne	208k

N° 15. D'AGEN à BEAUVAIS.

Paris	620k
Beauvais	108
	728

N° 16. D'AGEN à BELFORT.

Limoges	231k
Moulins	222
Chalon-sur-Saône	148
Belfort	207
	808

N° 17. D'AGEN à BESANÇON.

Limoges	231k
Moulins	222
Chalon-sur-Saône	148
Besançon	109
	710

N° 18. D'AGEN à BLOIS.

Bordeaux	144k
Blois	404
	548

N° 19. D'AGEN à BORDEAUX.

Bordeaux	144k

N° 20. D'AGEN à BOULOGNE.

Paris	620k
Boulogne	272
	892

N° 21. D'AGEN à BOURBONNE.

Limoges	231k
Moulins	222
Dijon	183
Bourbonne	108
	744

N° 22. D'AGEN à BOURG.

Périgueux	136k
Clermont	245
Mâcon	177
Bourg	34
	592

N° 23. D'AGEN à BOURGES.

Limoges	231k
Bourges	219
	450

N° 24. D'AGEN à BREST.

Bordeaux	144k
Nantes	334
Brest	323
	801

N° 25. D'AGEN à BRIANÇON.

Toulouse	107k
Montpellier	251
Avignon	98
Gap	187
Briançon	91
	734

N° 26. D'AGEN à CAEN.

Bordeaux	144k
Tours	347
Alençon	136
Caen	101
	728

N° 27. D'AGEN à CAHORS.

Cahors	105k

N° 28. D'AGEN à CALAIS.

Paris	620k
Calais	377
	997

N° 29. D'AGEN à CAMBRAI.

Paris	620k
Cambrai	208
	828

N° 30. D'AGEN à CARCASSONNE.

Toulouse	107k
Carcassonne	94
	201

N° 31. D'AGEN à CETTE.

Toulouse	107k
Cette	222
	329

N° 32. D'AGEN à CHALONS-S.-MARNE.

Paris	620k
Châlons-sur-Marne	172
	792

N° 33. D'AGEN à CHALON-S.-SAONE.

Limoges	231k
Moulins	222
Chalon-sur-Saône	148
	601

N° 34. D'AGEN à CHARTRES.

Limoges	231k
Orléans	269
Chartres	73
	573

N° 35. D'AGEN à CHATEAUROUX.

Limoges.	231k
Châteauroux.	125
	356

N° 36. D'AGEN à CHERBOURG.

Bordeaux.	144k
Tours.	347
Laval.	140
Saint-Lô.	153
Cherbourg.	77
	861

N° 37. D'AGEN à CLERMONT.

Cahors.	105k
Clermont.	275
	381

N° 38. D'AGEN à COLMAR.

Limoges.	231k
Moulins.	222
Chalon-sur-Saône . . .	148
Colmar.	287
	888

N° 39. D'AGEN à COMPIÈGNE.

Paris.	620k
Compiègne.	100
	720

N° 40. D'AGEN à DIGNE.

Toulouse.	107k
Montpellier.	251
Avignon.	98
Digne.	152
	608

N° 41. D'AGEN à DIJON.

Limoges.	231k
Moulins.	222
Dijon.	183
	636

N° 42. D'AGEN à DOUAI.

Paris.	620k
Douai.	241
	861

N° 43. D'AGEN à DRAGUIGNAN.

Toulouse.	107k
Montpellier.	251
Aix.	161
Draguignan.	108
	627

N° 44. D'AGEN à DUNKERQUE.

Paris.	620k
Dunkerque.	356
	976

N° 45. D'AGEN à ÉPINAL.

Limoges.	231k
Moulins.	222
Dijon.	183
Épinal.	181
	817

N° 46. D'AGEN à ÉVREUX.

Paris.	620k
Évreux.	108
	728

N° 47. D'AGEN à LA FÈRE.

Paris.	620k
La Fère.	153
	773

N° 48. D'AGEN à FOIX.

Toulouse.	107k
Foix.	82
	189

N° 49. D'AGEN à FONTAINEBLEAU.

Limoges.	231k
Orléans.	269
Fontainebleau.	88
	588

N° 50. D'AGEN A GAP.

Toulouse.	107k
Montpellier.	251
Avignon.	98
Gap.	187
	643

N° 51. D'AGEN à GIVET.

Paris.	620k
Givet.	320
	940

N° 52. D'AGEN à GRENOBLE.

Toulouse.	107k
Montpellier.	251
Valence.	223
Grenoble.	94
	675

N° 53. D'AGEN à GUÉRET.

Limoges.	231k
Guéret.	84
	315

N° 54. D'AGEN à HAGUENAU.

Paris.	620k
Haguenau.	496
	1116

N° 55. D'AGEN à LANGRES.

Limoges.	231k
Moulins.	222
Dijon.	183
Langres	66
	702

N° 56. D'AGEN à LAON.

Paris.	620k
Laon.	177
	797

N° 57. D'AGEN à LAVAL.

Bordeaux.	144k
Tours.	347
Laval.	140
	631

N° 58. D'AGEN à LILLE.

Paris.	620k
Lille.	274
	894

N° 59. D'AGEN à LIMOGES.

Limoges.	231k

N° 60. D'AGEN à LONS-LE-SAUNIER.

Tulle.	238k
Clermont.	143
Mâcon.	177
Lons-le-Saunier	96
	654

N° 61. D'AGEN à LORIENT.

Bordeaux.	144k
Nantes.	334
Lorient.	164
	642

N° 62. D'AGEN à LUNÉVILLE.

Paris.	620k
Lunéville.	385
	1,005

N° 63. D'AGEN à LYON.

Périgueux.	136k
Clermont.	245
Lyon.	184
	565

N° 64. D'AGEN à MACON.

Périgueux.	136k
Clermont.	245
Mâcon.	177
	558

N° 65. D'AGEN au MANS.

Bordeaux.	144k
Tours.	347
Le Mans.	82
	573

N° 66. D'AGEN à MARSEILLE.

Toulouse.	107k
Montpellier.	251
Marseille.	177
	535

No 67. D'AGEN À MAUBEUGE.

Paris. 620k
Maubeuge. 260
880

No 68. D'AGEN À MELUN.

Limoges. 231k
Orléans. 269
Melun 103
603

No 69. D'AGEN À MENDE.

Rodez 200k
Mende. 115
315

No 70. D'AGEN À METZ.

Paris. 620k
Metz. 393
1,013

No 71. D'AGEN À MÉZIÈRES.

Paris. 620k
Mézières. 253
873

No 72. D'AGEN À MONTAUBAN.

Montauban 70k

No 73. D'AGEN À MONTBRISON.

Périgueux. 136k
Clermont. 245
Montbrison. 113
494

No 74. D'AGEN À MONT-DE-MARSAN.

Mont-de-Marsan.. . . . 109k

No 75. D'AGEN À MONTPELLIER.

Toulouse. 107k
Montpellier. 251
358

No 76. D'AGEN À MOULINS.

Limoges 231k
Moulins.. 222
453

No 77. D'AGEN À NANCY.

Paris. 620k
Nancy. 352
972

No 78. D'AGEN À NANTES.

Bordeaux. 144k
Nantes. 334
478

No 79. D'AGEN À NAPOLÉON-VENDÉE.

Bordeaux. 144k
Napoléon. 276
420

No 80. D'AGEN À NEVERS.

Limoges. 231k
Nevers. 288
519

No 81. D'AGEN À NIMES.

Toulouse. 107k
Montpellier. 251
Nimes 50
408

No 82. D'AGEN À NIORT.

Bordeaux 144k
Niort. 194
338

No 83. D'AGEN À ORLÉANS.

Orléans. 500k

No 84. D'AGEN À PARIS.

Paris. 620k

No 85. D'AGEN À PAU.

Pau.. . . . . 184k

No 86. D'AGEN À PÉRIGUEUX.

Périgueux 136k

No 87. D'AGEN À PERPIGNAN.

Toulouse. 107k
Perpignan 215
322

No 88. D'AGEN À POITIERS.

Bordeaux. 144k
Poitiers.. 246
390

No 89. D'AGEN À PRIVAS.

Toulouse. 107k
Montpellier. 251
Privas 165
523

No 90. D'AGEN AU PUY.

Rodez.. . . . . 200k
Le Puy. 204
404

No 91. D'AGEN À QUIMPER.

Bordeaux. 144k
Nantes. 334
Quimper. 231
709

No 92. D'AGEN À RENNES.

Bordeaux. 144k
Nantes. 334
Rennes. 107
585

No 93. D'AGEN À ROCHEFORT.

Bordeaux. 144k
Rochefort. 162
306

No 94. D'AGEN À LA ROCHELLE.

Bordeaux. 144k
La Rochelle. 193
337

No 95. D'AGEN À RODEZ.

Rodez 200k

No 96. D'AGEN À ROUEN.

Paris. 620k
Rouen. 140
760

No 97. D'AGEN À SAINT-BRIEUC.

Bordeaux. 144k
Nantes. 334
Saint-Brieuc 207
685

No 98. D'AGEN À SAINT-GERMAIN.

Paris. 620k
Saint-Germain 23
643

No 99. D'AGEN À SAINT-LO.

Bordeaux. 144k
Tours.. 347
Saint-Lô. 276
767

No 100. D'AGEN À SAINT-OMER.

Paris. 620k
Saint-Omer. 336
956

No 101. D'AGEN À SARREGUEMINES.

Paris. 620k
Metz. 393
Sarreguemines. 76
1,089

No 102. D'AGEN À SAUMUR.

Bordeaux. 144k
Saumur 411
555

No 103. D'AGEN À SCHELESTADT.

Paris. 620k
Schelestadt. 546
1,166

No 104. D'AGEN À STRASBOURG.

Paris. 620k
Strasbourg. 501
1,121

N° 105. D'AGEN À TARBES.

Tarbes. 146k

N° 106. D'AGEN À THIONVILLE.

Paris. 620k
Thionville 419

1,039

N° 107. D'AGEN À TOULON.

Toulouse. 107k
Montpellier. 251
Marseille. 177
Toulon. 60

595

N° 108. D'AGEN À TOULOUSE.

Toulouse. 107k

N° 109. D'AGEN À TOURS.

Bordeaux. 144k
Tours. 347

491

N° 110. D'AGEN À TROYES.

Limoges. 231k
Bourges. 219
Auxerre. 142
Troyes. 77

669

N° 111. D'AGEN À TULLE.

Cahors. 105k
Tulle. 133

238

N° 112. D'AGEN À VALENCE.

Toulouse. 107k
Montpellier. 251
Valence 223

581

N° 113. D'AGEN À VALENCIENNES.

Paris. 620k
Valenciennes. 277

897

N° 114. D'AGEN À VANNES.

Bordeaux. 144k
Nantes. 334
Vannes. 108

586

N° 115. D'AGEN À VERDUN.

Paris. 620k
Verdun. 253

873

N° 116. D'AGEN À VERNON.

Paris. 620k
Vernon. 80

700

N° 117. D'AGEN À VERSAILLES.

Paris. 620k
Versailles. 17

637

N° 118. D'AGEN À VESOUL.

Limoges. 231k
Moulins. 222
Dijon. 183
Vesoul. 107

743

AIX.

N° 119. D'AIX À ALBI.

Montpellier. 173k
Albi. 216

389

N° 120. D'AIX À ALENÇON.

Lyon. 308k
Bourges 308
Blois. 171
Alençon 162

949

N° 121. D'AIX À AMIENS.

Lyon. 308k
Paris. 507
Amiens 148

1,063

N° 122. D'AIX À ANGERS.

Lyon. 308k
Bourges 308
Angers. 334

950

N° 123. D'AIX À ANGOULÊME.

Nîmes. 123k
Rodez 232
Périgueux. 260
Angoulême. 86

701

N° 124. D'AIX À ARRAS.

Lyon. 308k
Paris. 507
Arras. 215

1030

N° 125. D'AIX À AUCH.

Montpellier 173k
Toulouse. 251
Auch. 77

501

N° 126. D'AIX À AURILLAC.

Nîmes. 123k
Aurillac 308

431

N° 127. D'AIX À AUXERRE.

Lyon. 308k
Auxerre 299

607

N° 128. D'AIX À AVIGNON.

Avignon. 78k

N° 129. D'AIX À BAR-LE-DUC.

Lyon. 308k
Dijon 193
Bar-le-Duc. 201

702

N° 130. D'AIX À BARÉGES.

Montpellier. 173k
Toulouse. 251
Tarbes. 151
Baréges 57

632

N° 131. D'AIX À BAYONNE.

Montpellier. 173k
Toulouse. 251
Tarbes. 151
Bayonne. 146

721

N° 132. D'AIX À BEAUVAIS.

Lyon. 308k
Paris. 507
Beauvais. 108

923

N° 133. D'AIX À BELFORT.

Lyon. 308k
Belfort. 310

618

N° 134. D'AIX À BESANÇON.

Lyon. 308k
Besançon. 212

520

N° 135. D'AIX À BLOIS.

Lyon. 308k
Bourges 308
Blois. 171

787

N° 136. D'AIX À BORDEAUX.

Montpellier. 173k
Toulouse. 251
Bordeaux. 251

675

N° 137. D'AIX à BOULOGNE.

Lyon	308k
Paris	507
Boulogne	272
	1,087

N° 138. D'AIX à BOURBONNE.

Lyon	308k
Dijon	193
Bourbonne	108
	609

N° 139. D'AIX à BOURG.

Lyon	308k
Bourg	62
	370

N° 140. D'AIX à BOURGES.

Lyon	308k
Bourges	308
	616

N° 141. D'AIX à BREST.

Lyon	308k
Bourges	308
Angers	334
Brest	370
	1,320

N° 142. D'AIX à BRIANÇON.

Briançon	240k

N° 143. D'AIX à CAEN.

Lyon	308k
Paris	507
Caen	237
	1,052

N° 144. D'AIX à CAHORS.

Nimes	123k
Rodez	232
Cahors	117
	472

N° 145. D'AIX à CALAIS.

Lyon	308k
Paris	507
Calais	377
	1,192

N° 146. D'AIX à CAMBRAI.

Lyon	308k
Paris	507
Cambrai	208
	1,023

N° 147. D'AIX à CARCASSONNE.

Montpellier	173k
Carcassonne	157
	330

N° 148. D'AIX à CETTE.

Montpellier	173k
Cette	28
	201

N° 149. D'AIX à CHALONS-SUR-MARNE.

Lyon	308k
Dijon	193
Châlons-sur-Marne	229
	730

N° 150. D'AIX à CHALON-SUR-SAONE.

Lyon	308k
Chalon-sur-Saône	126
	434

N° 151. D'AIX à CHARTRES.

Lyon	308k
Orléans	420
Chartres	73
	801

N° 152. D'AIX à CHATEAUROUX.

Lyon	308k
Moulins	186
Châteauroux	203
	697

N° 153. D'AIX à CHERBOURG.

Lyon	308k
Paris	507
Cherbourg	358
	1,173

N° 154. D'AIX à CLERMONT.

Avignon	78k
Le Puy	206
Clermont	134
	418

N° 155. D'AIX à COLMAR.

Lyon	308k
Colmar	390
	698

N° 156. D'AIX à COMPIÈGNE.

Lyon	308k
Paris	507
Compiègne	100
	915

N° 157. D'AIX à DIGNE.

Digne	100k

N° 158. D'AIX à DIJON.

Lyon	308k
Dijon	193
	501

N° 159. D'AIX à DOUAI.

Lyon	308k
Paris	507
Douai	241
	1,056

N° 160. D'AIX à DRAGUIGNAN.

Draguignan	108k

N° 161. D'AIX à DUNKERQUE.

Lyon	308k
Paris	507
Dunkerque	356
	1,171

N° 162. D'AIX à ÉPINAL.

Lyon	308k
Besançon	212
Épinal	123
	643

N° 163. D'AIX à ÉVREUX.

Lyon	308k
Paris	507
Évreux	108
	923

N° 164. D'AIX à LA FÈRE.

Lyon	308k
Paris	507
La Fère	153
	968

N° 165. D'AIX à FOIX.

Montpellier	173k
Carcassonne	157
Foix	98
	428

N° 166. D'AIX à FONTAINEBLEAU.

Lyon	308k
Fontainebleau	448
	756

N° 167. D'AIX à GAP.

Gap	149k

N° 168. D'AIX à GIVET.

Lyon	308k
Dijon	193
Châlons-sur-Marne	229
Givet	187
	917

N° 169. D'AIX à GRENOBLE.

Grenoble	250k

N° 170. D'AIX à GUÉRET.

Avignon	78k
Le Puy	206
Clermont	134
Guéret	130
	548

N° 171. D'AIX à HAGUENAU.

- Lyon 308k
- Strasbourg 458
- Haguenau 29

795

N° 172. D'AIX à LANGRES.

- Lyon 308k
- Dijon 193
- Langres 66

567

N° 173. D'AIX à LAON.

- Lyon 308k
- Paris 507
- Laon 177

992

N° 174. D'AIX à LAVAL.

- Lyon 308k
- Bourges 308
- Angers 334
- Laval 74

1,024

N° 175. D'AIX à LILLE.

- Lyon 308k
- Paris 507
- Lille 274

1,089

N° 176 D'AIX à LIMOGES.

- Avignon 78k
- Clermont 340
- Limoges 179

597

N° 177. D'AIX à LONS-LE-SAUNIER.

- Lyon 308k
- Lons-le-Saunier 124

432

N° 178. D'AIX à LORIENT.

- Avignon 78k
- Clermont 340
- Nantes 634
- Lorient 164

1,216

N° 179. D'AIX à LUNÉVILLE.

- Lyon 308k
- Lunéville 398

706

N° 180. D'AIX à LYON.

- Lyon 308k

N° 181. D'AIX à MACON.

- Lyon 308k
- Mâcon 67

375

N° 182. D'AIX au MANS.

- Lyon 308k
- Bourges 308
- Tours 227
- Le Mans 82

925

N° 183. D'AIX à MARSEILLE.

- Marseille 29k

N° 184. D'AIX à MAUBEUGE.

- Lyon 308k
- Paris 507
- Maubeuge 260

1,075

N° 185. D'AIX à MELUN.

- Lyon 308k
- Melun 462

770

N° 186. D'AIX à MENDE.

- Nimes 123k
- Mende 148

271

N° 187. D'AIX à METZ.

- Lyon 308k
- Dijon 193
- Metz 249

750

N° 188. D'AIX à MÉZIÈRES.

- Lyon 308k
- Dijon 193
- Châlons-sur-Marne . . . 229
- Mézières 120

850

N° 189. D'AIX à MONTAUBAN.

- Montpellier 173k
- Montauban 290

463

N° 190. D'AIX à MONTBRISON.

- Valence 203k
- Montbrison 132

335

N° 191. D'AIX à MONT-DE-MARSAN.

- Montpellier 173k
- Toulouse 251
- Auch 77
- Mont-de-Marsan 112

613

N° 192. D'AIX à MONTPELLIER.

- Montpellier 173k

N° 193. D'AIX à MOULINS.

- Lyon 308k
- Moulins 186

494

N° 194. D'AIX à NANCY.

- Lyon 308k
- Dijon 193
- Nancy 192

693

N° 195. D'AIX à NANTES.

- Lyon 308k
- Bourges 308
- Nantes 422

1,038

N° 196. D'AIX à NAPOLÉON-VENDÉE.

- Avignon 78k
- Clermont 340
- Limoges 179
- Niort 162
- Napoléon-Vendée 87

846

N° 197. D'AIX à NEVERS.

- Lyon 308k
- Nevers 239

547

N° 198. D'AIX à NIMES.

- Nimes 123k

N° 199. D'AIX à NIORT.

- Avignon 78k
- Clermont 340
- Limoges 179
- Niort 162

759

N° 200. D'AIX à ORLÉANS.

- Lyon 308k
- Orléans 420

728

N° 201. D'AIX à PARIS.

- Lyon 308k
- Paris 507

815

N° 202. D'AIX à PAU.

- Montpellier 173k
- Toulouse 251
- Pau 190

614

N° 203. D'AIX à PÉRIGUEUX.

- Nimes 123k
- Rodez 232
- Périgueux 260

615

N° 204. D'AIX à PERPIGNAN.

- Montpellier 173k
- Perpignan 161

334

N° 205. D'AIX à POITIERS.

Avignon	78k
Clermont	340
Poitiers	277
	695

N° 206. D'AIX à PRIVAS.

Avignon	78k
Privas	109
	187

N° 207. D'AIX au PUY.

Avignon	78k
Le Puy	206
	284

N° 208. D'AIX à QUIMPER.

Lyon	308k
Bourges	308
Nantes	422
Quimper	231
	1,269

N° 209. D'AIX à RENNES.

Lyon	308k
Bourges	308
Angers	334
Rennes	125
	1,075

N° 210. D'AIX à ROCHEFORT.

Nîmes	123k
Rodez	232
Périgueux	260
Angoulême	86
Rochefort	109
	810

N° 211. D'AIX à LA ROCHELLE.

Nîmes	123k
Rodez	232
Périgueux	260
Angoulême	86
La Rochelle	125
	826

N° 212. D'AIX à RODEZ.

Nîmes	123k
Rodez	232
	355

N° 213. D'AIX à ROUEN.

Lyon	308k
Paris	507
Rouen	140
	955

N° 214. D'AIX à SAINT-BRIEUC.

Lyon	308k
Bourges	308
Angers	334
Saint-Brieuc	225
	1,175

N° 215. D'AIX à SAINT-GERMAIN.

Lyon	308k
Paris	507
Saint-Germain	23
	838

N° 216. D'AIX à SAINT-LO.

Lyon	308k
Paris	507
Saint-Lô	289
	1,104

N° 217. D'AIX à SAINT-OMER.

Lyon	308k
Paris	507
Saint-Omer	336
	1,151

N° 218. D'AIX à SARREGUEMINES.

Lyon	308k
Dijon	193
Metz	249
Sarreguemines	76
	826

N° 219. D'AIX à SAUMUR.

Lyon	308k
Bourges	308
Saumur	291
	907

N° 220. D'AIX à SCHELESTADT.

Lyon	308k
Schelestadt	413
	721

N° 221. D'AIX à STRASBOURG.

Lyon	308k
Strasbourg	458
	766

N° 222. D'AIX à TARBES.

Montpellier	173k
Toulouse	251
Tarbes	151
	575

N° 223. D'AIX à THIONVILLE.

Lyon	308k
Dijon	193
Metz	249
Thionville	26
	776

N° 224. D'AIX à TOULON.

Toulon	80k

N° 225. D'AIX à TOULOUSE.

Montpellier	173k
Toulouse	251
	424

N° 226. D'AIX à TOURS.

Avignon	78k
Clermont	340
Tours	439
	857

N° 227. D'AIX à TROYES.

Lyon	308k
Dijon	193
Troyes	150
	651

N° 228. D'AIX à TULLE.

Nîmes	123k
Mende	148
Tulle	245
	516

N° 229. D'AIX à VALENCE.

Avignon	78k
Valence	125
	203

N° 230. D'AIX à VALENCIENNES.

Lyon	308k
Paris	507
Valenciennes	277
	1,092

N° 231. D'AIX à VANNES.

Lyon	308k
Bourges	308
Nantes	422
Vannes	108
	1,146

N° 232. D'AIX à VERDUN.

Lyon	308k
Dijon	193
Bar-le-Duc	201
Verdun	69
	771

N° 233. D'AIX à VERNON.

Lyon	308k
Paris	507
Vernon	80
	895

N° 234. D'AIX à VERSAILLES.

Lyon	308k
Paris	507
Versailles	17
	832

N° 235. D'AIX à VESOUL.

Lyon	308k
Besançon	212
Vesoul	47
	567

ALBI.

N° 236. D'ALBI À ALENÇON.

Angoulême	366k
Tours	224
Alençon	136
	726

N° 237. D'ALBI À AMIENS.

Clermont	304k
Paris	445
Amiens	148
	897

N°. 238. D'ALBI À ANGERS.

Angoulême	366k
Angers	321
	687

N° 239. D'ALBI À ANGOULÊME.

Angoulême	366k

N° 240. D'ALBI À ARRAS.

Clermont	304k
Paris	445
Arras	215
	964

N° 241. D'ALBI À AUCH.

Auch	153k

N° 242. D'ALBI A AURILLAC.

Aurillac	182k

N° 243. D'ALBI À AUXERRE.

Clermont	304k
Nevers	148
Auxerre	109
	561

N° 244. D'ALBI À AVIGNON.

Montpellier	216k
Avignon	98
	314

N° 245. D'ALBI À BAR-LE-DUC.

Clermont	304k
Bar-le-Duc	454
	758

N° 246. D'ALBI À BARÉGES.

Toulouse	76k
Tarbes	151
Baréges	57
	284

N° 247. D'ALBI À BAYONNE.

Toulouse	76k
Bayonne	297
	373

N° 248. D'ALBI À BEAUVAIS.

Clermont	304k
Paris	445
Beauvais	108
	857

N° 249. D'ALBI À BELFORT.

Lyon	417k
Belfort	310
	727

N° 250. D'ALBI À BESANÇON.

Lyon	417k
Besançon	212
	629

N° 251. D'ALBI À BLOIS.

Angoulême	366k
Blois	270
	636

N° 252. D'ALBI À BORDEAUX.

Agen	144k
Bordeaux	144
	288

N° 253. D'ALBI À BOULOGNE.

Clermont	304k
Paris	445
Boulogne	272
	1,021

N° 254. D'ALBI À BOURBONNE.

Clermont	304k
Moulins	95
Dijon	183
Bourbonne	108
	690

N° 255. D'ALBI À BOURG.

Lyon	417k
Bourg	62
	479

N° 256. D'ALBI À BOURGES.

Clermont	304k
Bourges	212
	516

N° 257. D'ALBI À BREST.

Angoulême	366k
Nantes (tout fer)	409
Brest	323
	1,098

N° 258. D'ALBI À BRIANÇON.

Montpellier	216k
Avignon	98
Briançon	278
	592

N° 259. D'ALBI À CAEN.

Angoulême	366k
Tours	214
Caen	237
	817

N° 260. D'ALBI À CAHORS.

Cahors	136k

N° 261. D'ALBI À CALAIS.

Clermont	304k
Paris	445
Calais	377
	1,126

N° 262. D'ALBI À CAMBRAI.

Clermont	304k
Paris	445
Cambrai	208
	957

N° 263. D'ALBI À CARCASSONNE.

Carcassonne	107k

N° 264. D'ALBI À CETTE.

Cette	190k

N° 265. D'ALBI À CHALONS-S.-MARNE.

Clermont	304k
Paris	445
Châlons-sur-Marne	172
	921

N° 266. D'ALBI À CHALON-S.-SAONE.

Lyon	417k
Chalon-sur-Saône	126
	543

N° 267. D'ALBI À CHARTRES.

Limoges	333k
Orléans	269
Chartres	73
	675

N° 268. D'ALBI À CHATEAUROUX.

Limoges	333k
Châteauroux	125
	458

N° 269. D'ALBI À CHERBOURG.

Angoulême	366k
Tours	214
Cherbourg	353
	933

N° 270. D'ALBI À CLERMONT.

Clermont	304k

N° 271. D'ALBI À COLMAR.

Lyon	417k
Colmar	390
	807

N° 272. D'ALBI À COMPIÈGNE.

Clermont.	304k
Paris.	445
Compiègne.	100
	849

N° 273. D'ALBI À DIGNE.

Montpellier.	216k
Avignon.	98
Digne.	152
	466

N° 274. D'ALBI À DIJON.

Clermont.	304k
Moulins.	95
Dijon.	183
	582

N° 275. D'ALBI À DOUAI.

Clermont.	304k
Paris.	445
Douai.	241
	990

N° 276. D'ALBI À DRAGUIGNAN.

Montpellier.	216k
Aix.	173
Draguignan.	108
	497

N° 277. D'ALBI À DUNKERQUE.

Clermont.	304k
Paris.	445
Dunkerque.	356
	1,105

N° 278. D'ALBI À ÉPINAL.

Clermont.	304k
Moulins.	95
Dijon.	183
Épinal.	181
	763

N° 279. D'ALBI À ÉVREUX.

Clermont.	304k
Paris.	445
Évreux.	108
	857

N° 280. D'ALBI À LA FÈRE.

Clermont.	304k
Paris.	445
La Fère.	153
	902

N° 281. D'ALBI À FOIX.

Foix.	158k

N° 282. D'ALBI À FONTAINEBLEAU.

Clermont.	304k
Orléans.	324
Fontainebleau.	88
	716

N° 283. D'ALBI À GAP.

Nîmes.	256k
Avignon.	48
Gap.	187
	491

N° 284. D'ALBI À GIVET.

Clermont	304k
Paris.	445
Givet.	320
	1,069

N° 285. D'ALBI À GRENOBLE.

Nîmes.	256k
Valence.	173
Grenoble.	94
	523

N° 286. D'ALBI À GUÉRET.

Limoges.	333k
Guéret.	84
	417

N° 287. D'ALBI À HAGUENAU.

Lyon.	417k
Strasbourg.	458
Haguenau.	29
	904

N° 288. D'ALBI À LANGRES.

Clermont.	304k
Moulins	95
Dijon.	183
Langres.	66
	648

N° 289. D'ALBI À LAON.

Clermont.	304k
Paris.	445
Laon.	177
	926

N° 290. D'ALBI À LAVAL.

Angoulême.	366k
Angers.	321
Laval.	74
	761

N° 291. D'ALBI À LILLE.

Clermont.	304k
Paris.	445
Lille.	274
	1,023

N° 292. D'ALBI À LIMOGES.

Limoges.	333k

N° 293. D'ALBI À LONS-LE-SAUNIER.

Lyon.	417k
Lons-le-Saunier. . . .	124
	541

N° 294. D'ALBI À LORIENT.

Angoulême.	366k
Nantes.	409
Lorient.	164
	939

N° 295. D'ALBI À LUNÉVILLE.

Clermont.	304k
Lunéville.	497
	801

N° 296. D'ALBI À LYON.

Lyon.	417k

N° 297. D'ALBI À MACON.

Lyon.	417k
Mâcon.	67
	484

N° 298. D'ALBI AU MANS.

Angoulême.	366k
Tours.	214
Le Mans.	82
	662

N° 299. D'ALBI À MARSEILLE.

Montpellier.	216k
Marseille.	177
	393

N° 300. D'ALBI À MAUBEUGE.

Clermont.	304k
Paris.	445
Maubeuge.	260
	1,009

N° 301. D'ALBI À MELUN.

Clermont.	304k
Orléans.	324
Melun.	103
	731

N° 302. D'ALBI À MENDE.

Mende.	194k

N° 303. D'ALBI À METZ.

Clermont.	304k
Metz.	527
	831

N° 304. D'ALBI À MÉZIÈRES.

Clermont.	304k
Auxerre.	445
Mézières.	253
	1,002

N° 305. D'ALBI À MONTAUBAN.

Montauban.	74k

N° 306. D'ALBI à MONTBRISON.

Le Puy	283k
Montbrison	113
	396

N° 307. D'ALBI à MONT-DE-MARSAN.

Agen	144k
Mont-de-Marsan	109
	253

N° 308. D'ALBI à MONTPELLIER.

Montpellier	216k

N° 309. D'ALBI à MOULINS.

Clermont	304k
Moulins	95
	399

N° 310. D'ALBI à NANCY.

Clermont	304k
Nancy	470
	774

N° 311. D'ALBI à NANTES.

Angoulême	366k
Nantes	409
	775

N° 312. D'ALBI à NAPOLÉON-VENDÉE.

Angoulême	366k
Niort	109
Napoléon-Vendée	87
	562

N° 313. D'ALBI à NEVERS.

Clermont	304k
Nevers	148
	452

N° 314. D'ALBI à NIMES.

Nimes	256k

N° 315. D'ALBI à NIORT.

Angoulême	366k
Niort	109
	475

N° 316. D'ALBI à ORLÉANS.

Clermont	304k
Orléans	324
	628

N° 317. D'ALBI à PARIS.

Clermont	304k
Paris	445
	749

N° 318. D'ALBI à PAU.

Toulouse	76k
Pau	190
	266

N° 319. D'ALBI à PÉRIGUEUX.

Périgueux	280k

N° 320. D'ALBI à PERPIGNAN.

Carcassonne	107k
Perpignan	121
	228

N° 321. D'ALBI à POITIERS.

Angoulême	366k
Poitiers	113
	479

N° 322. D'ALBI à PRIVAS.

Nîmes	256k
Privas	115
	371

N° 323. D'ALBI au PUY.

Le Puy	283k

N° 324. D'ALBI à QUIMPER.

Angoulême	366k
Nantes	409
Quimper	231
	1,006

N° 325. D'ALBI à RENNES.

Angoulême	366k
Angers	321
Rennes	125
	812

N° 326. D'ALBI à ROCHEFORT.

Angoulême	366k
Rochefort	109
	475

N° 327. D'ALBI à LA ROCHELLE.

Angoulême	366k
La Rochelle	125
	491

N° 328. D'ALBI à RODEZ.

Rodez	79k

N° 329. D'ALBI à ROUEN.

Clermont	304k
Paris	445
Rouen	140
	889

N° 330. D'ALBI à SAINT-BRIEUC.

Angoulême	366k
Angers	321
Saint-Brieuc	225
	912

N° 331. D'ALBI à SAINT-GERMAIN.

Clermont	304k
Paris	445
Saint-Germain	23
	772

N° 332. D'ALBI à SAINT-LO.

Angoulême	366k
Tours	214
Le Mans	82
Saint-Lô	199
	861

N° 333. D'ALBI à SAINT-OMER.

Clermont	304k
Paris	445
Saint-Omer	336
	1,085

N° 334. D'ALBI à SARREGUEMINES.

Clermont	304k
Metz	527
Sarreguemines	76
	907

N° 335. D'ALBI à SAUMUR.

Angoulême	366k
Saumur	277
	643

N° 336. D'ALBI à SCHELESTADT.

Lyon	417k
Schelestadt	413
	830

N° 337. D'ALBI à STRASBOURG.

Lyon	417k
Strasbourg	458
	875

N° 338. D'ALBI à TARBES.

Toulouse	76k
Tarbes	151
	227

N° 339. D'ALBI à THIONVILLE.

Clermont	304k
Metz	527
Thionville	26
	857

N° 340. D'ALBI à TOULON.

Montpellier	216k
Marseille	177
Toulon	60
	453

N° 341. D'ALBI à TOULOUSE.

Toulouse	76k

N° 342. D'ALBI à TOURS.

Angoulême	366k
Tours	214
	580

N° 343. D'ALBI à TROYES.

Clermont	304k
Troyes	334
	638

N° 344. D'ALBI À TULLE.

Tulle 269k

N° 345. D'ALBI À VALENCE.

Nîmes. 256k
Valence 173
429

N° 346. D'ALBI À VALENCIENNES.

Clermont 304k
Paris 445
Valenciennes. 277
1,026

N° 347. D'ALBI À VANNES.

Angoulême 366k
Nantes. 409
Vannes 108
883

N° 348. D'ALBI À VERDUN.

Clermont 304k
Verdun 494
798

N° 349. D'ALBI À VERNON.

Clermont 304k
Paris 445
Vernon 88
829

N° 350. D'ALBI À VERSAILLES.

Clermont 304k
Paris 445
Versailles 17
766

N° 351. D'ALBI À VESOUL.

Lyon 417k
Besançon 212
Vesoul. 47
676

ALENÇON.

N° 352. D'ALENÇON À AMIENS.

Paris 265k
Amiens 148
413

N° 353. D'ALENÇON À ANGERS.

Angers. 142k

N° 354. D'ALENÇON À ANGOULÊME.

Tours 136k
Angoulême. 214
350

N° 355. D'ALENÇON À ARRAS.

Paris. 265k
Arras 215
480

N° 356. D'ALENÇON À AUCH.

Tours 136k
Bordeaux 347
Auch. 186
669

N° 357. D'ALENÇON À AURILLAC.

Orléans 189k
Clermont. 324
Aurillac. 157
670

N° 358. D'ALENÇON À AUXERRE.

Paris. 265k
Auxerre 175
440

N° 359. D'ALENÇON À AVIGNON.

Orléans 189k
Lyon. 420
Avignon. 230
839

N° 360. D'ALENÇON À BAR-LE-DUC.

Paris. 265k
Bar-le-Duc. 254
519

N° 361. D'ALENÇON À BARÉGES.

Tours 136k
Bordeaux. 347
Tarbes. 230
Baréges 57
770

N° 362. D'ALENÇON À BAYONNE.

Tours 136k
Bordeaux 347
Bayonne. 198
681

N° 363. D'ALENÇON À BEAUVAIS.

Paris. 265k
Beauvais. 102
367

N° 364. D'ALENÇON À BELFORT.

Paris. 265k
Belfort. 443
708

N° 365. D'ALENÇON À BESANÇON.

Paris. 265k
Besançon 406
671

N° 366. D'ALENÇON À BLOIS.

Blois. 162k

N° 367. D'ALENÇON À BORDEAUX.

Tours 136k
Bordeaux 347
483

N° 368. D'ALENÇON À BOULOGNE.

Paris. 265k
Boulogne. 272
537

N° 369. D'ALENÇON À BOURBONNE.

Paris. 265k
Bourbonne. 325
590

N° 370. D'ALENÇON À BOURG.

Paris. 265k
Mâcon. 441
Bourg 34
740

N° 371. D'ALENÇON À BOURGES.

Orléans 189k
Bourges 112
301

N° 372. D'ALENÇON À BREST.

Rennes. 164k
Brest. 245
409

N° 373. D'ALENÇON À BRIANÇON.

Orléans 189k
Lyon 420
Grenoble. 108
Briançon. 119
836

N° 374. D'ALENÇON À CAEN.

Caen. 101k

N° 375. D'ALENÇON À CAHORS.

Tours 136k
Angoulême. 214
Cahors. 229
579

N° 376. D'ALENÇON À CALAIS.

Paris. 265k
Calais 377
642

N° 377. D'ALENÇON À CAMBRAI.

Paris. 265k
Cambrai. 208
473

N° 378. D'ALENÇON À CARCASSONNE.

Tours 136k
Bordeaux 347
Toulouse. 251
Carcassonne 94
828

N° 379. D'ALENÇON À CETTE.

Tours 136k
Bordeaux 347
Toulouse. 251
Cette 222
956

N° 380. D'ALENÇON À CHALONS-SUR-MARNE.

Paris. 265k
Châlons-sur-Marne . . . 172
437

N° 381. D'ALENÇON À CHALON-SUR-SAONE.

Paris. 265k
Chalon-sur-Saône . . . 383
648

N° 382. D'ALENÇON A CHARTRES.

Chartres. 177k

N° 383. D'ALENÇON À CHATEAUROUX.

Orléans 189k
Châteauroux. 144
333

N° 384. D'ALENÇON À CHERBOURG.

Caen. 101k
Cherbourg. 121
222

N° 385. D'ALENÇON À CLERMONT.

Orléans 189k
Clermont 324
513

N° 386. D'ALENÇON À COLMAR.

Paris. 265k
Colmar. 569
834

N° 387. D'ALENÇON À COMPIÈGNE.

Paris. 265k
Compiègne 100
365

N° 388. D'ALENÇON À DIGNE.

Orléans 189k
Lyon. 420
Digne 296
905

N° 389. D'ALENÇON À DIJON.

Paris. 265k
Dijon 315
580

N° 390. D'ALENÇON À DOUAI.

Paris. 265k
Douai 241
506

N° 391. D'ALENÇON À DRAGUIGNAN.

Orléans 189k
Lyon 420
Draguignan. 391
1,000

N° 392. D'ALENÇON À DUNKERQUE.

Paris. 265k
Dunkerque. 356
621

N° 393. D'ALENÇON À ÉPINAL.

Paris. 265k
Épinal. 397
662

N° 394. D'ALENÇON À ÉVREUX.

Évreux. 116k

N° 395. D'ALENÇON À LA FÈRE.

Paris. 265k
La Fère 153
418

N° 396. D'ALENÇON À FOIX.

Tours 136k
Bordeaux. 347
Toulouse. 251
Foix 82
816

N° 397. D'ALENÇON À FONTAINEBLEAU.

Paris. 265k
Fontainebleau 59
324

N° 398. D'ALENÇON À GAP.

Orléans 189k
Lyon 420
Gap 209
818

N° 399. D'ALENÇON À GIVET.

Paris. 265k
Givet 320
585

N° 400. D'ALENÇON À GRENOBLE.

Orléans 189k
Lyon 420
Grenoble. 108
717

N° 401. D'ALENÇON À GUÉRET.

Orléans 189k
Guéret. 235
424

N° 402. D'ALENÇON À HAGUENAU.

Paris. 265k
Haguenau 496
761

N° 403. D'ALENÇON À LANGRES.

Paris. 265k
Langres 307
572

N° 404. D'ALENÇON À LAON.

Paris. 265k
Laon 177
442

N° 405. D'ALENÇON À LAVAL.

Laval 91k

N° 406. D'ALENÇON À LILLE.

Paris. 265k
Lille. 274
539

N° 407. D'ALENÇON À LIMOGES.

Orléans 189k
Limoges. 269
458

N° 408. D'ALENÇON À LONS-LE-SAUNIER.

Paris. 265k
Lons-le-Saunier 447
712

N° 409. D'ALENÇON À LORIENT.

Rennes 161k
Lorient 160
321

N° 410. D'ALENÇON À LUNÉVILLE.

Paris. 265k
Lunéville 385
650

N° 411. D'ALENÇON À LYON.

Orléans 189k
Lyon 420
609

N° 412. D'ALENÇON À MACON.

Paris. 265k
Mâcon. 441
706

N° 413. D'ALENÇON AU MANS.

Le Mans. 51k

N° 414. D'ALENÇON À MARSEILLE.

Orléans 189k
Lyon 420
Marseille. 350
959

N° 415. D'ALENÇON à MAUBEUGE.

Paris	265k
Maubeuge	260
	525

N° 416. D'ALENÇON à MELUN.

Paris	265k
Melun	45
	310

N° 417. D'ALENÇON à MENDE.

Orléans	189k
Clermont	324
Mende	186
	699

N° 418. D'ALENÇON à METZ.

Paris	265k
Metz	393
	658

N° 419. D'ALENÇON à MÉZIÈRES.

Paris	265k
Mézières	253
	518

N° 420. D'ALENÇON à MONTAUBAN.

Tours	136k
Bordeaux	347
Montauban	214
	697

N° 421. D'ALENÇON à MONTBRISON.

Orléans	189k
Montbrison	394
	583

N° 422. D'ALENÇON à MONT-DE-MARSAN.

Tours	136k
Bordeaux	347
Mont-de-Marsan	131
	614

N° 423. D'ALENÇON à MONTPELLIER.

Orléans	189k
Lyon	420
Montpellier	328
	937

N° 424. D'ALENÇON à MOULINS.

Orléans	189k
Moulins	231
	420

N° 425. D'ALENÇON à NANCY.

Paris	265k
Nancy	352
	617

N° 426. D'ALENÇON à NANTES.

Laval	91k
Nantes	131
	222

N° 427. D'ALENÇON à NAPOLÉON-VENDÉE.

Angers	142k
Napoléon-Vendée	125
	267

N° 428. D'ALENÇON à NEVERS.

Orléans	189k
Nevers	182
	371

N° 429. D'ALENÇON à NIMES.

Orléans	189k
Lyon	420
Nimes	278
	887

N° 430. D'ALENÇON à NIORT.

Saumur	147k
Niort	124
	271

N° 431. D'ALENÇON à ORLÉANS.

Orléans	189k

N° 432. D'ALENÇON à PARIS.

Paris	265k

N° 433. D'ALENÇON à PAU.

Tours	136k
Bordeaux	347
Pau	213
	696

N° 434. D'ALENÇON à PÉRIGUEUX.

Tours	136k
Angoulême	214
Périgueux	86
	436

N° 435. D'ALENÇON à PERPIGNAN.

Tours	136k
Bordeaux	347
Toulouse	251
Perpignan	215
	949

N° 436. D'ALENÇON à POITIERS.

Tours	136k
Poitiers	101
	237

N° 437. D'ALENÇON à PRIVAS.

Orléans	189k
Lyon	420
Privas	144
	753

N° 438. D'ALENÇON au PUY.

Orléans	189k
Clermont	324
Le Puy	134
	647

N° 439. D'ALENÇON à QUIMPER.

Rennes	164k
Quimper	227
	391

N° 440. D'ALENÇON à RENNES.

Rennes	164k

N° 441. D'ALENÇON à ROCHEFORT.

Saumur	147k
Rochefort	169
	316

N° 442. D'ALENÇON à LA ROCHELLE.

Saumur	147k
La Rochelle	167
	314

N° 443. D'ALENÇON à RODEZ.

Tours	136k
Angoulême	214
Rodez	346
	696

N° 444. D'ALENÇON à ROUEN.

Rouen	142k

N° 445. D'ALENÇON à SAINT-BRIEUC.

Rennes	164k
Saint-Brieuc	100
	264

N° 446. D'ALENÇON à SAINT-GERMAIN.

Saint-Germain	261k

N° 447. D'ALENÇON à SAINT-LO.

Saint-Lô	145k

N° 448. D'ALENÇON à SAINT-OMER.

Paris	265k
Saint-Omer	336
	601

N° 449. D'ALENÇON à SARREGUEMINES.

Paris	265k
Sarreguemines	469
	734

N° 450. D'ALENÇON à SAUMUR.

Saumur	147k

N° 451. D'ALENÇON à SCHELESTADT.

Paris	265k
Schelestadt	546
	811

N° 452. D'ALENÇON à STRASBOURG.

Paris	265k
Strasbourg	501
	766

N° 453. D'ALENÇON à TARBES.

Tours 136k
Bordeaux 347
Tarbes. 230
713

N° 454. D'ALENÇON à THIONVILLE.

Paris. 265k
Thionville 419
684

N° 455. D'ALENÇON à TOULON.

Orléans 189k
Lyon 420
Marseille. 350
Toulon. 60
1,019

N° 456. D'ALENÇON à TOULOUSE.

Tours 136k
Bordeaux 347
Toulouse. 251
734

N° 457. D'ALENÇON à TOURS.

Tours 136k

N° 458. D'ALENÇON à TROYES.

Paris. 265k
Troyes. 179
444

N° 459. D'ALENÇON à TULLE.

Tours 136k
Limoges. 230
Tulle. 89
455

N° 460. D'ALENÇON à VALENCE.

Orléans 189k
Lyon 420
Valence 105
714

N° 461. D'ALENÇON à VALENCIENNES.

Paris. 265k
Valenciennes. 277
542

N° 461 *bis*. D'ALENÇON à VANNES.

Rennes 164k
Vannes 103
267

N° 462. D'ALENÇON à VERDUN.

Paris. 265k
Verdun 253
518

N° 463. D'ALENÇON à VERNON.

Vernon 148k

N° 464. D'ALENÇON à VERSAILLES.

Versailles 248k

N° 465. D'ALENÇON à VESOUL.

Paris. 265k
Vesoul. 381
646

AMIENS.

N° 466. D'AMIENS à ANGERS.

Paris 148k
Angers 343
491

N° 467. D'AMIENS à ANGOULÊME.

Paris 148k
Angoulême 450
598

N° 468. D'AMIENS à ARRAS.

Arras 67k

N° 469. D'AMIENS à AUCH.

Paris 148k
Auch 693
841

N° 470. D'AMIENS à AURILLAC.

Paris 148k
Clermont 445
Aurillac 157
750

N° 471. D'AMIENS à AUXERRE.

Paris 148k
Auxerre 175
323

N° 472. D'AMIENS à AVIGNON.

Paris 148k
Lyon 507
Avignon. 230
885

N° 473. D'AMIENS à BAR-LE-DUC.

Paris 148k
Bar-le-Duc. 254
402

N° 474. D'AMIENS à BARÉGES.

Paris 148k
Bordeaux 583
Tarbes. 230
Baréges 57
1,018

N° 475. D'AMIENS à BAYONNE.

Paris 148k
Bordeaux 583
Bayonne. 198
929

N° 476. D'AMIENS à BEAUVAIS.

Beauvais 67k

N° 477. D'AMIENS à BELFORT.

Paris 148k
Belfort. 443
591

N° 478. D'AMIENS à BESANÇON.

Paris 148k
Besançon 406
554

N° 479. D'AMIENS à BLOIS.

Paris 148k
Blois 180
328

N° 480. D'AMIENS à BORDEAUX.

Paris 148k
Bordeaux 583
731

N° 481. D'AMIENS à BOULOGNE.

Boulogne 124k

N° 482. D'AMIENS à BOURBONNE.

Châlons-sur-Marne . . 148k
Bourbonne 325
473

N° 483. D'AMIENS à BOURG.

Paris 148k
Mâcon 441
Bourg. 34
623

N° 484. D'AMIENS à BOURGES.

Paris 148k
Bourges. 233
381

N° 485. D'AMIENS à BREST.

Paris 148k
Rennes 373
Brest 245
766

N° 486. D'AMIENS à BRIANÇON.

Paris 148k
Lyon 507
Grenoble. 108
Briançon 119
882

N° 487. D'AMIENS À CAEN.

Paris	148k
Caen	237
	385

N° 488. D'AMIENS À CAHORS.

Paris	148k
Limoges	390
Cahors	197
	735

N° 489. D'AMIENS À CALAIS.

Calais	229k

N° 490. D'AMIENS À CAMBRAI.

Cambrai	103k

N° 491. D'AMIENS À CARCASSONNE.

Paris	148k
Limoges	390
Cahors	197
Carcassonne	205
	940

N° 492. D'AMIENS À CETTE.

Paris	148k
Lyon	507
Cette	355
	1,010

N° 493. D'AMIENS À CHALONS-SUR-MARNE.

Paris	148k
Châlons-sur-Marne	172
	320

N° 494. D'AMIENS À CHALON-SUR-SAONE.

Paris	148k
Chalon-sur-Saône	383
	531

N° 495. D'AMIENS À CHARTRES.

Paris	148k
Chartres	88
	236

N° 496. D'AMIENS À CHATEAUROUX.

Paris	148k
Châteauroux	265
	413

N° 497. D'AMIENS À CHERBOURG.

Paris	148k
Cherbourg	358
	506

N° 498. D'AMIENS À CLERMONT.

Paris	148k
Clermont	445
	593

N° 499. D'AMIENS À COLMAR.

Paris	148k
Colmar	569
	717

N° 500. D'AMIENS À COMPIÈGNE.

Compiègne	113k

N° 501. D'AMIENS À DIGNE.

Paris	148k
Lyon	507
Digne	296
	951

N° 502. D'AMIENS À DIJON.

Paris	148k
Dijon	315
	463

N° 503. D'AMIENS À DOUAI.

Douai	94k

N° 504. D'AMIENS À DRAGUIGNAN.

Paris	148k
Lyon	507
Avignon	230
Draguignan	186
	1,071

N° 505. D'AMIENS À DUNKERQUE.

Dunkerque	208k

N° 506. D'AMIENS À ÉPINAL.

Paris	148k
Épinal	397
	545

N° 507. D'AMIENS À ÉVREUX.

Évreux	166k

N° 508. D'AMIENS À LA FÈRE.

La Fère	108k

N° 509. D'AMIENS À FOIX.

Paris	148k
Toulouse	697
Foix	82
	927

N° 510. D'AMIENS À FONTAINEBLEAU.

Paris	148k
Fontainebleau	59
	207

N° 511. D'AMIENS À GAP.

Paris	148k
Lyon	507
Grenoble	108
Gap	101
	864

N° 512. D'AMIENS À GIVET.

Laon	131k
Mézières	128
Givet	67
	326

N° 513. D'AMIENS À GRENOBLE.

Paris	148k
Lyon	507
Grenoble	108
	763

N° 514. D'AMIENS À GUÉRET.

Paris	148k
Châteauroux	265
Guéret	91
	504

N° 515. D'AMIENS À HAGUENAU.

Paris	148k
Haguenau	496
	644

N° 516. D'AMIENS À LANGRES.

Paris	148k
Langres	307
	455

N° 517. D'AMIENS À LAON.

Laon	132k

N° 518. D'AMIENS À LAVAL.

Paris	148k
Laval	300
	448

N° 519. D'AMIENS À LILLE.

Lille	127k

N° 520. D'AMIENS À LIMOGES.

Paris	148k
Limoges	390
	538

N° 521. D'AMIENS À LONS-LE-SAUNIER.

Paris	148k
Lons-le-Saunier	447
	595

N° 522. D'AMIENS À LORIENT.

Paris	148k
Lorient	533
	681

N° 523. D'AMIENS À LUNÉVILLE.

Paris	148k
Lunéville	385
	533

N° 524. D'AMIENS à LYON.

Paris 148k
Lyon 507
655

N° 525. D'AMIENS à MACON.

Paris 148k
Mâcon 441
589

N° 526. D'AMIENS au MANS.

Paris 148k
Le Mans 211
359

N° 527. D'AMIENS à MARSEILLE.

Paris 148k
Lyon 507
Marseille 350
1,005

N° 528. D'AMIENS à MAUBEUGE.

Valenciennes 129k
Maubeuge 37
166

N° 529. D'AMIENS à MELUN.

Paris 148k
Melun 45
193

N° 530. D'AMIENS à MENDE.

Paris 148k
Clermont 445
Mende 186
779

N° 531. D'AMIENS à METZ.

Paris 148k
Metz 393
541

N° 532. D'AMIENS à MÉZIÈRES.

Mézières 259k

N° 533. D'AMIENS à MONTAUBAN.

Paris 148k
Montauban 648
796

N° 534. D'AMIENS à MONTBRISON.

Paris 148k
Montbrison 516
664

N° 535. D'AMIENS à MONT-DE-MARSAN.

Paris 148k
Bordeaux 583
Mont-de-Marsan 131
862

N° 536. D'AMIENS à MONTPELLIER.

Paris 148k
Lyon 507
Montpellier 328
983

N° 537. D'AMIENS à MOULINS.

Paris 148k
Moulins 342
490

N° 538. D'AMIENS A NANCY.

Paris 148k
Nancy 352
500

N° 539. D'AMIENS à NANTES.

Paris 148k
Nantes 431
579

N° 540. D'AMIENS à NAPOLÉON-VENDÉE

Paris 148k
Angers 343
Napoléon-Vendée . . . 125
616

N° 541. D'AMIENS à NEVERS.

Paris 148k
Nevers 303
451

N° 542. D'AMIENS à NIMES.

Paris 148k
Lyon 507
Nîmes 278
933

N° 543. D'AMIENS à NIORT.

Paris 148k
Niort 413
561

N° 544. D'AMIENS à ORLÉANS.

Paris 148k
Orléans 121
269

N° 545. D'AMIENS à PARIS.

Paris 148k

N° 546. D'AMIENS à PAU.

Paris 148k
Bordeaux 583
Pau 213
944

N° 547. D'AMIENS à PÉRIGUEUX.

Paris 148k
Périgueux 484
632

N° 548. D'AMIENS à PERPIGNAN.

Paris 148k
Lyon 507
Montpellier 328
Perpignan 161
1,144

N° 549. D'AMIENS à POITIERS.

Paris 148k
Poitiers 337
485

N° 550. D'AMIENS à PRIVAS.

Paris 148k
Lyon 507
Privas 144
799

N° 551. D'AMIENS au PUY.

Paris 148k
Clermont 445
Le Puy 134
727

N° 552. D'AMIENS à QUIMPER.

Paris 148k
Rennes 373
Quimper 227
748

N° 553. D'AMIENS à RENNES.

Paris 148k
Rennes 373
521

N° 554. D'AMIENS à ROCHEFORT.

Paris 148k
Rochefort 474
622

N° 555. D'AMIENS à LA ROCHELLE.

Paris 148k
La Rochelle 476
624

N° 556. D'AMIENS à RODEZ.

Paris 148k
Clermont 445
Rodez 225
818

N° 557. D'AMIENS à ROUEN.

Rouen 113k

N° 558. D'AMIENS à SAINT-BRIEUC.

Paris 148k
Rennes 373
Saint-Brieuc 100
621

N° 559. D'AMIENS à SAINT-GERMAIN.

Paris 148k
Saint-Germain. 23
171

N° 560. D'AMIENS à SAINT-LO

Paris 148k
Saint-Lô. 300
448

N° 561. D'AMIENS à SAINT-OMER.

Saint-Omer 188k

N° 562. D'AMIENS à SARREGUEMINES.

Paris 148k
Sarreguemines 469
617

N° 563. D'AMIENS à SAUMUR.

Paris 148k
Saumur 300
448

N° 564. D'AMIENS à SCHELESTADT.

Paris 148k
Schelestadt 546
694

N° 565. D'AMIENS à STRASBOURG.

Paris 148k
Strasbourg 501
649

N° 566. D'AMIENS à TARBES.

Paris 148k
Tarbes. 765
913

N° 567. D'AMIENS à THIONVILLE.

Paris 148k
Thionville 419
567

N° 568. D'AMIENS à TOULON.

Paris 148k
Lyon 507
Marseille 350
Toulon 60
1,065

N° 569. D'AMIENS à TOULOUSE.

Paris 148k
Toulouse 697
845

N° 570. D'AMIENS à TOURS.

Paris 148k
Tours 236
384

N° 571. D'AMIENS à TROYES.

Paris 148k
Troyes. 179
327

N° 572. D'AMIENS à TULLE.

Paris 148k
Limoges. 390
Tulle 89
627

N° 573. D'AMIENS à VALENCE.

Paris 148k
Lyon 507
Valence 105
760

N° 574. D'AMIENS à VALENCIENNES.

Valenciennes 129k

N° 575. D'AMIENS à VANNES.

Paris 148k
Rennes 373
Vannes 103
624

N° 576. D'AMIENS à VERDUN.

Paris 148k
Châlons-sur-Marne. . . 172
Verdun 81
401

N° 577. D'AMIENS à VERNON.

Paris 148k
Vernon 80
228

N° 578. D'AMIENS à VERSAILLES.

Paris 148k
Versailles 17
165

N° 579. D'AMIENS à VESOUL.

Paris 148k
Vesoul 381
529

ANGERS.

N° 580. D'ANGERS à ANGOULÊME.

Angoulême 321k

N° 581. D'ANGERS à ARRAS.

Paris 343k
Arras 215
558

N° 582. D'ANGERS à AUCH.

Bordeaux 454k
Auch 186
640

N° 583. D'ANGERS à AURILLAC.

Poitiers 208k
Limoges. 129
Aurillac 174
511

N° 584. D'ANGERS à AUXERRE.

Orléans 222k
Auxerre. 149
371

N° 585. D'ANGERS à AVIGNON.

Moulins 443k
Lyon 186
Avignon. 230
859

N° 586. D'ANGERS à BAR-LE-DUC.

Paris 343k
Bar-le-Duc. 254
597

N° 587. D'ANGERS à BARÉGES.

Bordeaux 454k
Tarbes 230
Baréges. 57
741

N° 588. D'ANGERS à BAYONNE.

Bordeaux 454k
Bayonne 198
652

N° 589. D'ANGERS à BEAUVAIS.

Paris 343k
Beauvais 108
451

N° 590. D'ANGERS à BELFORT.

Orléans 222k
Auxerre. 149
Belfort 292
663

N° 591. D'ANGERS à BESANÇON.

Nevers 328k
Dijon 189
Besançon 93
610

N° 592. D'ANGERS à BLOIS.

Blois 164k

N° 593. D'ANGERS à BORDEAUX.

Bordeaux 454k

N° 594. D'ANGERS À BOULOGNE.

Paris 343k
Boulogne 272
615

N° 595. D'ANGERS À BOURBONNE.

Orléans 222k
Auxerre 149
Bourbonne 198
569

N° 596. D'ANGERS À BOURG.

Moulins 381k
Mâcon 136
Bourg 34
551

N° 597. D'ANGERS À BOURGES.

Bourges 334k

N° 598. D'ANGERS À BREST.

Rennes 125k
Brest 245
370

N° 599. D'ANGERS À BRIANÇON.

Moulins 443k
Lyon 186
Grenoble 108
Briançon 119
856

N° 600. D'ANGERS À CAEN.

Caen 217k

N° 601. D'ANGERS À CAHORS.

Poitiers 208k
Limoges 129
Cahors 197
534

N° 602. D'ANGERS À CALAIS.

Paris 343k
Calais 377
720

N° 603. D'ANGERS À CAMBRAI.

Paris 343k
Cambrai 208
551

N° 604. D'ANGERS À CARCASSONNE.

Bordeaux 454k
Toulouse 251
Carcassonne 94
799

N° 605. D'ANGERS À CETTE.

Bordeaux 454k
Toulouse 251
Cette 222
927

N° 606. D'ANGERS À CHALONS-S.-MARNE.

Paris 343k
Châlons-sur-Marne . . . 172
515

N° 607. D'ANGERS À CHALON-S.-SAONE.

Nevers 403k
Chalon-sur-Saône . . . 154
557

N° 608. D'ANGERS À CHARTRES.

Chartres 210k

N° 609. D'ANGERS À CHATEAUROUX.

Châteauroux 366k

N° 610. D'ANGERS À CHERBOURG.

Laval 74k
Saint-Lô 153
Cherbourg 77
304

N° 611. D'ANGERS À CLERMONT.

Clermont 538k

N° 612. D'ANGERS À COLMAR.

Paris 343k
Colmar 569
912

N° 613. D'ANGERS À COMPIÈGNE.

Paris 343k
Compiègne 100
443

N° 614. D'ANGERS À DIGNE.

Moulins 443k
Lyon 186
Digne 296
925

N° 615. D'ANGERS À DIJON.

Nevers 403k
Dijon 189
592

N° 616. D'ANGERS À DOUAI.

Paris 343k
Douai 241
584

N° 617. D'ANGERS À DRAGUIGNAN.

Moulins 443k
Lyon 186
Avignon 230
Draguignan 186
1,045

N° 618. D'ANGERS À DUNKERQUE.

Paris 343k
Dunkerque 356
699

N° 619. D'ANGERS À ÉPINAL.

Orléans 222k
Auxerre 149
Bourbonne 198
Épinal 73
642

N° 620. D'ANGERS À ÉVREUX.

Évreux 253k

N° 621. D'ANGERS À LA FÈRE.

Paris 343k
La Fère 153
496

N° 622. D'ANGERS À FOIX.

Bordeaux 454k
Toulouse 251
Foix 82
787

N° 623. D'ANGERS À FONTAINEBLEAU.

Orléans 222k
Fontainebleau 88
310

N° 624. D'ANGERS À GAP.

Moulins 443k
Lyon 186
Gap 209
838

N° 625. D'ANGERS À GIVET.

Paris 343k
Givet 320
663

N° 626. D'ANGERS À GRENOBLE.

Moulins 443k
Lyon 186
Grenoble 108
737

N° 627. D'ANGERS À GUÉRET.

Poitiers 208k
Guéret 147
355

N° 628. D'ANGERS À HAGUENAU.

Paris 343k
Haguenau 496
839

N° 629. D'ANGERS À LANGRES.

Orléans 222k
Auxerre 149
Langres 156
527

N° 630. D'ANGERS À LAON.

Paris 343k
Laon 177
520

N° 631. D'ANGERS à LAVAL.

Laval 74k

N° 632. D'ANGERS à LILLE.

Paris 343k
Lille. 274
617

N° 633. D'ANGERS à LIMOGES.

Poitiers 208k
Limoges. 129
337

N° 634. D'ANGERS à LONS-LE-SAULNIER

Nevers 403k
Chalon-sur-Saône . . . 154
Lons-le-Saunier. 64
621

N° 635. D'ANGERS à LORIENT.

Nantes 88k
Lorient 164
252

N° 636. D'ANGERS à LUNÉVILLE.

Paris 343k
Lunéville 385
728

N° 637. D'ANGERS à LYON.

Moulins 443k
Lyon 186
629

N° 638. D'ANGERS à MACON.

Moulins. 381k
Mâcon. 136
517

N° 639. D'ANGERS au MANS.

Le Mans. 88k

N° 640. D'ANGERS à MARSEILLE.

Moulins 443k
Lyon 186
Marseille 350
979

N° 641. D'ANGERS à MAUBEUGE.

Paris. 343k
Maubeuge 260
603

N° 642. D'ANGERS à MELUN.

Orléans. 222k
Melun 103
325

N° 643. D'ANGERS à MENDE.

Poitiers. 208k
Limoges. 129
Aurillac. 174
Mende. 160
671

N° 644. D'ANGERS à METZ.

Paris. 343k
Metz. 393
736

N° 645. D'ANGERS à MÉZIÈRES.

Paris. 343k
Mézières. 253
596

N° 646. D'ANGERS à MONTAUBAN.

Bordeaux. 454k
Montauban. 214
668

N° 647. D'ANGERS à MONTBRISON.

Moulins. 443k
Montbrison. 160
603

N° 648. D'ANGERS à MONT-DE-MARSAN.

Bordeaux. 454k
Mont-de-Marsan 131
585

N° 649. D'ANGERS à MONTPELLIER.

Moulins. 443k
Lyon. 186
Montpellier. 328
957

N° 650. D'ANGERS à MOULINS.

Moulins. 443k

N° 651. D'ANGERS à NANCY.

Paris. 343k
Nancy 352
695

N° 652. D'ANGERS à NANTES.

Nantes. 88k

N° 653. D'ANGERS à NAPOLÉON-VENDÉE

Napoléon-Vendée. . . . 125k

N° 654. D'ANGERS à NEVERS.

Nevers. 403k

N° 655. D'ANGERS à NIMES.

Moulins. 443k
Lyon. 186
Nimes. 278
907

N° 656. D'ANGERS à NIORT.

Saumur. 43k
Niort. 124
167

N° 657. D'ANGERS à ORLÉANS.

Orléans. 222k

N° 658. D'ANGERS à PARIS.

Paris. 343k

N° 659. D'ANGERS à PAU.

Bordeaux. 454k
Pau. 213
667

N° 660. D'ANGERS à PÉRIGUEUX.

Angoulême. 321k
Périgueux. 86
407

N° 661. D'ANGERS à PERPIGNAN.

Bordeaux. 454k
Toulouse. 251
Perpignan. 215
920

N° 662. D'ANGERS à POITIERS.

Poitiers. 208k

N° 663. D'ANGERS à PRIVAS.

Moulins. 443k
Lyon. 186
Privas. 144
773

N° 664. D'ANGERS au PUY.

Clermont. 546k
Le Puy. 134
680

N° 665. D'ANGERS à QUIMPER.

Nantes. 88k
Quimper. 231
319

N° 666. D'ANGERS à RENNES.

Rennes. 125k

N° 667. D'ANGERS à ROCHEFORT.

Rochefort. 229k

N° 668. D'ANGERS à LA ROCHELLE.

La Rochelle 211k

N° 669. D'ANGERS à RODEZ.

Limoges. 337k
Rodez. 277
614

N° 670. D'ANGERS À ROUEN.

Paris	343k
Rouen	140
	483

N° 671. D'ANGERS À SAINT-BRIEUC.

Rennes	125k
Saint-Brieuc	100
	225

N° 672. D'ANGERS À SAINT-GERMAIN.

Paris	343k
Saint-Germain	23
	366

N° 673. D'ANGERS À SAINT-LO.

Laval	74k
Saint-Lô	153
	227

N° 674. D'ANGERS À SAINT-OMER.

Paris	343k
Saint-Omer	336
	679

N° 675. D'ANGERS À SARREGUEMINES.

Paris	343k
Sarreguemines	469
	812

N° 676. D'ANGERS À SAUMUR.

Saumur	43k

N° 677. D'ANGERS À SCHELESTADT.

Paris	343k
Schelestadt	546
	889

N° 678. D'ANGERS À STRASBOURG.

Paris	343k
Strasbourg	501
	844

N° 679. D'ANGERS À TARBES.

Bordeaux	454k
Tarbes	230
	684

N° 680. D'ANGERS À THIONVILLE.

Paris	343k
Thionville	419
	762

N° 681. D'ANGERS À TOULON.

Moulins	444k
Lyon	186
Marseille	350
Toulon	60
	1,039

N° 682. D'ANGERS À TOULOUSE.

Bordeaux	454k
Toulouse	251
	705

N° 683. D'ANGERS À TOURS.

Tours	107k

N° 684. D'ANGERS À TROYES.

Orléans	222k
Troyes	208
	430

N° 685. D'ANGERS À TULLE.

Limoges	337k
Tulle	89
	426

N° 686. D'ANGERS À VALENCE.

Moulins	443k
Lyon	186
Valence	105
	734

N° 687. D'ANGERS À VALENCIENNES.

Paris	343k
Valenciennes	277
	620

N° 688. D'ANGERS À VANNES.

Nantes	88k
Vannes	108
	196

N° 689. D'ANGERS À VERDUN.

Paris	343k
Verdun	253
	596

N° 690. D'ANGERS À VERNON.

Paris	343k
Vernon	80
	423

N° 691. D'ANGERS À VERSAILLES.

Le Mans	88k
Versailles	194
	282

N° 692. D'ANGERS À VESOUL.

Orléans	222k
Auxerre	149
Langres	156
Vesoul	74
	601

ANGOULÊME.

N° 693. D'ANGOULÊME À ARRAS.

Paris	450k
Arras	215
	665

N° 694. D'ANGOULÊME À AUCH.

Bordeaux	133k
Auch	213
	346

N° 695. D'ANGOULÊME À AURILLAC.

Périgueux	86k
Aurillac	187
	273

N° 696. D'ANGOULÊME À AUXERRE.

Orléans	329k
Auxerre	149
	478

N° 697. D'ANGOULÊME À AVIGNON.

Limoges	103k
Clermont	179
Avignon	340
	622

N° 698. D'ANGOULÊME À BAR-LE-DUC.

Paris	450k
Bar-le-Duc	254
	704

N° 699 D'ANGOULÊME À BARÉGES.

Bordeaux	133k
Tarbes	230
Baréges	57
	420

N° 700. D'ANGOULÊME À BAYONNE.

Bordeaux	133k
Bayonne	198
	331

N° 701. D'ANGOULÊME À BEAUVAIS.

Paris	450k
Beauvais	108
	558

N° 702. D'ANGOULÊME À BELFORT.

Moulins	325k
Chalon-sur-Saône	148
Belfort	207
	680

N° 703. D'ANGOULÊME À BESANÇON.

Moulins	325k
Chalon-sur-Saône	148
Besançon	109
	582

N° 704. D'ANGOULÊME à BLOIS.

Blois. 270k

N° 705. D'ANGOULÊME à BORDEAUX.

Bordeaux 133k

N° 706. D'ANGOULÊME à BOULOGNE.

Paris	450k
Boulogne	272
	722

N° 707. D'ANGOULÊME à BOURBONNE.

Orléans	329k
Auxerre.	149
Bourbonne.	198
	676

N° 708. D'ANGOULÊME à BOURG.

Limoges.	103k
Clermont.	179
Mâcon.	177
Bourg.	34
	493

N° 709. D'ANGOULÊME à BOURGES.

Bourges. 289k

N° 710. D'ANGOULÊME à BREST.

Nantes.	409k
Brest.	323
	732

N° 711. D'ANGOULÊME à BRIANÇON.

Clermont	282k
Lyon	183
Grenoble.	108
Briançon.	119
	692

N° 712. D'ANGOULÊME à CAEN.

Tours	214k
Caen	237
	451

N° 713. D'ANGOULÊME à CAHORS.

Cahors. 229k

N° 714. D'ANGOULÊME à CALAIS.

Paris.	450k
Calais	377
	827

N° 715. D'ANGOULÊME à CAMBRAI.

Paris	450k
Cambrai	208
	658

N° 716. D'ANGOULÊME à CARCASSONNE.

Bordeaux	133k
Toulouse.	251
Carcassonne	94
	478

N° 717. D'ANGOULÊME à CETTE.

Bordeaux	133k
Toulouse.	251
Cette	222
	606

N° 718. D'ANGOULÊME à CHALONS-SUR-MARNE.

Paris	450k
Châlons-sur-Marne. . .	172
	622

N° 719. D'ANGOULÊME à CHALON-SUR-SAONE.

Moulins	325k
Chalon-sur-Saône . . .	148
	473

N° 720. D'ANGOULÊME à CHARTRES.

Tours	214k
Chartres.	142
	356

N° 721. D'ANGOULÊME à CHATEAUROUX.

Châteauroux. 226k

N° 722. D'ANGOULÊME à CHERBOURG.

Tours	214k
Cherbourg.	358
	572

N° 723. D'ANGOULÊME à CLERMONT.

Clermont 282k

N° 724. D'ANGOULÊME à COLMAR.

Paris	450k
Colmar	569
	1,019

N° 725. D'ANGOULÊME à COMPIÈGNE.

Paris.	450k
Compiègne	100
	550

N° 726. D'ANGOULÊME à DIGNE.

Clermont	282k
Avignon.	340
Digne	152
	774

N° 727. D'ANGOULÊME à DIJON.

Moulins	325k
Dijon	183
	508

N° 728. D'ANGOULÊME à DOUAI.

Paris	450k
Douai	241
	691

N° 729. D'ANGOULÊME à DRAGUIGNAN.

Clermont.	282k
Avignon.	340
Draguignan	186
	808

N° 730. D'ANGOULÊME à DUNKERQUE.

Paris.	450k
Dunkerque.	356
	806

N° 731. D'ANGOULÊME à ÉPINAL.

Orléans	329k
Auxerre.	149
Bourbonne.	198
Épinal.	73
	749

N° 732. D'ANGOULÊME à ÉVREUX.

Paris	450k
Évreux	108
	558

N° 733. D'ANGOULÊME à LA FÈRE.

Paris	450k
La Fère.	153
	603

N° 734. D'ANGOULÊME à FOIX.

Bordeaux	133k
Toulouse.	251
Foix.	82
	466

N° 735. D'ANGOULÊME à FONTAINEBLEAU.

Orléans	329k
Fontainebleau	88
	417

N° 736. D'ANGOULÊME à GAP.

Clermont	282k
Lyon	184
Grenoble.	108
Gap.	101
	675

N° 737. D'ANGOULÊME à GIVET.

Paris	450k
Givet	320
	770

N° 738. D'ANGOULÊME à GRENOBLE.

Clermont	282k
Lyon	184
Grenoble.	108
	574

N° 739. D'ANGOULÊME à GUÉRET.

Guéret. 187k

N° 740. D'ANGOULÊME À HAGUENAU.

Paris	450k
Haguenau	496
	946

N° 741. D'ANGOULÊME À LANGRES.

Orléans	379k
Auxerre	149
Langres	156
	634

N° 742. D'ANGOULÊME À LAON.

Paris	450k
Laon	177
	627

N° 743. D'ANGOULÊME À LAVAL.

Angers	321k
Laval	74
	395

N° 744. D'ANGOULÊME À LILLE.

Paris	450k
Lille	274
	724

N° 745. D'ANGOULÊME À LIMOGES.

Limoges	103k

N° 746. D'ANGOULÊME À LONS-LE-SAUNIER.

Moulins	325k
Châlon-sur-Saône	148
Lons-le-Saunier	64
	537

N° 747. D'ANGOULÊME À LORIENT.

Nantes	249k
Lorient	164
	413

N° 748. D'ANGOULÊME À LUNEVILLE.

Paris	450k
Lunéville	385
	835

N° 749. D'ANGOULÊME À LYON.

Clermont	282k
Lyon	184
	466

N° 750. D'ANGOULÊME À MACON.

Clermont	282k
Mâcon	177
	459

N° 751. D'ANGOULÊME au MANS.

Tours	214k
Le Mans	82
	296

N° 752. D'ANGOULÊME À MARSEILLE.

Clermont	282k
Nîmes	312
Marseille	127
	721

N° 753. D'ANGOULÊME À MAUBEUGE.

Paris	450k
Maubeuge	260
	710

N° 754. D'ANGOULÊME À MELUN.

Orléans	329k
Melun	103
	432

N° 755. D'ANGOULÊME À MENDE.

Aurillac	273k
Mende	160
	433

N° 756. D'ANGOULÊME À METZ.

Paris	450k
Metz	393
	843

N° 757. D'ANGOULÊME À MÉZIÈRES.

Paris	450k
Metz	353
	703

N° 758. D'ANGOULÊME À MONTAUBAN.

Montauban	292k

N° 759. D'ANGOULÊME À MONTBRISON.

Clermont	282k
Montbrison	113
	395

N° 760. D'ANGOULÊME À MONT-DE-MARSAN.

Bordeaux	133k
Mont-de-Marsan	131
	264

N° 761. D'ANGOULÊME À MONTPELLIER.

Clermont	282k
Montpellier	340
	622

N° 762. D'ANGOULÊME À MOULINS.

Moulins	325k

N° 763. D'ANGOULÊME À NANCY.

Paris	450k
Nancy	352
	802

N° 764. D'ANGOULÊME À NANTES.

Nantes	409k

N° 765. D'ANGOULÊME À NAPOLÉON-VENDÉE.

Niort	109k
Napoléon Vendée	87
	196

N° 766. D'ANGOULÊME À NEVERS.

Nevers	358k

N° 767. D'ANGOULÊME À NIMES.

Clermont	282k
Nîmes	312
	594

N° 768. D'ANGOULÊME À NIORT.

Niort	109k

N° 769. D'ANGOULÊME À ORLÉANS.

Orléans	329k

N° 770. D'ANGOULÊME À PARIS.

Paris	450k

N° 771. D'ANGOULÊME À PAU.

Bordeaux	133k
Pau	213
	346

N° 772. D'ANGOULÊME À PÉRIGUEUX.

Périgueux	86k

N° 773. D'ANGOULÊME À PERPIGNAN.

Bordeaux	133k
Toulouse	251
Perpignan	215
	599

N° 774. D'ANGOULÊME À POITIERS.

Poitiers	113k

N° 775. D'ANGOULÊME À PRIVAS.

Clermont	282k
Privas	284
	566

N° 776. D'ANGOULÊME au PUY.

Clermont	282k
Le Puy	134
	416

N° 777. D'ANGOULÊME À QUIMPER.

Nantes	409k
Quimper	231
	640

N° 778. D'ANGOULÊME À RENNES.

Angers	321k
Rennes	125
	446

N° 779. D'ANGOULÊME À ROCHEFORT.

Rochefort	109k

N° 780. D'ANGOULÊME À LA ROCHELLE.

La Rochelle 125k

N° 681. D'ANGOULÊME À RODEZ.

Cahors 229k
Rodez. 117
346

N° 782. D'ANGOULÊME À ROUEN.

Paris 450k
Rouen. 140
590

N° 783. D'ANGOULÊME À SAINT-BRIEUC.

Angers 321k
Rennes 125
Saint-Brieuc. 100
546

N° 784. D'ANGOULÊME À ST-GERMAIN.

Paris 450k
Saint-Germain. 23
473

N° 785. D'ANGOULÊME À SAINT-LO.

Tours 214k
Saint-Lô. 276
490

N° 786. D'ANGOULÊME À SAINT-OMER.

Paris 450k
Saint-Omer 336
786

N° 787. D'ANGOULÊME À SARREGUEMINES.

Paris 450k
Sarreguemines. 469
919

N° 788. D'ANGOULÊME À SAUMUR.

Saumur 277k

N° 789. D'ANGOULÊME À SCHELESTADT.

Paris 450k
Schelestadt 546
996

N° 790. D'ANGOULÊME À STRASBOURG.

Paris 450k
Strasbourg. 501
951

N° 791. D'ANGOULÊME À TARBES.

Bordeaux 133k
Tarbes. 230
363

N° 792. D'ANGOULÊME À THIONVILLE.

Paris 450k
Thionville 419
869

N° 793. D'ANGOULÊME À TOULON.

Clermont 282k
Nîmes. 312
Marseille 127
Toulon. 60
781

N° 794. D'ANGOULÊME À TOULOUSE.

Bordeaux 133k
Toulouse. 251
384

N° 795. D'ANGOULÊME À TOURS.

Tours 214k

N° 796. D'ANGOULÊME À TROYES.

Paris 450k
Troyes. 179
629

N° 797. D'ANGOULÊME À TULLE.

Tulle 188k

N° 798. D'ANGOULÊME À VALENCE.

Clermont. 282k
Valence 245
527

N° 799. D'ANGOULÊME À VALENCIENNES

Paris 450k
Valenciennes. 277
727

N° 800. D'ANGOULÊME À VANNES.

Nantes. 409k
Vannes 103
517

N° 801. D'ANGOULÊME À VERDUN.

Paris 450k
Verdun 253
703

N° 802. D'ANGOULÊME À VERNON.

Paris 450k
Vernon 80
530

N° 803. D'ANGOULÊME À VERSAILLES.

Paris 450k
Versailles 17
467

N° 804. D'ANGOULÊME À VESOUL.

Moulins 325k
Dijon 183
Vesoul. 107
615

ARRAS.

N° 805. D'ARRAS À AUCH.

Paris. 215k
Auch. 693
908

N° 806. D'ARRAS À AURILLAC.

Paris. 215k
Limoges. 390
Aurillac 174
779

N° 807. D'ARRAS À AUXERRE.

Paris. 215k
Auxerre 175
390

N° 808. D'ARRAS À AVIGNON.

Paris. 215k
Lyon. 507
Avignon. 230
952

N° 809. D'ARRAS À BAR-LE-DUC.

Paris. 215k
Bar-le-Duc. 254
469

N° 810. D'ARRAS À BARÉGE.

Paris. 215k
Tarbes. 765
Baréges. 57
1,037

N° 811. D'ARRAS À BAYONNE.

Paris. 215k
Bordeaux 583
Bayonne. 198
996

N° 812. D'ARRAS À BEAUVAIS.

Beauvais. 134k

N° 813. D'ARRAS À BELFORT.

Paris. 215k
Belfort. 443
658

N° 814. D'ARRAS À BESANÇON.

Paris. 215k
Besançon 406
621

N° 815. D'ARRAS À BLOIS.

Paris. 215k
Blois. 180
395

N° 816. D'ARRAS À BORDEAUX.

Paris	215k
Bordeaux	583
	798

N° 817. D'ARRAS À BOULOGNE.

Boulogne	191k

N° 818. D'ARRAS À BOURBONNE.

Paris	215k
Bourbonne	325
	540

N° 819. D'ARRAS À BOURG.

Paris	215k
Bourg	475
	690

N° 820. D'ARRAS À BOURGES.

Paris	215k
Bourges	233
	448

N° 821. D'ARRAS À BREST.

Paris	215k
Rennes	373
Brest	245
	833

N° 822. D'ARRAS À BRIANÇON.

Paris	215k
Lyon	507
Grenoble	108
Briançon	119
	949

N° 823. D'ARRAS À CAEN.

Paris	215k
Caen	237
	452

N° 824. D'ARRAS À CAHORS.

Paris	215k
Limoges	390
Cahors	197
	802

N° 825. D'ARRAS À CALAIS.

Calais	163k

N° 826. D'ARRAS À CAMBRAI.

Cambrai	35k

N° 827. D'ARRAS À CARCASSONNE.

Paris	215k
Toulouse	697
Carcassonne	94
	1,006

N° 828. D'ARRAS À CETTE.

Paris	215k
Lyon	507
Cette	355
	1,077

N° 829. D'ARRAS À CHALONS-SUR-MARNE.

Paris	215k
Châlons-sur-Marne	172
	387

N° 830. D'ARRAS À CHALON-SUR-SAONE.

Paris	215k
Chalon-sur-Saône	383
	598

N° 831. D'ARRAS À CHARTRES.

Paris	215k
Chartres	88
	303

N° 832. D'ARRAS À CHATEAUROUX.

Paris	215k
Châteauroux	265
	480

N° 833. D'ARRAS À CHERBOURG.

Paris	215k
Cherbourg	358
	573

N° 834. D'ARRAS À CLERMONT.

Paris	215k
Clermont	445
	660

N° 835. D'ARRAS À COLMAR.

Paris	215k
Colmar	569
	784

N° 836. D'ARRAS À COMPIÈGNE.

Compiègne	143k

N° 837. D'ARRAS À DIGNE.

Paris	215k
Lyon	507
Digne	296
	1,018

N° 838. D'ARRAS À DIJON.

Paris	215k
Dijon	315
	530

N° 839. D'ARRAS À DOUAI.

Douai	26k

N° 840. D'ARRAS À DRAGUIGNAN.

Paris	215k
Lyon	507
Draguignan	391
	1,113

N° 841. D'ARRAS À DUNKERQUE.

Dunkerque	141k

N° 842. D'ARRAS À ÉPINAL.

Paris	215k
Épinal	397
	612

N° 843. D'ARRAS À ÉVREUX.

Évreux	233k

N° 844. D'ARRAS À LA FÈRE.

La Fère	98k

N° 845. D'ARRAS À FOIX.

Paris	215k
Toulouse	697
Foix	82
	994

N° 846. D'ARRAS À FONTAINEBLEAU.

Paris	215k
Fontainebleau	59
	274

N° 847. D'ARRAS À GAP.

Paris	215k
Lyon	507
Gap	209
	931

N° 848. D'ARRAS À GIVET.

Givet	249k

N° 849. D'ARRAS À GRENOBLE.

Paris	215k
Lyon	507
Grenoble	108
	830

N° 850. D'ARRAS À GUÉRET.

Paris	215k
Guéret	356
	571

N° 851. D'ARRAS À HAGUENAU.

Paris	215k
Haguenau	496
	711

N° 852. D'ARRAS À LANGRES.

Paris	215k
Langres	307
	522

N° 853. D'ARRAS À LAON.

Laon	122k

N° 854. D'ARRAS À LAVAL.

Paris	215k
Laval	300
	515

N° 855. D'ARRAS À LILLE.

Lille. 59k

N° 856. D'ARRAS À LIMOGES.

Paris 215k
Limoges. 390
605

N° 857. D'ARRAS À LONS-LE-SAUNIER.

Paris 215k
Lons-le-Saunier 447
662

N° 858. D'ARRAS À LORIENT.

Paris 215k
Lorient 533
748

N° 859. D'ARRAS À LUNÉVILLE.

Paris 215k
Lunéville 385
600

N° 860. D'ARRAS À LYON.

Paris 215k
Lyon 507
722

N° 861. D'ARRAS À MACON.

Paris 215k
Mâcon. 441
656

N° 862. D'ARRAS au MANS.

Paris 215k
Le Mans. 211
426

N° 863. D'ARRAS à MARSEILLE.

Paris 215k
Lyon 507
Marseille 350
1,072

N° 864. D'ARRAS à MAUBEUGE.

Maubeuge 99k

N° 865. D'ARRAS à MELUN.

Paris 215k
Melun 45
260

N° 866. D'ARRAS à MENDE.

Paris 215k
Clermont 445
Mende. 186
846

N° 867. D'ARRAS à METZ.

Paris 215k
Metz. 393
608

N° 868. D'ARRAS à MÉZIÈRES.

Mézières. 182k

N° 869. D'ARRAS à MONTAUBAN.

Paris 215k
Montauban 648
863

N° 870. D'ARRAS à MONTBRISON.

Paris 215k
Moulins 342
Montbrison 160
717

N° 871. D'ARRAS à MONT-DE-MARSAN.

Paris 215k
Bordeaux 583
Mont-de-Marsan 131
929

N° 872. D'ARRAS à MONTPELLIER

Paris 215k
Lyon 507
Montpellier 328
1,050

N° 873. D'ARRAS à MOULINS.

Paris 215k
Moulins 342
557

N° 874. D'ARRAS à NANCY.

Paris 215k
Nancy. 352
567

N° 875. D'ARRAS à NANTES.

Paris 215k
Nantes 431
646

N° 876. D'ARRAS à NAPOLÉON-VENDÉE.

Paris 215k
Saumur 300
Napoléon-Vendée . . . 133
648

N° 877. D'ARRAS à NEVERS.

Paris 215k
Nevers. 303
518

N° 878. D'ARRAS à NIMES.

Paris 215k
Lyon 507
Nîmes. 278
1,000

N° 879. D'ARRAS à NIORT.

Paris 215k
Niort 413
628

N° 880. D'ARRAS à ORLÉANS.

Paris 215k
Orléans 121
336

N° 881. D'ARRAS à PARIS.

Paris 215k

N° 882. D'ARRAS à PAU.

Paris 215k
Bordeaux 583
Pau 213
1,011

N° 883. D'ARRAS à PÉRIGUEUX.

Paris 215k
Limoges. 390
Périgueux. 95
700

N° 884. D'ARRAS à PERPIGNAN.

Paris 215k
Toulouse. 697
Perpignan 215
1,127

N° 885. D'ARRAS à POITIERS.

Paris 215k
Poitiers 337
552

N° 886. D'ARRAS à PRIVAS.

Paris 215k
Lyon 507
Privas. 144
866

N° 887. D'ARRAS au PUY.

Paris 215k
Clermont 445
Le Puy 134
794

N° 888. D'ARRAS à QUIMPER.

Paris 215k
Quimper. 600
815

N° 889. D'ARRAS à RENNES.

Paris 215k
Rennes 373
588

N° 890. D'ARRAS à ROCHEFORT.

Paris 215k
Rochefort 474
689

N° 891. D'ARRAS à LA ROCHELLE.

Paris 215k
La Rochelle 476
691

N° 892. D'ARRAS à RODEZ.

Paris	215k
Clermont	445
Rodez	225
	885

N° 893. D'ARRAS à ROUEN.

Paris	215k
Rouen	140
	355

N° 894. D'ARRAS à SAINT-BRIEUC.

Paris	215k
Rennes	373
Saint-Brieuc	100
	688

N° 895. D'ARRAS à SAINT-GERMAIN.

Paris	215k
Saint-Germain	23
	238

N° 896. D'ARRAS à SAINT-LO.

Paris	215k
Caen	237
Saint-Lô	63
	515

N° 897. D'ARRAS à SAINT-OMER.

Saint-Omer	121k

N° 898. D'ARRAS à SARREGUEMINES.

Paris	215k
Sarreguemines	469
	684

N° 899. D'ARRAS à SAUMUR.

Paris	215k
Saumur	300
	515

N° 900. D'ARRAS à SCHELESTADT.

Paris	215k
Schelestadt	546
	761

N° 901. D'ARRAS à STRASBOURG.

Paris	215k
Strasbourg	501
	716

N° 902. D'ARRAS à TARBES.

Paris	215k
Tarbes	765
	980

N° 903. D'ARRAS à THIONVILLE.

Paris	215k
Thionville	419
	634

N° 904. D'ARRAS à TOULON.

Paris	215k
Lyon	507
Marseille	350
Toulon	60
	1,132

N° 905. D'ARRAS à TOULOUSE.

Paris	215k
Toulouse	697
	912

N° 906. D'ARRAS à TOURS.

Paris	215k
Tours	236
	451

N° 907. D'ARRAS à TROYES.

Paris	215k
Troyes	179
	394

N° 908. D'ARRAS à TULLE.

Paris	215k
Limoges	390
Tulle	89
	694

N° 909. D'ARRAS à VALENCE.

Paris	215k
Lyon	507
Valence	105
	827

N° 910. D'ARRAS à VALENCIENNES.

Valenciennes	62k

N° 911. D'ARRAS à VANNES.

Paris	215k
Vannes	476
	691

N° 912. D'ARRAS à VERDUN.

Paris	215k
Châlons-sur-Marne	172
Verdun	81
	468

N° 913. D'ARRAS à VERNON.

Paris	215k
Vernon	80
	295

N° 914. D'ARRAS à VERSAILLES.

Paris	215k
Versailles	17
	232

N° 915. D'ARRAS à VESOUL.

Paris	215k
Vesoul	381
	596

AUCH.

N° 916. D'AUCH à AURILLAC.

Montauban	83k
Aurillac	177
	260

N° 917. D'AUCH à AUXERRE.

Limoges	304k
Bourges	219
Auxerre	142
	665

N° 918. D'AUCH à AVIGNON.

Toulouse	77k
Montpellier	251
Avignon	98
	426

N° 919. D'AUCH à BAR-LE-DUC.

Paris	693k
Bar-le-Duc	254
	947

N° 920. D'AUCH à BARÈGES.

Tarbes	74k
Barèges	57
	131

N° 921. D'AUCH à BAYONNE.

Bayonne	220k

N° 922. D'AUCH à BEAUVAIS.

Paris	693k
Beauvais	108
	801

N° 923. D'AUCH à BELFORT.

Aurillac	260k
Clermont	157
Moulins	95
Chalon-sur-Saône	148
Belfort	207
	867

N° 924. D'AUCH à BESANÇON.

Aurillac	260k
Clermont	157
Moulins	95
Chalon-sur-Saône	148
Besançon	109
	769

N° 925. D'AUCH à BLOIS.

Limoges	304k
Blois	327
	631

N° 926. D'AUCH à BORDEAUX.

Bordeaux	186k

N° 927. D'AUCH à BOULOGNE.

Paris	693k
Boulogne	272
	965

N° 928. D'AUCH à BOURBONNE.

Aurillac	260k
Clermont	157
Moulins	95
Dijon	183
Bourbonne	108
	803

N° 929. D'AUCH à BOURG.

Aurillac	260k
Le Puy	187
Lyon	134
Bourg	62
	643

N° 930. D'AUCH à BOURGES.

Limoges	304k
Bourges	219
	523

N° 931. D'AUCH à BREST.

Bordeaux	186k
Nantes	334
Brest	323
	843

N° 932. D'AUCH à BRIANÇON.

Toulouse	77k
Montpellier	251
Avignon	98
Briançon	278
	704

N° 933. D'AUCH à CAEN.

Bordeaux	186k
Caen	579
	765

N° 934. D'AUCH à CAHORS.

Cahors	145k

N° 935. D'AUCH à CALAIS.

Paris	693k
Calais	377
	1,070

N° 936. D'AUCH à CAMBRAI.

Paris	693k
Cambrai	208
	901

N° 937. D'AUCH à CARCASSONNE.

Toulouse	77k
Carcassonne	94
	171

N° 938. D'AUCH à CETTE.

Toulouse	77k
Cette	222
	299

N° 939. D'AUCH à CHALONS-SUR-MARNE

Paris	693k
Châlons-sur-Marne	172
	865

N° 940. D'AUCH à CHALON-SUR-SAONE.

Limoges	304k
Moulins	222
Chalon-sur-Saône	148
	674

N° 941. D'AUCH à CHARTRES.

Limoges	304k
Orléans	269
Chartres	73
	646

N° 942. D'AUCH à CHATEAUROUX.

Limoges	304k
Châteauroux	125
	429

N° 943. D'AUCH à CHERBOURG.

Bordeaux	186k
Tours	347
Laval	140
Cherbourg	230
	903

N° 944. D'AUCH à CLERMONT.

Aurillac	260k
Clermont	157
	417

N° 945. D'AUCH à COLMAR.

Limoges	304k
Moulins	222
Chalon-sur-Saône	148
Colmar	287
	961

N° 946. D'AUCH à COMPIÈGNE.

Paris	693k
Compiègne	100
	793

N° 947. D'AUCH à DIGNE.

Toulouse	77k
Montpellier	251
Avignon	98
Digne	152
	578

N° 948. D'AUCH à DIJON.

Limoges	304k
Moulins	222
Dijon	183
	709

N° 949. D'AUCH à DOUAI.

Paris	693k
Douai	241
	934

N° 950. D'AUCH à DRAGUIGNAN.

Toulouse	77k
Montpellier	251
Avignon	98
Draguignan	186
	612

N° 951. D'AUCH à DUNKERQUE.

Paris	693k
Dunkerque	356
	1,049

N° 952. D'AUCH à ÉPINAL.

Limoges	304k
Moulins	222
Dijon	183
Épinal	181
	890

N° 953. D'AUCH à ÉVREUX.

Paris	693k
Évreux	108
	801

N° 954. D'AUCH à LA FÈRE.

Paris	693k
La Fère	153
	846

N° 955. D'AUCH à FOIX.

Foix	159k

N° 956. D'AUCH à FONTAINEBLEAU.

Bordeaux	186k
Orléans	462
Fontainebleau	88
	736

N° 957. D'AUCH à GAP.

Toulouse	77k
Montpellier	251
Avignon	98
Gap	187
	613

N° 958. D'AUCH à GIVET.

Paris	693k
Givet	320
	1,013

N° 959. D'AUCH à GRENOBLE.

Toulouse 77k
Montpellier 251
Valence 223
Grenoble 94
645

N° 960. D'AUCH à GUÉRET.

Limoges 304k
Guéret 84
388

N° 961. D'AUCH à HAGUENAU.

Paris 693k
Haguenau 496
1,189

N° 962. D'AUCH à LANGRES.

Limoges 304k
Moulins 222
Dijon 183
Langres 66
775

N° 963. D'AUCH à LAON.

Paris 693k
Laon 177
870

N° 964. D'AUCH à LAVAL.

Bordeaux 186k
Angers 454
Laval 74
714

N° 965. D'AUCH à LILLE.

Paris 693k
Lille 274
967

N° 966. D'AUCH à LIMOGES.

Limoges 304k

N° 967. D'AUCH à LONS-LE-SAUNIER.

Aurillac 260k
Clermont 157
Mâcon 177
Lons-le-Saunier 96
690

N° 968. D'AUCH à LORIENT.

Bordeaux 186k
Nantes 334
Lorient 164
684

N° 969. D'AUCH à LUNÉVILLE.

Paris 693k
Lunéville 385
1,078

N° 970. D'AUCH à LYON.

Rodez 213k
Le Puy 204
Lyon 134
551

N° 971. D'AUCH à MACON.

Aurillac 260k
Clermont 157
Mâcon 177
594

N° 972. D'AUCH au MANS.

Bordeaux 186k
Tours 347
Le Mans 82
615

N° 973. D'AUCH à MARSEILLE.

Toulouse 77k
Montpellier 251
Marseille 177
505

N° 974. D'AUCH à MAUBEUGE.

Paris 693k
Maubeuge 260
953

N° 975. D'AUCH à MELUN.

Bordeaux 186k
Orléans 462
Melun 103
751

N° 976. D'AUCH à MENDE.

Rodez 213k
Mende 115
328

N° 977. D'AUCH à METZ.

Paris 693k
Metz 393
1,086

N° 978. D'AUCH à MÉZIÈRES.

Paris 693k
Mézières 253
946

N° 979. D'AUCH à MONTAUBAN.

Montauban 83k

N° 980. D'AUCH à MONTBRISON.

Aurillac 260k
Clermont 157
Montbrison 113
530

N° 981. D'AUCH à MONT-DE-MARSAN.

Mont-de-Marsan 112k

N° 982. D'AUCH à MONTPELLIER.

Toulouse 77k
Montpellier 251
328

N° 983. D'AUCH à MOULINS.

Limoges 304k
Moulins 222
526

N° 984. D'AUCH à NANCY.

Paris 693k
Nancy 352
1,045

N° 985. D'AUCH à NANTES.

Bordeaux 186k
Nantes 334
520

N° 986. D'AUCH à NAPOLÉON-VENDÉE.

Bordeaux 186k
Napoléon-Vendée 276
462

N° 987. D'AUCH à NEVERS.

Limoges 304k
Nevers 288
592

N° 988. D'AUCH à NIMES.

Toulouse 77k
Montpellier 251
Nimes 50
378

N° 989. D'AUCH à NIORT.

Bordeaux 186k
Niort 194
380

N° 990. D'AUCH à ORLÉANS.

Orléans 573k

N° 991. D'AUCH à PARIS.

Paris 693k

N° 992. D'AUCH à PAU.

Pau 111k

N° 993. D'AUCH à PÉRIGUEUX.

Périgueux 209k

N° 994. D'AUCH à PERPIGNAN.

Toulouse 77k
Perpignan 215
292

N° 995. D'AUCH à POITIERS.

Poitiers 408k

N° 996. D'AUCH à PRIVAS.

Toulouse	77k
Montpellier	251
Privas	165
	493

N° 997. D'AUCH au PUY.

Rodez	213k
Le Puy	204
	417

N° 998. D'AUCH à QUIMPER.

Rodez	186k
Nantes	334
Quimper	231
	751

N° 999. D'AUCH à RENNES.

Bordeaux	186k
Nantes	334
Rennes	107
	627

N° 1000. D'AUCH à ROCHEFORT.

Bordeaux	186k
Rochefort	162
	348

N° 1001. D'AUCH à LA ROCHELLE.

Bordeaux	186k
La Rochelle	193
	379

N° 1002. D'AUCH à RODEZ.

Rodez	213k

N° 1003. D'AUCH à ROUEN.

Paris	693k
Rouen	140
	833

N° 1004. D'AUCH à SAINT-BRIEUC.

Bordeaux	186k
Nantes	334
Saint-Brieuc	207
	727

N° 1005. D'AUCH à SAINT-GERMAIN.

Paris	693k
Saint-Germain	23
	716

N° 1006. D'AUCH à SAINT-LO.

Bordeaux	186k
Tours	347
Saint-Lô	276
	809

N° 1007. D'AUCH à SAINT-OMER.

Paris	693k
Saint-Omer	336
	1,029

N° 1008. D'AUCH à SARREGUEMINES.

Paris	693k
Sarreguemines	469
	1,162

N° 1009. D'AUCH à SAUMUR.

Bordeaux	186k
Saumur	411
	597

N° 1010. D'AUCH à SCHELESTADT.

Paris	693k
Schelestadt	546
	1,239

N° 1011. D'AUCH à STRASBOURG.

Paris	693k
Strasbourg	501
	1,194

N° 1012. D'AUCH à TARBES.

Tarbes	74k

N° 1013. D'AUCH à THIONVILLE.

Paris	693k
Thionville	419
	1,112

N° 1014. D'AUCH à TOULON.

Toulouse	77k
Montpellier	251
Marseille	177
Toulon	60
	565

N° 1015. D'AUCH à TOULOUSE.

Toulouse	77k

N° 1016. D'AUCH à TOURS.

Angoulême	186k
Tours	347
	533

N° 1017. D'AUCH à TROYES.

Limoges	304k
Bourges	219
Auxerre	142
Troyes	77
	742

N° 1018. D'AUCH à TULLE.

Cahors	145k
Tulle	133
	278

N° 1019. D'AUCH à VALENCE.

Toulouse	77k
Montpellier	251
Valence	223
	551

N° 1020. D'AUCH à VALENCIENNES.

Paris	693k
Valenciennes	277
	970

N° 1021. D'AUCH à VANNES.

Bordeaux	186k
Nantes	334
Vannes	108
	628

N° 1022. D'AUCH à VERDUN.

Paris	693k
Verdun	253
	946

N° 1023. D'AUCH à VERNON.

Paris	693k
Vernon	80
	773

N° 1024. D'AUCH à VERSAILLES.

Paris	693k
Versailles	17
	710

N° 1025. D'AUCH à VESOUL.

Limoges	304k
Moulins	222
Dijon	183
Vesoul	107
	816

AURILLAC.

N° 1026. D'AURILLAC à AUXERRE.

Clermont	157k
Nevers	148
Auxerre	109
	414

N° 1027. D'AURILLAC à AVIGNON.

Mende	160k
Nîmes	148
Avignon	48
	356

N° 1028. D'AURILLAC à BAR-LE-DUC.

Clermont	157k
Paris	445
Bar-le-Duc	254
	856

N° 1029. D'AURILLAC à BARÉGES.

Montauban	177k
Tarbes	155
Baréges	57
	389

N° 1030. D'AURILLAC À BAYONNE.

Montauban	177k
Pau	194
Bayonne	107
	478

N° 1031. D'AURILLAC À BEAUVAIS.

Clermont	157k
Paris	445
Beauvais	108
	710

N° 1032. D'AURILLAC À BELFORT.

Clermont	157k
Moulins	95
Chalon-sur-Saône	148
Belfort	207
	607

N° 1033. D'AURILLAC À BESANÇON.

Clermont	157k
Moulins	95
Chalon-sur-Saône	148
Besançon	109
	509

N° 1034. D'AURILLAC À BLOIS.

Clermont	157k
Blois	382
	539

N° 1035. D'AURILLAC À BORDEAUX.

Périgueux	187k
Bordeaux	121
	308

N° 1036. D'AURILLAC À BOULOGNE.

Clermont	157k
Paris	445
Boulogne	272
	874

N° 1037. D'AURILLAC À BOURBONNE.

Clermont	157k
Moulins	95
Dijon	183
Bourbonne	108
	543

N° 1038. D'AURILLAC À BOURG.

Le Puy	187k
Lyon	134
Bourg	62
	383

N° 1039. D'AURILLAC À BOURGES.

Clermont	157k
Bourges	212
	369

N° 1040. D'AURILLAC À BREST.

Nantes	599k
Brest	323
	922

N° 1041. D'AURILLAC À BRIANÇON.

Clermont	157k
Lyon	183
Grenoble	108
Briançon	119
	567

N° 1042. D'AURILLAC À CAEN.

Clermont	157k
Paris	445
Caen	237
	839

N° 1043. D'AURILLAC À CAHORS.

Cahors	161k

N° 1044. D'AURILLAC À CALAIS.

Clermont	157k
Paris	445
Calais	377
	979

N° 1045. D'AURILLAC À CAMBRAI.

Clermont	157k
Paris	445
Cambrai	208
	810

N° 1046. D'AURILLAC À CARCASSONNE.

Albi	182k
Carcassonne	107
	289

N° 1047. D'AURILLAC À CETTE.

Rodez	103k
Montpellier	193
Cette	28
	324

N° 1048. D'AURILLAC À CHALONS-SUR-MARNE.

Clermont	157k
Paris	445
Châlons-sur-Marne	172
	774

N° 1049. D'AURILLAC À CHALON-SUR-SAONE.

Clermont	157k
Moulins	95
Chalon-sur-Saône	148
	400

N° 1050. D'AURILLAC À CHARTRES.

Clermont	157k
Orléans	324
Chartres	73
	554

N° 1051. D'AURILLAC À CHATEAUROUX.

Clermont	157k
Châteauroux	306
	463

N° 1052. D'AURILLAC À CHERBOURG.

Clermont	157k
Paris	445
Cherbourg	358
	960

N° 1053. D'AURILLAC À CLERMONT.

Clermont	157k

N° 1054. D'AURILLAC À COLMAR.

Clermont	157k
Moulins	95
Chalon-sur-Saône	148
Colmar	287
	687

N° 1055. D'AURILLAC À COMPIÈGNE.

Clermont	157k
Paris	445
Compiègne	100
	702

N° 1056. D'AURILLAC À DIGNE.

Mende	160k
Avignon	199
Digne	152
	511

N° 1057. D'AURILLAC À DIJON.

Clermont	157k
Moulins	95
Dijon	183
	435

N° 1058. D'AURILLAC À DOUAI.

Clermont	157k
Paris	445
Douai	241
	843

N° 1059. D'AURILLAC À DRAGUIGNAN.

Mende	160k
Nîmes	148
Aix	123
Draguignan	108
	539

N° 1060. D'AURILLAC À DUNKERQUE.

Clermont	157k
Paris	445
Dunkerque	356
	958

N° 1061. D'AURILLAC À ÉPINAL.

Clermont	157k
Moulins	95
Dijon	183
Épinal	181
	616

N° 1062. D'AURILLAC À ÉVREUX.

Clermont	157k
Paris	445
Évreux	108
	710

N° 1063. D'AURILLAC À LA FÈRE.

Clermont	157k
Paris	445
La Fère	153
	755

N° 1064. D'AURILLAC À FOIX.

Montauban	177k
Toulouse	49
Foix	82
	308

N° 1065. D'AURILLAC À FONTAINEBLEAU.

Clermont	157k
Orléans	324
Fontainebleau	88
	569

N° 1066. D'AURILLAC À GAP.

Mende	160k
Avignon	199
Gap	187
	546

N° 1067. D'AURILLAC À GIVET.

Clermont	157k
Paris	445
Givet	320
	922

N° 1068. D'AURILLAC À GRENOBLE.

Le Puy	187k
Lyon	134
Grenoble	108
	429

N° 1069. D'AURILLAC À GUÉRET.

Limoges	174k
Guéret	84
	258

N° 1070. D'AURILLAC À HAGUENAU.

Clermont	157k
Haguenau	612
	769

N° 1071. D'AURILLAC À LANGRES.

Clermont	157k
Moulins	95
Dijon	183
Langres	66
	501

N° 1072. D'AURILLAC À LAON.

Clermont	157k
Paris	445
Laon	177
	779

N° 1073. D'AURILLAC À LAVAL.

Angers	511k
Laval	74
	585

N° 1074. D'AURILLAC À LILLE.

Clermont	157k
Paris	445
Lille	274
	876

N° 1075. D'AURILLAC À LIMOGES.

Limoges	174k

N° 1076. D'AURILLAC À LONS-LE-SAUNIER.

Le Puy	187k
Lyon	134
Lons-le-Saunier	124
	445

N° 1077. D'AURILLAC À LORIENT.

Nantes	599k
Lorient	164
	763

N° 1078. D'AURILLAC À LUNÉVILLE.

Clermont	157k
Lunéville	497
	654

N° 1079. D'AURILLAC À LYON.

Le Puy	187k
Lyon	134
	321

N° 1080. D'AURILLAC À MACON.

Clermont	157k
Mâcon	177
	334

N° 1081. D'AURILLAC AU MANS.

Tours	487k
Le Mans	82
	569

N° 1082. D'AURILLAC À MARSEILLE.

Mende	160k
Nîmes	148
Marseille	127
	435

N° 1083. D'AURILLAC À MAUBEUGE.

Clermont	157k
Paris	445
Maubeuge	260
	862

N° 1084. D'AURILLAC À MELUN.

Clermont	157k
Orléans	324
Melun	103
	584

N° 1085. D'AURILLAC À MENDE.

Mende	160k

N° 1086. D'AURILLAC À METZ.

Clermont	157k
Metz	527
	684

N° 1087. D'AURILLAC À MÉZIÈRES.

Clermont	157k
Paris	445
Mézières	253
	855

N° 1088. D'AURILLAC À MONTAUBAN.

Montauban	177k

N° 1089. D'AURILLAC À MONTBRISON.

Clermont	157k
Montbrison	113
	270

N° 1090. D'AURILLAC À MONT-DE-MARSAN.

Cahors	161k
Mont-de-Marsan	203
	364

N° 1091. D'AURILLAC À MONTPELLIER.

Rodez	103k
Montpellier	193
	296

N° 1092. D'AURILLAC À MOULINS.

Clermont	157k
Moulins	95
	252

N° 1093. D'AURILLAC À NANCY.

Clermont	157k
Nancy	470
	627

N° 1094. D'AURILLAC À NANTES.

Nantes	599k

N° 1095. D'AURILLAC À NAPOLÉON-VENDÉE.

Limoges	174k
Niort	162
Napoléon-Vendée	87
	423

N° 1096. D'AURILLAC À NEVERS.

Clermont	157k
Nevers	148
	305

N° 1097. D'AURILLAC À NIMES.

Mende	160k
Nîmes	148
	308

N° 1098. D'AURILLAC à NIORT.

Limoges	174k
Niort	162
	336

N° 1099. D'AURILLAC à ORLÉANS.

Clermont	157k
Orléans	324
	481

N° 1100. D'AURILLAC à PARIS.

Clermont	157k
Paris	445
	602

N° 1101. D'AURILLAC à PAU.

Montauban	177k
Pau	194
	371

N° 1102. D'AURILLAC à PÉRIGUEUX.

Périgueux	187k

N° 1103. D'AURILLAC à PERPIGNAN.

Albi	182k
Carcassonne	107
Perpignan	121
	410

N° 1104. D'AURILLAC à POITIERS.

Limoges	174k
Poitiers	129
	303

N° 1105. D'AURILLAC à PRIVAS.

Mende	160k
Nîmes	148
Privas	115
	423

N° 1106. D'AURILLAC au PUY.

Le Puy	187k

N° 1107. D'AURILLAC à QUIMPER.

Nantes	599k
Quimper	231
	830

N° 1108. D'AURILLAC à RENNES.

Angers	511k
Rennes	125
	636

N° 1109. D'AURILLAC à ROCHEFORT.

Périgueux	187k
Angoulême	86
Rochefort	109
	382

N° 1110. D'AURILLAC à LA ROCHELLE.

Périgueux	187k
Angoulême	86
La Rochelle	125
	398

N° 1111. D'AURILLAC à RODEZ.

Rodez	103k

N° 1112. D'AURILLAC à ROUEN.

Clermont	157k
Paris	445
Rouen	140
	742

N° 1113. D'AURILLAC à SAINT-BRIEUC.

Angers	511k
Rennes	125
Saint-Brieuc	100
	736

N° 1114. D'AURILLAC à ST-GERMAIN.

Clermont	157k
Paris	445
Saint-Germain	23
	625

N° 1115. D'AURILLAC à SAINT-LO.

Clermont	157k
Paris	445
Saint-Lô	300
	902

N° 1116. D'AURILLAC à SAINT-OMER.

Clermont	157k
Paris	445
Saint-Omer	336
	938

N° 1117. D'AURILLAC à SARREGUEMINES.

Clermont	157k
Sarreguemines	603
	760

N° 1118. D'AURILLAC à SAUMUR.

Saumur	468k

N° 1119. D'AURILLAC à SCHELESTADT.

Clermont	157k
Schelestadt	545
	702

N° 1120. D'AURILLAC à STRASBOURG.

Clermont	157k
Strasbourg	590
	747

N° 1121. D'AURILLAC à TARBES.

Montauban	177k
Tarbes	157
	334

N° 1122. D'AURILLAC à THIONVILLE.

Clermont	157k
Thionville	553
	710

N° 1123. D'AURILLAC à TOULON.

Mende	160k
Nîmes	148
Marseille	127
Toulon	60
	495

N° 1124. D'AURILLAC à TOULOUSE.

Montauban	177k
Toulouse	49
	226

N° 1125. D'AURILLAC à TOURS.

Tours	587k

N° 1126. D'AURILLAC à TROYES.

Clermont	157k
Troyes	334
	491

N° 1127. D'AURILLAC à TULLE.

Tulle	85k

N° 1128. D'AURILLAC à VALENCE.

Le Puy	187k
Valence	173
	360

N° 1129. D'AURILLAC à VALENCIENNES.

Clermont	157k
Paris	445
Valenciennes	277
	879

N° 1130. D'AURILLAC à VANNES.

Nantes	599k
Vannes	108
	707

N° 1131. D'AURILLAC à VERDUN.

Clermont	157k
Verdun	494
	651

N° 1132. D'AURILLAC à VERNON.

Clermont	157k
Paris	445
Vernon	80
	682

N° 1133. D'AURILLAC à VERSAILLES.

Clermont	157k
Paris	445
Versailles	17
	619

N° 1134. D'AURILLAC à VESOUL.

Clermont	157k
Moulins	95
Dijon	183
Vesoul	107
	542

AUXERRE.

N° 1135. D'AUXERRE à AVIGNON.

Lyon	299k
Avignon	230
	529

N° 1136. D'AUXERRE à BAR-LE-DUC.

Bar-le-Duc	197k

N° 1137. D'AUXERRE à BARÉGES.

Bourges	142k
Limoges	219
Tarbes	376
Baréges	57
	794

N° 1138. D'AUXERRE à BAYONNE.

Orléans	149k
Bordeaux	462
Bayonne	198
	809

N° 1139. D'AUXERRE à BEAUVAIS.

Paris	173k
Beauvais	108
	281

N° 1140. D'AUXERRE à BELFORT.

Belfort	292k

N° 1141. D'AUXERRE à BESANÇON.

Dijon	154k
Besançon	93
	247

N° 1142. D'AUXERRE à BLOIS.

Orléans	149k
Blois	58
	207

N° 1143. D'AUXERRE à BORDEAUX.

Orléans	149k
Bordeaux	462
	611

N° 1144. D'AUXERRE à BOULOGNE.

Paris	173k
Boulogne	272
	445

N° 1145. D'AUXERRE à BOURBONNE.

Bourbonne	198k

N° 1146. D'AUXERRE à BOURG.

Chalon-sur-Saône	174k
Bourg	81
	255

N° 1147. D'AUXERRE à BOURGES.

Bourges	142k

N° 1148. D'AUXERRE à BREST.

Orléans	149k
Nantes	310
Brest	323
	782

N° 1149. D'AUXERRE à BRIANÇON.

Lyon	299k
Grenoble	108
Briançon	119
	526

N° 1150. D'AUXERRE à CAEN.

Paris	175k
Caen	237
	412

N° 1151. D'AUXERRE à CAHORS.

Bourges	142k
Limoges	219
Cahors	197
	558

N° 1152. D'AUXERRE à CALAIS.

Paris	175k
Calais	377
	552

N° 1153. D'AUXERRE à CAMBRAI.

Paris	175k
Cambrai	208
	383

N° 1154. D'AUXERRE à CARCASSONNE.

Lyon	299k
Montpellier	328
Carcassonne	157
	784

N° 1155. D'AUXERRE à CETTE.

Lyon	299k
Cette	355
	654

N° 1156. D'AUXERRE à CHALONS-SUR-MARNE.

Châlons-sur-Marne	156k

N° 1157. D'AUXERRE à CHALON-SUR-SAONE.

Chalon-sur-Saône	174k

N° 1158. D'AUXERRE à CHARTRES.

Paris	175k
Chartres	88
	263

N° 1159. D'AUXERRE à CHATEAUROUX.

Châteauroux	237k

N° 1160. D'AUXERRE à CHERBOURG.

Paris	175k
Cherbourg	358
	533

N° 1161. D'AUXERRE à CLERMONT.

Nevers	109k
Clermont	148
	257

N° 1162. D'AUXERRE à COLMAR.

Dijon	154k
Colmar	249
	403

N° 1163. D'AUXERRE à COMPIÈGNE.

Paris	175k
Compiègne	100
	275

N° 1164. D'AUXERRE à DIGNE.

Lyon	299k
Digne	296
	595

N° 1165. D'AUXERRE à DIJON.

Dijon	154k

N° 1166. D'AUXERRE à DOUAI.

Paris	175k
Douai	241
	416

N° 1167. D'AUXERRE à DRAGUIGNAN.

Lyon	299k
Draguignan	391
	690

N° 1168. D'AUXERRE à DUNKERQUE.

Paris	175k
Dunkerque	356
	531

N° 1169. D'AUXERRE à ÉPINAL.

Langres	156k
Épinal	115
	271

N° 1170. D'AUXERRE à ÉVREUX.

Paris	175k
Évreux	108
	283

N° 1171. D'AUXERRE à LA FÈRE.

Paris . . . . 175 k
La Fère 153
328

N° 1172. D'AUXERRE à FOIX.

Bourges . . . . 142 k
Limoges 219
Toulouse 308
Foix 82
751

N° 1173. D'AUXERRE à FONTAINEBLEAU.

Fontainebleau . . . . . 114 k

N° 1174. D'AUXERRE à GAP.

Lyon . . . . 299 k
Grenoble 108
Gap 101
508

N° 1175. D'AUXERRE à GIVET.

Châlons-sur-Marne . . . 156 k
Givet 187
343

N° 1176. D'AUXERRE à GRENOBLE.

Lyon . . . . 299 k
Grenoble 108
407

N° 1177. D'AUXERRE à GUÉRET.

Bourges . . . . 142 k
Guéret 133
275

N° 1178. D'AUXERRE à HAGUENAU.

Châlons-sur-Marne . . . 156 k
Haguenau 324
480

N° 1179. D'AUXERRE à LANGRES.

Langres . . . . 156 k

N° 1180. D'AUXERRE à LAON.

Paris . . . . 175 k
Laon 177
352

N° 1181. D'AUXERRE à LAVAL.

Paris . . . . 175 k
Laval 300
475

N° 1182. D'AUXERRE à LILLE.

Paris . . . . 175 k
Lille 274
449

N° 1183. D'AUXERRE à LIMOGES.

Bourges . . . . 142 k
Limoges 219
361

N° 1184. D'AUXERRE à LONS-LE-SAUNIER.

Chalon-sur-Saône . . . 174 k
Lons-le-Saunier 64
238

N° 1185. D'AUXERRE à LORIENT.

Orléans . . . . 149 k
Nantes 310
Lorient 164
623

N° 1186. D'AUXERRE à LUNÉVILLE.

Châlons-sur-Marne . . . 156 k
Lunéville 213
369

N° 1187. D'AUXERRE à LYON.

Lyon . . . . 299 k

N° 1188. D'AUXERRE à MACON.

Mâcon . . . . 232 k

N° 1189. D'AUXERRE au MANS.

Paris . . . . 175 k
Le Mans 211
386

N° 1190. D'AUXERRE à MARSEILLE.

Lyon . . . . 299 k
Marseille 350
649

N° 1191. D'AUXERRE à MAUBEUGE.

Paris . . . . 175 k
Maubeuge 260
435

N° 1192. D'AUXERRE à MELUN.

Melun . . . . 129 k

N° 1193. D'AUXERRE à MENDE.

Nevers . . . . 109 k
Clermont 148
Mende 186
443

N° 1194. D'AUXERRE à METZ.

Châlons-sur-Marne . . . 156 k
Metz 221
377

N° 1195. D'AUXERRE à MÉZIÈRES.

Châlons-sur-Marne . . . 156 k
Mézières 120
276

N° 1196. D'AUXERRE à MONTAUBAN.

Bourges . . . . 142 k
Limoges 219
Montauban 259
620

N° 1197. D'AUXERRE à MONTBRISON.

Moulins . . . . 162 k
Montbrison 160
322

N° 1198. D'AUXERRE à MONT-DE-MARSAN.

Orléans . . . . 149 k
Bordeaux 462
Mont-de-Marsan 131
742

N° 1199. D'AUXERRE à MONTPELLIER.

Lyon . . . . 299 k
Montpellier 328
627

N° 1200. D'AUXERRE à MOULINS.

Moulins . . . . 162 k

N° 1201. D'AUXERRE à NANCY.

Châlons-sur-Marne . . . 156 k
Nancy 180
336

N° 1202. D'AUXERRE à NANTES.

Orléans . . . . 149 k
Nantes 310
459

N° 1203. D'AUXERRE à NAPOLÉON-VENDÉE.

Orléans . . . . 149 k
Saumur 179
Napoléon-Vendée . . . 133
461

N° 1204. D'AUXERRE à NEVERS.

Nevers . . . . 109 k

N° 1205. D'AUXERRE à NIMES.

Lyon . . . . 299 k
Nimes 278
577

N° 1206. D'AUXERRE à NIORT.

Orléans . . . . 149 k
Poitiers 216
Niort 76
441

N° 1207. D'AUXERRE à ORLÉANS.

Orléans . . . . 149 k

N° 1208. D'AUXERRE à PARIS.

Paris . . . . 175 k

N° 1269. D'AUXERRE à PAU.

Orléans . . . . 149 k
Bordeaux 462
Pau 213
824

N° 1210. D'AUXERRE à PÉRIGUEUX.

Bourges	142k
Limoges	219
Périgueux	95
	456

N° 1211. D'AUXERRE à PERPIGNAN.

Lyon	299k
Montpellier	328
Perpignan	161
	788

N° 1212. D'AUXERRE à POITIERS.

Orléans	149k
Poitiers	216
	365

N° 1213. D'AUXERRE à PRIVAS.

Lyon	299k
Privas	144
	443

N° 1214. D'AUXERRE au PUY.

Nevers	109k
Clermont	148
Le Puy	134
	391

N° 1215. D'AUXERRE à QUIMPER.

Orléans	149k
Nantes	310
Quimper	231
	690

N° 1216. D'AUXERRE à RENNES.

Orléans	149k
Rennes	302
	451

N° 1217. D'AUXERRE à ROCHEFORT.

Orléans	149k
Poitiers	216
Rochefort	137
	502

N° 1218. D'AUXERRE à LA ROCHELLE.

Orléans	149k
Poitiers	216
La Rochelle	139
	504

N° 1219. D'AUXERRE à RODEZ.

Nevers	109k
Clermont	148
Rodez	225
	482

N° 1220. D'AUXERRE à ROUEN.

Paris	175k
Rouen	140
	315

N° 1221. D'AUXERRE à SAINT-BRIEUC.

Orléans	149k
Rennes	302
Saint-Brieuc	100
	551

N° 1222. D'AUXERRE à SAINT-GERMAIN

Paris	175k
Saint-Germain	23
	198

N° 1223. D'AUXERRE à SAINT-LO.

Paris	175k
Saint-Lô	300
	475

N° 1224. D'AUXERRE à SAINT-OMER.

Paris	175k
Saint-Omer	336
	511

N° 1225. D'AUXERRE à SARREGUEMINES.

Châlons-sur-Marne	156k
Sarreguemines	297
	453

N° 1226. D'AUXERRE à SAUMUR.

Orléans	149k
Saumur	179
	328

N° 1227. D'AUXERRE à SCHELESTADT.

Langres	156k
Épinal	115
Schelestadt	101
	372

N° 1228. D'AUXERRE à STRASBOURG.

Châlons-sur-Marne	156k
Strasbourg	329
	485

N° 1229. D'AUXERRE à TARBES.

Bourges	142k
Limoges	219
Tarbes	376
	737

N° 1230. D'AUXERRE à THIONVILLE.

Châlons-sur-Marne	156k
Thionville	247
	403

N° 1231. D'AUXERRE à TOULON.

Lyon	299k
Marseille	350
Toulon	60
	709

N° 1232. D'AUXERRE à TOULOUSE.

Bourges	142k
Toulouse	494
	636

N° 1233. D'AUXERRE à TOURS.

Orléans	149k
Tours	115
	264

N° 1234. D'AUXERRE à TROYES.

Troyes	77k

N° 1235. D'AUXERRE à TULLE.

Nevers	109k
Clermont	148
Tulle	143
	400

N° 1236. D'AUXERRE à VALENCE.

Lyon	299k
Valence	105
	404

N° 1237. D'AUXERRE à VALENCIENNES.

Paris	175k
Valenciennes	277
	452

N° 1238. D'AUXERRE à VANNES.

Orléans	149k
Nantes	310
Vannes	108
	567

N° 1239. D'AUXERRE à VERDUN.

Châlons-sur-Marne	156k
Verdun	81
	237

N° 1240. D'AUXERRE à VERNON.

Paris	175k
Vernon	80
	255

N° 1241. D'AUXERRE à VERSAILLES.

Paris	175k
Versailles	17
	192

N° 1242. D'AUXERRE à VESOUL.

Langres	156k
Vesoul	74
	230

AVIGNON.

N° 1243. D'AVIGNON à BAR-LE-DUC.

Lyon. 230k
Dijon 193
Bar-le-Duc. 201
624

N° 1244. D'AVIGNON à BARÉGES.

Montpellier. 98k
Toulouse. 251
Tarbes. 151
Baréges. 57
557

N° 1245. D'AVIGNON à BAYONNE.

Montpellier. 98k
Toulouse. 251
Bayonne. 297
646

N° 1246. D'AVIGNON à BEAUVAIS.

Lyon. 230k
Paris. 507
Beauvais. 108
845

N° 1247. D'AVIGNON à BELFORT.

Lyon. 230k
Belfort. 310
540

N° 1248. D'AVIGNON à BESANÇON.

Lyon. 230k
Besançon. 212
442

N° 1249. D'AVIGNON à BLOIS.

Lyon. 230k
Bourges. 308
Blois. 171
709

N° 1250. D'AVIGNON à BORDEAUX.

Montpellier. 98k
Toulouse. 251
Bordeaux. 251
600

N° 1251. D'AVIGNON à BOULOGNE.

Lyon. 230k
Paris. 507
Boulogne. 272
1,009

N° 1252. D'AVIGNON à BOURBONNE.

Lyon. 230k
Dijon. 193
Bourbonne. 108
531

N° 1253. D'AVIGNON à BOURG.

Lyon. 230k
Bourg. 62
292

N° 1254. D'AVIGNON à BOURGES.

Lyon. 230k
Bourges. 308
538

N° 1255. D'AVIGNON à BREST.

Lyon. 230k
Bourges. 308
Nantes. 422
Brest 323
1,283

N° 1256. D'AVIGNON à BRIANÇON.

Gap. 187k
Briançon. 91
278

N° 1257. D'AVIGNON à CAEN.

Lyon. 230k
Paris. 507
Caen. 237
974

N° 1258. D'AVIGNON à CAHORS.

Rhodez. 283k
Cahors. 117
400

N° 1259. D'AVIGNON à CALAIS.

Lyon. 230k
Paris. 507
Calais. 377
1,114

N° 1260. D'AVIGNON à CAMBRAI.

Lyon. 230k
Paris. 507
Cambrai. 208
945

N° 1261. D'AVIGNON à CARCASSONNE.

Montpellier. 98k
Carcassonne. 157
255

N° 1262. D'AVIGNON à CETTE.

Cette. 126k

N° 1263. D'AVIGNON à CHALONS-SUR-MARNE.

Lyon. 230k
Châlons-sur-Marne. . . 423
653

N° 1264. D'AVIGNON à CHALON-SUR-SAONE.

Lyon. 230k
Chalon-sur-Saône. . . . 126
356

N° 1265. D'AVIGNON à CHARTRES.

Lyon. 230k
Orléans 420
Chartres. 73
723

N° 1266. D'AVIGNON à CHATEAUROUX.

Lyon. 230k
Moulins 186
Châteauroux. 203
619

N° 1267. D'AVIGNON à CHERBOURG.

Lyon. 230k
Paris. 507
Cherbourg. 358
1,095

N° 1268. D'AVIGNON à CLERMONT.

Clermont. 340k

N° 1269. D'AVIGNON à COLMAR.

Lyon. 230k
Colmar. 390
620

N° 1270. D'AVIGNON à COMPIÈGNE.

Lyon. 230k
Paris. 507
Compiègne. 100
837

N° 1271. D'AVIGNON à DIGNE.

Digne. 152k

N° 1272. D'AVIGNON à DIJON.

Lyon. 230k
Dijon. 193
423

N° 1273. D'AVIGNON à DOUAI.

Lyon. 230k
Paris. 507
Douai 241
978

N° 1274. D'AVIGNON à DRAGUIGNAN.

Draguignan 186k

N° 1275. D'AVIGNON à DUNKERQUE.

Lyon. 230k
Paris. 507
Dunkerque. 356
1,093

N° 1276. D'AVIGNON à ÉPINAL.

Lyon 230k
Besançon. 212
Épinal. 123
565

N° 1277. D'AVIGNON À ÉVREUX.

Lyon	230k
Paris	507
Évreux	108
	845

N° 1278. D'AVIGNON À LA FÈRE.

Lyon	230k
Paris	507
La Fère	153
	890

N° 1279. D'AVIGNON À FOIX.

Montpellier	98k
Foix	255
	353

N° 1280. D'AVIGNON À FONTAINEBLEAU.

Lyon	230k
Fontainebleau	448
	678

N° 1281. D'AVIGNON À GAP.

Gap	187k

N° 1282. D'AVIGNON À GIVET.

Lyon	230k
Dijon	193
Châlons-sur-Marne	229
Givet	187
	839

N° 1283. D'AVIGNON À GRENOBLE.

Valence	125k
Grenoble	94
	219

N° 1284. D'AVIGNON À GUÉRET.

Clermont	340k
Guéret	130
	470

N° 1285. D'AVIGNON À HAGUENAU.

Lyon	230k
Strasbourg	458
Haguenau	29
	717

N° 1286. D'AVIGNON À LANGRES.

Lyon	230k
Dijon	193
Langres	66
	489

N° 1287. D'AVIGNON À LAON.

Lyon	230k
Paris	507
Laon	177
	914

N° 1288. D'AVIGNON À LAVAL.

Lyon	230k
Bourges	308
Tours	227
Laval	140
	905

N° 1289. D'AVIGNON À LILLE.

Lyon	230k
Paris	507
Lille	274
	1,011

N° 1290. D'AVIGNON À LIMOGES.

Clermont	340k
Limoges	179
	519

N° 1291. D'AVIGNON À LONS-LE-SAUNIER.

Lyon	230k
Lons-le-Saunier	124
	354

N° 1292. D'AVIGNON À LORIENT.

Lyon	230k
Bourges	308
Nantes	422
Lorient	164
	1,124

N° 1293. D'AVIGNON À LUNÉVILLE.

Lyon	230k
Lunéville	398
	628

N° 1294. D'AVIGNON À LYON.

Lyon	230k

N° 1295. D'AVIGNON À MACON.

Lyon	230k
Mâcon	67
	297

N° 1296. D'AVIGNON AU MANS.

Lyon	230k
Bourges	308
Tours	227
Le Mans	82
	847

N° 1297. D'AVIGNON À MARSEILLE.

Marseille	120

N° 1298. D'AVIGNON À MAUBEUGE.

Lyon	230k
Paris	507
Maubeuge	260
	997

N° 1299. D'AVIGNON À MELUN.

Lyon	230k
Melun	462
	692

N° 1300. D'AVIGNON À MENDE.

Mende	196k

N° 1301. D'AVIGNON À METZ.

Lyon	230k
Dijon	193
Metz	249
	672

N° 1302. D'AVIGNON À MÉZIÈRES.

Lyon	230k
Dijon	193
Châlons-sur-Marne	229
Mézières	120
	772

N° 1303. D'AVIGNON À MONTAUBAN.

Montpellier	98k
Montauban	290
	388

N° 1304. D'AVIGNON À MONTBRISON.

Valence	125k
Montbrison	132
	257

N° 1305. D'AVIGNON À MONT-DE-MARSAN

Montpellier	98k
Toulouse	251
Mont-de-Marsan	189
	538

N° 1306. D'AVIGNON À MONTPELLIER.

Montpellier	98k

N° 1307. D'AVIGNON À MOULINS.

Lyon	230k
Moulins	186
	416

N° 1308. D'AVIGNON À NANCY.

Lyon	230k
Dijon	193
Nancy	192
	615

N° 1309. D'AVIGNON À NANTES.

Lyon	230k
Bourges	308
Nantes	422
	960

N° 1310. D'AVIGNON À NAPOLÉON-VENDÉE.

Clermont	340k
Limoges	179
Niort	162
Napoléon-Vendée	87
	768

N° 1311. D'AVIGNON À NEVERS.

Lyon	230k
Nevers	239
	469

No 1312. D'AVIGNON à NIMES.

Nimes	48k

No 1313. D'AVIGNON à NIORT.

Clermont	340k
Limoges	179
Niort	162
	681

No 1314. D'AVIGNON à ORLÉANS.

Lyon	230k
Orléans	420
	650

No 1315. D'AVIGNON à PARIS.

Lyon	230k
Paris	507
	737

No 1316. D'AVIGNON à PAU.

Montpellier	98k
Toulouse	251
Pau	190
	539

No 1317. D'AVIGNON à PÉRIGUEUX.

Rodez	283k
Cahors	117
Périgueux	143
	543

No 1318. D'AVIGNON à PERPIGNAN.

Montpellier	98k
Perpignan	161
	259

No 1319. D'AVIGNON à POITIERS.

Clermont	340k
Poitiers	277
	617

No 1320. D'AVIGNON à PRIVAS.

Privas	109k

No 1321. D'AVIGNON au PUY.

Le Puy	206k

No 1322. D'AVIGNON à QUIMPER.

Lyon	230k
Bourges	308
Nantes	422
Quimper	231
	1,191

No 1323. D'AVIGNON à RENNES.

Lyon	230k
Bourges	308
Angers	334
Rennes	125
	997

No 1324. D'AVIGNON à ROCHEFORT.

Montpellier	98k
Toulouse	251
Bordeaux	251
Rochefort	162
	762

No 1325. D'AVIGNON à LA ROCHELLE.

Montpellier	98k
Toulouse	251
Bordeaux	251
La Rochelle	193
	793

No 1326. D'AVIGNON à RODEZ.

Rodez	283k

No 1327. D'AVIGNON à ROUEN.

Lyon	230k
Paris	507
Rouen	140
	877

No 1328. D'AVIGNON à SAINT-BRIEUC.

Lyon	230k
Bourges	308
Angers	334
Saint-Brieuc	225
	1,097

No 1329. D'AVIGNON à SAINT-GERMAIN.

Lyon	230k
Paris	507
Saint-Germain	23
	760

No 1330. D'AVIGNON à SAINT-LO.

Lyon	230k
Paris	507
Saint-Lô	300
	1,037

No 1331. D'AVIGNON à SAINT-OMER.

Lyon	230k
Paris	507
Saint-Omer	336
	1,073

No 1332. D'AVIGNON à SARREGUEMINES

Lyon	230k
Dijon	193
Sarreguemines	325
	748

No 1333. D'AVIGNON à SAUMUR.

Lyon	230k
Bourges	308
Saumur	290
	828

No 1334. D'AVIGNON à SCHELESTADT

Lyon	230k
Schelestadt	413
	643

No 1335. D'AVIGNON à STRASBOURG.

Lyon	230k
Strasbourg	458
	688

No 1336. D'AVIGNON à TARBES.

Montpellier	98k
Toulouse	251
Tarbes	151
	500

No 1337. D'AVIGNON à THIONVILLE.

Lyon	230k
Dijon	193
Thionville	275
	698

No 1338. D'AVIGNON à TOULON.

Marseille	120k
Toulon	60
	180

No 1339. D'AVIGNON à TOULOUSE.

Montpellier	98k
Toulouse	251
	349

No 1340. D'AVIGNON à TOURS.

Lyon	230k
Bourges	308
Tours	227
	765

No 1341. D'AVIGNON à TROYES.

Lyon	230k
Dijon	193
Troyes	150
	573

No 1342. D'AVIGNON à TULLE.

Mende	199k
Aurillac	160
Tulle	85
	444

No 1343. D'AVIGNON à VALENCE.

Valence	125k

No 1344. D'AVIGNON à VALENCIENNES.

Lyon	230k
Paris	507
Valenciennes	277
	1,014

No 1345. D'AVIGNON à VANNES.

Lyon	230k
Bourges	308
Nantes	422
Vannes	108
	1,068

N° 1346. D'AVIGNON à VERDUN.

Lyon	230k
Dijon	193
Verdun	239
	662

N° 1347. D'AVIGNON à VERNON.

Lyon	230k
Paris	507
Vernon	80
	817

N° 1348. D'AVIGNON à VERSAILLES.

Lyon	230k
Paris	507
Versailles	17
	754

N° 1349. D'AVIGNON à VESOUL.

Lyon	230k
Besançon	212
Vesoul	47
	489

BAR-LE-DUC.

N° 1350. DE BAR-LE-DUC à BARÉGES.

Paris	254k
Auch	693
Tarbes	74
Baréges	57
	1,078

N° 1351. DE BAR-LE-DUC à BAYONNE.

Paris	254k
Bordeaux	583
Bayonne	198
	1,035

N° 1352. DE BAR-LE-DUC à BEAUVAIS.

Paris	254k
Beauvais	108
	362

N° 1353. DE BAR-LE-DUC à BELFORT.

Belfort	240k

N° 1354. DE BAR-LE-DUC à BESANÇON.

Besançon	234k

N° 1355. DE BAR-LE-DUC à BLOIS.

Paris	254k
Blois	180
	434

N° 1356. DE BAR-LE-DUC à BORDEAUX.

Paris	254k
Bordeaux	583
	837

N° 1357. DE BAR-LE-DUC à BOULOGNE.

Paris	254k
Boulogne	272
	526

N° 1358. DE BAR-LE-DUC à BOURBONNE

Bourbonne	138k

N° 1359. DE BAR-LE-DUC à BOURG.

Dijon	201k
Mâcon	126
Bourg	34
	361

N° 1360. DE BAR-LE-DUC à BOURGES.

Paris	254k
Bourges	233
	487

N° 1361. DE BAR-LE-DUC à BREST.

Paris	254k
Rennes	373
Brest	245
	872

N° 1362. DE BAR-LE-DUC à BRIANÇON.

Dijon	201k
Lyon	193
Grenoble	108
Briançon	119
	621

N° 1363. DE BAR-LE-DUC à CAEN.

Paris	254k
Caen	237
	491

N° 1364. DE BAR-LE-DUC à CAHORS.

Paris	254k
Limoges	390
Cahors	197
	841

N° 1365. DE BAR-LE-DUC à CALAIS.

Paris	254k
Calais	377
	631

N° 1366. DE BAR-LE-DUC à CAMBRAI.

Cambrai	260k

N° 1367. DE BAR-LE-DUC à CARCASSONNE.

Dijon	201k
Lyon	193
Montpellier	328
Carcassonne	157
	879

N° 1368. DE BAR-LE-DUC à CETTE.

Dijon	201k
Lyon	193
Cette	355
	749

N° 1369. DE BAR-LE-DUC à CHALONS-SUR-MARNE.

Châlons-sur-Marne	82k

N° 1370. DE BAR-LE-DUC à CHALON-SUR-SAONE.

Dijon	201k
Chalon-sur-Saône	68
	269

N° 1371. DE BAR-LE-DUC à CHARTRES.

Paris	254k
Chartres	88
	342

N° 1372. DE BAR-LE-DUC à CHATEAUROUX.

Paris	254k
Châteauroux	265
	519

N° 1373. DE BAR-LE-DUC à CHERBOURG

Paris	254k
Cherbourg	358
	612

N° 1374. DE BAR-LE-DUC à CLERMONT.

Clermont	454k

N° 1375. DE BAR-LE-DUC à COLMAR.

Colmar	315k

N° 1376. DE BAR-LE-DUC à COMPIÈGNE.

Paris	254k
Compiègne	100
	354

N° 1377. DE BAR-LE-DUC à DIGNE.

Dijon	201k
Lyon	193
Digne	296
	690

N° 1378. DE BAR-LE-DUC à DIJON.

Dijon	201k

N° 1379. DE BAR-LE-DUC à DOUAI.

Paris	254k
Douai	241
	495

N° 1380. DE BAR-LE-DUC à DRAGUIGNAN.

Dijon	201k
Lyon	193
Draguignan	391
	785

N° 1381. DE BAR-LE-DUC à DUNKERQUE

Paris	254k
Dunkerque	356
	610

N° 1382. DE BAR-LE-DUC à ÉPINAL.

Épinal. 143k

N° 1383. DE BAR-LE-DUC à ÉVREUX.

Paris 254k
Évreux. 108
362

N° 1384. DE BAR-LE-DUC à LA FÈRE.

La Fère 197k

N° 1385. DE BAR-LE-DUC à FOIX.

Dijon 201k
Lyon. 193
Marseille 328
Carcassonne 157
Foix 98
977

N° 1386. DE BAR-LE-DUC à FONTAINEBLEAU.

Paris 254k
Fontainebleau 58
312

N° 1387. DE BAR-LE-DUC à GAP.

Dijon 201k
Lyon. 193
Gap 209
603

N° 1388. DE BAR-LE-DUC à GIVET.

Givet 238k

N° 1389. DE BAR-LE-DUC à GRENOBLE.

Dijon 201k
Lyon. 193
Grenoble 108
502

N° 1390. DE BAR-LE-DUC à GUÉRET.

Paris 254k
Guéret. 356
610

N° 1391. DE BAR-LE-DUC à HAGUENAU.

Haguenau 242k

N° 1392. DE BAR-LE-DUC à LANGRES.

Langres. 135k

N° 1393. DE BAR-LE-DUC à LAON.

Laon. 173k

N° 1394. DE BAR-LE-DUC à LAVAL.

Paris. 254k
Laval 300
554

N° 1395. DE BAR-LE-DUC à LILLE.

Arras 295k
Lille. 59
354

N° 1396. DE BAR-LE-DUC à LIMOGES.

Paris 254k
Limoges. 390
644

N° 1397. DE BAR-LE-DUC à LONS-LE-SAUNIER.

Dijon 201k
Lons-le-Saunier 124
325

N° 1398. DE BAR-LE-DUC à LORIENT.

Paris 254k
Rennes 373
Lorient 160
787

N° 1399. DE BAR-LE-DUC à LUNÉVILLE.

Lunéville 131k

N° 1400. DE BAR-LE-DUC à LYON.

Dijon. 201k
Lyon. 193
394

N° 1401. DE BAR-LE-DUC à MACON.

Dijon 201k
Mâcon. 126
327

N° 1402. DE BAR-LE-DUC au MANS.

Paris 254k
Le Mans. 211
465

N° 1403. DE BAR-LE-DUC à MARSEILLE.

Dijon 201k
Lyon. 193
Marseille 350
744

N° 1404. DE BAR-LE-DUC à MAUBEUGE.

Laon. 173k
Maubeuge 88
261

N° 1405. DE BAR-LE-DUC à MELUN.

Paris 254k
Melun 45
299

N° 1406. DE BAR-LE-DUC à MENDE.

Dijon 201k
Lyon. 193
Mende 223
617

N° 1407. DE BAR-LE-DUC à METZ.

Metz. 109k

N° 1408. DE BAR-LE-DUC à MÉZIÈRES.

Mézières. 171k

N° 1409. DE BAR-LE-DUC à MONTAUBAN

Paris 254k
Montauban. 648
902

N° 1410. DE BAR-LE-DUC à MONTBRISON

Dijon 201k
Lyon. 193
Montbrison. 101
495

N° 1411. DE BAR-LE-DUC à MONT-DE-MARSAN.

Paris. 254k
Bordeaux. 583
Mont-de-Marsan 131
968

N° 1412. DE BAR-LE-DUC à MONTPELLIER

Dijon. 201k
Lyon. 193
Montpellier. 328
722

N° 1413. DE BAR-LE-DUC à MOULINS.

Paris. 254k
Moulins 342
596

N° 1414. DE BAR-LE-DUC à NANCY.

Nancy. 98k

N° 1415. DE BAR-LE-DUC à NANTES.

Paris. 254k
Nantes. 431
685

N° 1416. DE BAR-LE-DUC à NAPOLÉON-VENDÉE.

Paris. 254k
Saumur 300
Napoléon-Vendée. . . . 133
687

N° 1417. DE BAR-LE-DUC à NEVERS.

Paris. 254k
Nevers. 303
557

N° 1418. DE BAR-LE-DUC à NIMES.

Dijon. 201k
Lyon. 193
Nîmes 278
672

N° 1419. DE BAR-LE-DUC à NIORT.

Paris. 254k
Niort. 413
667

N° 1420. DE BAR-LE-DUC à ORLÉANS.

Paris	254k
Orléans	121
	375

N° 1421. DE BAR-LE-DUC à PARIS.

Paris	254k

N° 1422. DE BAR-LE-DUC à PAU.

Paris	254k
Bordeaux	583
Pau	213
	1,050

N° 1423. DE BAR-LE-DUC à PÉRIGUEUX.

Paris	254k
Limoges	390
Périgueux	95
	739

N° 1424. DE BAR-LE-DUC à PERPIGNAN

Dijon	201k
Lyon	193
Montpellier	328
Perpignan	161
	883

N° 1425. DE BAR-LE-DUC à POITIERS.

Paris	254k
Poitiers	337
	591

N° 1426. DE BAR-LE-DUC à PRIVAS.

Dijon	201k
Lyon	193
Privas	144
	538

N° 1427. DE BAR-LE-DUC au PUY.

Dijon	201k
Lyon	193
Le Puy	134
	528

N° 1428. DE BAR-LE-DUC à QUIMPER.

Paris	254k
Rennes	373
Quimper	227
	854

N° 1429. DE BAR-LE-DUC à RENNES.

Paris	254k
Rennes	373
	627

N° 1430. DE BAR-LE-DUC à ROCHEFORT.

Paris	254k
Rochefort	474
	728

N° 1431. DE BAR-LE-DUC à LA ROCHELLE

Paris	254k
La Rochelle	476
	730

N° 1432. DE BAR-LE-DUC à RODEZ.

Clermont	454k
Rodez	225
	679

N° 1433. DE BAR-LE-DUC à ROUEN.

Paris	254k
Rouen	140
	394.

N° 1434. DE BAR-LE-DUC à SAINT-BRIEUC

Paris	254k
Rennes	373
Saint-Brieuc	100
	727

N° 1435. DE BAR-LE-DUC à ST-GERMAIN.

Paris	254k
Saint-Germain	23
	277

N° 1436. DE BAR-LE-DUC à SAINT-LO.

Paris	254k
Saint-Lo	300
	554

N° 1437. DE BAR-LE-DUC à SAINT-OMER.

Paris	254k
Saint-Omer	336
	590

N° 1438. DE BAR-LE-DUC à SARREGUEMINES.

Sarreguemines	215k

N° 1439. DE BAR-LE-DUC à SAUMUR.

Paris	254k
Saumur	300
	554

N° 1440. DE BAR-LE-DUC à SCHELESTADT

Schelestadt	292k

N° 1441. DE BAR-LE-DUC à STRASBOURG

Strasbourg	247k

N° 1442. DE BAR-LE-DUC à TARBES.

Paris	254k
Tarbes	765
	1,019

N° 1443. DE BAR-LE-DUC à THIONVILLE.

Thionville	165k

N° 1444. DE BAR-LE-DUC à TOULON.

Dijon	201k
Lyon	193
Marseille	350
Toulon	60
	804

N° 1445. DE BAR-LE-DUC à TOULOUSE.

Paris	254k
Toulouse	697
	951

N° 1446. DE BAR-LE-DUC à TOURS.

Paris	254k
Tours	236
	490

N° 1447. DE BAR-LE-DUC à TROYES.

Troyes	120k

N° 1448. DE BAR-LE-DUC à TULLE.

Clermont	454k
Tulle	143
	597

N° 1449. DE BAR-LE-DUC à VALENCE.

Dijon	201k
Lyon	193
Valence	105
	499

N° 1450. DE BAR-LE-DUC à VALENCIENNES.

Paris	254k
Valenciennes	277
	531

N° 1451. DE BAR-LE-DUC à VANNES.

Paris	254k
Rennes	373
Vannes	103
	730

N° 1452. DE BAR-LE-DUC à VERDUN.

Verdun	69k

N° 1453. DE BAR-LE-DUC à VERNON.

Paris	254k
Vernon	80
	334

N° 1454. DE BAR-LE-DUC à VERSAILLES.

Paris	254k
Versailles	17
	271

N° 1454 bis. DE BAR-LE-DUC à VESOUL.

Langres	135k
Vesoul	74
	209

BARÈGES.

N° 1455. DE BARÈGES À BAYONNE.

Tarbes. 57k
Bayonne. 146
203

N° 1456. DE BARÈGES À BEAUVAIS.

Tarbes. 57k
Paris. 765
Beauvais. 108
930

N° 1457. DE BARÈGES À BELFORT.

Tarbes. 57k
Limoges. 376
Moulins.. 222
Chalon-sur-Saône. . . . 148
Belfort. 207
1,010

N° 1458. DE BARÈGES À BESANÇON.

Tarbes. 57k
Limoges. 376
Moulins 222
Chalon-sur-Saône . . . 148
Besançon. 109
912

N° 1459. DE BARÈGES À BLOIS.

Tarbes. 57k
Limoges. 376
Blois. 327
760

N° 1460. DE BARÈGES À BORDEAUX.

Tarbes. 57k
Bordeaux 230
287

N° 1461. DE BARÈGES À BOULOGNE.

Tarbes. 57k
Paris. 765
Boulogne 272
1,094

N° 1462. DE BARÈGES À BOURBONNE.

Tarbes. 57k
Limoges. 376
Moulins. 222
Dijon. 183
Bourbonne. 108
946

N° 1463. DE BARÈGES À BOURG.

Tarbes. 57k
Aurillac. 334
Le Puy 187
Lyon. 134
Bourg. 62
774

N° 1464. DE BARÈGES À BOURGES.

Tarbes 57k
Bourges. 562
619

N° 1465. DE BARÈGES À BREST.

Tarbes. 57k
Bordeaux. 230
Nantes. 334
Brest 323
944

N° 1466. DE BARÈGES À BRIANÇON.

Tarbes. 57k
Toulouse. 151
Montpellier. 251
Avignon. 98
Briançon 278
835

N° 1467. DE BARÈGES À CAEN.

Tarbes. 57k
Bordeaux. 230
Caen. 579
866

N° 1468. DE BARÈGES À CAHORS.

Tarbes.. . . . . 57k
Cahors. 217
274

N° 1469. DE BARÈGES À CALAIS.

Tarbes. 57k
Paris. 765
Calais. 377
1,199

N° 1470. DE BARÈGES À CAMBRAI.

Tarbes. 57k
Paris. 765
Cambrai. 208
1,030

N° 1471. DE BARÈGES À CARCASSONNE.

Tarbes. 57k
Toulouse. 151
Carcassonne 94
302

N° 1472. DE BARÈGES À CETTE.

Tarbes. 57k
Toulouse. 151
Cette. 222
430

N° 1473. DE BARÈGES À CHALONS-SUR-MARNE.

Tarbes. 57k
Paris. 765
Châlons-sur-Marne. . . 172
994

N° 1474. DE BARÈGES À CHALON-SUR-SAONE.

Tarbes. 57k
Limoges. 376
Moulins.. 222
Chalon-sur-Saône . . . 148
803

N° 1475. DE BARÈGES À CHARTRES.

Tarbes 57k
Limoges. 376
Orléans.. 269
Chartres. 73
775

N° 1476. DE BARÈGES À CHATEAUROUX.

Tarbes.. . . . . 57k
Limoges 376
Châteauroux. 125
558

N° 1477. DE BARÈGES À CHERBOURG.

Tarbes. 57k
Bordeaux. 230
Tours.. 347
Laval. 140
Cherbourg. 230
1,004

N° 1478. DE BARÈGES À CLERMONT.

Tarbes. 57k
Aurillac. 334
Clermont. 157
548

N° 1479. DE BARÈGES À COLMAR.

Tarbes. 57k
Limoges 376
Moulins. 222
Chalon-sur-Saône . . . 148
Colmar. 287
1,090

N° 1480. DE BARÈGES À COMPIÈGNE.

Tarbes. 57k
Paris. 765
Compiègne. 100
922

N° 1481. DE BARÈGES À DIGNE.

Tarbes. 57k
Toulouse. 151
Montpellier. 251
Avignon. 98
Digne.. 152
709

N° 1482. DE BARÈGES À DIJON.

Tarbes. 57k
Limoges. 376
Moulins.. 222
Dijon. 183
838

N° 1483. DE BARÉGES à DOUAI.

Tarbes	57k
Paris	765
Douai	241
	1,063

N° 1484. DE BARÉGES à DRAGUIGNAN.

Tarbes	57k
Toulouse	151
Montpellier	251
Avignon	98
Draguignan	186
	743

N° 1485. DE BARÉGES à DUNKERQUE.

Tarbes	57k
Paris	765
Dunkerque	356
	1,178

N° 1486. DE BARÉGES à ÉPINAL.

Tarbes	57k
Limoges	376
Moulins	222
Dijon	183
Épinal	181
	1,019

N° 1487. DE BARÉGES à ÉVREUX.

Tarbes	57k
Paris	765
Évreux	108
	930

N° 1488. DE BARÉGES à LA FÈRE.

Tarbes	57k
Paris	765
La Fère	153
	975

N° 1489. DE BARÉGES à FOIX.

Tarbes	57k
Toulouse	151
Foix	82
	290

N° 1490. DE BARÉGES à FONTAINEBLEAU.

Tarbes	57k
Orléans	643
Fontainebleau	88
	788

N° 1491. DE BARÉGES A GAP.

Tarbes	57k
Toulouse	151
Montpellier	251
Avignon	98
Gap	187
	744

N° 1492. DE BARÉGES à GIVET.

Tarbes	57k
Paris	765
Givet	320
	1,142

N° 1493. DE BARÉGES à GRENOBLE.

Tarbes	57k
Toulouse	151
Montpellier	251
Valence	223
Grenoble	94
	776

N° 1494. DE BARÉGES à GUÉRET.

Tarbes	57k
Limoges	376
Guéret	84
	517

N° 1495. DE BARÉGES à HAGUENAU.

Tarbes	57k
Paris	765
Haguenau	496
	1,318

N° 1496. DE BARÉGES à LANGRES.

Tarbes	57k
Limoges	376
Moulins	222
Dijon	183
Langres	66
	904

N° 1497. DE BARÉGES à LAON.

Tarbes	57k
Paris	765
Laon	177
	999

N° 1498. DE BARÉGES à LAVAL.

Tarbes	57k
Bordeaux	230
Angers	454
Laval	74
	815

N° 1499. DE BARÉGES à LILLE.

Tarbes	57k
Paris	765
Lille	274
	1,096

N° 1500. DE BARÉGES à LIMOGES.

Tarbes	57k
Limoges	376
	433

N° 1501. DE BARÉGES à LONS-LE-SAUNIER.

Tarbes	57k
Aurillac	334
Clermont	157
Mâcon	177
Lons-le-Saunier	76
	801

N° 1502. DE BARÉGES à LORIENT.

Tarbes	57k
Bordeaux	230
Nantes	334
Lorient	164
	785

N° 1503. DE BARÉGES à LUNÉVILLE.

Tarbes	57k
Paris	765
Lunéville	385
	1,207

N° 1504. DE BARÉGES à LYON.

Tarbes	57k
Rodez	285
Le Puy	204
Lyon	134
	680

N° 1505. DE BARÉGES à MACON.

Tarbes	57k
Aurillac	334
Clermont	157
Mâcon	177
	725

N° 1506. DE BARÉGES au MANS.

Tarbes	57k
Bordeaux	230
Tours	347
Le Mans	82
	716

N° 1507. DE BARÉGES à MARSEILLE.

Tarbes	57k
Toulouse	151
Montpellier	251
Marseille	177
	636

N° 1508. DE BARÉGES à MAUBEUGE.

Tarbes	57k
Paris	765
Maubeuge	260
	1,082

N° 1509. DE BARÉGES à MELUN.

Tarbes	57k
Orléans	643
Melun	103
	803

N° 1510. DE BARÉGES À MENDE.

Tarbes	57k
Rodez	285
Mende	115
	457

N° 1511. DE BARÉGES À METZ.

Tarbes	57k
Paris	765
Metz	393
	1,215

N° 1512. DE BARÉGES À MÉZIÈRES.

Tarbes	57k
Paris	765
Mézières	253
	1,075

N° 1513. DE BARÉGES À MONTAUBAN.

Tarbes	57k
Montauban	157
	214

N° 1514. DE BARÉGES À MONTBRISON.

Tarbes	57k
Aurillac	334
Clermont	157
Montbrison	113
	661

N° 1515. DE BARÉGES À MONT-DE-MARSAN.

Tarbes	57k
Mont-de-Marsan	99
	156

N° 1516. DE BARÉGES À MONTPELLIER.

Tarbes	57k
Toulouse	151
Montpellier	251
	459

N° 1517. DE BARÉGES À MOULINS.

Tarbes	57k
Limoges	376
Moulins	222
	655

N° 1518. DE BARÉGES À NANCY.

Tarbes	57k
Paris	765
Nancy	352
	1,174

N° 1519. DE BARÉGES À NANTES.

Tarbes	57k
Bordeaux	230
Nantes	334
	621

N° 1520. DE BARÉGES À NAPOLÉON-VENDÉE.

Tarbes	57k
Bordeaux	230
Napoléon-Vendée	276
	563

N° 1521. DE BARÉGES À NEVERS.

Tarbes	57k
Limoges	376
Nevers	288
	721

N° 1522. DE BARÉGES À NIMES.

Tarbes	57k
Toulouse	151
Montpellier	251
Nîmes	50
	509

N° 1523. DE BARÉGES À NIORT.

Tarbes	57k
Bordeaux	230
Niort	194
	481

N° 1524. DE BARÉGES À ORLÉANS.

Tarbes	57k
Orléans	643
	700

N° 1525. DE BARÉGES À PARIS.

Tarbes	57k
Paris	765
	822

N° 1526. DE BARÉGES À PAU.

Tarbes	57k
Pau	39
	96

N° 1527. DE BARÉGES À PÉRIGUEUX.

Tarbes	57k
Agen	146
Périgueux	136
	339

N° 1528. DE BARÉGES À PERPIGNAN.

Tarbes	57k
Toulouse	151
Perpignan	215
	423

N° 1529. DE BARÉGES À POITIERS.

Tarbes	57k
Poitiers	456
	513

N° 1530. DE BARÉGES À PRIVAS.

Tarbes	57k
Toulouse	151
Montpellier	251
Nîmes	50
Privas	115
	624

N° 1531. DE BARÉGES AU PUY.

Tarbes	57k
Rodez	285
Le Puy	204
	546

N° 1532. DE BARÉGES À QUIMPER.

Tarbes	57k
Bordeaux	230
Nantes	334
Quimper	231
	852

N° 1533. DE BARÉGES À RENNES.

Tarbes	57k
Bordeaux	230
Nantes	334
Rennes	107
	728

N° 1534. DE BARÉGES À ROCHEFORT.

Tarbes	57k
Bordeaux	230
Rochefort	162
	449

N° 1535. DE BARÉGES À LA ROCHELLE.

Tarbes	57k
Bordeaux	230
La Rochelle	193
	480

N° 1536. DE BARÉGES À RODEZ.

Tarbes	57k
Rodez	285
	342

N° 1537. DE BARÉGES À ROUEN.

Tarbes	57k
Paris	765
Rouen	140
	962

N° 1538. DE BARÉGES À SAINT-BRIEUC.

Tarbes	57k
Bordeaux	230
Nantes	334
Saint-Brieuc	207
	828

N° 1539. DE BARÉGES À SAINT-GERMAIN.

Tarbes	57k
Paris	765
Saint-Germain	23
	845

N° 1540. DE BARÈGES à SAINT-LO.

Tarbes. 57k
Bordeaux. 230
Tours. 347
Saint-Lô. 276
910

N° 1541. DE BARÈGES à SAINT-OMER.

Tarbes. 57k
Paris. 765
Saint-Omer. 336
1,158

N° 1542. DE BARÈGES à SARREGUEMINES

Tarbes. 57k
Paris. 765
Sarreguemines. 469
1,291

N° 1543. DE BARÈGES à SAUMUR.

Tarbes. 57k
Bordeaux 230
Saumur 411
698

N° 1544. DE BARÈGES à SCHELESTADT.

Tarbes 57k
Paris. 765
Schelestadt. 546
1,368

N° 1545. DE BARÈGES à STRASBOURG.

Tarbes 57k
Paris. 765
Strasbourg. 501
1,323

N° 1546. DE BARÈGES à TARBES.

Tarbes 57k

N° 1547. DE BARÈGES à THIONVILLE.

Tarbes. 57k
Paris. 765
Thionville 419
1,241

N° 1548. DE BARÈGES à TOULON.

Tarbes. 57k
Toulouse. 151
Montpellier 251
Marseille. 177
Toulon. 60
696

N° 1549. DE BARÈGES à TOULOUSE.

Tarbes. 57k
Toulouse. 151
208

N° 1550. DE BARÈGES à TOURS.

Tarbes. 57k
Bordeaux 230
Tours 347
634

N° 1551. DE BARÈGES à TROYES.

Tarbes. 57k
Paris. 765
Troyes. 179
1,001

N° 1552. DE BARÈGES à TULLE.

Tarbes. 57k
Cahors. 217
Tulle. 133
407

N° 1553. DE BARÈGES à VALENCE.

Tarbes. 57k
Toulouse. 151
Montpellier 251
Valence 223
682

N° 1554. DE BARÈGES à VALENCIENNES

Tarbes. 57k
Paris. 765
Valenciennes. 277
1,099

N° 1555. DE BARÈGES à VANNES.

Tarbes. 57k
Bordeaux 230
Nantes. 334
Vannes 108
729

N° 1556. DE BARÈGES à VERDUN.

Tarbes. 57k
Paris. 765
Verdun 253
1,075

N° 1557. DE BARÈGES à VERNON.

Tarbes. 57k
Paris. 765
Vernon 80
902

N° 1558. DE BARÈGES à VERSAILLES.

Tarbes. 57k
Paris. 765
Versailles 17
839

N° 1559. DE BARÈGES à VESOUL.

Tarbes. 57k
Limoges 376
Moulins 222
Dijon 183
Vesoul. 107
945

BAYONNE.

N° 1560. DE BAYONNE à BEAUVAIS.

Bordeaux 198k
Paris. 583
Beauvais. 108
889

N° 1561. DE BAYONNE à BELFORT.

Bordeaux 198k
Lyon. 549
Belfort 310
1,057

N° 1562. DE BAYONNE à BESANÇON.

Bordeaux 198k
Lyon. 549
Besançon. 212
959

N° 1563. DE BAYONNE à BLOIS.

Bordeaux 198k
Blois 403
601

N° 1564. DE BAYONNE à BORDEAUX.

Bordeaux 198k

N° 1565. DE BAYONNE à BOULOGNE.

Bordeaux 198k
Paris. 583
Boulogne. 272
1,053

N° 1566. DE BAYONNE à BOURBONNE.

Bordeaux 198k
Bourbonne. 748
946

N° 1567. DE BAYONNE à BOURG.

Bordeaux 198k
Lyon 549
Bourg. 62
809

N° 1568. DE BAYONNE à BOURGES.

Bordeaux 198k
Bourges. 574
772

N° 1569. DE BAYONNE à BREST.

Bordeaux 198k
Nantes. 334
Brest. 323
855

N° 1570. DE BAYONNE à BRIANÇON.

Tarbes	146k
Toulouse	151
Montpellier	251
Avignon	98
Briançon	278
	924

N° 1571. DE BAYONNE à CAEN.

Bordeaux	198k
Tours	347
Caen	237
	782

N° 1572. DE BAYONNE à CAHORS.

Mont-de-Marsan	99k
Cahors	203
	302

N° 1573. DE BAYONNE à CALAIS.

Bordeaux	198k
Paris	583
Calais	377
	1,158

N° 1574. DE BAYONNE à CAMBRAI.

Bordeaux	198k
Paris	583
Cambrai	208
	989

N° 1575. DE BAYONNE à CARCASSONNE

Tarbes	146k
Toulouse	151
Carcassonne	94
	391

N° 1576. DE BAYONNE à CETTE.

Tarbes	146k
Toulouse	151
Cette	222
	519

N° 1577. DE BAYONNE à CHALONS-SUR-MARNE.

Bordeaux	198k
Paris	583
Châlons-sur-Marne	172
	953

N° 1578. DE BAYONNE à CHALON-SUR-SAONE.

Bordeaux	198k
Lyon	549
Chalon-sur-Saône	126
	873

N° 1579. DE BAYONNE à CHARTRES.

Bordeaux	198k
Orléans	462
Chartres	73
	733

N° 1580. DE BAYONNE à CHATEAUROUX

Bordeaux	198k
Poitiers	246
Châteauroux	118
	562

N° 1581. DE BAYONNE à CHERBOURG.

Bordeaux	198k
Tours	347
Cherbourg	358
	903

N° 1582. DE BAYONNE à CLERMONT.

Bordeaux	198k
Clermont	366
	564

N° 1583. DE BAYONNE à COLMAR.

Bordeaux	198k
Lyon	549
Colmar	390
	1,137

N° 1584. DE BAYONNE à COMPIÈGNE.

Bordeaux	198k
Paris	583
Compiègne	100
	881

N° 1585. DE BAYONNE à DIGNE.

Tarbes	146k
Toulouse	151
Montpellier	251
Avignon	98
Digne	152
	798

N° 1586. DE BAYONNE à DIJON.

Bordeaux	198k
Dijon	621
	819

N° 1587. DE BAYONNE à DOUAI.

Bordeaux	198k
Paris	583
Douai	241
	1,022

N° 1588. DE BAYONNE à DRAGUIGNAN.

Tarbes	146k
Toulouse	151
Montpellier	251
Avignon	98
Draguignan	186
	832

N° 1589. DE BAYONNE à DUNKERQUE.

Bordeaux	198k
Paris	583
Dunkerque	356
	1,137

N° 1590. DE BAYONNE à ÉPINAL.

Bordeaux	198k
Épinal	820
	1,018

N° 1591. DE BAYONNE à ÉVREUX.

Bordeaux	198k
Paris	583
Évreux	108
	889

N° 1592. DE BAYONNE à LA FÈRE.

Bordeaux	198k
Paris	583
La Fère	153
	934

N° 1593. DE BAYONNE à FOIX.

Tarbes	146k
Toulouse	151
Foix	82
	379

N° 1594. DE BAYONNE à FONTAINEBLEAU

Bordeaux	198k
Orléans	462
Fontainebleau	88
	748

N° 1595. DE BAYONNE à GAP.

Tarbes	146k
Toulouse	151
Montpellier	251
Avignon	98
Gap	187
	833

N° 1596. DE BAYONNE à GIVET.

Bordeaux	198k
Paris	583
Givet	320
	1,101

N° 1597. DE BAYONNE à GRENOBLE.

Tarbes	146k
Toulouse	151
Montpellier	251
Valence	223
Grenoble	94
	865

N° 1598. DE BAYONNE à GUÉRET.

Bordeaux	198k
Limoges	216
Guéret	84
	498

N° 1599. DE BAYONNE à HAGUENAU.

Bordeaux	198k
Paris	583
Haguenau	496
	1,277

N° 1600. DE BAYONNE à LANGRES.

Bordeaux	198k
Langres	705
	903

N° 1601. DE BAYONNE à LAON.

Bordeaux	198k
Paris	583
Laon	177
	958

N° 1602. DE BAYONNE à LAVAL.

Bordeaux	198k
Angers	454
Laval	74
	726

N° 1603. DE BAYONNE à LILLE.

Bordeaux	198k
Paris	583
Lille	274
	1,055

N° 1604. DE BAYONNE à LIMOGES.

Bordeaux	198k
Limoges	216
	414

N° 1605. DE BAYONNE à LONS-LE-SAUNIER.

Bordeaux	198k
Lyon	549
Lons-le-Saunier	124
	871

N° 1606. DE BAYONNE à LORIENT.

Bordeaux	198k
Nantes	334
Lorient	164
	696

N° 1607. DE BAYONNE à LUNÉVILLE.

Bordeaux	198k
Paris	583
Lunéville	385
	1,166

N° 1608. DE BAYONNE à LYON.

Bordeaux	198k
Lyon	549
	747

N° 1609. DE BAYONNE à MACON.

Bordeaux	198k
Clermont	366
Mâcon	177
	741

N° 1610. DE BAYONNE au MANS.

Bordeaux	198k
Tours	347
Le Mans	82
	627

N° 1611. DE BAYONNE à MARSEILLE.

Tarbes	146k
Toulouse	151
Montpellier	251
Marseille	177
	725

N° 1612. DE BAYONNE à MAUBEUGE.

Bordeaux	198k
Paris	583
Maubeuge	260
	1,041

N° 1613. DE BAYONNE à MELUN.

Bordeaux	198k
Orléans	462
Melun	103
	763

N° 1614. DE BAYONNE à MENDE.

Auch	220k
Rodez	213
Mende	115
	548

N° 1615. DE BAYONNE à METZ.

Bordeaux	198k
Paris	583
Metz	393
	1,174

N° 1616. DE BAYONNE à MÉZIÈRES.

Bordeaux	198k
Paris	583
Mézières	253
	1,034

N° 1617. DE BAYONNE à MONTAUBAN.

Montauban	303k

N° 1618. DE BAYONNE à MONTBRISON.

Bordeaux	198k
Clermont	366
Montbrison	113
	677

N° 1619. DE BAYONNE à MONT-DE-MARSAN.

Mont-de-Marsan	99k

N° 1620. DE BAYONNE à MONTPELLIER.

Tarbes	146k
Toulouse	151
Montpellier	251
	548

N° 1621. DE BAYONNE à MOULINS.

Bordeaux	198k
Moulins	438
	636

N° 1622. DE BAYONNE A NANCY.

Bordeaux	198k
Paris	583
Nancy	352
	1,133

N° 1623. DE BAYONNE à NANTES.

Bordeaux	198k
Nantes	334
	532

N° 1624. DE BAYONNE à NAPOLÉON-VENDÉE.

Bordeaux	198k
Napoléon-Vendée	276
	474

N° 1625. DE BAYONNE à NEVERS.

Bordeaux	198k
Nevers	476
	674

N° 1626. DE BAYONNE à NIMES.

Tarbes	146k
Toulouse	151
Montpellier	251
Nîmes	50
	598

N° 1627. DE BAYONNE à NIORT.

Bordeaux	198k
Niort	194
	392

N° 1628. DE BAYONNE à ORLÉANS.

Bordeaux	198k
Orléans	462
	660

N° 1629. DE BAYONNE à PARIS.

Bordeaux	198k
Paris	583
	781

N° 1630. DE BAYONNE à PAU.

Pau	107k

N° 1631. DE BAYONNE à PÉRIGUEUX.

Bordeaux	198k
Périgueux	121
	319

N° 1632. DE BAYONNE à PERPIGNAN.

Tarbes	146k
Toulouse	151
Perpignan	215
	512

N° 1633. DE BAYONNE à POITIERS.

Bordeaux	198k
Poitiers	246
	444

N° 1634. DE BAYONNE à PRIVAS.

Tarbes	146k
Toulouse	151
Montpellier	251
Nîmes	50
Privas	115
	713

N° 1635. DE BAYONNE au PUY.

Montauban	303k
Rodez	130
Le Puy	204
	637

N° 1636. DE BAYONNE à QUIMPER.

Bordeaux	198k
Nantes	334
Quimper	231
	763

N° 1637. DE BAYONNE à RENNES.

Bordeaux	198k
Nantes	334
Rennes	107
	639

N° 1638. DE BAYONNE à ROCHEFORT.

Bordeaux	198k
Rochefort	162
	360

N° 1639. DE BAYONNE à LA ROCHELLE

Bordeaux	198k
La Rochelle	193
	391

N° 1640. DE BAYONNE à RODEZ.

Montauban	303k
Rodez	130
	433

N° 1641. DE BAYONNE à ROUEN.

Bordeaux	198k
Paris	583
Rouen	140
	921

N° 1642. DE BAYONNE à SAINT-BRIEUC.

Bordeaux	198k
Nantes	334
Saint-Brieuc	207
	739

N° 1643. DE BAYONNE à SAINT-GERMAIN.

Bordeaux	198k
Paris	583
Saint-Germain	23
	804

N° 1644. DE BAYONNE à SAINT-LO.

Bordeaux	198k
Tours	347
Saint-Lô	276
	821

N° 1645. DE BAYONNE à SAINT-OMER.

Bordeaux	198k
Paris	583
Saint-Omer	336
	1,117

N° 1646. DE BAYONNE à SARREGUEMINES.

Bordeaux	198k
Paris	583
Sarreguemines	469
	1,250

N° 1647. DE BAYONNE à SAUMUR.

Bordeaux	198k
Saumur	411
	609

N° 1648. DE BAYONNE à SCHELESTADT.

Bordeaux	198k
Lyon	549
Schelestadt	413
	1,160

N° 1649. DE BAYONNE à STRASBOURG.

Bordeaux	198k
Lyon	549
Strasbourg	458
	1,205

N° 1650. DE BAYONNE à TARBES.

Tarbes	146k

N° 1651. DE BAYONNE à THIONVILLE.

Bordeaux	198k
Paris	583
Thionville	419
	1,200

N° 1652. DE BAYONNE à TOULON.

Tarbes	146k
Toulouse	151
Montpellier	251
Marseille	177
Toulon	60
	785

N° 1653. DE BAYONNE à TOULOUSE.

Tarbes	146k
Toulouse	151
	297

N° 1654. DE BAYONNE à TOURS.

Bordeaux	198k
Tours	347
	545

N° 1655. DE BAYONNE à TROYES.

Bordeaux	198k
Paris	583
Troyes	179
	960

N° 1656. DE BAYONNE à TULLE.

Agen	208k
Tulle	238
	446

N° 1657. DE BAYONNE à VALENCE.

Tarbes	146k
Toulouse	151
Montpellier	251
Valence	223
	771

N° 1658. DE BAYONNE à VALENCIENNES.

Bordeaux	198k
Paris	583
Valenciennes	277
	1,058

N° 1659. DE BAYONNE à VANNES.

Bordeaux	198k
Nantes	334
Vannes	108
	640

N° 1660. DE BAYONNE à VERDUN.

Bordeaux	198k
Paris	583
Verdun	253
	1,034

N° 1661. DE BAYONNE à VERNON.

Bordeaux	198k
Paris	583
Vernon	80
	861

N° 1662. DE BAYONNE à VERSAILLES.

Bordeaux	198k
Paris	583
Versailles	17
	798

N° 1663. DE BAYONNE à VESOUL.

Bordeaux	198k
Vesoul	728
	926

BEAUVAIS.

N° 1664. DE BEAUVAIS à BELFORT.

Paris	108k
Belfort	443
	551

N° 1665. DE BEAUVAIS À BESANÇON.

Paris 108k
Besançon 406
514

N° 1666. DE BEAUVAIS À BLOIS.

Paris. 108k
Blois. 180
288

N° 1667. DE BEAUVAIS À BORDEAUX.

Paris. 108k
Bordeaux 583
691

N° 1668. DE BEAUVAIS À BOULOGNE.

Amiens 67k
Boulogne 124
191

N° 1669. DE BEAUVAIS À BOURBONNE.

Paris 108k
Bourbonne. 325
433

N° 1670. DE BEAUVAIS À BOURG.

Paris. 108k
Mâcon. 441
Bourg 34
583

N° 1671. DE BEAUVAIS À BOURGES.

Paris. 108k
Bourges. 233
341

N° 1672. DE BEAUVAIS À BREST.

Paris. 108k
Rennes 373
Brest 245
726

N° 1673. DE BEAUVAIS À BRIANÇON.

Paris. 108k
Lyon 507
Briançon 227
842

N° 1674. DE BEAUVAIS À CAEN.

Caen 213k

N° 1675. DE BEAUVAIS À CAHORS.

Paris 108k
Limoges. 390
Cahors 197
695

N° 1676. DE BEAUVAIS À CALAIS.

Amiens 67k
Calais 229
296

N° 1677. DE BEAUVAIS À CAMBRAI.

Amiens. 67k
Cambrai. 103
170

N° 1678. DE BEAUVAIS À CARCASSONNE.

Paris 108k
Toulouse. 697
Carcassonne 94
899

N° 1679. DE BEAUVAIS À CETTE.

Paris 108k
Lyon 507
Cette 355
970

N° 1680. DE BEAUVAIS À CHALONS-SUR-MARNE.

Paris 108k
Châlons-sur-Marne. . . 172
280

N° 1681. DE BEAUVAIS À CHALON-SUR-SAONE.

Paris 108k
Chalon-sur-Saône . . . 383
491

N° 1682. DE BEAUVAIS À CHARTRES.

Paris 108k
Chartres. 88
196

N° 1683. DE BEAUVAIS À CHATEAUROUX.

Paris 108k
Châteauroux. 265
373

N° 1684. DE BEAUVAIS À CHERBOURG.

Cherbourg. 334k

N° 1685. DE BEAUVAIS À CLERMONT.

Paris 108k
Clermont 445
553

N° 1686. DE BEAUVAIS À COLMAR.

Paris 108k
Colmar 569
677

N° 1687. DE BEAUVAIS À COMPIÈGNE.

Compiègne 74k

N° 1688. DE BEAUVAIS À DIGNE.

Paris 108k
Lyon 507
Digne. 296
911

N° 1689. DE BEAUVAIS À DIJON.

Paris 108k
Dijon 315
423

N° 1690. DE BEAUVAIS À DOUAI.

Amiens 67
Douai 94k
161

N° 1691. DE BEAUVAIS À DRAGUIGNAN.

Paris 108k
Lyon 507
Draguignan 391
1,006

N° 1692. DE BEAUVAIS À DUNKERQUE.

Amiens 67k
Dunkerque 208
275

N° 1693. DE BEAUVAIS À ÉPINAL.

Paris 108k
Épinal. 397
505

N° 1694. DE BEAUVAIS À ÉVREUX.

Évreux 99k

N° 1695. DE BEAUVAIS À LA FÈRE.

La Fère 127k

N° 1696. DE BEAUVAIS À FOIX.

Paris 108k
Toulouse 697
Foix. 82
887

N° 1697. DE BEAUVAIS À FONTAINEBLEAU.

Paris 108k
Fontainebleau 59
167

N° 1698. DE BEAUVAIS À GAP.

Paris 108k
Lyon 507
Gap. 209
824

N° 1699. DE BEAUVAIS À GIVET.

Compiègne. 74k
Givet 272
346

N° 1700. DE BEAUVAIS À GRENOBLE.

Paris 108k
Lyon 507
Grenoble 108
723

N° 1701. DE BEAUVAIS à GUÉRET.

Paris 108k
Châteauroux. 265
Guéret. 91
464

N° 1702. DE BEAUVAIS à HAGUENAU.

Paris 108k
Haguenau 496
604

N° 1703. DE BEAUVAIS à LANGRES.

Paris 108k
Langres 307
415

N° 1704. DE BEAUVAIS à LAON.

Laon 151k

N° 1705. DE BEAUVAIS à LAVAL.

Paris 108k
Laval 300
408

N° 1706. DE BEAUVAIS à LILLE.

Amiens 67k
Lille. 126
193

N° 1707. DE BEAUVAIS à LIMOGES.

Paris 108k
Limoges. 390
498

N° 1708. DE BEAUVAIS à LONS-LE-SAUNIER.

Paris 108k
Lons-le-Saunier 447
555

N° 1709. DE BEAUVAIS à LORIENT.

Paris 108k
Lorient 533
641

N° 1710. DE BEAUVAIS à LUNÉVILLE.

Paris 108k
Lunéville 385
493

N° 1711. DE BEAUVAIS à LYON.

Paris. 108k
Lyon 507
615

N° 1712. DE BEAUVAIS à MACON.

Paris. 108k
Mâcon. 441
549

N° 1713. DE BEAUVAIS au MANS.

Paris 108k
Le Mans. 211
319

N° 1714. DE BEAUVAIS à MARSEILLE.

Paris 108k
Lyon 507
Marseille 350
965

N° 1715. DE BEAUVAIS à MAUBEUGE.

Amiens 67k
Maubeuge. 166
233

N° 1716. DE BEAUVAIS à MELUN.

Paris 108k
Melun 45
153

N° 1717. DE BEAUVAIS à MENDE.

Paris. 108k
Clermont. 445
Mende. 186
739

N° 1718. DE BEAUVAIS à METZ.

Paris. 108k
Metz. 393
501

N° 1719. DE BEAUVAIS à MÉZIÈRES.

Compiègne. 74k
Mézières. 205
279

N° 1720. DE BEAUVAIS à MONTAUBAN.

Paris 108k
Montauban. 648
756

N° 1721. DE BEAUVAIS à MONTBRISON.

Paris 108k
Montbrison 516
624

N° 1722. DE BEAUVAIS à MONT-DE-MARSAN.

Paris 108k
Bordeaux 583
Mont-de-Marsan 131
822

N° 1723. DE BEAUVAIS à MONTPELLIER.

Paris 108k
Lyon 507
Montpellier 328
943

N° 1724. DE BEAUVAIS à MOULINS.

Paris 108k
Moulins 342
450

N° 1725. DE BEAUVAIS à NANCY.

Paris 108k
Nancy 352
460

N° 1726. DE BEAUVAIS à NANTES.

Paris 108k
Nantes. 431
539

N° 1727. DE BEAUVAIS à NAPOLÉON-VENDÉE.

Paris 108k
Saumur 300
Napoléon 133
541

N° 1728. DE BEAUVAIS à NEVERS.

Paris. 108k
Nevers. 303
411

N° 1729. DE BEAUVAIS à NIMES.

Paris. 108k
Lyon 507
Nîmes. 278
893

N° 1730. DE BEAUVAIS à NIORT.

Paris 108k
Niort 413
521

N° 1731. DE BEAUVAIS à ORLÉANS.

Paris. 108k
Orléans 121
229

N° 1732. DE BEAUVAIS à PARIS.

Paris 108k

N° 1733. DE BEAUVAIS à PAU.

Paris 108k
Bordeaux 583
Pau 213
904

N° 1734. DE BEAUVAIS à PÉRIGUEUX.

Paris 108k
Limoges. 390
Périgueux 95
593

N° 1735. DE BEAUVAIS à PERPIGNAN.

Paris. 108k
Lyon 507
Montpellier 328
Perpignan. 161
1,104

N° 1736. DE BEAUVAIS à POITIERS.

Paris.	108k
Poitiers	337
	445

N° 1737. DE BEAUVAIS à PRIVAS.

Paris	108k
Lyon	507
Privas.	144
	759

N° 1738. DE BEAUVAIS au PUY.

Paris	108k
Clermont	445
Le Puy	134
	687

N° 1739. DE BEAUVAIS à QUIMPER.

Paris	108k
Rennes	373
Quimper.	227
	708

N° 1740. DE BEAUVAIS à RENNES.

Paris	108k
Rennes	373
	481

N° 1741. DE BEAUVAIS à ROCHEFORT.

Paris	108k
Rochefort	475
	583

N° 1742. DE BEAUVAIS à LA ROCHELLE.

Paris	108k
La Rochelle.	477
	585

N° 1743. DE BEAUVAIS à RODEZ.

Paris	108k
Clermont	445
Rodez.	225
	778

N° 1744. DE BEAUVAIS à ROUEN.

Rouen.	80k

N° 1745. DE BEAUVAIS à SAINT-BRIEUC.

Paris	108k
Rennes	373
Saint-Brieuc.	100
	581

N° 1746. DE BEAUVAIS à ST-GERMAIN.

Paris	108k
Saint-Germain.	23
	131

N° 1747. DE BEAUVAIS à SAINT-LO.

Saint-Lô.	276k

N° 1748. DE BEAUVAIS à SAINT-OMER.

Amiens	67k
Saint-Omer	188
	255

N° 1749. DE BEAUVAIS à SARREGUEMINES.

Paris	108k
Sarreguemines.	469
	577

N° 1750. DE BEAUVAIS à SAUMUR.

Paris	108k
Saumur	300
	408

N° 1751. DE BEAUVAIS à SCHELESTADT.

Paris	108k
Schelestadt	546
	654

N° 1752. DE BEAUVAIS à STRASBOURG.

Paris	108k
Strasbourg.	501
	609

N° 1753. DE BEAUVAIS à TARBES.

Paris	108k
Tarbes.	765
	873

N° 1754. DE BEAUVAIS à THIONVILLE.

Paris	108k
Thionville.	419
	527

N° 1755. DE BEAUVAIS à TOULON.

Paris.	108k
Lyon.	507
Marseille	350
Toulon.	60
	1,025

N° 1756. DE BEAUVAIS à TOULOUSE.

Paris	108k
Toulouse.	697
	805

N° 1757. DE BEAUVAIS à TOURS.

Paris.	108k
Tours	236
	344

N° 1758. DE BEAUVAIS à TROYES.

Paris	108k
Troyes.	179
	287

N° 1759. DE BEAUVAIS à TULLE.

Paris.	108k
Limoges.	390
Tulle	89
	587

N° 1760. DE BEAUVAIS à VALENCE.

Paris.	108k
Lyon	507
Valence	105
	720

N° 1761. DE BEAUVAIS à VALENCIENNES

Amiens	67k
Valenciennes.	129
	196

N° 1762. DE BEAUVAIS à VANNES.

Paris	108k
Rennes	373
Vannes	103
	584

N° 1763. DE BEAUVAIS à VERDUN.

Paris	108k
Verdun	253
	361

N° 1764. DE BEAUVAIS à VERNON.

Vernon	67k

N° 1765. DE BEAUVAIS à VERSAILLES.

Paris	108k
Versailles	17
	125

N° 1766. DE BEAUVAIS à VESOUL.

Paris	108k
Vesoul.	381
	489

BELFORT.

N° 1767. DE BELFORT à BESANÇON.

Besançon	98k

N° 1768. DE BELFORT à BLOIS.

Auxerre.	292k
Orléans	149
Blois	58
	499

N° 1769. DE BELFORT à BORDEAUX.

Lyon	310k
Bordeaux	549
	859

N° 1770. DE BELFORT à BOULOGNE.
Paris 443k
Boulogne 272
715

N° 1771. DE BELFORT à BOURBONNE.
Bourbonne 124k

N° 1772. DE BELFORT à BOURG.
Bourg. 248k

N° 1773. DE BELFORT à BOURGES.
Dijon 169k
Nevers 189
Bourges. 69
427

N° 1774. DE BELFORT à BREST.
Paris 443k
Rennes 373
Brest 245
1,061

N° 1775. DE BELFORT à BRIANÇON.
Lyon 310k
Grenoble. 108
Briançon 119
537

N° 1776. DE BELFORT à CAEN.
Paris 443k
Caen 237
680

N° 1777. DE BELFORT à CAHORS.
Lyon 310k
Le Puy. 134
Cahors 321
765

N° 1778. DE BELFORT à CALAIS.
Paris 443k
Calais. 377
820

N° 1779. DE BELFORT à CAMBRAI.
Paris 443k
Cambrai. 208
651

N° 1780. DE BELFORT à CARCASSONNE
Lyon 310k
Montpellier. 328
Carcassonne. 157
795

N° 1781. DE BELFORT à CETTE.
Lyon. 310k
Cette 355
665

N° 1782. DE BELFORT à CHALONS-SUR-MARNE.
Châlons-sur-Marne. . . 309k

N° 1783. DE BELFORT à CHALON-SUR-SAONE.
Chalon-sur-Saône . . . 207k

N° 1784. DE BELFORT à CHARTRES.
Paris 443k
Chartres. 88
531

N° 1785. DE BELFORT à CHATEAUROUX
Dijon 169k
Nevers. 189
Châteauroux. 163
521

N° 1786. DE BELFORT à CHERBOURG.
Paris 443k
Cherbourg. 360
803

N° 1787. DE BELFORT à CLERMONT.
Mâcon. 265k
Clermont 177
442

N° 1788. DE BELFORT à COLMAR.
Colmar 80k

N° 1789. DE BELFORT à COMPIÈGNE.
Paris 443k
Compiègne 100
543

N° 1790. DE BELFORT à DIGNE.
Lyon 310k
Digne. 296
606

N° 1791. DE BELFORT à DIJON.
Dijon 169k

N° 1792. DE BELFORT à DOUAI.
Paris 443k
Douai 241
684

N° 1793. DE BELFORT à DRAGUIGNAN.
Lyon 310k
Draguignan 391
701

N° 1794. DE BELFORT à DUNKERQUE.
Paris 443k
Dunkerque 356
799

N° 1795. DE BELFORT à ÉPINAL.
Épinal. 97k

N° 1796. DE BELFORT à ÉVREUX.
Paris 443k
Évreux 108
551

N° 1797. DE BELFORT à LA FÈRE.
Paris 443k
La Fère 153
596

N° 1798. DE BELFORT à FOIX.
Lyon 310k
Montpellier 328
Carcassonne 157
Foix. 98
893

N° 1799. DE BELFORT à FONTAINEBLEAU.
Fontainebleau. 384k

N° 1800. DE BELFORT à GAP.
Lyon 310k
Grenoble. 108
Gap. 101
519

N° 1801. DE BELFORT à GIVET.
Nancy. 167k
Mézières. 208
Givet 67
442

N° 1802. DE BELFORT à GRENOBLE.
Lyon 310k
Grenoble 108
418

N° 1803. DE BELFORT à GUÉRET.
Chalon-sur-Saône . . . 207k
Moulins 148
Guéret 138
493

N° 1804. DE BELFORT à HAGUENAU.
Strasbourg. 148k
Haguenau. 29
177

N° 1805. DE BELFORT à LANGRES.
Langres. 136k

N° 1806. DE BELFORT à LAON.
Paris 443k
Laon 177
620

N° 1807. DE BELFORT à LAVAL.
Paris 443k
Laval 300
743

N° 1808. DE BELFORT à LILLE.
Paris 443k
Lille. 274
717

N° 1809. DE BELFORT à LIMOGES.

Dijon	169k
Limoges	405
	574

N° 1810. DE BELFORT à LONS-LE-SAUNIER.

Lons-le-Saunier	186k

N° 1811. DE BELFORT à LORIENT.

Auxerre	292k
Orléans	149
Nantes	310
Lorient	164
	915

N° 1812. DE BELFORT à LUNÉVILLE.

Lunéville	160k

N° 1813. DE BELFORT à LYON.

Lyon	310k

N° 1814. DE BELFORT à MACON.

Mâcon	265k

N° 1815. DE BELFORT au MANS.

Paris	443k
Le Mans	211
	654

N° 1816. DE BELFORT à MARSEILLE.

Lyon	310k
Marseille	350
	660

N° 1817. DE BELFORT à MAUBEUGE.

Nancy	167k
Mézières	208
Maubeuge	104
	479

N° 1818. DE BELFORT à MELUN.

Melun	399k

N° 1819. DE BELFORT à MENDE.

Lyon	310k
Le Puy	134
Mende	89
	533

N° 1820. DE BELFORT à METZ.

Metz	224k

N° 1821. DE BELFORT à MÉZIÈRES.

Nancy	167k
Mézières	208
	375

N° 1822. DE BELFORT à MONTAUBAN.

Mâcon	265k
Clermont	177
Aurillac	157
Montauban	177
	776

N° 1823. DE BELFORT à MONTBRISON.

Lyon	310k
Montbrison	101
	411

N° 1824. DE BELFORT à MONT-DE-MARSAN.

Lyon	310k
Bordeaux	549
Mont-de-Marsan	131
	990

N° 1825. DE BELFORT à MONTPELLIER.

Lyon	310k
Montpellier	328
	638

N° 1826. DE BELFORT à MOULINS.

Chalon-sur-Saône	207k
Moulins	148
	355

N° 1827. DE BELFORT à NANCY.

Nancy	167k

N° 1828. DE BELFORT à NANTES.

Auxerre	292k
Orléans	149
Nantes	310
	751

N° 1829. DE BELFORT à NAPOLÉON-VENDÉE.

Auxerre	292k
Orléans	149
Saumur	179
Napoléon-Vendée	133
	753

N° 1830. DE BELFORT à NEVERS.

Dijon	169k
Nevers	189
	358

N° 1831. DE BELFORT à NIMES.

Lyon	310k
Nîmes	278
	588

N° 1832. DE BELFORT à NIORT.

Auxerre	292k
Orléans	149
Niort	292
	733

N° 1833. DE BELFORT à ORLÉANS.

Auxerre	292k
Orléans	149
	441

N° 1834. DE BELFORT à PARIS.

Paris	443k

N° 1835. DE BELFORT à PAU.

Mâcon	265k
Clermont	177
Aurillac	157
Tarbes	334
Pau	39
	972

N° 1836. DE BELFORT à PÉRIGUEUX.

Chalon-sur-Saône	207k
Moulins	148
Limoges	222
Périgueux	95
	672

N° 1837. DE BELFORT à PERPIGNAN.

Lyon	310k
Montpellier	328
Perpignan	161
	799

N° 1838. DE BELFORT à POITIERS.

Auxerre	292k
Orléans	149
Poitiers	216
	657

N° 1839. DE BELFORT à PRIVAS.

Lyon	310k
Privas	144
	454

N° 1840. DE BELFORT au PUY.

Lyon	310k
Le Puy	134
	444

N° 1841. DE BELFORT à QUIMPER.

Auxerre	292k
Orléans	149
Nantes	310
Quimper	231
	982

N° 1812. DE BELFORT à RENNES.

Paris	443k
Rennes	373
	816

N° 1813. DE BELFORT à ROCHEFORT.

Auxerre	292k
Orléans	149
Poitiers	216
Rochefort	137
	794

N° 1844. DE BELFORT à LA ROCHELLE.

Auxerre	292k
Orléans	149
Poitiers	216
La Rochelle	139
	796

N° 1845. DE BELFORT À RODEZ.

Lyon	310^{k}
Le Puy	134
Rodez	204
	648

N° 1846. DE BELFORT À ROUEN.

Paris	443^{k}
Rouen	140
	583

N° 1847. DE BELFORT À SAINT-BRIEUC.

Paris	443^{k}
Rennes	373
Saint-Brieuc	100
	916

N° 1848. DE BELFORT À SAINT-GERMAIN.

Paris	443^{k}
Saint-Germain	23
	466

N° 1849. DE BELFORT À SAINT-LO.

Paris	443^{k}
Saint-Lô	300
	743

N° 1850. DE BELFORT À SAINT-OMER.

Paris	443^{k}
Saint-Omer	336
	779

N° 1851. DE BELFORT À SARREGUEMINES.

Strasbourg	148^{k}
Sarreguemines	104
	252

N° 1852. DE BELFORT À SAUMUR.

Auxerre	292^{k}
Orléans	149
Saumur	179
	620

N° 1853. DE BELFORT À SCHELESTADT.

Schelestadt	103^{k}

N° 1854. DE BELFORT À STRASBOURG.

Strasbourg	148^{k}

N° 1855. DE BELFORT À TARBES.

Chalon-sur-Saône	207^{k}
Moulins	148
Clermont	95
Aurillac	157
Tarbes	334
	941

N° 1856. DE BELFORT À THIONVILLE.

Thionville	250^{k}

N° 1857. DE BELFORT À TOULON.

Lyon	310^{k}
Marseille	350
Toulon	60
	720

N° 1858. DE BELFORT À TOULOUSE.

Lyon	310^{k}
Montpellier	328
Toulouse	251
	889

N° 1859. DE BELFORT À TOURS.

Auxerre	292^{k}
Orléans	149
Tours	115
	556

N° 1860. DE BELFORT À TROYES.

Langres	136^{k}
Troyes	128
	264

N° 1861. DE BELFORT À TULLE.

Mâcon	265^{k}
Clermont	177
Tulle	143
	585

N° 1862. DE BELFORT À VALENCE.

Lyon	310^{k}
Valence	105
	415

N° 1863. DE BELFORT À VALENCIENNES.

Paris	443^{k}
Valenciennes	277
	720

N° 1864. DE BELFORT À VANNES.

Auxerre	292^{k}
Orléans	149
Nantes	310
Vannes	108
	859

N° 1865. DE BELFORT À VERDUN.

Nancy	167^{k}
Verdun	98
	265

N° 1860. DE BELFORT À VERNON.

Paris	443^{k}
Vernon	80
	523

N° 1867. DE BELFORT À VERSAILLES.

Paris	443^{k}
Versailles	17
	460

N° 1868. DE BELFORT À VESOUL.

Vesoul	62^{k}

BESANÇON.

N° 1869. DE BESANÇON À BLOIS.

Auxerre	247^{k}
Orléans	149
Blois	58
	454

N° 1870. DE BESANÇON À BORDEAUX.

Lyon	212^{k}
Bordeaux	549
	761

N° 1871. DE BESANÇON À BOULOGNE.

Paris	406^{k}
Boulogne	272
	678

N° 1872. DE BESANÇON À BOURBONNE.

Bourbonne	109^{k}

N° 1873. DE BESANÇON À BOURG.

Bourg	150^{k}

N° 1874. DE BESANÇON À BOURGES.

Dijon	93^{k}
Nevers	189
Bourges	69
	351

N° 1875. DE BESANÇON À BREST.

Paris	406^{k}
Rennes	373
Brest	245
	1,024

N° 1876. DE BESANÇON À BRIANÇON.

Lyon	212^{k}
Grenoble	108
Briançon	119
	439

N° 1877. DE BESANÇON À CAEN.

Paris	406^{k}
Caen	237
	643

N° 1878. DE BESANÇON À CAHORS.

Lyon	212^{k}
Le Puy	134
Cahors	321
	667

N° 1879. DE BESANÇON À CALAIS.

Paris	406^{k}
Calais	377
	783

N° 1880. DE BESANÇON à CAMBRAI.

Paris 406k
Cambrai 208
614

N° 1881. DE BESANÇON à CARCASSONNE

Lyon 212k
Montpellier 328
Carcassonne 157
697

N° 1882. DE BESANÇON à CETTE.

Lyon 212k
Cette 355
567

N° 1883. DE BESANÇON à CHALONS-SUR-MARNE.

Châlons-sur-Marne . . . 272k

N° 1884. DE BESANÇON à CHALON-SUR-SAONE.

Chalon-sur-Saône . . . 109k

N° 1885. DE BESANÇON à CHARTRES.

Paris 406k
Chartres 88
494

N° 1886. DE BESANÇON à CHATEAUROUX

Dijon 93k
Nevers 189
Châteauroux 163
445

N° 1887. DE BESANÇON à CHERBOURG.

Paris 406k
Cherbourg 358
764

N° 1888. DE BESANÇON à CLERMONT.

Mâcon 167k
Clermont 177
344

N° 1889. DE BESANÇON à COLMAR.

Colmar 178k

N° 1890. DE BESANÇON à COMPIÈGNE.

Paris 406k
Compiègne 100
506

N° 1891. DE BESANÇON à DIGNE.

Lyon 212k
Digne 296
508

N° 1892. DE BESANÇON à DIJON.

Dijon 93k

N° 1893. DE BESANÇON à DOUAI.

Paris 406k
Douai 241
647

N° 1894. DE BESANÇON à DRAGUIGNAN.

Lyon 212k
Draguignan 391
603

N° 1895. DE BESANÇON à DUNKERQUE.

Paris 406k
Dunkerque 356
762

N° 1896. DE BESANÇON à ÉPINAL.

Épinal 123k

N° 1897. DE BESANÇON à ÉVREUX.

Paris 406k
Évreux 108
514

N° 1898. DE BESANÇON à LA FÈRE.

Paris 406k
La Fère 153
559

N° 1899. DE BESANÇON à FOIX.

Lyon 212k
Montpellier 328
Carcassonne 157
Foix 98
795

N° 1900. DE BESANÇON à FONTAINEBLEAU.

Dijon 93k
Fontainebleau 256
349

N° 1901. DE BESANÇON à GAP.

Lyon 212k
Grenoble 108
Gap 101
421

N° 1902. DE BESANÇON à GIVET.

Châlons-sur-Marne . . . 272k
Givet 187
459

N° 1903. DE BESANÇON à GRENOBLE.

Lyon 212k
Grenoble 108
320

N° 1904. DE BESANÇON à GUÉRET.

Chalon-sur-Saône . . . 109k
Moulins 148
Guéret 138
395

N° 1905. DE BESANÇON à HAGUENAU.

Strasbourg 246k
Haguenau 29
275

N° 1906. DE BESANÇON à LANGRES.

Langres 99k

N° 1907. DE BESANÇON à LAON.

Paris 406k
Laon 177
583

N° 1908. DE BESANÇON à LAVAL.

Paris 406k
Laval 300
706

N° 1909. DE BESANÇON à LILLE.

Paris 406k
Lille 274
680

N° 1910. DE BESANÇON à LIMOGES.

Dijon 93k
Limoges 405
498

N° 1911. DE BESANÇON à LONS-LE-SAUNIER.

Lons-le-Saunier 88k

N° 1912. DE BESANÇON à LORIENT.

Auxerre 247k
Orléans 149
Nantes 310
Lorient 164
870

N° 1913. DE BESANÇON à LUNÉVILLE.

Lunéville 186k

N° 1914. DE BESANÇON à LYON.

Lyon 212k

N° 1915. DE BESANÇON à MACON.

Mâcon 167k

N° 1916. DE BESANÇON AU MANS.

Paris 406k
Le Mans 211
617

N° 1917. DE BESANÇON à MARSEILLE

Lyon 212k
Marseille 350
562

N° 1918. DE BESANÇON à MAUBEUGE.

Dijon 93k
Maubeuge 408
501

N° 1919. DE BESANÇON à MELUN.

Dijon	93k
Melun	271
	364

N° 1920. DE BESANÇON à MENDE.

Lyon	212k
Le Puy	134
Mende	89
	435

N° 1921. DE BESANÇON à METZ.

Metz	250k

N° 1922. DE BESANÇON à MÉZIÈRES.

Nancy	193k
Mézières	208
	401

N° 1923. DE BESANÇON à MONTAUBAN.

Mâcon	167k
Clermont	177
Aurillac	157
Montauban	177
	678

N° 1924. DE BESANÇON à MONTBRISON.

Lyon	212k
Montbrison	101
	313

N° 1925. DE BESANÇON à MONT-DE-MARSAN.

Lyon	212k
Bordeaux	549
Mont-de-Marsan	131
	892

N° 1926. DE BESANÇON à MONTPELLIER

Lyon	212k
Montpellier	328
	540

N° 1927. DE BESANÇON à MOULINS.

Chalon-sur-Saône	109k
Moulins	148
	257

N° 1928. DE BESANÇON à NANCY.

Nancy	193k

N° 1929. DE BESANÇON à NANTES.

Auxerre	247k
Orléans	149
Nantes	310
	706

N° 1930. DE BESANÇON à NAPOLÉON-VENDÉE.

Auxerre	247k
Orléans	149
Saumur	179
Napoléon-Vendée	133
	708

N° 1931. DE BESANÇON à NEVERS.

Dijon	93k
Nevers	189
	282

N° 1932. DE BESANÇON à NIMES.

Lyon	212k
Nîmes	278
	490

N° 1933. DE BESANÇON à NIORT.

Auxerre	247k
Orléans	149
Poitiers	216
Niort	76
	688

N° 1934. DE BESANÇON à ORLÉANS.

Auxerre	247k
Orléans	149
	396

N° 1935. DE BESANÇON à PARIS.

Paris	406k

N° 1936. DE BESANÇON à PAU.

Mâcon	167k
Clermont	177
Aurillac	157
Tarbes	334
Pau	39
	874

N° 1937. DE BESANÇON à PÉRIGUEUX.

Chalon-sur-Saône	109k
Moulins	148
Limoges	222
Périgueux	95
	574

N° 1938. DE BESANÇON à PERPIGNAN.

Lyon	212k
Montpellier	328
Perpignan	161
	701

N° 1939. DE BESANÇON à POITIERS.

Auxerre	247k
Orléans	149
Poitiers	216
	612

N° 1940. DE BESANÇON à PRIVAS.

Lyon	212k
Privas	144
	356

N° 1941. DE BESANÇON au PUY.

Lyon	212k
Le Puy	134
	346

N° 1942. DE BESANÇON à QUIMPER.

Auxerre	247k
Orléans	149
Nantes	310
Quimper	231
	937

N° 1943. DE BESANÇON à RENNES.

Paris	406k
Rennes	373
	779

N° 1944. DE BESANÇON à ROCHEFORT.

Auxerre	247k
Orléans	149
Poitiers	216
Rochefort	137
	749

N° 1945. DE BESANÇON à LA ROCHELLE

Auxerre	247k
Orléans	149
Poitiers	216
La Rochelle	139
	751

N° 1946. DE BESANÇON à RODEZ.

Lyon	212k
Le Puy	134
Rodez	204
	550

N° 1947. DE BESANÇON à ROUEN.

Paris	406k
Rouen	140
	546

N° 1948. DE BESANÇON à SAINT-BRIEUC

Paris	406k
Rennes	373
Saint-Brieuc	100
	879

N° 1949. DE BESANÇON à ST-GERMAIN.

Paris	406k
Saint-Germain	23
	429

N° 1950. DE BESANÇON à SAINT-LO.

Paris	406k
Saint-Lô	300
	706

N° 1951. DE BESANÇON à SAINT-OMER.

Paris	406k
Saint-Omer	336
	742

N° 1952. DE BESANÇON à SARREGUEMINES.

Strasbourg	246k
Sarreguemines	104
	350

N° 1953. DE BESANÇON à SAUMUR.

Auxerre 247k
Orléans 149
Saumur 179
575

N° 1954. DE BESANÇON à SCHELESTADT

Schelestadt 201k

N° 1955. DE BESANÇON à STRASBOURG

Strasbourg. 246k

N° 1956. DE BESANÇON à TARBES.

Mâcon. 167k
Clermont 177
Aurillac. 157
Tarbes. 334
835

N° 1957. DE BESANÇON à THIONVILLE.

Metz. 250k
Thionville 26
276

N° 1958. DE BESANÇON à TOULON.

Lyon 212k
Marseille 350
Toulon 60
622

N° 1959. DE BESANÇON à TOULOUSE.

Lyon 212k
Montpellier 328
Toulouse 251
791

N° 1960. DE BESANÇON à TOURS.

Auxerre. 247k
Orléans 149
Tours 115
511

N° 1961. DE BESANÇON à TROYES.

Troyes. 227k

N° 1962. DE BESANÇON à TULLE.

Mâcon. 167k
Clermont 177
Tulle 143
487

N° 1963. DE BESANÇON à VALENCE.

Lyon 212k
Valence 105
317

N° 1964. DE BESANÇON à VALENCIENNES

Paris 406k
Valenciennes 277
683

N° 1965. DE BESANÇON à VANNES.

Auxerre. 247k
Orléans 149
Nantes. 310
Vannes 108
814

N° 1966. DE BESANÇON à VERDUN.

Bourbonne. 109k
Verdun 171
280

N° 1967. DE BESANÇON à VERNON.

Paris 406k
Vernon 80
486

N° 1968. DE BESANÇON à VERSAILLES.

Paris 406k
Versailles 17
423

N° 1969. DE BESANÇON à VESOUL.

Vesoul. 47k

BLOIS.

N° 1970. DE BLOIS à BORDEAUX.

Bordeaux 403k

N° 1971. DE BLOIS à BOULOGNE.

Paris 180k
Boulogne 272
452

N° 1972. DE BLOIS à BOURBONNE.

Orléans 58k
Auxerre. 149
Bourbonne. 198
405

N° 1973. DE BLOIS à BOURG.

Bourges 171k
Moulins 109
Bourg. 170
450

N° 1974. DE BLOIS à BOURGES.

Bourges. 171k

N° 1975. DE BLOIS à BREST.

Le Mans. 108k
Rennes 163
Brest. 245
516

N° 1976. DE BLOIS à BRIANÇON.

Moulins 280k
Lyon 186
Grenoble. 108
Briançon. 119
693

N° 1977. DE BLOIS à CAEN.

Le Mans. 108k
Caen 155
263

N° 1978. DE BLOIS à CAHORS.

Châteauroux. 202k
Limoges. 125
Cahors. 197
524

N° 1979. DE BLOIS à CALAIS.

Paris. 180k
Calais. 377
557

N° 1980. DE BLOIS à CAMBRAI.

Paris 180k
Cambrai 208
388

N° 1981. DE BLOIS à CARCASSONNE.

Châteauroux. 202k
Limoges. 125
Toulouse. 308
Carcassonne 94
729

N° 1982. DE BLOIS à CETTE.

Clermont 382k
Montpellier 340
Cette 27
749

N° 1983. DE BLOIS à CHALONS-SUR-MARNE.

Paris 180k
Châlons-sur-Marne. . . 172
352

N° 1984. DE BLOIS à CHALON-SUR-SAONE.

Moulins. 280k
Chalon-sur-Saône . . . 148
428

N° 1985. DE BLOIS à CHARTRES.

Chartres. 131k

N° 1986. DE BLOIS à CHATEAUROUX.

Châteauroux. 202k

N° 1987. DE BLOIS à CHERBOURG.

Le Mans. 108k
Cherbourg. 276
384

N° 1988. DE BLOIS à CLERMONT.

Clermont 382k

N° 1989. DE BLOIS à COLMAR.

Paris 180k
Colmar 569
749

N° 1990. DE BLOIS à COMPIÈGNE.

Paris. 180k
Compiègne 100
280

N° 1991. DE BLOIS à DIGNE.

Moulins. 280k
Lyon 186
Digne. 296
762

N° 1992. DE BLOIS à DIJON.

Orléans. 58k
Auxerre 149
Dijon 154
361

N° 1993. DE BLOIS à DOUAI.

Paris 180k
Douai 241
421

N° 1994. DE BLOIS à DRAGUIGNAN.

Moulins. 280k
Lyon. 186
Draguignan 391
857

N° 1995. DE BLOIS à DUNKERQUE.

Paris. 180k
Dunkerque. 356
536

N° 1996. DE BLOIS à ÉPINAL.

Orléans 58k
Auxerre. 149
Bourbonne. 198
Épinal. 73
478

N° 1997. DE BLOIS à ÉVREUX.

Paris 180k
Évreux 108
288

N° 1998. DE BLOIS à LA FÈRE.

Paris 180k
La Fère. 153
333

N° 1999. DE BLOIS à FOIX.

Châteauroux. 202k
Toulouse. 431
Foix. 82
715

N° 2000. DE BLOIS à FONTAINEBLEAU.

Orléans 58k
Fontainebleau 88
146

N° 2001. DE BLOIS à GAP.

Moulins 280k
Lyon 186
Grenoble. 108
Gap. 101
675

N° 2002. DE BLOIS à GIVET.

Paris 180k
Givet 320
500

N° 2003. DE BLOIS à GRENOBLE.

Moulins 280k
Lyon 186
Grenoble. 108
574

N° 2004. DE BLOIS à GUÉRET.

Châteauroux. 202k
Guéret. 91
293

N° 2005. DE BLOIS à HAGUENAU.

Paris 180k
Haguenau. 496
676

N° 2006. DE BLOIS à LANGRES.

Orléans 58k
Auxerre 149
Langres. 156
363

N° 2007. DE BLOIS à LAON.

Paris. 180k
Laon. 177
357

N° 2008. DE BLOIS à LAVAL.

Le Mans. 108k
Laval 90
198

N° 2009. DE BLOIS à LILLE.

Paris 180k
Lille. 274
454

N° 2010. DE BLOIS à LIMOGES.

Châteauroux. 202k
Limoges. 125
327

N° 2011. DE BLOIS à LONS-LE-SAUNIER.

Moulins 280k
Chalon-sur-Saône . . . 148
Lons-le-Saunier 64
492

N° 2012. DE BLOIS à LORIENT.

Nantes. 251k
Lorient 164
415

N° 2013. DE BLOIS à LUNÉVILLE.

Paris 180k
Lunéville 385
565

N° 2014. DE BLOIS à LYON.

Moulins 280k
Lyon 186
466

N° 2015. DE BLOIS à MACON.

Moulins 280k
Mâcon. 136
416

N° 2016. DE BLOIS au MANS.

Le Mans. 108k

N° 2017. DE BLOIS à MARSEILLE.

Moulins 280k
Lyon. 186
Marseille. 350
816

N° 2018. DE BLOIS à MAUBEUGE.

Paris 180k
Maubeuge. 260
440

N° 2019. DE BLOIS à MELUN.

Orléans 58k
Melun. 103
161

N° 2020. DE BLOIS à MENDE.

Clermont 382k
Mende. 186
568

N° 2021. DE BLOIS à METZ.

Paris 180k
Metz. 393
573

N° 2022. DE BLOIS À MÉZIÈRES.

Paris	180k
Mézières	253
	433

N° 2023. DE BLOIS À MONTAUBAN.

Châteauroux	202k
Montauban	382
	584

N° 2024. DE BLOIS À MONTBRISON.

Moulins	280k
Montbrison	160
	440

N° 2025. DE BLOIS À MONT-DE-MARSAN.

Bordeaux	403k
Mont-de-Marsan	131
	534

N° 2026. DE BLOIS À MONTPELLIER.

Clermont	382k
Montpellier	340
	722

N° 2027. DE BLOIS À MOULINS.

Moulins	280k

N° 2028. DE BLOIS À NANCY.

Paris	180k
Nancy	352
	532

N° 2029. DE BLOIS À NANTES.

Nantes	251k

N° 2030. DE BLOIS À NAPOLÉON-VENDÉE.

Saumur	120k
Napoléon-Vendée	133
	253

N° 2031. DE BLOIS À NEVERS.

Nevers	227k

N° 2032. DE BLOIS À NIMES.

Clermont	382k
Nîmes	312
	694

N° 2033. DE BLOIS À NIORT.

Poitiers	158k
Niort	76
	234

N° 2034. DE BLOIS À ORLÉANS.

Orléans	58k

N° 2035. DE BLOIS À PARIS.

Paris	180k

N° 2036. DE BLOIS À PAU.

Bordeaux	403k
Pau	213
	616

N° 2037. DE BLOIS À PÉRIGUEUX.

Châteauroux	202k
Limoges	125
Périgueux	95
	422

N° 2038. DE BLOIS À PERPIGNAN.

Châteauroux	202k
Toulouse	431
Perpignan	215
	848

N° 2039. DE BLOIS À POITIERS.

Poitiers	158k

N° 2040. DE BLOIS À PRIVAS.

Moulins	280k
Lyon	186
Privas	144
	610

N° 2041. DE BLOIS AU PUY.

Clermont	382k
Le Puy	134
	516

N° 2042. DE BLOIS À QUIMPER.

Nantes	251k
Quimper	231
	482

N° 2043. DE BLOIS À RENNES.

Le Mans	108k
Rennes	163
	271

N° 2044. DE BLOIS À ROCHEFORT.

Poitiers	158k
Rochefort	137
	295

N° 2045. DE BLOIS À LA ROCHELLE.

Poitiers	158k
La Rochelle	139
	297

N° 2046. DE BLOIS À RODEZ.

Châteauroux	202k
Limoges	125
Rodez	277
	604

N° 2047. DE BLOIS À ROUEN.

Paris	180k
Rouen	140
	320

N° 2048. DE BLOIS À SAINT-BRIEUC.

Le Mans	108k
Rennes	163
Saint-Brieuc	100
	371

N° 2049. DE BLOIS À SAINT-GERMAIN.

Paris	180k
Saint-Germain	23
	203

N° 2050. DE BLOIS À SAINT-LO.

Le Mans	108k
Saint-Lô	199
	307

N° 2051. DE BLOIS À SAINT-OMER.

Paris	180k
Saint-Omer	336
	516

N° 2052. DE BLOIS À SARREGUEMINES.

Paris	180k
Sarreguemines	469
	649

N° 2053. DE BLOIS À SAUMUR.

Saumur	120k

N° 2054. DE BLOIS À SCHELESTADT.

Paris	180k
Schelestadt	546
	726

N° 2055. DE BLOIS À STRASBOURG.

Paris	180k
Strasbourg	501
	681

N° 2056. DE BLOIS À TARBES.

Bordeaux	403k
Tarbes	230
	633

N° 2057. DE BLOIS À THIONVILLE.

Paris	180k
Thionville	419
	599

N° 2058. DE BLOIS À TOULON.

Moulins	280k
Lyon	186
Marseille	350
Toulon	60
	876

N° 2059. DE BLOIS À TOULOUSE.

Châteauroux	202k
Toulouse	431
	633

N° 2060. DE BLOIS à TOURS.

Tours	57k

N° 2061. DE BLOIS à TROYES.

Paris	180k
Troyes	179
	359

N° 2062. DE BLOIS à TULLE.

Châteauroux	202k
Limoges	125
Tulle	89
	416

N° 2063. DE BLOIS à VALENCE.

Moulins	280k
Lyon	186
Valence	105
	571

N° 2064. DE BLOIS à VALENCIENNES.

Paris	180k
Valenciennes	277
	457

N° 2065. DE BLOIS à VANNES.

Nantes	251k
Vannes	108
	359

N° 2066. DE BLOIS à VERDUN.

Paris	180k
Verdun	253
	433

N° 2067. DE BLOIS à VERNON.

Paris	180k
Vernon	80
	260

N° 2068. DE BLOIS à VERSAILLES.

Paris	180k
Versailles	17
	197

N° 2069. DE BLOIS à VESOUL.

Orléans	58k
Auxerre	149
Langres	156
Vesoul	74
	437

BORDEAUX.

N° 2070. DE BORDEAUX à BOULOGNE.

Paris	583k
Boulogne	272
	855

N° 2071. DE BORDEAUX à BOURBONNE.

Troyes	626k
Bourbonne	146
	772

N° 2072. DE BORDEAUX à BOURG.

Clermont	366k
Mâcon	177
Bourg	34
	577

N° 2073. DE BORDEAUX à BOURGES.

Bourges	422k

N° 2074. DE BORDEAUX à BREST.

Nantes	334k
Brest	323
	657

N° 2075. DE BORDEAUX à BRIANÇON.

Lyon	549k
Grenoble	108
Briançon	119
	776

N° 2076. DE BORDEAUX à CAEN.

Tours	347k
Caen	237
	584

N° 2077. DE BORDEAUX à CAHORS.

Cahors	212k

N° 2078. DE BORDEAUX à CALAIS.

Paris	583k
Calais	377
	960

N° 2079. DE BORDEAUX à CAMBRAI.

Paris	583k
Cambrai	208
	791

N° 2080. DE BORDEAUX à CARCASSONNE.

Toulouse	251k
Carcassonne	94
	345

N° 2081. DE BORDEAUX à CETTE.

Toulouse	251k
Cette	222
	473

N° 2082. DE BORDEAUX à CHALONS-SUR-MARNE.

Paris	583k
Châlons-sur-Marne	172
	755

N° 2083. DE BORDEAUX à CHALON-SUR-SAONE.

Moulins	438k
Chalon-sur-Saône	148
	586

N° 2084. DE BORDEAUX à CHARTRES.

Orléans	462k
Chartres	73
	535

N° 2085. DE BORDEAUX à CHATEAUROUX.

Châteauroux	344k

N° 2086. DE BORDEAUX à CHERBOURG.

Tours	347k
Cherbourg	358
	705

N° 2087. DE BORDEAUX à CLERMONT

Clermont	366k

N° 2088. DE BORDEAUX à COLMAR.

Lyon	549k
Colmar	390
	939

N° 2089. DE BORDEAUX à COMPIÈGNE.

Paris	583k
Compiègne	100
	683

N° 2090. DE BORDEAUX à DIGNE.

Toulouse	251k
Montpellier	251
Avignon	98
Digne	152
	752

N° 2091. DE BORDEAUX à DIJON.

Moulins	438k
Dijon	183
	621

N° 2092. DE BORDEAUX à DOUAI.

Paris	583k
Douai	241
	824

N° 2093. DE BORDEAUX à DRAGUIGNAN.

Toulouse	251k
Montpellier	251
Aix	173
Draguignan	108
	783

N° 2094. DE BORDEAUX à DUNKERQUE.

Paris	583k
Dunkerque	356
	939

N° 2095. DE BORDEAUX à ÉPINAL.

Troyes	626k
Bourbonne	146
Épinal	73
	845

N° 2096. DE BORDEAUX à ÉVREUX.

Paris	583k
Évreux	108
	691

N° 2097. DE BORDEAUX à LA FÈRE.

Paris	583k
La Fère	153
	736

N° 2098. DE BORDEAUX à FOIX.

Toulouse	251k
Foix	82
	333

N° 2099. DE BORDEAUX à FONTAINEBLEAU.

Orléans	462k
Fontainebleau	88
	550

N° 2100. DE BORDEAUX à GAP.

Toulouse	251k
Montpellier	251
Avignon	98
Gap	187
	787

N° 2101. DE BORDEAUX à GIVET.

Paris	583k
Givet	320
	903

N° 2102. DE BORDEAUX à GRENOBLE.

Lyon	549k
Grenoble	108
	657

N° 2103. DE BORDEAUX à GUÉRET.

Limoges	216k
Guéret	84
	300

N° 2104. DE BORDEAUX à HAGUENAU.

Paris	583k
Haguenau	496
	1,079

N° 2105. DE BORDEAUX à LANGRES.

Troyes	626k
Langres	128
	754

N° 2106. DE BORDEAUX à LAON.

Paris	583k
Laon	177
	760

N° 2107. DE BORDEAUX à LAVAL.

Tours	347k
Laval	140
	487

N° 2108. DE BORDEAUX à LILLE.

Paris	583k
Lille	274
	857

N° 2109. DE BORDEAUX à LIMOGES.

Limoges	216k

N° 2110. DE BORDEAUX à LONS-LE-SAUNIER.

Clermont	366k
Mâcon	177
Lons-le-Saunier	96
	639

N° 2111. DE BORDEAUX à LORIENT.

Nantes	334k
Lorient	164
	498

N° 2112. DE BORDEAUX à LUNÉVILLE.

Paris	583k
Lunéville	385
	968

N° 2113. DE BORDEAUX à LYON.

Lyon	549k

N° 2114. DE BORDEAUX à MACON.

Clermont	366k
Mâcon	177
	543

N° 2115. DE BORDEAUX au MANS.

Tours	347k
Le Mans	82
	429

N° 2116. DE BORDEAUX à MARSEILLE.

Toulouse	251k
Montpellier	251
Marseille	177
	679

N° 2117. DE BORDEAUX à MAUBEUGE.

Paris	583k
Maubeuge	260
	843

N° 2118. DE BORDEAUX à MELUN.

Orléans	462k
Melun	103
	565

N° 2119. DE BORDEAUX à MENDE.

Cahors	212k
Mende	232
	444

N° 2120. DE BORDEAUX à METZ.

Paris	583k
Metz	393
	976

N° 2121. DE BORDEAUX à MÉZIÈRES.

Paris	583k
Mézières	253
	836

N° 2122. DE BORDEAUX à MONTAUBAN.

Montauban	214k

N° 2123. DE BORDEAUX à MONTBRISON

Clermont	366k
Montbrison	113
	479

N° 2124. DE BORDEAUX à MONT-DE-MARSAN.

Mont-de-Marsan	131k

N° 2125. DE BORDEAUX à MONTPELLIER

Toulouse	251k
Montpellier	251
	502

N° 2126. DE BORDEAUX à MOULINS.

Moulins	438k

N° 2127. DE BORDEAUX à NANCY.

Paris	583k
Nancy	352
	935

N° 2128. DE BORDEAUX à NANTES.

Nantes	334k

N° 2129. DE BORDEAUX à NAPOLÉON-VENDÉE.

Napoléon-Vendée	276k

N° 2130. DE BORDEAUX à NEVERS.

Nevers	476k

N° 2131. DE BORDEAUX à NIMES.

Toulouse	251k
Montpellier	251
Nîmes	50
	552

N° 2132. D'AURILLAC à NIORT.

Niort	194k

N° 2133. DE BORDEAUX à ORLÉANS.

Orléans	462k

N° 2134. DE BORDEAUX à PARIS.

Paris	583k

N° 2135. DE BORDEAUX à PAU.

Pau	213k

N° 2136. DE BORDEAUX à PÉRIGUEUX.

Périgueux	121k

N° 2137. DE BORDEAUX à PERPIGNAN.

Toulouse	251k
Perpignan	215
	466

N° 2138. DE BORDEAUX à POITIERS.

Poitiers	246k

N° 2139. DE BORDEAUX à PRIVAS.

Toulouse	251k
Montpellier	251
Privas	165
	667

N° 2140. DE BORDEAUX au PUY.

Clermont	366k
Le Puy	134
	500

N° 2141. DE BORDEAUX à QUIMPER.

Nantes	334k
Quimper	231
	565

N° 2142. DE BORDEAUX à RENNES.

Nantes	334k
Rennes	107
	441

N° 2143. DE BORDEAUX à ROCHEFORT.

Rochefort	162k

N° 2144. DE BORDEAUX à LA ROCHELLE

La Rochelle	193k

N° 2145. DE BORDEAUX à RODEZ.

Cahors	212k
Rodez	117
	329

N° 2146. DE BORDEAUX à ROUEN.

Paris	583k
Rouen	140
	723

N° 2147. DE BORDEAUX à SAINT-BRIEUC

Nantes	334k
Saint-Brieuc	207
	541

N° 2148. DE BORDEAUX à ST-GERMAIN.

Paris	583k
Saint-Germain	23
	606

N° 2149. DE BORDEAUX à SAINT-LÔ.

Tours	347k
Saint-Lô	276
	623

N° 2150. DE BORDEAUX à SAINT-OMER.

Paris	583k
Saint-Omer	336
	919

N° 2151. DE BORDEAUX à SARREGUEMINES.

Paris	583k
Sarreguemines	469
	1,052

N° 2152. DE BORDEAUX à SAUMUR.

Saumur	411k

N° 2153. DE BORDEAUX à SCHELESTADT

Lyon	549k
Schelestadt	413
	962

N° 2154. DE BORDEAUX à STRASBOURG

Lyon	549k
Strasbourg	458
	1,007

N° 2155. DE BORDEAUX à TARBES.

Tarbes	230k

N° 2156. DE BORDEAUX à THIONVILLE.

Paris	583k
Thionville	419
	1,002

N° 2157. DE BORDEAUX à TOULON.

Toulouse	251k
Montpellier	251
Marseille	177
Toulon	60
	739

N° 2158. DE BORDEAUX à TOULOUSE.

Toulouse	251k

N° 2159. DE BORDEAUX à TOURS.

Tours	347k

N° 2160. DE BORDEAUX à TROYES.

Troyes	626k

N° 2161. DE BORDEAUX à TULLE.

Tulle	223k

N° 2162. DE BORDEAUX à VALENCE.

Toulouse	251k
Montpellier	251
Valence	223
	725

N° 2163. DE BORDEAUX à VALENCIENNES.

Paris	583k
Valenciennes	277
	860

N° 2164. DE BORDEAUX à VANNES.

Nantes	334k
Vannes	108
	442

N° 2165. DE BORDEAUX à VERDUN.

Paris	583k
Verdun	253
	836

N° 2166. DE BORDEAUX à VERNON.

Paris	583k
Vernon	80
	663

N° 2167. DE BORDEAUX à VERSAILLES.

Paris	583k
Versailles	17
	600

N° 2168. DE BORDEAUX à VESOUL.

Moulins	438k
Dijon	183
Vesoul	107
	728

BOULOGNE.

N° 2169. DE BOULOGNE à BOURBONNE.

Paris	272k
Bourbonne	325
	597

N° 2170. DE BOULOGNE à BOURG.

Paris	272k
Mâcon	441
Bourg	34
	747

N° 2171. DE BOULOGNE à BOURGES.

Paris	272k
Bourges	233
	505

N° 2172. DE BOULOGNE à BREST.

Paris	272k
Rennes	373
Brest	245
	890

N° 2173. DE BOULOGNE à BRIANÇON.

Paris	272k
Lyon	507
Grenoble	108
Briançon	119
	1,006

N° 2174. DE BOULOGNE à CAEN.

Paris	272k
Caen	237
	509

N° 2175. DE BOULOGNE à CAHORS.

Paris	272k
Limoges	390
Cahors	197
	859

N° 2176. DE BOULOGNE à CALAIS.

Calais	35k

N° 2177. DE BOULOGNE à CAMBRAI.

Cambrai	198k

N° 2178. DE BOULOGNE à CARCASSONNE.

Paris	272k
Toulouse	697
Carcassonne	94
	1,063

N° 2179. DE BOULOGNE à CETTE.

Paris	272k
Lyon	507
Cette	355
	1,134

N° 2180. DE BOULOGNE à CHALONS-SUR-MARNE.

Paris	272k
Châlons-sur-Marne	172
	444

N° 2181. DE BOULOGNE à CHALON-SUR-SAONE.

Paris	272k
Chalon-sur-Saône	383
	655

N° 2182. DE BOULOGNE à CHARTRES.

Paris	272k
Chartres	88
	360

N° 2183. DE BOULOGNE à CHATEAUROUX.

Paris	272k
Châteauroux	265
	537

N° 2184. DE BOULOGNE à CHERBOURG.

Paris	272k
Cherbourg	358
	630

N° 2185. DE BOULOGNE à CLERMONT.

Paris	272k
Clermont	445
	717

N° 2186. DE BOULOGNE à COLMAR.

Paris	272k
Colmar	569
	841

N° 2187. DE BOULOGNE à COMPIÈGNE.

Amiens	124k
Compiègne	113
	237

N° 2188. DE BOULOGNE à DIGNE.

Paris	272k
Lyon	507
Digne	296
	1,075

N° 2189. DE BOULOGNE à DIJON.

Paris	272k
Dijon	315
	587

N° 2190. DE BOULOGNE à DOUAI.

Douai	172k

N° 2191. DE BOULOGNE à DRAGUIGNAN.

Paris	272k
Lyon	507
Draguignan	391
	1,170

N° 2192. DE BOULOGNE à DUNKERQUE.

Dunkerque	138k

N° 2193. DE BOULOGNE à ÉPINAL.

Paris	272k
Épinal	397
	669

N° 2194. DE BOULOGNE à ÉVREUX.

Paris	272k
Évreux	108
	380

N° 2195. DE BOULOGNE à LA FÈRE.

La Fère	232k

N° 2196. DE BOULOGNE à FOIX.

Paris	272k
Toulouse	697
Foix	82
	1,051

N° 2197. DE BOULOGNE à FONTAINEBLEAU.

Paris	272k
Fontainebleau	59
	331

N° 2198. DE BOULOGNE à GAP.

Paris	272k
Lyon	507
Grenoble	108
Gap	101
	988

N° 2199. DE BOULOGNE à GIVET.

Douai	172k
Givet	240
	412

N° 2200. DE BOULOGNE à GRENOBLE.

Paris	272k
Lyon	507
Grenoble	108
	887

N° 2201. DE BOULOGNE à GUÉRET.

Paris	272k
Châteauroux	265
Guéret	91
	628

N° 2202. DE BOULOGNE à HAGUENAU.

Paris	272k
Haguenau	496
	768

N° 2203. DE BOULOGNE à LANGRES.

Paris	272k
Langres	307
	579

N° 2204. DE BOULOGNE à LAON.

Amiens	124k
Laon	132
	256

N° 2205. DE BOULOGNE à LAVAL.

Paris	272k
Laval	300
	572

N° 2206. DE BOULOGNE à LILLE.

Lille	103k

N° 2207. DE BOULOGNE à LIMOGES.

Paris	272k
Limoges	390
	662

N° 2208. DE BOULOGNE à LONS-LE-SAUNIER.

Paris	272k
Chalon-sur-Saône	383
Lons-le-Saunier	64
	719

N° 2209. DE BOULOGNE à LORIENT.

Paris	272k
Rennes	373
Lorient	160
	805

N° 2210. DE BOULOGNE à LUNÉVILLE.

Paris	272k
Lunéville	385
	657

N° 2211. DE BOULOGNE à LYON.

Paris	272k
Lyon	507
	779

N° 2212. DE BOULOGNE à MACON.

Paris	272k
Mâcon	441
	713

N° 2213. DE BOULOGNE au MANS.

Paris	272k
Le Mans	211
	483

N° 2214. DE BOULOGNE à MARSEILLE.

Paris	272k
Lyon	507
Marseille	350
	1,129

N° 2215. DE BOULOGNE à MAUBEUGE.

Douai	172k
Maubeuge	73
	245

N° 2216. DE BOULOGNE à MELUN.

Paris	272k
Melun	45
	317

N° 2217. DE BOULOGNE à MENDE.

Paris	272k
Clermont	445
Mende	186
	903

N° 2218. DE BOULOGNE à METZ.

Paris	272k
Metz	393
	665

N° 2219. DE BOULOGNE à MÉZIÈRES.

Douai	172k
Mézières	173
	345

N° 2220. DE BOULOGNE à MONTAUBAN.

Paris	272k
Montauban	648
	920

N° 2221. DE BOULOGNE à MONTBRISON.

Paris	272k
Moulins	342
Montbrison	160
	774

N° 2222. DE BOULOGNE à MONT-DE-MARSAN.

Paris	272k
Bordeaux	583
Mont-de-Marsan	131
	986

N° 2223. DE BOULOGNE à MONTPELLIER.

Paris	272k
Lyon	507
Montpellier	328
	1,107

N° 2224. DE BOULOGNE à MOULINS.

Paris	272k
Moulins	342
	614

N° 2225. DE BOULOGNE à NANCY.

Paris	272k
Nancy	352
	624

N° 2226. DE BOULOGNE à NANTES.

Paris	272k
Nantes	431
	703

N° 2227. DE BOULOGNE à NAPOLÉON-VENDÉE.

Paris	272k
Saumur	300
Napoléon-Vendée	133
	705

N° 2228. DE BOULOGNE à NEVERS.

Paris	272k
Nevers	303
	575

N° 2229. DE BOULOGNE à NIMES.

Paris	272k
Lyon	507
Nîmes	278
	1,057

N° 2230. DE BOULOGNE à NIORT.

Paris	272k
Poitiers	337
Niort	76
	685

N° 2231. DE BOULOGNE à ORLÉANS.

Paris	272k
Orléans	121
	393

N° 2232. DE BOULOGNE à PARIS.

Paris	272k

N° 2233. DE BOULOGNE à PAU.

Paris	272k
Bordeaux	583
Pau	213
	1,068

N° 2234. DE BOULOGNE à PÉRIGUEUX

Paris	272k
Limoges	390
Périgueux	95
	757

N° 2235. DE BOULOGNE à PERPIGNAN.

Paris	272k
Toulouse	697
Perpignan	215
	1,184

N° 2236. DE BOULOGNE à POITIERS.

Paris	272k
Poitiers	337
	609

N° 2237. DE BOULOGNE à PRIVAS.

Paris	272k
Lyon	507
Privas	144
	923

N° 2238. DE BOULOGNE au PUY.

Paris	272k
Clermont	445
Le Puy	134
	851

N° 2239. DE BOULOGNE à QUIMPER.

Paris	272k
Rennes	373
Quimper	227
	872

N° 2240. DE BOULOGNE à RENNES.

Paris	272k
Rennes	373
	645

N° 2241. DE BOULOGNE ROCHEFORT.

Paris	272k
Poitiers	337
Rochefort	137
	746

N° 2242. DE BOULOGNE à LA ROCHELLE

Paris	272k
Poitiers	337
La Rochelle	139
	748

N° 2243. DE BOULOGNE à RODEZ.

Paris	272k
Clermont	445
Rodez	225
	942

N° 2244. DE BOULOGNE à ROUEN.

Amiens	124k
Rouen	113
	237

N° 2245. DE BOULOGNE à ST-BRIEUC.

Paris	272k
Rennes	373
Saint-Brieuc	100
	745

N° 2246. DE BOULOGNE à ST-GERMAIN

Paris	272k
Saint-Germain	23
	295

N° 2247 DE BOULOGNE à SAINT-LO.

Paris	272k
Saint-Lô	300
	572

N° 2248. DE BOULOGNE à SAINT-OMER

Saint-Omer	78k

N° 2249. DE BOULOGNE à SARREGUEMINES.

Paris	272k
Sarreguemines	469
	741

N° 2250. DE BOULOGNE à SAUMUR.

Paris	272k
Saumur	300
	572

N° 2251. DE BOULOGNE à SCHELESTADT

Paris	272k
Schelestadt	546
	818

N° 2252. DE BOULOGNE à STRASBOURG

Paris	272k
Strasbourg	501
	773

N° 2253. DE BOULOGNE à TARBES.

Paris	272k
Tarbes	765
	1,037

N° 2254. DE BOULOGNE à THIONVILLE

Paris	272k
Thionville	419
	691

N° 2255. DE BOULOGNE à TOULON.

Paris	272k
Lyon	507
Marseille	350
Toulon	60
	1,189

N° 2256. DE BOULOGNE à TOULOUSE.

Paris	272k
Toulouse	697
	969

N° 2257. DE BOULOGNE à TOURS.

Paris	272k
Tours	236
	508

N° 2258. DE BOULOGNE à TROYES.

Paris	272k
Troyes	179
	451

N° 2259. DE BOULOGNE à TULLE.

Paris	272k
Limoges	390
Tulle	89
	751

N° 2260. DE BOULOGNE à VALENCE.

Paris	272k
Lyon	507
Valence	105
	884

N° 2261. DE BOULOGNE à VALENCIENNES.

Valenciennes	208k

N° 2262. DE BOULOGNE à VANNES.

Paris	272k
Rennes	373
Vannes	103
	748

N° 2263. DE BOULOGNE à VERDUN.

Paris	272k
Verdun	253
	525

N° 2264. DE BOULOGNE à VERNON.

Paris	272k
Vernon	80
	352

N° 2265. DE BOULOGNE à VERSAILLES.

Paris	272k
Versailles	17
	289

N° 2266. DE BOULOGNE à VESOUL.

Paris	272k
Vesoul	381
	653

BOURBONNE.

N° 2267. DE BOURBONNE à BOURG.

Dijon	108k
Bourg	150
	258

N° 2268. DE BOURBONNE à BOURGES.

Auxerre	198k
Bourges	142
	340

N° 2269. DE BOURBONNE à BREST.

Paris	325k
Rennes	373
Brest	245
	943

N° 2270. DE BOURBONNE à BRIANÇON.

Dijon	108k
Lyon	193
Grenoble	108
Briançon	119
	528

N° 2271. DE BOURBONNE à CAEN.

Paris	325k
Caen	237
	562

N° 2272. DE BOURBONNE à CAHORS.

Dijon	108k
Moulins	183
Clermont	95
Aurillac	157
Cahors	161
	704

N° 2273. DE BOURBONNE à CALAIS.

Paris	325k
Calais	377
	702

N° 2274. DE BOURBONNE à CAMBRAI.

Paris	325k
Cambrai	208
	533

N° 2275. DE BOURBONNE à CARCASSONNE.

Dijon	108k
Lyon	193
Montpellier	328
Carcassonne	157
	786

N° 2276. DE BOURBONNE à CETTE.

Dijon. 108k
Lyon. 193
Cette 355
656

N° 2277. DE BOURBONNE à CHALONS-SUR-MARNE.

Châlons-sur-Marne . . 191k

N° 2278. DE BOURBONNE à CHALON-SUR-SAONE.

Chalon-sur-Saône . . . 177k

N° 2279. DE BOURBONNE à CHARTRES.

Paris. 325k
Chartres. 88
413

N° 2280. DE BOURBONNE à CHATEAUROUX.

Auxerre. 198k
Bourges. 142
Châteauroux. 94
434

N° 2281. DE BOURBONNE à CHERBOURG

Paris 325k
Cherbourg. 358
683

N° 2282. DE BOURBONNE à CLERMONT.

Dijon 108k
Moulins 183
Clermont 95
386

N° 2283. DE BOURBONNE à COLMAR.

Colmar. 186k

N° 2284. DE BOURBONNE à COMPIÈGNE.

Paris 325k
Compiègne 100
425

N° 2285. DE BOURBONNE à DIGNE.

Dijon 108k
Lyon. 193
Digne. 296
597

N° 2286. DE BOURBONNE à DIJON.

Dijon 108k

N° 2287. DE BOURBONNE à DOUAI.

Paris 325k
Douai 241
566

N° 2288. DE BOURBONNE à DRAGUIGNAN.

Dijon 108k
Lyon. 193
Draguignan 391
692

N° 2289. DE BOURBONNE à DUNKERQUE.

Paris 325k
Dunkerque 356
681

N° 2290. DE BOURBONNE à ÉPINAL.

Épinal. 73k

N° 2291. DE BOURBONNE à ÉVREUX.

Paris 325k
Évreux. 108
433

N° 2292. DE BOURBONNE à LA FÈRE.

Paris. 325k
La Fère 153
478

N° 2293. DE BOURBONNE à FOIX.

Dijon 108k
Lyon. 193
Marseille 328
Carcassonne. 157
Foix 98
884

N° 2294. DE BOURBONNE à FONTAINEBLEAU.

Troyes. 146k
Fontainebleau. 120
266

N° 2295. DE BOURBONNE à GAP.

Dijon 108k
Lyon. 193
Gap 209
510

N° 2296. DE BOURBONNE à GIVET.

Nancy. 104k
Givet 267
371

N° 2297. DE BOURBONNE à GRENOBLE.

Dijon 108k
Lyon. 193
Grenoble 108
409

N° 2298. DE BOURBONNE à GUÉRET.

Dijon 108k
Moulins 183
Guéret. 138
429

N° 2299. DE BOURBONNE à HAGUENAU.

Haguenau 243k

N° 2300. DE BOURBONNE à LANGRES.

Langres. 42k

N° 2301. DE BOURBONNE à LAON.

Laon. 282k

N° 2302. DE BOURBONNE à LAVAL.

Paris. 325k
Laval 300
625

N° 2303. DE BOURBONNE à LILLE.

Paris 325k
Lille. 274
599

N° 2304. DE BOURBONNE à LIMOGES.

Dijon 108k
Moulins 183
Limoges. 222
513

N° 2305. DE BOURBONNE à LONS-LE-SAUNIER.

Lons-le-Saunier 197k

N° 2306. DE BOURBONNE à LORIENT.

Auxerre. 198k
Orléans 149
Nantes. 310
Lorient 164
821

N° 2307. DE BOURBONNE à LUNÉVILLE.

Lunéville 136k

N° 2308. DE BOURBONNE à LYON.

Dijon.. . . . . 108k
Lyon.. 193
301

N° 2309. DE BOURBONNE à MACON.

Dijon 108k
Mâcon. 126
234

N° 2310. DE BOURBONNE au MANS.

Paris 325k
Le Mans. 211
536

N° 2311. DE BOURBONNE à MARSEILLE.

Dijon 108k
Lyon. 193
Marseille 350
651

N° 2312. DE BOURBONNE à MAUBEUGE.

Châlons-sur-Marne	191^k
Maubeuge	179
	370

N° 2313. DE BOURBONNE à MELUN.

Troyes	146^k
Melun	135
	281

N° 2314. DE BOURBONNE à MENDE.

Dijon	108^k
Lyon	193
Le Puy	134
Mende	89
	524

N° 2315. DE BOURBONNE à METZ.

Nancy	104^k
Metz	57
	161

N° 2316. DE BOURBONNE à MÉZIÈRES.

Nancy	104^k
Mézières	208
	312

N° 2317. DE BOURBONNE à MONTAUBAN

Dijon	108^k
Moulins	183
Clermont	95
Aurillac	157
Montauban	177
	720

N° 2318. DE BOURBONNE à MONTBRISON

Dijon	108^k
Lyon	193
Montbrison	101
	402

N° 2319. DE BOURBONNE à MONT-DE-MARSAN.

Bordeaux	748^k
Mont-de-Marsan	131
	879

N° 2320. DE BOURBONNE à MONTPELLIER

Dijon	108^k
Lyon	193
Montpellier	328
	629

N° 2321. DE BOURBONNE à MOULINS.

Dijon	108^k
Moulins	183
	291

N° 2322. DE BOURBONNE à NANCY.

Nancy	104^k

N° 2323. DE BOURBONNE à NANTES.

Auxerre	198^k
Orléans	149
Nantes	310
	657

N° 2324. DE BOURBONNE à NAPOLÉON-VENDÉE.

Auxerre	198^k
Orléans	149
Saumur	179
Napoléon-Vendée	133
	659

N° 2325. DE BOURBONNE à NEVERS.

Dijon	108^k
Nevers	189
	297

N° 2326. DE BOURBONNE à NIMES.

Dijon	108^k
Lyon	193
Nimes	278
	579

N° 2327. DE BOURBONNE à NIORT.

Auxerre	198^k
Orléans	149
Poitiers	216
Niort	76
	639

N° 2328. DE BOURBONNE à ORLÉANS.

Auxerre	198^k
Orléans	149
	347

N° 2329. DE BOURBONNE à PARIS.

Paris	325^k

N° 2330. DE BOURBONNE à PAU.

Dijon	108^k
Moulins	183
Clermont	95
Aurillac	157
Auch	260
Pau	111
	914

N° 2331. DE BOURBONNE à PÉRIGUEUX.

Auxerre	198^k
Bourges	142
Limoges	219
Périgueux	95
	654

N° 2332. DE BOURBONNE à PERPIGNAN.

Dijon	108^k
Lyon	193
Montpellier	328
Perpignan	161
	790

N° 2333. DE BOURBONNE à POITIERS.

Auxerre	198^k
Orléans	149
Poitiers	216
	563

N° 2334. DE BOURBONNE à PRIVAS.

Dijon	108^k
Lyon	193
Privas	144
	445

N° 2335. DE BOURBONNE au PUY.

Dijon	108^k
Lyon	193
Le Puy	134
	435

N° 2336. DE BOURBONNE à QUIMPER.

Auxerre	198^k
Orléans	149
Nantes	310
Quimper	231
	888

N° 2337. DE BOURBONNE à RENNES.

Paris	325^k
Rennes	373
	698

N° 2338. DE BOURBONNE à ROCHEFORT.

Auxerre	198^k
Orléans	149
Poitiers	216
Rochefort	137
	700

N° 2339. DE BOURBONNE à LA ROCHELLE.

Auxerre	198^k
Orléans	149
Poitiers	216
La Rochelle	139
	702

N° 2340. DE BOURBONNE à RODEZ.

Dijon	108^k
Moulins	183
Clermont	95
Rodez	225
	611

N° 2341. DE BOURBONNE à ROUEN.

Paris	325^k
Rouen	140
	465

N° 2342. DE BOURBONNE à ST-BRIEUC.

Paris	325^k
Rennes	373
Saint-Brieuc	100
	798

N° 2343. DE BOURBONNE à ST-GERMAIN.

Paris 325k
Saint-Germain 23
348

N° 2344. DE BOURBONNE à SAINT-LO.

Paris 325k
Saint-Lô 300
625

N° 2345. DE BOURBONNE à ST-OMER.

Paris 325k
Saint-Omer 336
661

N° 2346. DE BOURBONNE à SARREGUEMINES.

Metz. 161k
Sarreguemines. 76
237

N° 2347. DE BOURBONNE à SAUMUR.

Auxerre 198k
Orléans 149
Saumur 179
526

N° 2348. DE BOURBONNE à SCHELESTADT.

Épinal. 73k
Schelestadt 101
174

N° 2349. DE BOURBONNE à STRASBOURG

Strasbourg 214k

N° 2350. DE BOURBONNE à TARBES.

Dijon 108k
Moulins 183
Clermont 95
Aurillac 157
Tarbes. 334
877

N° 2351. DE BOURBONNE à THIONVILLE

Metz. 161k
Thionville 26
187

N° 2352. DE BOURBONNE à TOULON.

Dijon 108k
Lyon 193
Marseille 350
Toulon 60
711

N° 2353. DE BOURBONNE à TOULOUSE.

Dijon 108k
Moulins 183
Clermont 95
Albi. 304
Toulouse 76
766

N° 2354. DE BOURBONNE à TOURS.

Auxerre 198k
Orléans 149
Tours 115
462

N° 2355. DE BOURBONNE à TROYES.

Troyes 146k

N° 2356. DE BOURBONNE à TULLE.

Dijon 108k
Moulins 183
Clermont 95
Tulle 143
529

N° 2357. DE BOURBONNE à VALENCE.

Dijon 108k
Lyon 193
Valence 105
406

N° 2358. DE BOURBONNE à VALENCIENNES.

Paris 325k
Valenciennes 277
602

N° 2359. DE BOURBONNE à VANNES.

Auxerre 198k
Orléans 149
Nantes 310
Vannes 108
765

N° 2360. DE BOURBONNE à VERDUN.

Bar-le-Duc. 138k
Verdun 69
207

N° 2361. DE BOURBONNE à VERNON.

Paris 325k
Vernon 80
405

N° 2362. DE BOURBONNE à VERSAILLES.

Paris 325k
Versailles 17
342

N° 2363. DE BOURBONNE à VESOUL.

Vesoul 62k

BOURG.

N° 2364. DE BOURG à BOURGES.

Mâcon. 34k
Moulins 136
Bourges. 109
279

N° 2365. DE BOURG à BREST.

Mâcon. 34k
Moulins 136
Angers. 443
Rennes. 125
Brest 245
983

N° 2366. DE BOURG à BRIANÇON.

Lyon 62k
Grenoble 108
Briançon. 119
289

N° 2367. DE BOURG à CAEN.

Mâcon. 34k
Paris 441
Caen. 237
712

N° 2368. DE BOURG à CAHORS.

Lyon. 62k
Le Puy 134
Mende. 89
Rodez. 115
Cahors. 117
517

N° 2369. DE BOURG à CALAIS.

Mâcon. 34k
Paris. 441
Calais 377
852

N° 2370. DE BOURG à CAMBRAI.

Mâcon. 34k
Paris. 441
Cambrai. 208
683

N° 2371. DE BOURG à CARCASSONNE.

Lyon. 62k
Montpellier. 328
Carcassonne 157
547

N° 2372. DE BOURG à CETTE.

Lyon. 62k
Cette. 355
417

N° 2373. DE BOURG à CHALONS-SUR-MARNE.

Dijon 150k
Châlons-sur-Marne. . . 229
379

N° 2374. DE BOURG à CHALON-SUR-SAONE.

Chalon-sur-Saône. . . . 81k

N° 2375. DE BOURG à CHARTRES.

Mâcon	34k
Paris	441
Chartres	88
	563

N° 2376. DE BOURG à CHATEAUROUX.

Mâcon	34k
Moulins	136
Châteauroux	203
	373

N° 2377. DE BOURG à CHERBOURG.

Mâcon	34k
Paris	441
Cherbourg	358
	833

N° 2378. DE BOURG à CLERMONT.

Mâcon	34k
Clermont	177
	211

N° 2379. DE BOURG à COLMAR.

Colmar	328k

N° 2380. DE BOURG à COMPIÈGNE.

Mâcon	34k
Paris	441
Compiègne	100
	575

N° 2381. DE BOURG à DIGNE.

Lyon	62k
Digne	296
	358

N° 2382. DE BOURG à DIJON.

Dijon	150k

N° 2383. DE BOURG à DOUAI.

Mâcon	34k
Paris	441
Douai	241
	716

N° 2384. DE BOURG à DRAGUIGNAN.

Lyon	62k
Draguignan	391
	453

N° 2385. DE BOURG à DUNKERQUE.

Mâcon	34k
Paris	441
Dunkerque	356
	831

N° 2386. DE BOURG à ÉPINAL.

Besançon	150k
Épinal	123
	273

N° 2387. DE BOURG à ÉVREUX.

Mâcon	34k
Paris	441
Évreux	108
	583

N° 2388. DE BOURG à LA FÈRE.

Mâcon	34k
Paris	441
La Fère	153
	628

N° 2389. DE BOURG à FOIX.

Lyon	62k
Montpellier	328
Carcassonne	157
Foix	98
	645

N° 2390. DE BOURG à FONTAINEBLEAU.

Mâcon	34k
Fontainebleau	382
	416

N° 2391. DE BOURG à GAP.

Lyon	62k
Grenoble	108
Gap	101
	271

N° 2392. DE BOURG à GIVET.

Dijon	150k
Châlons-sur-Marne	229
Givet	187
	566

N° 2393. DE BOURG à GRENOBLE.

Lyon	62k
Grenoble	108
	170

N° 2394. DE BOURG à GUÉRET.

Mâcon	34k
Moulins	136
Guéret	138
	308

N° 2395. DE BOURG à HAGUENAU.

Strasbourg	396k
Haguenau	29
	425

N° 2396. DE BOURG à LANGRES.

Besançon	150k
Langres	99
	249

N° 2397. DE BOURG à LAON.

Mâcon	34k
Paris	441
Laon	177
	652

N° 2398. DE BOURG à LAVAL.

Mâcon	34k
Moulins	136
Angers	443
Laval	74
	687

N° 2399. DE BOURG à LILLE.

Mâcon	34k
Paris	441
Lille	274
	749

N° 2400. DE BOURG à LIMOGES.

Mâcon	34k
Clermont	177
Limoges	179
	390

N° 2401. DE BOURG à LONS-LE-SAUNIER.

Lons-le-Saunier	62k

N° 2402. DE BOURG à LORIENT.

Mâcon	34k
Moulins	136
Nantes	531
Lorient	164
	865

N° 2403. DE BOURG à LUNÉVILLE.

Lunéville	336k

N° 2404. DE BOURG à LYON.

Lyon	62k

N° 2405. DE BOURG à MACON.

Mâcon	34k

N° 2406. DE BOURG au MANS.

Mâcon	34k
Moulins	136
Tours	346
Le Mans	82
	598

N° 2407. DE BOURG à MARSEILLE.

Lyon	62k
Marseille	350
	412

N° 2408. DE BOURG à MAUBEUGE.

Dijon	150k
Maubeuge	408
	558

N° 2409. DE BOURG à MELUN.

Mâcon	34k
Melun	396
	430

N° 2410. DE BOURG À MENDE.

Lyon	62k
Le Puy	134
Mende	89
	285

N° 2411. DE BOURG À METZ.

Besançon	150k
Nancy	193
Metz	57
	400

N° 2412. DE BOURG À MÉZIÈRES.

Dijon	150k
Châlons-sur-Marne	229
Mézières	120
	499

N° 2413. DE BOURG À MONTAUBAN.

Lyon	62k
Le Puy	134
Mende	89
Rodez	115
Montauban	130
	530

N° 2414. DE BOURG À MONTBRISON.

Lyon	62k
Montbrison	101
	163

N° 2415. DE BOURG À MONT-DE-MARSAN.

Lyon	62k
Bordeaux	549
Mont-de-Marsan	131
	742

N° 2416. DE BOURG À MONTPELLIER.

Lyon	62k
Montpellier	328
	390

N° 2417. DE BOURG À MOULINS.

Mâcon	34k
Moulins	136
	170

N° 2418. DE BOURG À NANCY.

Besançon	150k
Nancy	193
	343

N° 2419. DE BOURG À NANTES.

Mâcon	34k
Moulins	136
Nantes	531
	701

N° 2420. DE BOURG À NAPOLÉON-VENDÉE.

Mâcon	34k
Moulins	136
Saumur	410
Napoléon-Vendée	133
	713

N° 2421. DE BOURG À NEVERS.

Mâcon	34k
Moulins	136
Nevers	53
	223

N° 2422. DE BOURG À NIMES.

Lyon	62k
Nîmes	278
	340

N° 2423. DE BOURG À NIORT.

Mâcon	34k
Moulins	136
Poitiers	303
Niort	76
	549

N° 2424. DE BOURG À ORLÉANS.

Mâcon	34k
Moulins	136
Orléans	231
	401

N° 2425. DE BOURG À PARIS.

Mâcon	34k
Paris	441
	475

N° 2426. DE BOURG À PAU.

Lyon	62k
Le Puy	134
Mende	89
Rodez	115
Montauban	130
Pau	194
	724

N° 2427. DE BOURG À PÉRIGUEUX.

Mâcon	34k
Clermont	177
Périgueux	245
	456

N° 2428. DE BOURG À PERPIGNAN.

Lyon	62k
Montpellier	328
Perpignan	161
	551

N° 2429. DE BOURG À POITIERS.

Mâcon	34k
Moulins	136
Poitiers	303
	473

N° 2430. DE BOURG À PRIVAS.

Lyon	62k
Privas	144
	206

N° 2431. DE BOURG AU PUY.

Lyon	62k
Le Puy	134
	196

N° 2432. DE BOURG À QUIMPER.

Mâcon	34k
Moulins	136
Nantes	531
Quimper	231
	932

N° 2433. DE BOURG À RENNES.

Mâcon	34k
Moulins	136
Angers	443
Rennes	125
	738

N° 2434. DE BOURG À ROCHEFORT.

Mâcon	34k
Moulins	136
Poitiers	303
Rochefort	137
	610

N° 2435. DE BOURG À LA ROCHELLE.

Mâcon	34k
Moulins	136
Poitiers	303
La Rochelle	139
	612

N° 2436. DE BOURG À RODEZ.

Lyon	62k
Le Puy	134
Mende	89
Rodez	115
	400

N° 2437. DE BOURG À ROUEN.

Mâcon	34k
Paris	441
Rouen	140
	615

N° 2438. DE BOURG À SAINT-BRIEUC.

Mâcon	34k
Moulins	136
Angers	443
Saint-Brieuc	225
	838

N° 2439. DE BOURG À SAINT-GERMAIN.

Mâcon	34k
Paris	441
Saint-Germain	23
	498

N° 2440. DE BOURG à SAINT-LO.

Mâcon. 34k
Paris. 441
Saint-Lô. 300
775

N° 2441. DE BOURG à SAINT-OMER.

Mâcon. 34k
Paris. 441
Saint-Omer. 336
811

N° 2442. DE BOURG à SARREGUEMINES.

Nancy 343k
Sarreguemines. 133
476

N° 2443. DE BOURG à SAUMUR.

Mâcon. 34k
Moulins 136
Saumur.. 410
580

N° 2444. DE BOURG à SCHELESTADT.

Schelestadt. 351k

N° 2445. DE BOURG à STRASBOURG.

Strasbourg. 396k

N° 2446. DE BOURG à TARBES.

Lyon.. . . . . 62k
Le Puy. 134
Mende. 89
Rodez 115
Montauban 130
Tarbes. 157
687

N° 2447. DE BOURG à THIONVILLE.

Nancy 343k
Thionville 83
426

N° 2448. DE BOURG à TOULON.

Lyon.. . . . . 62k
Marseille. 350
Toulon. 60
472

N° 2449. DE BOURG à TOULOUSE.

Lyon.. . . . . 62k
Toulouse. 493
555

N° 2450. DE BOURG à TOURS.

Mâcon. 34k
Moulins 136
Tours.. 346
516

N° 2451. DE BOURG à TROYES.

Dijon 150k
Troyes. 150
300

N° 2452. DE BOURG à TULLE.

Mâcon. 34k
Clermont 177
Tulle. 143
354

N° 2453. DE BOURG à VALENCE.

Lyon.. . . . . 62k
Valence 105
167

N° 2454. DE BOURG à VALENCIENNES.

Mâcon. 34k
Paris. 441
Valenciennes. 277
752

N° 2455. DE BOURG à VANNES.

Mâcon. 34k
Moulins. 136
Nantes. 531
Vannes.. 108
809

N° 2456. DE BOURG à VERDUN.

Besançon 150k
Langres. 99
Verdun 173
422

N° 2457. DE BOURG à VERNON.

Mâcon. 34k
Paris 441
Vernon 80
555

N° 2458. DE BOURG à VERSAILLES.

Mâcon. 34k
Paris 441
Versailles 17
492

N° 2459. DE BOURG à VESOUL.

Besançon 150k
Vesoul. 47
197

BOURGES.

N° 2460. DE BOURGES à BREST.

Angers 334k
Rennes 125
Brest.. 245
704

N° 2461. DE BOURGES à BRIANÇON.

Lyon.. . . . . 308k
Grenoble. 108
Briançon. 119
535

N° 2462. DE BOURGES à CAEN.

Blois. 171k
Caen. 258
429

N° 2463. DE BOURGES à CAHORS.

Limoges. 219k
Cahors. 197
416

N° 2464. DE BOURGES à CALAIS.

Paris.. . . . . 233k
Calais. 377
610

N° 2465. DE BOURGES à CAMBRAI.

Paris.. . . . . 233k
Cambrai. 208
441

N° 2466. DE BOURGES à CARCASSONNE.

Limoges. 219k
Toulouse 308
Carcassonne. 94
621

N° 2467. DE BOURGES à CETTE.

Clermont 212k
Montpellier. 340
Cette. 27
579

N° 2468. DE BOURGES à CHALONS-SUR-MARNE.

Paris.. . . . . 233k
Châlons-sur-Marne. . . 172
405

N° 2469. DE BOURGES à CHALON-SUR-SAONE.

Nevers. 69k
Chalon-sur-Saône . . . 154
223

N° 2470. DE BOURGES à CHARTRES.

Orléans. 112k
Chartres. 73
185

N° 2471. DE BOURGES à CHATEAUROUX.

Châteauroux. 94k

N° 2472. DE BOURGES à CHERBOURG.

Blois.. . . . . 171k
Cherbourg. 379
550

N° 2473. de BOURGES à CLERMONT.

Clermont 212k

N° 2474. de BOURGES à COLMAR.

Nevers 69k
Dijon 189
Colmar 249
507

N° 2475. de BOURGES à COMPIÈGNE.

Paris 233k
Compiègne 100
333

N° 2476. de BOURGES à DIGNE.

Lyon 308k
Digne 296
604

N° 2477. de BOURGES à DIJON.

Nevers 69k
Dijon 189
258

N° 2478. de BOURGES à DOUAI.

Paris 233k
Douai 241
474

N° 2479. de BOURGES à DRAGUIGNAN.

Lyon 308k
Draguignan 391
699

N° 2480. de BOURGES à DUNKERQUE.

Paris 233k
Dunkerque 356
589

N° 2481. de BOURGES à ÉPINAL.

Auxerre 142k
Langres 156
Épinal 115
413

N° 2482. de BOURGES à ÉVREUX.

Paris 233k
Évreux 108
341

N° 2483. de BOURGES à LA FÈRE.

Paris 233k
La Fère 153
386

N° 2484. de BOURGES à FOIX.

Limoges 219k
Toulouse 308
Foix 82
609

N° 2485. de BOURGES à FONTAINEBLEAU.

Orléans 112k
Fontainebleau 88
200

N° 2486. de BOURGES à GAP.

Lyon 308k
Grenoble 108
Gap 101
517

N° 2487. de BOURGES à GIVET.

Auxerre 142k
Châlons-sur-Marne . . . 156
Givet 187
485

N° 2488. de BOURGES à GRENOBLE.

Lyon 308k
Grenoble 108
416

N° 2489. de BOURGES à GUÉRET.

Guéret 185k

N° 2490. de BOURGES à HAGUENAU.

Paris 233k
Haguenau 496
729

N° 2491. de BOURGES à LANGRES.

Auxerre 142k
Langres 156
298

N° 2492. de BOURGES à LAON.

Paris 233k
Laon 177
410

N° 2493. de BOURGES à LAVAL.

Tours 227k
Laval 140
367

N° 2494. de BOURGES à LILLE.

Paris 233k
Lille 274
507

N° 2495. de BOURGES à LIMOGES.

Limoges 219k

N° 2496. de BOURGES à LONS-LE-SAUNIER.

Nevers 69k
Chalon-sur-Saône 154
Lons-le-Saunier 64
287

N° 2497. de BOURGES à LORIENT.

Angers 334k
Rennes 125
Lorient 160
619

N° 2498. de BOURGES à LUNÉVILLE.

Paris 233k
Lunéville 385
618

N° 2499. de BOURGES à LYON.

Lyon 308k

N° 2500. de BOURGES à MACON.

Moulins 109k
Mâcon 136
245

N° 2501. de BOURGES au MANS.

Blois 171k
Le Mans 108
279

N° 2502. de BOURGES à MARSEILLE.

Lyon 308k
Marseille 350
658

N° 2503. de BOURGES à MAUBEUGE.

Paris 233k
Maubeuge 260
493

N° 2504. de BOURGES à MELUN.

Orléans 112k
Melun 103
215

N° 2505. de BOURGES à MENDE.

Clermont 212k
Mende 186
398

N° 2506. de BOURGES à METZ.

Paris 233k
Metz 393
626

N° 2507. de BOURGES à MÉZIÈRES.

Paris 233k
Mézières 253
486

N° 2508. de BOURGES à MONTAUBAN.

Limoges 219k
Montauban 259
478

N° 2509. DE BOURGES À MONTBRISON.

Moulins. 109k
Montbrison. 160
269

N° 2510. DE BOURGES À MONT-DE-MARSAN.

Bordeaux 422k
Mont-de-Marsan 131
553

N° 2511. DE BOURGES À MONTPELLIER.

Clermont. 212k
Montpellier. 340
552

N° 2512. DE BOURGES À MOULINS.

Moulins 109k

N° 2513. DE BOURGES A NANCY.

Paris. 233k
Nancy. 352
585

N° 2514. DE BOURGES À NANTES.

Nantes. 422k

N° 2515. DE BOURGES À NAPOLÉON-VENDÉE.

Saumur 290k
Napoléon-Vendée. . . . 133
423

N° 2516. DE BOURGES À NEVERS.

Nevers. 69k

N° 2517. DE BOURGES À NIMES.

Clermont. 212k
Nîmes 312
524

N° 2518. DE BOURGES À NIORT.

Poitiers 181k
Niort 76
257

N° 2519. DE BOURGES À ORLÉANS.

Orléans 112k

N° 2520. DE BOURGES À PARIS.

Paris. 233k

N° 2521. DE BOURGES À PAU.

Bordeaux. 422k
Pau 213
635

N° 2522. DE BOURGES À PÉRIGUEUX.

Limoges. 219k
Périgueux. 95
314

N° 2523. DE BOURGES À PERPIGNAN.

Limoges 219k
Toulouse. 308
Perpignan 215
742

N° 2524. DE BOURGES À POITIERS.

Poitiers 181k

N° 2525. DE BOURGES À PRIVAS.

Lyon 308k
Privas 144
452

N° 2526. DE BOURGES au PUY.

Clermont. 212k
Le Puy 134
346

N° 2527. DE BOURGES À QUIMPER.

Nantes. 422k
Quimper. 231
653

N° 2528. DE BOURGES À RENNES.

Angers. 334k
Rennes. 125
459

N° 2529. DE BOURGES À ROCHEFORT.

Poitiers 181k
Rochefort 137
318

N° 2530. DE BOURGES À LA ROCHELLE

Poitiers 181k
La Rochelle 139
320

N° 2531. DE BOURGES À RODEZ.

Clermont. 212k
Rodez. 225
437

N° 2532. DE BOURGES À ROUEN.

Paris. 233k
Rouen. 140
373

N° 2533. DE BOURGES À SAINT-BRIEUC.

Angers 334k
Rennes 125
Saint-Brieuc 100
559

N° 2534. DE BOURGES À SAINT-GERMAIN

Paris. 233k
Saint-Germain 23
256

N° 2535. DE BOURGES À SAINT-LO.

Blois. 171k
Saint-Lô. 302
473

N° 2536. DE BOURGES À SAINT-OMER.

Paris. 233k
Saint-Omer. 336
569

N° 2537. DE BOURGES À SARREGUEMINES

Paris. 233k
Sarreguemines. 469
702

N° 2538. DE BOURGES À SAUMUR.

Saumur 290k

N° 2539. DE BOURGES À SCHELESTADT

Nevers. 69k
Dijon 189
Schelestadt. 272
530

N° 2540. DE BOURGES À STRASBOURG.

Nevers. 69k
Dijon 189
Strasbourg. 322
580

N° 2541. DE BOURGES À TARBES.

Tarbes. 562k

N° 2542. DE BOURGES À THIONVILLE.

Paris. 233k
Thionville 419
652

N° 2543. DE BOURGES À TOULON.

Lyon 308k
Marseille. 350
Toulon. 60
718

N° 2544. DE BOURGES À TOULOUSE.

Limoges 219k
Toulouse. 308
527

N° 2545. DE BOURGES À TOURS.

Tours 227k

N° 2546. DE BOURGES À TROYES.

Troyes. 219k

N° 2547. DE BOURGES À TULLE.

Limoges. 219k
Tulle. 89
308

N° 2548. DE BOURGES à VALENCE.

Lyon. 308k
Valence 105
413

N° 2549. DE BOURGES à VALENCIENNES

Paris. 233k
Valenciennes. 277
510

N° 2550. DE BOURGES à VANNES.

Nantes. 422k
Vannes 108
530

N° 2551. DE BOURGES à VERDUN.

Paris. 233k
Verdun 253
486

N° 2552. DE BOURGES à VERNON.

Paris. 233k
Vernon 80
313

N° 2553. DE BOURGES à VERSAILLES.

Paris. 233k
Versailles 17
250

N° 2554. DE BOURGES à VESOUL.

Nevers. 69k
Dijon 189
Vesoul. 107
365

BREST.

N° 2555. DE BREST à BRIANÇON.

Rennes 245k
Paris 373
Lyon. 507
Grenoble. 108
Briançon 119
1,352

N° 2556. DE BREST à CAEN.

Saint-Brieuc. 145k
Caen. 246
391

N° 2557. DE BREST à CAHORS.

Nantes. 323k
Bordeaux 334
Cahors. 212
869

N° 2558. DE BREST à CALAIS.

Rennes. 245k
Paris. 373
Calais. 377
995

N° 2559. DE BREST à CAMBRAI.

Rennes. 245k
Paris. 373
Cambrai. 208
826

N° 2560. DE BREST à CARCASSONNE.

Nantes. 323k
Bordeaux 334
Toulouse. 251
Carcassonne 94
1,002

N° 2561. DE BREST à CETTE.

Nantes 323k
Bordeaux 334
Toulouse. 251
Cette. 222
1,130

N° 2562. DE BREST à CHALONS-SUR-MARNE.

Rennes. 245k
Paris. 373
Châlons-sur-Marne. . . 172
790

N° 2563. DE BREST à CHALON-SUR-SAONE.

Rennes. 245k
Paris. 373
Chalon-sur-Saône . . . 383
1,001

N° 2564. DE BREST à CHARTRES.

Rennes. 245k
Chartres. 285
530

N° 2565. DE BREST à CHATEAUROUX.

Rennes. 245k
Angers 125
Châteauroux. 366
736

N° 2566. DE BREST à CHERBOURG.

Saint-Brieuc. 145k
Saint-Lô. 183
Cherbourg. 77
405

N° 2567. DE BREST à CLERMONT.

Rennes. 245k
Angers 125
Clermont. 546
916

N° 2568. DE BREST à COLMAR.

Rennes. 245k
Paris. 373
Colmar. 569
1,187

N° 2569. DE BREST à COMPIÈGNE.

Rennes. 245k
Paris. 373
Compiègne. 100
718

N° 2570. DE BREST à DIGNE.

Nantes 323k
Bordeaux 334
Toulouse. 251
Montpellier. 251
Avignon. 98
Digne.. 152
1,409

N° 2571. DE BREST à DIJON.

Rennes 245k
Paris 373
Dijon. 315
933

N° 2572. DE BREST à DOUAI.

Rennes. 245k
Paris. 373
Douai.. 241
859

N° 2573. DE BREST à DRAGUIGNAN.

Nantes. 323k
Bordeaux 334
Toulouse. 251
Montpellier. 251
Avignon. 98
Draguignan.. 186
1,443

N° 2574. DE BREST à DUNKERQUE.

Rennes. 245k
Paris. 373
Dunkerque. 356
974

N° 2575. DE BREST à ÉPINAL.

Rennes 245k
Paris 373
Épinal. 397
1,015

N° 2576. DE BREST à ÉVREUX.

Saint-Brieuc. 145k
Caen 246
Évreux. 121
512

N° 2577. DE BREST à LA FÈRE.

Rennes	245k
Paris	373
La Fère	153
	771

N° 2578. DE BREST à FOIX.

Nantes	323k
Bordeaux	334
Toulouse	251
Foix	82
	990

N° 2579. DE BREST à FONTAINEBLEAU.

Rennes	245k
Paris	373
Fontainebleau	59
	677

N° 2580. DE BREST A GAP.

Rennes	245k
Paris	373
Lyon	507
Grenoble	108
Gap	101
	1,334

N° 2581. DE BREST à GIVET.

Rennes	245k
Paris	373
Givet	320
	938

N° 2582. DE BREST à GRENOBLE.

Rennes	245k
Paris	373
Lyon	507
Grenoble	108
	1,233

N° 2583. DE BREST à GUÉRET.

Rennes	245k
Angers	125
Châteauroux	366
Guéret	91
	827

N° 2584. DE BREST à HAGUENAU.

Rennes	245k
Paris	373
Haguenau	496
	1,114

N° 2585. DE BREST à LANGRES.

Rennes	245k
Paris	373
Langres	307
	925

N° 2586. DE BREST à LAON.

Rennes	245k
Paris	373
Laon	177
	795

N° 2587. DE BREST à LAVAL.

Rennes	245k
Laval	73
	318

N° 2588. DE BREST à LILLE.

Rennes	245k
Paris	373
Lille	274
	892

N° 2589. DE BREST à LIMOGES.

Nantes	323k
Poitiers	296
Limoges	129
	748

N° 2590. DE BREST à LONS-LE-SAUNIER

Rennes	245k
Paris	373
Chalon-sur-Saône	383
Lons-le-Saunier	64
	1,065

N° 2591. DE BREST à LORIENT.

Lorient	159k

N° 2592. DE BREST à LUNÉVILLE.

Rennes	245k
Paris	373
Lunéville	385
	1,003

N° 2593. DE BREST à LYON.

Rennes	245k
Paris	373
Lyon	507
	1,125

N° 2594. DE BREST à MACON.

Rennes	245k
Paris	373
Mâcon	441
	1,059

N° 2595. DE BREST au MANS.

Rennes	245k
Le Mans	162
	407

N° 2596. DE BREST à MARSEILLE.

Nantes	323k
Bordeaux	334
Toulouse	251
Montpellier	251
Marseille	177
	1,336

N° 2597. DE BREST à MAUBEUGE.

Rennes	245k
Paris	373
Maubeuge	260
	878

N° 2598. DE BREST à MELUN.

Rennes	245k
Paris	373
Melun	45
	663

N° 2599. DE BREST à MENDE.

Rennes	245k
Angers	125
Clermont	546
Mende	186
	1,102

N° 2600. DE BREST à METZ.

Rennes	245k
Paris	373
Metz	393
	1,011

N° 2601. DE BREST à MÉZIÈRES.

Rennes	245k
Paris	373
Mézières	253
	871

N° 2602. DE BREST à MONTAUBAN.

Nantes	323k
Bordeaux	334
Montauban	214
	871

N° 2603. DE BREST à MONTBRISON.

Rennes	245k
Angers	125
Moulins	443
Montbrison	160
	973

N° 2604. DE BREST à MONT-DE-MARSAN.

Nantes	323k
Bordeaux	334
Mont-de-Marsan	131
	788

N° 2605. DE BREST à MONTPELLIER.

Nantes	323k
Bordeaux	334
Toulouse	251
Montpellier	251
	1,159

N° 2606. DE BREST à MOULINS.

Rennes	245k
Angers	125
Moulins	443
	813

N° 2607. DE BREST à NANCY.

Rennes 245k
Paris. 373
Nancy 352
970

N° 2608. DE BREST à NANTES.

Nantes 323k

N° 2609. DE BREST à NAPOLÉON-VENDÉE.

Nantes. 323k
Napoléon-Vendée . . . 71
394

N° 2610. DE BREST à NEVERS.

Rennes 245k
Angers. 125
Nevers 403
773

N° 2611. DE BREST à NIMES.

Nantes 323k
Bordeaux 334
Toulouse. 251
Montpellier 251
Nîmes. 50
1,209

N° 2612. DE BREST à NIORT.

Nantes 323k
Niort 140
463

N° 2613. DE BREST à ORLÉANS.

Rennes. 245k
Angers 125
Orléans 222
592

N° 2614. DE BREST à PARIS.

Rennes. 245k
Paris 373
618

N° 2615. DE BREST à PAU.

Nantes. 323k
Bordeaux 334
Pau 213
870

N° 2616. DE BREST à PÉRIGUEUX.

Nantes. 323k
Angoulême 409
Périgueux 86
818

N° 2617. DE BREST à PERPIGNAN.

Nantes. 323k
Bordeaux 334
Toulouse. 251
Perpignan. 215
1,123

N° 2618. DE BREST à POITIERS.

Rennes. 245k
Angers. 125
Poitiers 208
578

N° 2619. DE BREST à PRIVAS.

Rennes 245k
Paris. 373
Lyon. 507
Privas. 144
1,269

N° 2620. DE BREST au PUY.

Rennes. 245k
Angers 125
Clermont. 546
Le Puy 134
1,050

N° 2621. DE BREST à QUIMPER.

Quimper. 92k

N° 2622. DE BREST à RENNES.

Rennes. 245k

N° 2623. DE BREST à ROCHEFORT.

Nantes. 323k
Rochefort 185
508

N° 2624. DE BREST à LA ROCHELLE.

Nantes. 323k
La Rochelle 154
477

N° 2625. DE BREST à RODEZ.

Rennes. 245k
Angers. 125
Limoges. 337
Rodez 277
984

N° 2626. DE BREST à ROUEN.

Saint-Brieuc. 145k
Caen. 246
Rouen. 133
524

N° 2627 DE BREST à SAINT-BRIEUC.

Saint-Brieuc 145k

N° 2628. DE BREST à SAINT-GERMAIN.

Rennes. 245k
Versailles. 356
Saint-Germain 13
614

N° 2629 DE BREST à SAINT-LO.

Saint-Brieuc. 145k
Saint-Lô. 183
328

N° 2630. DE BREST à SAINT-OMER.

Rennes. 245k
Paris. 373
Saint-Omer. 336
954

N° 2631. DE BREST à SARREGUEMINES.

Rennes. 245k
Paris 373
Sarreguemines. 469
1,087

N° 2632. DE BREST à SAUMUR.

Rennes. 245k
Angers 125
Saumur 43
413

N° 2633. DE BREST à SCHELESTADT.

Rennes 245k
Paris 373
Schelestadt. 546
1,164

N° 2634. DE BREST à STRASBOURG.

Rennes 245k
Paris. 373
Strasbourg. 501
1,119

N° 2635. DE BREST à TARBES.

Nantes. 323k
Bordeaux 334
Tarbes. 230
887

N° 2636. DE BREST à THIONVILLE.

Rennes 245k
Paris 373
Thionville 419
1,037

N° 2637. DE BREST à TOULON.

Nantes. 323k
Bordeaux 334
Toulouse. 251
Montpellier. 251
Marseille. 177
Toulon. 60
1,396

N° 2638. DE BREST à TOULOUSE.

Nantes. 323k
Bordeaux 334
Toulouse. 251
908

N° 2639. DE BREST à TOURS.

Rennes 245k
Angers 125
Tours 107
477

N° 2640. DE BREST À TROYES.

Rennes	245k
Paris	373
Troyes	179
	797

N° 2641. DE BREST À TULLE.

Rennes	245k
Angers	125
Limoges	337
Tulle	89
	796

N° 2642. DE BREST À VALENCE.

Rennes	245k
Paris	373
Lyon	507
Valence	105
	1,230

N° 2643. DE BREST À VALENCIENNES.

Rennes	245k
Paris	373
Valenciennes	277
	895

N° 2644. DE BREST À VANNES.

Vannes	215k

N° 2645. DE BREST À VERDUN.

Rennes	245k
Paris	373
Verdun	253
	871

N° 2646. DE BREST À VERNON.

Saint-Brieuc	145k
Caen	246
Vernon	156
	547

N° 2647. DE BREST À VERSAILLES.

Rennes	245k
Versailles	356
	601

N° 2648. DE BREST À VESOUL.

Rennes	245k
Paris	373
Vesoul	381
	999

BRIANÇON.

N° 2649. DE BRIANÇON À CAEN.

Grenoble	119k
Lyon	108
Paris	507
Caen	237
	971

N° 2650. DE BRIANÇON À CAHORS.

Avignon	278k
Nîmes	48
Rodez	232
Cahors	117
	675

N° 2651. DE BRIANÇON À CALAIS.

Grenoble	119k
Lyon	108
Paris	507
Calais	377
	1,111

N° 2652. DE BRIANÇON À CAMBRAI.

Grenoble	119k
Lyon	108
Paris	507
Cambrai	208
	942

N° 2653. DE BRIANÇON À CARCASSONNE

Avignon	278k
Montpellier	98
Carcassonne	157
	533

N° 2654. DE BRIANÇON À CETTE.

Avignon	278k
Montpellier	98
Cette	27
	403

N° 2655. DE BRIANÇON À CHALONS-SUR-MARNE.

Grenoble	119k
Lyon	108
Châlons-sur-Marne	422
	649

N° 2656. DE BRIANÇON À CHALON-SUR-SAONE.

Grenoble	119k
Lyon	108
Chalon-sur-Saône	126
	353

N° 2657. DE BRIANÇON À CHARTRES.

Grenoble	119k
Lyon	108
Orléans	420
Chartres	73
	720

N° 2658. DE BRIANÇON À CHATEAUROUX

Grenoble	119k
Lyon	108
Moulins	186
Châteauroux	203
	616

N° 2659. DE BRIANÇON À CHERBOURG.

Grenoble	119k
Lyon	108
Paris	507
Cherbourg	358
	1,092

N° 2660. DE BRIANÇON À CLERMONT.

Grenoble	119k
Lyon	108
Clermont	184
	411

N° 2661. DE BRIANÇON À COLMAR.

Grenoble	119k
Lyon	108
Colmar	390
	617

N° 2662. DE BRIANÇON À COMPIÈGNE.

Grenoble	119k
Lyon	108
Paris	507
Compiègne	100
	834

N° 2663. DE BRIANÇON À DIGNE.

Digne	178k

N° 2664. DE BAYONNE À DIJON.

Grenoble	119k
Lyon	108
Dijon	193
	420

N° 2665. DE BRIANÇON À DOUAI.

Grenoble	119k
Lyon	108
Paris	507
Douai	241
	975

N° 2666. DE BRIANÇON À DRAGUIGNAN

Digne	178k
Draguignan	95
	273

N° 2667. DE BRIANÇON À DUNKERQUE.

Grenoble	119k
Lyon	108
Paris	507
Dunkerque	356
	1,090

N° 2668. DE BRIANÇON À ÉPINAL.

Grenoble	119k
Lyon	108
Besançon	212
Épinal	123
	562

N° 2669. DE BRIANÇON À ÉVREUX.

Grenoble	119k
Lyon	108
Paris	507
Évreux	108
	842

N° 2670. DE BRIANÇON À LA FÈRE.

Grenoble	119k
Lyon	108
Paris	507
La Fère	153
	887

N° 2671. DE BRIANÇON À FOIX.

Avignon	278k
Montpellier	98
Carcassonne	157
Foix	98
	631

N° [illegible]. DE BRIANÇON À FONTAINEBLEAU.

Grenoble	119k
Lyon	108
Fontainebleau	448
	675

N° 2673. DE BRIANÇON À GAP.

Gap	91k

N° 2674. DE BRIANÇON À GIVET.

Grenoble	119k
Lyon	108
Châlons-sur-Marne	422
Givet	187
	836

N° 2675. DE BRIANÇON À GRENOBLE.

Grenoble	119k

N° 2676. DE BRIANÇON À GUÉRET.

Grenoble	119k
Lyon	108
Clermont	184
Guéret	130
	541

N° 2677. DE BRIANÇON À HAGUENAU.

Grenoble	119k
Lyon	108
Strasbourg	458
Haguenau	29
	714

N° 2678. DE BRIANÇON À LANGRES.

Grenoble	119k
Lyon	108
Dijon	193
Langres	66
	486

N° 2679. DE BRIANÇON À LAON.

Grenoble	119k
Lyon	108
Paris	507
Laon	177
	911

N° 2680. DE BRIANÇON À LAVAL.

Grenoble	119k
Lyon	108
Moulins	186
Angers	443
Laval	74
	930

N° 2681. DE BRIANÇON À LILLE.

Grenoble	119k
Lyon	108
Paris	507
Lille	274
	1,008

N° 2682. DE BRIANÇON À LIMOGES.

Grenoble	119k
Lyon	108
Clermont	184
Limoges	179
	590

N° 2683. DE BRIANÇON À LONS-LE-SAUNIER.

Grenoble	119k
Lyon	108
Lons-le-Saunier	124
	351

N° 2684. DE BRIANÇON À LORIENT.

Grenoble	119k
Lyon	108
Moulins	186
Nantes	531
Lorient	164
	1,108

N° 2685. DE BRIANÇON À LUNÉVILLE.

Grenoble	119k
Lyon	108
Lunéville	398
	625

N° 2686. DE BRIANÇON À LYON.

Grenoble	119k
Lyon	108
	227

N° 2687. DE BRIANÇON À MACON.

Grenoble	119k
Lyon	108
Mâcon	67
	294

N° 2688. DE BRIANÇON AU MANS.

Grenoble	119k
Lyon	108
Moulins	186
Blois	280
Le Mans	108
	801

N° 2689. DE BRIANÇON À MARSEILLE.

Gap	91k
Aix	149
Marseille	29
	269

N° 2690. DE BRIANÇON À MAUBEUGE.

Grenoble	119k
Lyon	108
Paris	507
Maubeuge	260
	994

N° 2691. DE BRIANÇON À MELUN.

Grenoble	119k
Lyon	108
Melun	462
	689

N° 2692. DE BRIANÇON À MENDE.

Grenoble	119k
Lyon	108
Le Puy	134
Mende	89
	450

N° 2693. DE BRIANÇON À METZ.

Grenoble	119k
Lyon	108
Dijon	193
Metz	249
	669

N° 2694. DE BRIANÇON À MÉZIÈRES.

Grenoble	119k
Lyon	108
Châlons-sur-Marne	422
Mézières	120
	769

N° 2695. DE BRIANÇON À MONTAUBAN.

Gap	91k
Avignon	187
Montpellier	98
Montauban	290
	666

N° 2696. DE BRIANÇON À MONTBRISON.

Grenoble	119k
Lyon	108
Montbrison	101
	328

N° 2697. DE BRIANÇON à MONT-DE-MARSAN.

Avignon	278k
Montpellier	98
Toulouse	251
Mont-de-Marsan	189
	816

N° 2698. DE BRIANÇON à MONTPELLIER

Avignon	278k
Montpellier	98
	376

N° 2699. DE BRIANÇON à MOULINS.

Grenoble	119k
Lyon	108
Moulins	186
	413

N° 2700. DE BRIANÇON à NANCY.

Grenoble	119k
Lyon	108
Dijon	193
Nancy	192
	612

N° 2701. DE BRIANÇON à NANTES.

Grenoble	119k
Lyon	108
Moulins	186
Nantes	531
	944

N° 2702. DE BRIANÇON à NAPOLÉON-VENDÉE.

Grenoble	119k
Lyon	108
Clermont	184
Limoges	179
Niort	162
Napoléon-Vendée	87
	839

N° 2703. DE BRIANÇON à NEVERS.

Grenoble	119k
Lyon	108
Nevers	239
	466

N° 2704. DE BRIANÇON à NIMES.

Avignon	278k
Nîmes	48
	326

N° 2705. DE BRIANÇON à NIORT.

Grenoble	119k
Lyon	108
Clermont	184
Limoges	179
Niort	162
	752

N° 2706. DE BRIANÇON à ORLÉANS.

Grenoble	119k
Lyon	108
Orléans	420
	647

N° 2707. DE BRIANÇON à PARIS.

Grenoble	119k
Lyon	108
Paris	507
	734

N° 2708. DE BRIANÇON à PAU.

Avignon	278k
Montpellier	98
Toulouse	251
Pau	190
	817

N° 2709. DE BRIANÇON à PÉRIGUEUX.

Grenoble	119k
Lyon	108
Clermont	184
Tulle	143
Périgueux	102
	656

N° 2710. DE BRIANÇON à PERPIGNAN.

Avignon	278k
Montpellier	98
Perpignan	161
	537

N° 2711. DE BRIANÇON à POITIERS.

Grenoble	119k
Lyon	108
Moulins	186
Poitiers	303
	716

N° 2712. DE BRIANÇON à PRIVAS.

Grenoble	119k
Valence	94
Privas	39
	252

N° 2713. DE BRIANÇON au PUY.

Grenoble	119k
Lyon	108
Le Puy	134
	361

N° 2714. DE BRIANÇON à QUIMPER.

Grenoble	119k
Lyon	108
Moulins	186
Nantes	531
Quimper	231
	1,175

N° 2715. DE BRIANÇON à RENNES.

Grenoble	119k
Lyon	108
Moulins	186
Angers	443
Rennes	125
	981

N° 2716. DE BRIANÇON à ROCHEFORT.

Grenoble	119k
Lyon	108
Clermont	184
Angoulême	282
Rochefort	109
	802

N° 2717. DE BRIANÇON à LA ROCHELLE.

Grenoble	119k
Lyon	108
Clermont	184
Angoulême	282
La Rochelle	125
	818

N° 2718. DE BRIANÇON à RODEZ.

Avignon	278k
Nîmes	48
Rodez	232
	558

N° 2719. DE BRIANÇON à ROUEN.

Grenoble	119k
Lyon	108
Paris	507
Rouen	140
	874

N° 2720. DE BRIANÇON à SAINT-BRIEUC.

Grenoble	119k
Lyon	108
Moulins	186
Angers	443
Rennes	225
	1,081

N° 2721. DE BRIANÇON à ST-GERMAIN.

Grenoble	119k
Lyon	108
Paris	507
Saint-Germain	23
	757

N° 2722. DE BRIANÇON à SAINT-LO.

Grenoble	119k
Lyon	108
Paris	507
Saint-Lô	300
	1,034

N° 2723. DE BRIANÇON à SAINT-OMER.

Grenoble	119k
Lyon	108
Paris	507
Saint-Omer	336
	1,070

N° 2724. DE BRIANÇON à SARREGUEMINES.

Grenoble	119k
Lyon	108
Dijon	193
Sarreguemines	325
	745

N° 2725. DE BRIANÇON à SAUMUR.

Grenoble	119k
Lyon	108
Moulins	186
Saumur	410
	823

N° 2726. DE BRIANÇON à SCHELESTADT.

Grenoble	119k
Lyon	108
Schelestadt	413
	640

N° 2727. DE BRIANÇON à STRASBOURG.

Grenoble	119k
Lyon	108
Strasbourg	458
	685

N° 2728. DE BRIANÇON à TARBES.

Avignon	278k
Montpellier	98
Toulouse	251
Tarbes	151
	778

N° 2729. DE BRIANÇON à THIONVILLE.

Grenoble	119k
Lyon	108
Diojn	193
Thionville	275
	695

N° 2730. DE BRIANÇON à TOULON.

Gap	91k
Aix	149
Toulon	80
	320

N° 2731. DE BRIANÇON à TOULOUSE.

Avignon	278k
Montpellier	98
Toulouse	251
	627

N° 2732. DE BRIANÇON à TOURS.

Grenoble	119k
Lyon	108
Moulins	186
Tours	346
	759

N° 2733. DE BRIANÇON à TROYES.

Grenoble	119k
Lyon	108
Troyes	343
	570

N° 2734. DE BRIANÇON à TULLE.

Grenoble	119k
Lyon	108
Clermont	184
Tulle	143
	554

N° 2735. DE BRIANÇON à VALENCE.

Grenoble	119k
Valence	94
	213

N° 2736. DE BRIANÇON à VALENCIENNES.

Grenoble	119k
Lyon	108
Paris	507
Valenciennes	277
	1,011

N° 2737. DE BRIANÇON à VANNES.

Grenoble	119k
Lyon	108
Moulins	186
Nantes	531
Vannes	108
	1,052

N° 2738. DE BRIANÇON à VERDUN.

Grenoble	119k
Lyon	108
Dijon	193
Verdun	239
	659

N° 2739. DE BRIANÇON à VERNON.

Grenoble	119k
Lyon	108
Paris	507
Vernon	80
	814

N° 2740. DE BRIANÇON à VERSAILLES.

Grenoble	119k
Lyon	108
Paris	507
Versailles	17
	751

N° 2741. DE BRIANÇON à VESOUL.

Grenoble	119k
Lyon	108
Besançon	212
Vesoul	47
	486

CAEN.

N° 2742. DE CAEN à CAHORS.

Tours	237k
Angoulême	214
Cahors	229
	680

N° 2743. DE CAEN à CALAIS.

Paris	237k
Calais	377
	614

N° 2744. DE CAEN à CAMBRAI.

Paris	237k
Cambrai	208
	445

N° 2745. DE CAEN à CARCASSONNE.

Tours	237k
Bordeaux	347
Toulouse	251
Carcassonne	94
	929

N° 2746. DE CAEN à CETTE.

Tours	237k
Bordeaux	347
Toulouse	251
Cette	222
	1,057

N° 2747. DE CAEN à CHALONS-SUR-MARNE.

Paris	237k
Châlons-sur-Marne	172
	409

N° 2748. DE CAEN à CHALON-SUR-SAONE.

Paris	237k
Chalon-sur-Saône	383
	620

N° 2749. DE CAEN à CHARTRES.

Chartres	203k

N° 2750. DE CAEN à CHATEAUROUX.

Châteauroux	345k

N° 2751. DE CAEN à CHERBOURG.

Cherbourg	121k

N° 2752. DE CAEN à CLERMONT.

Paris. 237k
Clermont 445
682

N° 2753. DE CAEN à COLMAR.

Paris. 237k
Colmar 569
806

N° 2754. DE CAEN à COMPIÈGNE.

Paris 237k
Compiègne 100
337

N° 2755. DE CAEN à DIGNE.

Paris. 237k
Lyon 507
Digne 296
1,040

N° 2756. DE CAEN à DIJON.

Paris. 237k
Dijon 315
552

N° 2757. DE CAEN à DOUAI.

Paris 237k
Douai 241
478

N° 2758. DE CAEN à DRAGUIGNAN.

Paris 237k
Lyon 507
Draguignan 391
1,135

N° 2759. DE CAEN à DUNKERQUE.

Paris 237k
Dunkerque 356
593

N° 2760. DE CAEN à ÉPINAL.

Paris 237k
Épinal. 397
634

N° 2761. DE CAEN à ÉVREUX.

Évreux 127k

N° 2762. DE CAEN à LA FÈRE.

Paris 237k
La Fère 153
390

N° 2763. DE CAEN à FOIX.

Tours 237k
Bordeaux 347
Toulouse 251
Foix. 82
917

N° 2764. DE CAEN à FONTAINEBLEAU.

Paris 237k
Fontainebleau 59
296

N° 2765. DE CAEN à GAP.

Paris 237k
Lyon 507
Grenoble 108
Gap. 101
953

N° 2766. DE CAEN à GIVET.

Paris 237k
Givet 320
557

N° 2767. DE CAEN à GRENOBLE.

Paris 237k
Lyon 507
Grenoble 108
852

N° 2768. DE CAEN à GUÉRET.

Châteauroux. 345k
Guéret. 91
436

N° 2769. DE CAEN à HAGUENAU.

Paris 237k
Haguenau. 496
733

N° 2770. DE CAEN à LANGRES.

Paris 237k
Langres 307
544

N° 2771. DE CAEN à LAON.

Paris 237k
Laon 177
414

N° 2772. DE CAEN à LAVAL.

Laval 143k

N° 2773. DE CAEN à LILLE.

Paris 237k
Lille. 274
511

N° 2774. DE CAEN à LIMOGES.

Tours 237k
Limoges. 230
467

N° 2775. DE CAEN à LONS-LE-SAUNIER.

Paris 237k
Lons-le-Saunier 447
684

N° 2776. DE CAEN à LORIENT.

Rennes 173k
Lorient. 160
333

N° 2777. DE CAEN à LUNÉVILLE.

Paris 237k
Lunéville. 385
622

N° 2778. DE CAEN à LYON.

Paris 237k
Lyon. 507
744

N° 2779. DE CAEN à MACON.

Paris. 237k
Mâcon. 441
678

N° 2780. DE CAEN au MANS.

Le Mans. 155k

N° 2781. DE CAEN à MARSEILLE.

Paris 237k
Lyon 507
Marseille. 350
1,094

N° 2782. DE CAEN à MAUBEUGE.

Paris 237k
Maubeuge. 260
497

N° 2783. DE CAEN à MELUN.

Paris 237k
Melun. 45
282

N° 2784. DE CAEN à MENDE.

Paris. 237k
Clermont. 445
Mende. 186
868

N° 2785. DE CAEN à METZ.

Paris. 237k
Metz. 393
630

N° 2786. DE CAEN à MÉZIÈRES.

Paris 237k
Mézières. 253
490

N° 2787. DE CAEN à MONTAUBAN.

Tours 237k
Bordeaux 347
Montauban. 214
798

N° 2788. DE CAEN à MONTBRISON.

Paris 237k
Montbrison. 516
753

N° 2789. DE CAEN à MONT-DE-MARSAN.

Tours 237k
Bordeaux. 347
Mont-de-Marsan 131
715

N° 2790. DE CAEN à MONTPELLIER

Paris 237k
Lyon 507
Montpellier 328
1,072

N° 2791. DE CAEN à MOULINS.

Paris 237k
Moulins 342
579

N° 2792. DE CAEN à NANCY.

Paris 237k
Nancy. 352
589

N° 2793. DE CAEN à NANTES.

Rennes 173k
Nantes 107
280

N° 2794. DE CAEN à NAPOLÉON-VENDÉE

Laval 143k
Angers 74
Napoléon-Vendée . . . 125
342

N° 2795. DE CAEN à NEVERS.

Paris. 237k
Nevers. 303
540

N° 2796. DE CAEN à NIMES.

Paris. 237k
Lyon 507
Nîmes. 278
1,022

N° 2797. DE CAEN à NIORT.

Tours 237k
Niort 177
414

N° 2798. DE CAEN à ORLÉANS.

Paris. 237k
Orléans 121
358

N° 2799. DE CAEN à PARIS.

Paris 237k

N° 2800. DE CAEN à PAU.

Tours 237k
Bordeaux 347
Pau 213
797

N° 2801. DE CAEN à PÉRIGUEUX.

Tours 237k
Angoulême. 214
Périgueux. 86
537

N° 2802. DE CAEN à PERPIGNAN.

Tours 237k
Bordeaux 347
Toulouse. 251
Perpignan. 215
1,050

N° 2803. DE CAEN à POITIERS.

Tours 237k
Poitiers 101
338

N° 2804. DE CAEN à PRIVAS.

Paris 237k
Lyon 507
Privas. 144
888

N° 2805. DE CAEN au PUY.

Paris 237k
Clermont 445
Le Puy 134
816

N° 2806. DE CAEN à QUIMPER.

Rennes 173k
Quimper. 227
400

N° 2807. DE CAEN à RENNES.

Rennes 173k

N° 2808. DE CAEN à ROCHEFORT.

Tours 237k
Rochefort 238
475

N° 2809. DE CAEN à LA ROCHELLE.

Tours 237k
La Rochelle 240
477

N° 2810. DE CAEN à RODEZ.

Tours 237k
Limoges. 230
Rodez. 277
744

N° 2811. DE CAEN à ROUEN.

Rouen. 133k

N° 2812. DE CAEN à SAINT-BRIEUC.

Saint-Lô. 63k
Saint-Brieuc. 183
246

N° 2813. DE CAEN à SAINT-GERMAIN.

Paris 237k
Saint-Germain. 23
260

N° 2814. DE CAEN à SAINT-LO.

Saint-Lô. 63k

N° 2815. DE CAEN à SAINT-OMER.

Paris. 237k
Saint-Omer 336
573

N° 2816. DE CAEN à SARREGUEMINES.

Paris 237k
Sarreguemines. 469
706

N° 2817. DE CAEN à SAUMUR.

Saumur 243k

N° 2818. DE CAEN à SCHELESTADT.

Paris 237k
Schelestadt 546
783

N° 2819. DE CAEN à STRASBOURG.

Paris 237k
Strasbourg. 501
738

N° 2820. DE CAEN à TARBES.

Tours. 237k
Bordeaux. 347
Tarbes. 230
814

N° 2821. DE CAEN à THIONVILLE.

Paris 237k
Thionville 419
656

N° 2822. DE CAEN à TOULON.

Paris. 237k
Lyon. 507
Marseille 350
Toulon. 60
1,154

N° 2823. DE CAEN à TOULOUSE.

Tours. 237k
Bordeaux. 347
Toulouse. 251
835

N° 2824. DE CAEN à TOURS.

Tours 237k

N° 2825. DE CAEN à TROYES.

Paris 237k
Troyes. 179
416

N° 2826. DE CAEN à TULLE.

Tours. 237k
Limoges. 230
Tulle 89
556

N° 2827. DE CAEN à VALENCE.

Paris. 237k
Lyon 507
Valence 105
849

N° 2828. DE CAEN à VALENCIENNES.

Paris. 237k
Valenciennes. 277
514

N° 2829. DE CAEN à VANNES.

Rennes 173k
Vannes 103
276

N° 2830. DE CAEN à VERDUN.

Paris 237k
Verdun 253
490

N° 2831. DE CAEN à VERNON.

Vernon 159k

N° 2832. DE CAEN à VERSAILLES.

Paris 237k
Versailles 17
254

N° 2833. DE CAEN à VESOUL.

Paris 237k
Vesoul. 381
618

CAHORS.

N° 2834. DE CAHORS à CALAIS.

Limoges. 197k
Paris. 390
Calais 377
964

N° 2835. DE CAHORS à CAMBRAI.

Limoges. 197k
Paris. 390
Cambrai. 208
795

N° 2836. DE CAHORS à CARCASSONNE.

Toulouse. 111k
Carcassonne 94
205

N° 2837. DE CAHORS à CETTE.

Toulouse. 111k
Cette 222
333

N° 2838. DE CAHORS à CHALONS-SUR-MARNE.

Limoges. 197k
Paris 390
Châlons-sur-Marne. . . 172
759

N° 2839. DE CAHORS à CHALON-SUR-SAONE.

Limoges. 197k
Moulins. 222
Chalon-sur-Saône . . . 148
567

N° 2840. DE CAHORS à CHARTRES.

Limoges. 197k
Orléans 269
Chartres. 73
539

N° 2841. DE CAHORS à CHATEAUROUX.

Limoges. 197k
Châteauroux. 125
322

N° 2842. DE CAHORS à CHERBOURG.

Angoulême. 229k
Tours 214
Cherbourg. 358
801

N° 2843. DE CAHORS à CLERMONT.

Tulle 133k
Clermont 143
276

N° 2844. DE CAHORS à COLMAR.

Limoges. 197k
Moulins. 222
Chalon-sur-Saône . . . 148
Colmar 287
854

N° 2845. DE CAHORS à COMPIÈGNE.

Limoges. 197k
Paris 390
Compiègne 100
687

N° 2846. DE CAHORS à DIGNE.

Toulouse. 111k
Montpellier. 251
Avignon. 98
Digne. 152
612

N° 2847. DE CAHORS à DIJON.

Limoges. 197k
Moulins 222
Dijon 183
602

N° 2848. DE CAHORS à DOUAI.

Limoges. 197k
Paris 390
Douai 241
828

N° 2849. DE CAHORS à DRAGUIGNAN.

Toulouse. 111k
Montpellier. 251
Aix. 173
Draguignan 108
643

N° 2850. DE CAHORS à DUNKERQUE.

Limoges. 197k
Paris 390
Dunkerque 356
943

N° 2851. DE CAHORS à ÉPINAL.

Limoges. 197k
Moulins 222
Dijon. 183
Épinal. 181
783

N° 2852. DE CAHORS à ÉVREUX.

Limoges. 197k
Paris 390
Évreux 108
695

N° 2853. DE CAHORS à LA FÈRE.

Limoges. 197k
Paris. 390
La Fère 153
740

N° 2854. DE CAHORS à FOIX.

Toulouse. 111k
Foix. 82
193

N° 2855. DE CAHORS à FONTAINEBLEAU.

Limoges	197k
Orléans	269
Fontainebleau	88
	554

N° 2856. DE CAHORS à GAP.

Toulouse	111k
Montpellier	251
Avignon	98
Gap	187
	647

N° 2857. DE CAHORS à GIVET.

Limoges	197k
Paris	390
Givet	320
	907

N° 2858. DE CAHORS à GRENOBLE.

Toulouse	111k
Montpellier	251
Valence	223
Grenoble	94
	679

N° 2859. DE CAHORS à GUÉRET.

Limoges	197k
Guéret	84
	281

N° 2860. DE CAHORS à HAGUENAU.

Limoges	197k
Paris	390
Haguenau	496
	1,083

N° 2861. DE CAHORS à LANGRES.

Limoges	197k
Moulins	222
Dijon	183
Langres	66
	668

N° 2862. DE CAHORS à LAON.

Limoges	197k
Paris	390
Laon	177
	764

N° 2863. DE CAHORS à LAVAL.

Angoulême	229k
Angers	321
Laval	74
	624

N° 2864. DE CAHORS à LILLE.

Limoges	197k
Paris	390
Lille	274
	861

N° 2865. DE CAHORS à LIMOGES.

Limoges	197k

N° 2866. DE CAHORS à LONS-LE-SAUNIER.

Aurillac	161k
Clermont	157
Mâcon	177
Lons-le-Saunier	96
	591

N° 2867. DE CAHORS à LORIENT.

Angoulême	229k
Nantes	409
Lorient	164
	802

N° 2868. DE CAHORS à LUNÉVILLE.

Limoges	197k
Paris	390
Lunéville	385
	972

N° 2869. DE CAHORS à LYON.

Rodez	117k
Mende	115
Le Puy	89
Lyon	134
	455

N° 2870. DE CAHORS à MACON.

Aurillac	161k
Clermont	157
Mâcon	177
	495

N° 2871. DE CAHORS au MANS.

Angoulême	229k
Tours	214
Le Mans	82
	525

N° 2872. DE CAHORS à MARSEILLE.

Toulouse	111k
Montpellier	251
Marseille	177
	539

N° 2873. DE CAHORS à MAUBEUGE.

Limoges	197k
Paris	390
Maubeuge	260
	847

N° 2874. DE CAHORS à MELUN.

Limoges	197k
Orléans	269
Melun	103
	569

N° 2875. DE CAHORS à MENDE.

Mende	232k

N° 2876. DE CAHORS à METZ.

Limoges	197k
Paris	390
Metz	393
	980

N° 2877. DE CAHORS à MÉZIÈRES.

Limoges	197k
Paris	390
Mézières	253
	840

N° 2878. DE CAHORS à MONTAUBAN.

Montauban	62k

N° 2879. DE CAHORS à MONTBRISON.

Tulle	133k
Clermont	143
Montbrison	113
	389

N° 2880. DE CAHORS à MONT-DE-MARSAN.

Mont-de-Marsan	203k

N° 2881. DE CAHORS à MONTPELLIER.

Toulouse	111k
Montpellier	251
	362

N° 2882. DE CAHORS à MOULINS.

Limoges	197k
Moulins	222
	419

N° 2883. DE CAHORS à NANCY.

Limoges	197k
Paris	390
Nancy	352
	939

N° 2884. DE CAHORS à NANTES.

Angoulême	229k
Nantes	409
	638

N° 2885. DE CAHORS à NAPOLÉON-VENDÉE.

Angoulême	229k
Niort	109
Napoléon-Vendée	87
	425

N° 2886. DE CAHORS à NEVERS.

Limoges	197k
Nevers	288
	485

N° 2887. DE CAHORS à NIMES.

Toulouse.	111k
Montpellier.	251
Nîmes.	50
	412

N° 2888. DE CAHORS à NIORT.

Angoulême	229k
Niort	109
	338

N° 2889. DE CAHORS à ORLÉANS.

Limoges.	197k
Orléans	269
	466

N° 2890. DE CAHORS à PARIS.

Limoges.	197k
Paris	390
	587

N° 2891. DE CAHORS à PAU.

Auch	145k
Pau	111
	256

N° 2892. DE CAHORS à PÉRIGUEUX.

Périgueux	143k

N° 2893. DE CAHORS à PERPIGNAN.

Toulouse.	111k
Perpignan.	225
	336

N° 2894. DE CAHORS à POITIERS.

Angoulême	229k
Poitiers	113
	342

N° 2895. DE CAHORS à PRIVAS.

Toulouse	111k
Montpellier.	251
Privas	165
	527

N° 2896. DE CAHORS au PUY.

Rodez	117k
Mende.	115
Le Puy	89
	321

N° 2897. DE CAHORS à QUIMPER.

Angoulême	229k
Nantes	409
Quimper.	231
	869

N° 2898. DE CAHORS à RENNES.

Angoulême	229k
Angers	321
Rennes	125
	675

N° 2899. DE CAHORS à ROCHEFORT.

Angoulême	229k
Rochefort	109
	338

N° 2900. DE CAHORS à LA ROCHELLE.

Angoulême	229k
La Rochelle	125
	354

N° 2901. DE CAHORS à RODEZ.

Rodez.	117k

N° 2902. DE CAHORS à ROUEN.

Limoges.	197k
Paris.	390
Rouen.	140
	727

N° 2903. DE CAHORS à SAINT-BRIEUC.

Angoulême	229k
Angers	321
Saint-Brieuc.	225
	775

N° 2904. DE CAHORS à SAINT-GERMAIN.

Limoges.	197k
Paris.	390
Saint-Germain.	23
	610

N° 2905. DE CAHORS à SAINT-LO.

Angoulême	229k
Tours	214
Saint-Lô.	276
	719

N° 2906. DE CAHORS à SAINT-OMER.

Limoges.	197k
Paris.	390
Saint-Omer.	336
	923

N° 2907. DE CAHORS à SARREGUEMINES.

Limoges.	197k
Paris.	390
Sarreguemines.	469
	1,056

N° 2908. DE CAHORS à SAUMUR.

Angoulême	229k
Saumur..	277
	506

N° 2909. DE CAHORS à SCHELESTADT.

Limoges.	197k
Paris.	390
Schelestadt.	546
	1,133

N° 2910. DE CAHORS à STRASBOURG.

Limoges.	197k
Paris	390
Strasbourg	501
	1,088

N° 2911. DE CAHORS à TARBES.

Tarbes.	217k

N° 2912. DE CAHORS à THIONVILLE.

Limoges.	197k
Paris	390
Thionville..	419
	1,006

N° 2913. DE CAHORS à TOULON.

Toulouse.	111k
Montpellier.	251
Marseille.	177
Toulon.	60
	599

N° 2914. DE CAHORS à TOULOUSE.

Toulouse.	111k

N° 2915. DE CAHORS à TOURS.

Angoulême	229k
Tours..	214
	443

N° 2916. DE CAHORS à TROYES.

Limoges.	197k
Bourges.	219
Auxerre.	142
Troyes.	77
	635

N° 2917. DE CAHORS à TULLE.

Tulle.	133k

N° 2918. DE CAHORS à VALENCE.

Toulouse	111k
Montpellier.	251
Valence.	223
	585

N° 2919. DE CAHORS à VALENCIENNES.

Limoges.	197k
Paris.	390
Valenciennes.	277
	864

N° 2920. DE CAHORS à VANNES.

Angoulême	229k
Nantes.	409
Vannes.	108
	746

N° 2921. DE CAHORS À VERDUN.

Limoges	197k
Paris	390
Verdun	253
	840

N° 2922. DE CAHORS À VERNON.

Limoges	197k
Paris	390
Vernon	80
	667

N° 2923. DE CAHORS À VERSAILLES.

Limoges	197k
Paris	390
Versailles	17
	604

N° 2924. DE CAHORS À VESOUL.

Limoges	197k
Moulins	222
Dijon	183
Vesoul	107
	709

CALAIS.

N° 2925. DE CALAIS À CAMBRAI.

Douai	137k
Cambrai	26
	163

N° 2926. DE CALAIS À CARCASSONNE.

Paris	377k
Toulouse	697
Carcassonne	94
	1,168

N° 2927. DE CALAIS À CETTE.

Paris	377k
Lyon	507
Cette	355
	1,239

N° 2928. DE CALAIS À CHALONS-SUR-MARNE.

Paris	377k
Châlons-sur-Marne	172
	549

N° 2929. DE CALAIS À CHALON-SUR-SAONE.

Paris	377k
Chalon-sur-Saône	383
	760

N° 2930. DE CALAIS À CHARTRES.

Paris	377k
Chartres	88
	465

N° 2931. DE CALAIS À CHATEAUROUX.

Paris	377k
Châteauroux	265
	642

N° 2932. DE CALAIS À CHERBOURG.

Paris	377k
Cherbourg	358
	735

N° 2933. DE CALAIS À CLERMONT.

Paris	377k
Clermont	445
	822

N° 2934. DE CALAIS À COLMAR.

Paris	377k
Colmar	569
	946

N° 2935. DE CALAIS À COMPIÈGNE.

Compiègne	342k

N° 2936. DE CALAIS À DIGNE.

Paris	377k
Lyon	507
Digne	296
	1,180

N° 2937. DE CALAIS À DIJON.

Paris	377k
Dijon	315
	692

N° 2938. DE CALAIS À DOUAI.

Douai	137k

N° 2939. DE CALAIS À DRAGUIGNAN.

Paris	377k
Lyon	507
Draguignan	391
	1,275

N° 2940. DE CALAIS À DUNKERQUE.

Dunkerque	103k

N° 2941. DE CALAIS À ÉPINAL.

Paris	377k
Épinal	397
	774

N° 2942. DE CALAIS À ÉVREUX.

Arras	163k
Évreux	233
	396

N° 2943. DE CALAIS À LA FÈRE.

Arras	163k
La Fère	98
	261

N° 2944. DE CALAIS À FOIX.

Paris	377k
Toulouse	697
Foix	82
	1,156

N° 2945. DE CALAIS À FONTAINEBLEAU.

Paris	377k
Fontainebleau	59
	436

N° 2946. DE CALAIS À GAP.

Paris	377k
Lyon	507
Grenoble	108
Gap	101
	1,093

N° 2947. DE CALAIS À GIVET.

Douai	137k
Givet	240
	377

N° 2948. DE CALAIS À GRENOBLE.

Paris	377k
Lyon	507
Grenoble	108
	992

N° 2949. DE CALAIS À GUÉRET.

Paris	377k
Châteauroux	265
Guéret	91
	733

N° 2950. DE CALAIS À HAGUENAU.

Paris	377k
Haguenau	496
	873

N° 2951. DE CALAIS À LANGRES.

Paris	377k
Langres	307
	684

N° 2952. DE CALAIS À LAON.

Arras	163k
Laon	122
	285

N° 2953. DE CALAIS À LAVAL.

Paris	377k
Laval	300
	677

N° 2954. DE CALAIS à LILLE.

Lille. 103k

N° 2955. DE CALAIS à LIMOGES.

Paris. 377k
Limoges. 390
767

N° 2956. DE CALAIS à LONS-LE-SAUNIER.

Paris 377k
Lons-le-Saunier 447
824

N° 2957. DE CALAIS à LORIENT.

Paris 377k
Lorient 533
910

N° 2958. DE CALAIS à LUNÉVILLE.

Paris 377k
Lunéville 385
762

N° 2959. DE CALAIS à LYON.

Paris 377k
Lyon 507
884

N° 2960. DE CALAIS à MACON.

Paris 377k
Mâcon. 441
818

N° 2961. DE CALAIS au MANS.

Paris. 377k
Le Mans. 211
588

N° 2962. DE CALAIS à MARSEILLE.

Paris. 377k
Lyon 507
Marseille. 350
1,234

N° 2963. DE CALAIS à MAUBEUGE.

Douai. 137k
Maubeuge. 73
210

N° 2964. DE CALAIS à MELUN.

Paris 377k
Melun. 45
422

N° 2965. DE CALAIS à MENDE.

Paris 377k
Clermont. 445
Mende. 186
1,008

N° 2966. DE CALAIS à METZ.

Paris 377k
Metz. 393
770

N° 2967. DE CALAIS à MÉZIÈRES.

Douai 137k
Mézières 173
310

N° 2968. DE CALAIS à MONTAUBAN.

Paris 377k
Montauban. 648
1,025

N° 2969. DE CALAIS à MONTBRISON.

Paris 377k
Moulins. 342
Montbrison. 160
879

N° 2970. DE CALAIS à MONT-DE-MARSAN.

Paris 377k
Bordeaux 583
Mont-de-Marsan 131
1,091

N° 2971. DE CALAIS à MONTPELLIER.

Paris 377k
Lyon 507
Montpellier 328
1,212

N° 2972. DE CALAIS à MOULINS.

Paris 377k
Moulins. 342
719

N° 2973. DE CALAIS à NANCY.

Paris 377k
Nancy. 352
729

N° 2974. DE CALAIS à NANTES.

Paris 377k
Nantes. 431
808

N° 2975. DE CALAIS à NAPOLÉON-VENDÉE.

Paris 377k
Saumur 300
Napoléon-Vendée. . . . 133
810

N° 2976. DE CALAIS à NEVERS.

Paris. 377k
Nevers. 303
680

N° 2977. DE CALAIS à NIMES.

Paris. 377k
Lyon 507
Nimes. 278
1,162

N° 2978. DE CALAIS à NIORT.

Paris 377k
Poitiers 337
Niort. 76
790

N° 2979. DE CALAIS à ORLÉANS.

Paris 377k
Orléans. 121
498

N° 2980. DE CALAIS à PARIS.

Paris 377k

N° 2981. DE CALAIS à PAU.

Paris 377k
Bordeaux. 583
Pau. 213
1,173

N° 2982. DE CALAIS à PÉRIGUEUX.

Paris 377k
Limoges. 390
Périgueux. 95
862

N° 2983. DE CALAIS à PERPIGNAN.

Paris 377k
Toulouse 697
Perpignan 215
1,289

N° 2984. DE CALAIS à POITIERS.

Paris 377k
Poitiers 337
714

N° 2985. DE CALAIS à PRIVAS.

Paris 377k
Lyon 507
Privas. 144
1,028

N° 2986. DE CALAIS au PUY.

Paris. 377k
Clermont. 445
Le Puy 134
956

N° 2987. DE CALAIS À QUIMPER.

Paris. 377k
Quimper. 600
977

N° 2988. DE CALAIS À RENNES.

Paris 377k
Rennes 373
750

N° 2989. DE CALAIS À ROCHEFORT.

Paris 377k
Poitiers 337
Rochefort 137
851

N° 2990. DE CALAIS À LA ROCHELLE.

Paris. 377k
Poitiers 337
La Rochelle 139
853

N° 2991. DE CALAIS À RODEZ.

Paris. 377k
Clermont. 445
Rodez 225
1,047

N° 2992. DE CALAIS À ROUEN.

Rouen. 212k

N° 2993. DE CALAIS À SAINT-BRIEUC.

Paris 377k
Rennes. 373
Saint-Brieuc 100
850

N° 2994. DE CALAIS À ST-GERMAIN.

Paris 377k
Saint-Germain. 23
400

N° 2995. DE CALAIS À SAINT-LO.

Paris 377k
Saint-Lô. 300
677

N° 2996. DE CALAIS À SAINT-OMER.

Saint-Omer 43k

N° 2997. DE CALAIS À SARREGUEMINES

Paris 377k
Sarreguemines 469
846

N° 2998. DE CALAIS À SAUMUR.

Paris 377k
Saumur 300
677

N° 2999. DE CALAIS À SCHELESTADT.

Paris. 377k
Schelestadt 546
923

N° 3000. DE CALAIS À STRASBOURG.

Paris. 377k
Strasbourg 501
878

N° 3001. DE CALAIS À TARBES.

Paris. 377k
Tarbes. 765
1,142

N° 3002. DE CALAIS À THIONVILLE.

Paris 377k
Thionville 419
796

N° 3003. DE CALAIS À TOULON.

Paris. 377k
Lyon 507
Marseille. 350
Toulon. 60
1,294

N° 3004. DE CALAIS À TOULOUSE.

Paris. 377k
Toulouse. 697
1,074

N° 3005. DE CALAIS À TOURS.

Paris. 377k
Tours 236
613

N° 3006. DE CALAIS À TROYES.

Paris. 377k
Troyes. 179
556

N° 3007. DE CALAIS À TULLE.

Paris. 377k
Limoges. 390
Tulle 89
856

N° 3008. DE CALAIS À VALENCE.

Paris. 377k
Lyon 507
Valence. 105
989

N° 3009. DE CALAIS À VALENCIENNES.

Valenciennes. 173k

N° 3010. DE CALAIS À VANNES.

Paris. 377k
Vannes 476
853

N° 3011. DE CALAIS À VERDUN.

Paris. 377k
Verdun 253
630

N° 3012. DE CALAIS À VERNON.

Paris. 377k
Vernon. 80
457

N° 3013. DE CALAIS À VERSAILLES.

Paris 377k
Versailles 17
394

N° 3014. DE CALAIS À VESOUL.

Paris 377k
Vesoul. 381
758

CAMBRAI.

N° 3015. DE CAMBRAI À CARCASSONNE

Paris 208k
Toulouse. 697
Carcassonne 94
999

N° 3016. DE CAMBRAI À CETTE.

Paris 208k
Lyon 507
Cette 355
1,070

N° 3017. DE CAMBRAI À CHALONS-SUR-MARNE.

Châlons-sur-Marne. . . 178k

N° 3018. DE CAMBRAI À CHALON-SUR-SAONE.

Paris. 208k
Chalon-sur-Saône . . . 383
591

N° 3019. DE CAMBRAI À CHARTRES.

Paris 208k
Chartres 88
296

N° 3020. DE CAMBRAI À CHATEAUROUX

Paris 208k
Châteauroux. 265
473

N° 3021. DE CAMBRAI à CHERBOURG.

Paris	208k
Cherbourg	358
	566

N° 3022. DE CAMBRAI à CLERMONT.

Paris	208k
Clermont	445
	653

N° 3023. DE CAMBRAI à COLMAR.

Châlons-sur-Marne	178k
Colmar	397
	575

N° 3024. DE CAMBRAI à COMPIÈGNE.

Compiègne	108k

N° 3025. DE CAMBRAI à DIGNE.

Paris	208k
Lyon	507
Digne	296
	1,011

N° 3026. DE CAMBRAI à DIJON.

Paris	208k
Dijon	315
	523

N° 3027. DE CAMBRAI à DOUAI.

Douai	26k

N° 3028. DE CAMBRAI à DRAGUIGNAN.

Paris	208k
Lyon	507
Draguignan	391
	1,106

N° 3029. DE CAMBRAI à DUNKERQUE.

Dunkerque	141k

N° 3030. DE CAMBRAI à ÉPINAL.

Châlons-sur-Marne	178k
Épinal	225
	403

N° 3031. DE CAMBRAI à ÉVREUX.

Amiens	103k
Évreux	166
	269

N° 3032. DE CAMBRAI à LA FÈRE.

La Fère	63k

N° 3033. DE CAMBRAI à FOIX.

Paris	208k
Toulouse	697
Foix	82
	987

N° 3034. DE CAMBRAI à FONTAINEBLEAU.

Paris	208k
Fontainebleau	59
	267

N° 3035. DE CAMBRAI à GAP.

Paris	208k
Lyon	507
Grenoble	108
Gap	101
	924

N° 3036. DE CAMBRAI à GIVET.

Mézières	147k
Givet	67
	214

N° 3037. DE CAMBRAI à GRENOBLE.

Paris	208k
Lyon	507
Grenoble	108
	823

N° 3038. DE CAMBRAI à GUÉRET.

Paris	208k
Châteauroux	265
Guéret	91
	564

N° 3039. DE CAMBRAI à HAGUENAU.

Châlons-sur-Marne	178k
Haguenau	324
	502

N° 3040. DE CAMBRAI à LANGRES.

Châlons-sur-Marne	178k
Langres	173
	351

N° 3041. DE CAMBRAI à LAON.

Laon	87k

N° 3042. DE CAMBRAI à LAVAL.

Paris	208k
Laval	300
	508

N° 3043. DE CAMBRAI à LILLE.

Lille	59k

N° 3044. DE CAMBRAI à LIMOGES.

Paris	208k
Limoges	390
	598

N° 3045. DE CAMBRAI à LONS-LE-SAUNIER.

Paris	208k
Lons-le-Saunier	447
	655

N° 3046. DE CAMBRAI à LORIENT.

Paris	208k
Lorient	533
	741

N° 3047. DE CAMBRAI à LUNÉVILLE.

Châlons-sur-Marne	178k
Lunéville	213
	391

N° 3048. DE CAMBRAI à LYON.

Paris	208k
Lyon	507
	715

N° 3049. DE CAMBRAI à MACON.

Paris	208k
Mâcon	441
	649

N° 3050. DE CAMBRAI au MANS.

Paris	208k
Le Mans	211
	419

N° 3051. DE CAMBRAI à MARSEILLE.

Paris	208k
Lyon	507
Marseille	350
	1,065

N° 3052. DE CAMBRAI à MAUBEUGE.

Maubeuge	69k

N° 3053. DE CAMBRAI à MELUN.

Paris	208k
Melun	45
	253

N° 3054. DE CAMBRAI à MENDE.

Paris	208k
Clermont	445
Mende	186
	839

N° 3055. DE CAMBRAI à METZ.

Châlons-sur-Marne	178k
Metz	221
	399

N° 3056. DE CAMBRAI à MÉZIÈRES.

Mézières	147k

N° 3057. DE CAMBRAI à MONTAUBAN.

Paris	208k
Montauban	648
	856

N° 3058. DE CAMBRAI À MONTBRISON.

Paris . . . . 208^k
Moulins 312
Montbrison 160
710

N° 3059. DE CAMBRAI À MONT-DE-MARSAN.

Paris . . . . 208^k
Bordeaux 583
Mont-de-Marsan 131
922

N° 3060. DE CAMBRAI À MONTPELLIER.

Paris . . . . 208^k
Lyon 507
Montpellier 328
1,043

N° 3061. DE CAMBRAI À MOULINS.

Paris . . . . 208^k
Moulins 342
550

N° 3062. DE CAMBRAI À NANCY.

Châlons-sur-Marne . . . 178^k
Nancy 180
358

N° 3063. DE CAMBRAI À NANTES.

Paris . . . . 208^k
Nantes 431
639

N° 3064. DE CAMBRAI À NAPOLÉON-VENDÉE.

Paris . . . . 208^k
Saumur 300
Napoléon-Vendée . . . 133
641

N° 3065. DE CAMBRAI À NEVERS.

Paris . . . . 208^k
Nevers 303
511

N° 3066. DE CAMBRAI À NIMES.

Paris . . . . 208^k
Lyon 507
Nîmes 278
993

N° 3067. DE CAMBRAI À NIORT.

Paris . . . . 208^k
Poitiers 337
Niort 76
621

N° 3068. DE CAMBRAI À ORLÉANS.

Paris . . . . 208^k
Orléans 121
329

N° 3069. DE CAMBRAI À PARIS.

Paris . . . . 208^k

N° 3070. DE CAMBRAI À PAU.

Paris . . . . 208^k
Bordeaux 583
Pau 213
1,004

N° 3071. DE CAMBRAI À PÉRIGUEUX.

Paris . . . . 208^k
Limoges 390
Périgueux 95
693

N° 3072. DE CAMBRAI À PERPIGNAN.

Paris . . . . 208^k
Toulouse 697
Perpignan 215
1,120

N° 3073. DE CAMBRAI À POITIERS.

Paris . . . . 208^k
Poitiers 337
545

N° 3074. DE CAMBRAI À PRIVAS.

Paris . . . . 208^k
Lyon 507
Privas 144
859

N° 3075. DE CAMBRAI AU PUY.

Paris . . . . 208^k
Clermont 445
Le Puy 134
787

N° 3076. DE CAMBRAI À QUIMPER.

Paris . . . . 208^k
Quimper 600
808

N° 3077. DE CAMBRAI À RENNES.

Paris . . . . 208^k
Rennes 373
581

N° 3078. DE CAMBRAI À ROCHEFORT.

Paris . . . . 208^k
Poitiers 337
Rochefort 137
682

N° 3079. DE CAMBRAI À LA ROCHELLE.

Paris . . . . 208^k
Poitiers 337
La Rochelle 139
684

N° 3080. DE CAMBRAI À RODEZ.

Paris . . . . 208^k
Clermont 445
Rodez 225
878

N° 3081. DE CAMBRAI À ROUEN.

Amiens . . . . 103^k
Rouen 113
216

N° 3082. DE CAMBRAI À SAINT-BRIEUC.

Paris . . . . 208^k
Rennes 373
Saint-Brieuc 100
681

N° 3083. DE CAMBRAI À ST-GERMAIN.

Paris . . . . 208^k
Saint-Germain 23
231

N° 3084. DE CAMBRAI À SAINT-LO.

Paris . . . . 208^k
Saint-Lô 290
498

N° 3085. DE CAMBRAI À SAINT-OMER.

Arras . . . . 35^k
Saint-Omer 121
156

N° 3086. DE CAMBRAI À SARREGUEMINES.

Châlons-sur-Marne . . . 178^k
Sarreguemines 297
475

N° 3087. DE CAMBRAI À SAUMUR.

Paris . . . . 208^k
Saumur 300
508

N° 3088. DE CAMBRAI À SCHELESTADT.

Châlons-sur-Marne . . . 178^k
Schelestadt 374
552

N° 3089. DE CAMBRAI À STRASBOURG.

Châlons-sur-Marne . . . 178^k
Strasbourg 329
507

N° 3090. DE CAMBRAI À TARBES.

Paris . . . . 208^k
Tarbes 765
973

N° 3091. DE CAMBRAI À THIONVILLE.

Châlons-sur-Marne . . . 178^k
Thionville 247
425

N° 3092. DE CAMBRAI à TOULON.

Paris	208k
Lyon	507
Marseille	350
Toulon	6
	1,125

N° 3093. DE CAMBRAI à TOULOUSE.

Paris	208k
Toulouse	697
	905

N° 3094. DE CAMBRAI à TOURS.

Paris	208k
Tours	236
	444

N° 3095. DE CAMBRAI à TROYES.

Châlons-sur-Marne	178k
Troyes	79
	257

N° 3096. DE CAMBRAI à TULLE.

Paris	208k
Limoges	390
Tulle	89
	687

N° 3097. DE CAMBRAI à VALENCE.

Paris	208k
Lyon	507
Valence	105
	820

N° 3098. DE CAMBRAI à VALENCIENNES.

Valenciennes	32k

N° 3099. DE CAMBRAI à VANNES.

Paris	208k
Vannes	476
	684

N° 3100. DE CAMBRAI à VERDUN.

Mézières	147k
Verdun	102
	249

N° 3101. DE CAMBRAI à VERNON.

Paris	208k
Vernon	80
	288

N° 3102. DE CAMBRAI à VERSAILLES.

Paris	208k
Versailles	17
	225

N° 3103. DE CAMBRAI à VESOUL.

Châlons-sur-Marne	178k
Vesoul	247
	425

CARCASSONNE.

N° 3104. DE CARCASSONNE à CETTE.

Cette	131k

N° 3105. DE CARCASSONNE à CHALONS-SUR-MARNE.

Montpellier	157k
Lyon	328
Dijon	193
Châlons-sur-Marne	229
	907

N° 3106. DE CARCASSONNE à CHALON-SUR-SAONE.

Montpellier	157k
Lyon	328
Chalon-sur-Saône	126
	611

N° 3107. DE CARCASSONNE à CHARTRES.

Toulouse	94k
Limoges	308
Orléans	269
Chartres	73
	744

N° 3108. DE CARCASSONNE à CHATEAUROUX.

Toulouse	94k
Châteauroux	431
	525

N° 3109. DE CARCASSONNE à CHERBOURG.

Toulouse	94k
Tours	538
Cherbourg	358
	990

N° 3110. DE CARCASSONNE à CLERMONT.

Albi	107k
Clermont	304
	411

N° 3111. DE CARCASSONNE à COLMAR.

Montpellier	157k
Lyon	328
Colmar	390
	875

N° 3112. DE CARCASSONNE à COMPIÈGNE.

Toulouse	94k
Paris	697
Compiègne	100
	891

N° 3113. DE CARCASSONNE à DIGNE.

Montpellier	157k
Avignon	98
Digne	152
	407

N° 3114. DE CARCASSONNE à DIJON.

Montpellier	157k
Lyon	328
Dijon	193
	678

N° 3115. DE CARCASSONNE à DOUAI.

Toulouse	94k
Paris	697
Douai	241
	1,032

N° 3116. DE CARCASSONNE à DRAGUIGNAN.

Montpellier	157k
Aix	173
Draguignan	108
	438

N° 3117. DE CARCASSONNE à DUNKERQUE.

Toulouse	94k
Paris	697
Dunkerque	356
	1,147

N° 3118. DE CARCASSONNE à ÉPINAL.

Montpellier	157k
Lyon	328
Besançon	212
Épinal	123
	820

N° 3119. DE CARCASSONNE à ÉVREUX.

Toulouse	94k
Paris	697
Évreux	108
	899

N° 3120. DE CARCASSONNE à LA FÈRE.

Toulouse	94k
Paris	697
La Fère	153
	944

N° 3121. DE CARCASSONNE à FOIX.

Foix	98k

N° 3122. DE CARCASSONNE à FONTAINEBLEAU.

Toulouse	94k
Limoges	308
Orléans	269
Fontainebleau	88
	759

N° 3123. DE CARCASSONNE à GAP.

Montpellier	157k
Avignon	98
Gap	187
	442

N° 3124. DE CARCASSONNE à GIVET.

Montpellier	157k
Lyon	328
Dijon	193
Châlons-sur-Marne . . .	229
Givet	187
	1,094

N° 3125. DE CARCASSONNE à GRENOBLE.

Montpellier	157k
Valence	223
Grenoble	94
	474

N° 3126. DE CARCASSONNE à GUÉRET.

Toulouse	94k
Limoges	308
Guéret	84
	486

N° 3127. DE CARCASSONNE à HAGUENAU.

Montpellier	157k
Lyon	328
Haguenau	487
	972

N° 3128. DE CARCASSONNE à LANGRES.

Montpellier	157k
Lyon	328
Dijon	193
Langres	66
	744

N° 3129. DE CARCASSONNE à LAON.

Toulouse	94k
Paris	697
Laon	177
	968

N° 3130. DE CARCASSONNE à LAVAL.

Toulouse	94k
Tours	538
Laval	140
	772

N° 3131. DE CARCASSONNE à LILLE.

Toulouse	94k
Paris	697
Lille	274
	1,065

N° 3132. DE CARCASSONNE à LIMOGES.

Toulouse	94k
Limoges	308
	402

N° 3133. DE CARCASSONNE à LONS-LE-SAUNIER.

Montpellier	157k
Lyon	328
Lons-le-Saunier	124
	609

N° 3134. DE CARCASSONNE à LORIENT.

Toulouse	94k
Bordeaux	251
Nantes	334
Lorient	164
	843

N° 3135. DE CARCASSONNE à LUNÉVILLE.

Montpellier	157k
Lyon	328
Besançon	212
Épinal	123
Lunéville	63
	883

N° 3136. DE CARCASSONNE à LYON.

Montpellier	157k
Lyon	328
	485

N° 3137. DE CARCASSONNE à MACON.

Montpellier	157k
Lyon	328
Mâcon	67
	552

N° 3138. DE CARCASSONNE au MANS.

Toulouse	94k
Tours	538
Le Mans	82
	714

N° 3139. DE CARCASSONNE à MARSEILLE.

Montpellier	157k
Marseille	177
	334

N° 3140. DE CARCASSONNE à MAUBEUGE.

Toulouse	94k
Paris	697
Maubeuge	260
	1,051

N° 3141. DE CARCASSONNE à MELUN.

Toulouse	94k
Limoges	308
Orléans	269
Melun	103
	774

N° 3142. DE CARCASSONNE à MENDE.

Rodez	186k
Mende	115
	301

N° 3143. DE CARCASSONNE à METZ.

Montpellier	157k
Lyon	328
Dijon	193
Metz	249
	927

N° 3144. DE CARCASSONNE à MÉZIÈRES.

Montpellier	157k
Lyon	328
Dijon	193
Châlons-sur-Marne . . .	229
Mézières	120
	1,027

N° 3145. DE CARCASSONNE à MONTAUBAN.

Toulouse	94k
Montauban	49
	143

N° 3146. DE CARCASSONNE à MONTBRISON.

Montpellier	157k
Le Puy	206
Montbrison	113
	476

N° 3147. DE CARCASSONNE à MONT-DE-MARSAN.

Toulouse	94k
Auch	77
Mont-de-Marsan	112
	283

N° 3148. DE CARCASSONNE à MONTPELLIER.

Montpellier	157k

N° 3149. DE CARCASSONNE à MOULINS.

Albi	107k
Clermont	304
Moulins	95
	506

N° 3150. DE CARCASSONNE à NANCY.

Montpellier	157k
Lyon	328
Dijon	193
Nancy	192
	870

N° 3151. DE CARCASSONNE à NANTES.

Toulouse	94k
Bordeaux	251
Nantes	334
	679

N° 3152. DE CARCASSONNE à NAPOLÉON-VENDÉE.

Toulouse	94k
Bordeaux	251
Napoléon-Vendée . . .	276
	621

N° 3153. DE CARCASSONNE à NEVERS.

Albi	107 k
Clermont	304
Nevers	148
	559

N° 3154. DE CARCASSONNE à NIMES.

Montpellier	157 k
Nîmes	50
	207

N° 3155. DE CARCASSONNE à NIORT.

Toulouse	94 k
Bordeaux	251
Niort	194
	539

N° 3156. DE CARCASSONNE à ORLÉANS.

Toulouse	94 k
Limoges	308
Orléans	269
	671

N° 3157. DE CARCASSONNE à PARIS.

Toulouse	94 k
Paris	697
	791

N° 3158. DE CARCASSONNE à PAU.

Toulouse	94 k
Tarbes	151
Pau	39
	284

N° 3159. DE CARCASSONNE à PÉRIGUEUX.

Toulouse	94 k
Cahors	111
Périgueux	143
	348

N° 3160. DE CARCASSONNE à PERPIGNAN.

Perpignan	121 k

N° 3161. DE CARCASSONNE à POITIERS.

Toulouse	94 k
Bordeaux	251
Poitiers	246
	591

N° 3162. DE CARCASSONNE à PRIVAS.

Montpellier	157 k
Privas	165
	322

N° 3163. DE CARCASSONNE au PUY.

Le Puy	363 k

N° 3164. DE CARCASSONNE à QUIMPER.

Toulouse	94 k
Bordeaux	251
Nantes	334
Quimper	231
	910

N° 3165. DE CARCASSONNE à RENNES.

Toulouse	94 k
Bordeaux	251
Nantes	334
Rennes	107
	786

N° 3166. DE CARCASSONNE à ROCHEFORT.

Toulouse	94 k
Bordeaux	251
Rochefort	162
	507

N° 3167. DE CARCASSONNE à LA ROCHELLE.

Toulouse	94 k
Bordeaux	251
La Rochelle	193
	538

N° 3168. DE CARCASSONNE à RODEZ.

Rodez	186 k

N° 3169. DE CARCASSONNE à ROUEN.

Toulouse	94 k
Paris	697
Rouen	140
	931

N° 3170. DE CARCASSONNE à SAINT-BRIEUC.

Toulouse	94 k
Bordeaux	251
Nantes	334
Saint-Brieuc	207
	886

N° 3171. DE CARCASSONNE à SAINT-GERMAIN.

Toulouse	94 k
Paris	697
Saint-Germain	23
	814

N° 3172. DE CARCASSONNE à SAINT-LO.

Toulouse	94 k
Tours	538
Saint-Lô	276
	908

N° 3173. DE CARCASSONNE à SAINT-OMER.

Toulouse	94 k
Paris	697
Saint-Omer	336
	1,127

N° 3174. DE CARCASSONNE à SARREGUEMINES.

Montpellier	157 k
Lyon	328
Dijon	193
Metz	249
Sarreguemines	76
	1,003

N° 3175. DE CARCASSONNE à SAUMUR.

Toulouse	94 k
Saumur	526
	620

N° 3176. DE CARCASSONNE à SCHELESTADT.

Montpellier	157 k
Lyon	328
Schelestadt	413
	898

N° 3177. DE CARCASSONNE à STRASBOURG.

Montpellier	157 k
Lyon	328
Strasbourg	458
	943

N° 3178. DE CARCASSONNE à TARBES.

Toulouse	94 k
Tarbes	151
	245

N° 3179. DE CARCASSONNE à THIONVILLE.

Montpellier	157 k
Lyon	328
Dijon	193
Metz	249
Thionville	26
	953

N° 3180. DE CARCASSONNE à TOULON.

Montpellier	157 k
Marseille	177
Toulon	60
	394

N° 3181. DE CARCASSONNE à TOULOUSE.

Toulouse	94 k

N° 3182. DE CARCASSONNE à TOURS.

Toulouse	94 k
Tours	538
	632

N° 3183. DE CARCASSONNE À TROYES.

Montpellier	157k
Lyon	328
Dijon	193
Troyes	150
	828

N° 3184. DE CARCASSONNE À TULLE.

Cahors	205k
Tulle	133
	338

N° 3185. DE CARCASSONNE À VALENCE.

Montpellier	157k
Valence	223
	380

N° 3186. DE CARCASSONNE À VALENCIENNES.

Toulouse	94k
Paris	697
Valenciennes	277
	1,068

N° 3187. DE CARCASSONNE À VANNES.

Toulouse	94k
Bordeaux	251
Nantes	334
Vannes	108
	787

N° 3188. DE CARCASSONNE À VERDUN.

Montpellier	157k
Lyon	328
Dijon	193
Verdun	239
	917

N° 3189. DE CARCASSONNE À VERNON.

Toulouse	94k
Paris	697
Vernon	80
	871

N° 3190. DE CARCASSONNE À VERSAILLES.

Toulouse	94k
Paris	697
Versailles	17
	808

N° 3191. DE CARCASSONNE À VESOUL.

Montpellier	157
Lyon	328
Besançon	212
Vesoul	47
	744

CETTE.

N° 3192. DE CETTE À CHALONS-SUR-MARNE.

Lyon	355k
Dijon	193
Châlons-sur-Marne	229
	777

N° 3193. DE CETTE À CHALON-SUR-SAONE.

Lyon	355k
Chalon-sur-Saône	126
	481

N° 3194. DE CETTE À CHARTRES.

Lyon	355k
Orléans	420
Chartres	73
	848

N° 3195. DE CETTE À CHATEAUROUX.

Nîmes	77k
Clermont	312
Châteauroux	306
	695

N° 3196. DE CETTE À CHERBOURG.

Toulouse	222k
Tours	538
Cherbourg	358
	1,118

N° 3197. DE CETTE À CLERMONT.

Nîmes	77k
Clermont	312
	389

N° 3198. DE CETTE À COLMAR.

Lyon	355k
Colmar	390
	745

N° 3199. DE CETTE À COMPIÈGNE.

Lyon	355k
Paris	507
Compiègne	100
	962

N° 3200. DE CETTE À DIGNE.

Avignon	126k
Digne	152
	278

N° 3201. DE CETTE À DIJON.

Lyon	355k
Dijon	193
	548

N° 3202. DE CETTE À DOUAI.

Lyon	355k
Paris	507
Douai	241
	1,103

N° 3203. DE CETTE À DRAGUIGNAN.

Aix	201k
Draguignan	108
	309

N° 3204. DE CETTE À DUNKERQUE.

Lyon	355k
Paris	507
Dunkerque	356
	1,218

N° 3205. DE CETTE À ÉPINAL.

Lyon	355k
Besançon	212
Épinal	123
	690

N° 3206. DE CETTE À ÉVREUX.

Lyon	355k
Paris	507
Évreux	108
	970

N° 3207. DE CETTE À LA FÈRE.

Lyon	355k
Paris	507
La Fère	153
	1,015

N° 3208. DE CETTE À FOIX.

Carcassonne	131k
Foix	98
	229

N° 3209. DE CETTE À FONTAINEBLEAU.

Lyon	355k
Fontainebleau	448
	803

N° 3210. DE CETTE À GAP.

Avignon	126k
Gap	187
	313

N° 3211. DE CETTE À GIVET.

Lyon	355k
Dijon	193
Châlons-sur-Marne	229
Givet	187
	964

N° 3212. DE CETTE À GRENOBLE.

Valence	251k
Grenoble	94
	345

N° 3213. DE CETTE à GUÉRET.

Nîmes 77k
Clermont 312
Guéret 130
519

N° 3214. DE CETTE à HAGUENAU

Lyon 355k
Strasbourg 458
Haguenau 29
842

N° 3215 DE BOURBONNE à LANGRES.

Lyon 355k
Dijon 193
Langres 66
614

N° 3216. DE CETTE à LAON.

Lyon 355k
Paris 507
Laon 177
1,039

N° 3217. DE CETTE à LAVAL.

Toulouse 222k
Tours 538
Laval 140
900

N° 3218. DE CETTE à LILLE.

Lyon 355k
Paris 507
Lille 274
1,136

N° 3219. DE CETTE à LIMOGES.

Toulouse 222k
Limoges 308
530

N° 3220. DE CETTE à LONS-LE-SAUNIER.

Lyon 355k
Lons-le-Saunier 124
479

N° 3221. DE CETTE à LORIENT.

Toulouse 222k
Bordeaux 251
Nantes 334
Lorient 164
971

N° 3222. DE CETTE à LUNÉVILLE.

Lyon 355k
Lunéville 398
753

N° 3223. DE CETTE à LYON.

Lyon 355k

N° 3224. DE CETTE à MACON.

Lyon 355k
Mâcon 67
422

N° 3225. DE CETTE au MANS.

Toulouse 222k
Tours 538
Le Mans 82
842

N° 3226. DE CETTE à MARSEILLE.

Marseille 204k

N° 3227. DE CETTE à MAUBEUGE.

Lyon 355k
Paris 507
Maubeuge 260
1,122

N° 3228. DE CETTE à MELUN.

Lyon 355k
Melun 462
817

N° 3229. DE CETTE à MENDE.

Nîmes 77k
Mende 148
225

N° 3230 DE CETTE à METZ.

Lyon 355k
Dijon 193
Metz 249
797

N° 3231. DE CETTE à MÉZIÈRES.

Lyon 355k
Dijon 193
Châlons-sur-Marne . . . 229
Mézières 120
897

N° 3232. DE CETTE à MONTAUBAN.

Montauban 244k

N° 3233. DE CETTE à MONTBRISON.

Montpellier 27k
Le Puy 206
Montbrison 113
346

N° 3234. DE CETTE à MONT-DE-MARSAN.

Toulouse 222k
Auch 77
Mont-de-Marsan 112
411

N° 3235. DE CETTE à MONTPELLIER.

Montpellier 27k

N° 3236. DE CETTE à MOULINS.

Nîmes 77k
Clermont 312
Moulins 95
484

N° 3237. DE CETTE à NANCY.

Lyon 355k
Dijon 193
Nancy 192
740

N° 3238. DE CETTE à NANTES.

Toulouse 222k
Bordeaux 251
Nantes 334
807

N° 3239. DE CETTE à NAPOLÉON-VENDÉE.

Toulouse 222k
Bordeaux 251
Napoléon-Vendée . . . 276
749

N° 3240. DE CETTE à NEVERS.

Nîmes 77k
Clermont 312
Nevers 148
537

N° 3241. DE CETTE à NIMES.

Nîmes 77k

N° 3242. DE CETTE à NIORT.

Toulouse 222k
Bordeaux 251
Niort 194
667

N° 3243. DE CETTE à ORLÉANS.

Lyon 355k
Orléans 420
775

N° 3244. DE CETTE à PARIS.

Lyon 355k
Paris 507
862

N° 3245. DE CETTE à PAU.

Toulouse 222k
Pau 190
412

N° 3246. DE CETTE à PÉRIGUEUX.

Toulouse 222k
Périgueux 243
465

N° 3247. DE CETTE à PERPIGNAN.

Perpignan 135k

N° 3248. DE CETTE à POITIERS.

Toulouse	222k
Poitiers	437
	659

N° 3249. DE CETTE à PRIVAS.

Nîmes	77k
Privas	115
	192

N° 3250. DE CETTE au PUY.

Montpellier	27k
Le Puy	206
	233

N° 3251. DE CETTE à QUIMPER.

Toulouse	222k
Bordeaux	251
Nantes	334
Quimper	231
	1,038

N° 3252. DE CETTE à RENNES.

Toulouse	222k
Bordeaux	251
Nantes	334
Rennes	107
	914

N° 3253. DE CETTE à ROCHEFORT.

Toulouse	222k
Bordeaux	251
Rochefort	162
	635

N° 3254. DE CETTE à LA ROCHELLE.

Toulouse	222k
Bordeaux	251
La Rochelle	193
	666

N° 3255. DE CETTE à RODEZ.

Montpellier	27k
Rodez	193
	220

N° 3256. DE CETTE à ROUEN.

Lyon	355k
Paris	507
Rouen	140
	1,002

N° 3257. DE CETTE à SAINT-BRIEUC.

Toulouse	222k
Bordeaux	251
Nantes	334
Saint-Brieuc	207
	1,014

N° 3258. DE CETTE à SAINT-GERMAIN.

Lyon	355k
Paris	507
Saint-Germain	23
	885

N° 3259. DE CETTE à SAINT-LO.

Toulouse	222k
Tours	538
Saint-Lô	276
	1,036

N° 3260. DE CETTE à SAINT-OMER.

Lyon	355k
Paris	507
Saint-Omer	336
	1,198

N° 3261. DE CETTE à SARREGUEMINES.

Lyon	355k
Dijon	193
Metz	249
Sarreguemines	76
	873

N° 3262. DE CETTE à SAUMUR.

Toulouse	222k
Saumur	526
	748

N° 3263. DE CETTE à SCHELESTADT.

Lyon	355k
Schelestadt	413
	768

N° 3264. DE CETTE à STRASBOURG.

Lyon	355k
Strasbourg	458
	813

N° 3265. DE CETTE à TARBES.

Toulouse	222k
Tarbes	151
	373

N° 3266. DE CETTE à THIONVILLE.

Lyon	355k
Dijon	193
Metz	249
Thionville	26
	823

N° 3267. DE CETTE à TOULON.

Marseille	104k
Toulon	60
	264

N° 3268. DE CETTE à TOULOUSE.

Toulouse	222k

N° 3269. DE CETTE à TOURS.

Toulouse	222k
Tours	538
	760

N° 3270. DE CETTE à TROYES.

Lyon	355k
Dijon	193
Troyes	150
	698

N° 3271. DE CETTE à TULLE.

Montpellier	27k
Rodez	193
Aurillac	103
Tulle	85
	408

N° 3272. DE CETTE à VALENCE.

Valence	250k

N° 3273. DE CETTE à VALENCIENNES.

Lyon	355k
Paris	507
Valenciennes	277
	1,139

N° 3274. DE CETTE à VANNES.

Toulouse	222k
Bordeaux	251
Nantes	334
Vannes	108
	915

N° 3275. DE CETTE à VERDUN.

Lyon	355k
Dijon	193
Verdun	239
	787

N° 3276. DE CETTE à VERNON.

Lyon	355k
Paris	507
Vernon	80
	942

N° 3277. DE CETTE à VERSAILLES.

Lyon	355k
Paris	507
Versailles	17
	879

N° 3278. DE CETTE à VESOUL.

Lyon	355k
Besançon	212
Vesoul	47
	614

CHALONS-SUR-MARNE.

N° 3279. DE CHALONS-SUR-MARNE À CHALON-SUR-SAONE.

Dijon . . . . 229 k
Chalon-sur-Saône. . . . 68
297

N° 3280. DE CHALONS-SUR-MARNE À CHARTRES.

Paris . . . . 172 k
Chartres. 88
260

N° 3281. DE CHALONS-SUR-MARNE À CHATEAUROUX.

Paris . . . . 172 k
Châteauroux. 265
437

N° 3282. DE CHALONS-SUR-MARNE À CHERBOURG.

Paris . . . . 172 k
Cherbourg. 358
530

N° 3283. DE CHALONS-SUR-MARNE À CLERMONT.

Clermont. . . . . 413 k

N° 3284. DE CHALONS-SUR-MARNE À COLMAR.

Colmar. . . . . 397 k

N° 3285. DE CHALONS-SUR-MARNE À COMPIÈGNE.

Compiègne. . . . . . . 138 k

N° 3286. DE CHALONS-SUR-MARNE À DIGNE.

Dijon . . . . 229 k
Lyon 193
Digne 296
718

N° 3287. DE CHALONS-SUR-MARNE À DIJON.

Dijon . . . . 229 k

N° 3288. DE CHALONS-SUR-MARNE À DOUAI.

Paris . . . . 172 k
Douai. 241
413

N° 3289. DE CHALONS-SUR-MARNE À DRAGUIGNAN.

Dijon . . . . 229 k
Lyon 193
Draguignan. 391
813

N° 3290. DE CHALONS-SUR-MARNE À DUNKERQUE.

Paris . . . . 172 k
Dunkerque 356
528

N° 3291. DE CHALONS-SUR-MARNE À ÉPINAL.

Épinal. . . . . 225 k

N° 3292. DE CHALONS-SUR-MARNE À ÉVREUX.

Paris . . . . 172 k
Évreux 108
280

N° 3293. DE CHALONS-SUR-MARNE À LA FÈRE.

La Fère. . . . . 115 k

N° 3294. DE CHALONS-SUR-MARNE À FOIX.

Paris . . . . 172 k
Toulouse. 697
Foix. 82
951

N° 3295. DE CHALONS-SUR-MARNE À FONTAINEBLEAU.

Paris . . . . 172 k
Fontainebleau 59
231

N° 3296. DE CHALONS-SUR-MARNE À GAP.

Dijon . . . . 229 k
Lyon 193
Grenoble. 108
Gap. 101
631

N° 3297. DE CHALONS-SUR-MARNE À GIVET.

Mézières. . . . . 120 k
Givet 67
187

N° 3298. DE CHALONS-SUR-MARNE À GRENOBLE.

Dijon . . . . 229 k
Lyon 193
Grenoble. 108
530

N° 3299. DE CHALONS-SUR-MARNE À GUÉRET.

Paris. . . . . 172 k
Châteauroux. 265
Guéret. 91
528

N° 3300. DE CHALONS-SUR-MARNE À HAGUENAU.

Haguenau . . . . 324 k

N° 3301. DE CHALONS-SUR-MARNE À LANGRES.

Langres. . . . . 173 k

N° 3302. DE CHALONS-SUR-MARNE À LAON.

Laon . . . . 91 k

N° 3303. DE CHALONS-SUR-MARNE À LAVAL.

Paris . . . . 172 k
Laval 300
472

N° 3304. DE CHALONS-SUR-MARNE À LILLE.

Paris . . . . 172 k
Lille. 274
446

N° 3305. DE CHALONS-SUR-MARNE À LIMOGES.

Paris . . . . 172 k
Limoges. 390
562

N° 3306. DE CHALONS-SUR-MARNE À LONS-LE-SAUNIER.

Dijon . . . . 229 k
Lons-le-Saunier 99
328

N° 3307. DE CHALONS-SUR-MARNE À LORIENT.

Paris . . . . 172 k
Lorient 533
705

N° 3308. DE CHALONS-SUR-MARNE À LUNÉVILLE.

Lunéville . . . . 213 k

N° 3309. DE CHALONS-SUR-MARNE À LYON.

Dijon . . . . 229 k
Lyon 193
422

N° 3310. DE CHALONS-SUR-MARNE À MACON.

Dijon . . . . 229 k
Mâcon. 126
355

N° 3311. DE CHALONS-SUR-MARNE au MANS.

Paris . . . . 172 k
Le Mans. 211
383

N° 3312. DE CHALONS-SUR-MARNE À MARSEILLE.

Dijon . . . . 229 k
Lyon 193
Marseille. 350
772

N° 3313. DE CHALONS-SUR-MARNE À MAUBEUGE.

Laon	81k
Maubeuge	88
	179

N° 3314. DE CHALONS-SUR-MARNE À MELUN.

Paris	172k
Melun	45
	217

N° 3315. DE CHALONS-SUR-MARNE À MENDE.

Clermont	413k
Mende	186
	599

N° 3316. DE CHALONS-SUR-MARNE À METZ.

Metz	221k

N° 3317. DE CHALONS-SUR-MARNE À MÉZIÈRES.

Mézières	120k

N° 3318. DE CHALONS-SUR-MARNE À MONTAUBAN.

Paris	172k
Montauban	648
	820

N° 3319. DE CHALONS-SUR-MARNE À MONTBRISON.

Dijon	229k
Lyon	193
Montbrison	101
	523

N° 3320. DE CHALONS-SUR-MARNE À MONT-DE-MARSAN.

Paris	172k
Bordeaux	583
Mont-de-Marsan	131
	886

N° 3321. DE CHALONS-SUR-MARNE À MONTPELLIER.

Dijon	229k
Lyon	193
Montpellier	328
	750

N° 3322. DE CHALONS-SUR-MARNE À MOULINS.

Paris	172k
Moulins	342
	514

N° 3323. DE CHALONS-SUR-MARNE À NANCY.

Nancy	180k

N° 3324. DE CHALONS-SUR-MARNE À NANTES.

Paris	172k
Nantes	431
	603

N° 3325. DE CHALONS-SUR-MARNE À NAPOLÉON-VENDÉE.

Paris	172k
Saumur	300
Napoléon-Vendée	133
	605

N° 3326. DE CHALONS-SUR-MARNE À NEVERS.

Paris	172k
Nevers	303
	475

N° 3327. DE CHALONS-SUR-MARNE À NIMES.

Dijon	229k
Lyon	193
Nîmes	278
	700

N° 3328. DE CHALONS-SUR-MARNE À NIORT.

Paris	172k
Poitiers	337
Niort	76
	585

N° 3329. DE CHALONS-SUR-MARNE À ORLÉANS.

Paris	172k
Orléans	121
	293

N° 3330. DE CHALONS-SUR-MARNE À PARIS.

Paris	172k

N° 3331. DE CHALONS-SUR-MARNE À PAU.

Paris	172k
Bordeaux	583
Pau	213
	968

N° 3332. DE CHALONS-SUR-MARNE À PÉRIGUEUX.

Paris	172k
Limoges	390
Périgueux	95
	657

N° 3333. DE CHALONS-SUR-MARNE À PERPIGNAN.

Dijon	229k
Lyon	193
Montpellier	328
Perpignan	161
	911

N° 3334. DE CHALONS-SUR-MARNE À POITIERS.

Paris	172k
Poitiers	337
	509

N° 3335. DE CHALONS-SUR-MARNE À PRIVAS.

Dijon	229k
Lyon	193
Privas	144
	566

N° 3336. DE CHALONS-SUR-MARNE AU PUY.

Dijon	229k
Lyon	193
Le Puy	134
	556

N° 3337. DE CHALONS-SUR-MARNE À QUIMPER.

Paris	172k
Rennes	373
Quimper	227
	772

N° 3338. DE CHALONS-SUR-MARNE À RENNES.

Paris	172k
Rennes	373
	545

N° 3339. DE CHALONS-SUR-MARNE À ROCHEFORT.

Paris	172k
Poitiers	337
Rochefort	137
	646

N° 3340. DE CHALONS-SUR-MARNE À LA ROCHELLE.

Paris	172k
Poitiers	337
La Rochelle	139
	648

N° 3341. DE CHALONS-SUR-MARNE À RODEZ.

Clermont	413k
Rodez	225
	638

N° 3342. DE CHALONS-SUR-MARNE À ROUEN.

Paris	172k
Rouen	140
	312

N° 3313. DE CHALONS-SUR-MARNE À SAINT-BRIEUC.

Paris	172k
Rennes	373
Saint-Brieuc	100
	645

N° 3344. DE CHALONS-SUR-MARNE à SAINT-GERMAIN.

Paris	172k
Saint-Germain	23
	195

N° 3345. DE CHALONS-SUR-MARNE à SAINT-LO.

Paris	172k
Saint-Lô	300
	472

N° 3346. DE CHALONS-SUR-MARNE à SAINT-OMER.

Paris	172k
Saint-Omer	336
	508

N° 3347. DE CHALONS-SUR-MARNE à SARREGUEMINES.

Sarreguemines	297k

N° 3348. DE CHALONS-SUR-MARNE à SAUMUR.

Paris	172k
Saumur	300
	472

N° 3349. DE CHALONS-SUR-MARNE à SCHELESTADT.

Schelestadt	374k

N° 3350. DE CHALONS-SUR-MARNE à STRASBOURG.

Strasbourg	329k

N° 3351. DE CHALONS-SUR-MARNE à TARBES.

Paris	172k
Tarbes	765
	937

N° 3352. DE CHALONS-SUR-MARNE à THIONVILLE.

Thionville	247k

N° 3353. DE CHALONS-SUR-MARNE à TOULON.

Dijon	229k
Lyon	193
Marseille	350
Toulon	60
	832

N° 3354. DE CHALONS-SUR-MARNE à TOULOUSE.

Paris	172k
Toulouse	697
	869

N° 3355. DE CHALONS-SUR-MARNE à TOURS.

Paris	172k
Tours	226
	408

N° 3356. DE CHALONS-SUR-MARNE à TROYES.

Troyes	79k

N° 3357. DE CHALONS-SUR-MARNE à TULLE.

Clermont	413k
Tulle	143
	556

N° 3358. DE CHALONS-SUR-MARNE à VALENCE.

Dijon	229k
Lyon	193
Valence	105
	527

N° 3359. DE CHALONS-SUR-MARNE à VALENCIENNES.

Cambrai	178k
Valenciennes	32
	210

N° 3360. DE CHALONS-SUR-MARNE à VANNES.

Paris	172k
Rennes	373
Vannes	103
	648

N° 3361. DE CHALONS-SUR-MARNE à VERDUN.

Verdun	81

N° 3362. DE CHALONS-SUR-MARNE à VERNON.

Paris	172k
Vernon	80
	252

N° 3363. DE CHALONS-SUR-MARNE à VERSAILLES.

Paris	172k
Versailles	17
	189

N° 3364. DE CHALONS-SUR-MARNE à VESOUL.

Langres	173k
Vesoul	74
	247

CHALON-SUR-SAONE.

N° 3365. DE CHALON-SUR-SAONE à CHARTRES.

Paris	383k
Chartres	88
	471

N° 3366. DE CHALON-SUR-SAONE à CHATEAUROUX.

Moulins	148k
Châteauroux	203
	351

N° 3367. DE CHALON-SUR-SAONE à CHERBOURG.

Paris	383k
Cherbourg	358
	741

N° 3368. DE CHALON-SUR-SAONE à CLERMONT.

Clermont	235k

N° 3369. DE CHALON-SUR-SAONE à COLMAR.

Colmar	287k

N° 3370. DE CHALON-SUR-SAONE à COMPIÈGNE.

Paris	383k
Compiègne	100
	483

N° 3371. DE CHALON-SUR-SAONE à DIGNE.

Lyon	126k
Digne	296
	422

N° 3372. DE CHALON-SUR-SAONE à DIJON.

Dijon	68k

N° 3373. DE CHALON-SUR-SAONE à DOUAI.

Paris	383k
Douai	241
	624

N° 3374. DE CHALON-SUR-SAONE à DRAGUIGNAN.

Lyon	126k
Draguignan	391
	517

N° 3375. DE CHALON-SUR-SAONE à DUNKERQUE.

Paris	383k
Dunkerque	356
	739

N° 3376. DE CHALON-SUR-SAONE à ÉPINAL.

Besançon	109k
Épinal	123
	232

N° 3377. DE CHALON-SUR-SAONE à ÉVREUX.

Paris	383k
Évreux	108
	491

N° 3378. DE CHALON-SUR-SAONE à LA FÈRE.

Paris	383k
La Fère	153
	536

N° 3379. DE CHALON-SUR-SAONE à FOIX.

Lyon	126k
Montpellier	328
Carcassonne	157
Foix	98
	709

N° 3380. DE CHALON-SUR-SAONE à FONTAINEBLEAU.

Fontainebleau	324k

N° 3381. DE CHALON-SUR-SAONE à GAP.

Lyon	126k
Grenoble	108
Gap	101
	335

N° 3382. DE CHALON-SUR-SAONE à GIVET.

Dijon	69k
Châlons-sur-Marne	229
Givet	187
	485

N° 3383. DE CHALON-SUR-SAONE à GRENOBLE.

Lyon	126k
Grenoble	108
	234

N° 3384. DE CHALON-SUR-SAONE à GUÉRET.

Moulins	148k
Guéret	138
	286

N° 3385. DE CHALON-SUR-SAONE à HAGUENAU.

Haguenau	384k

N° 3386. DE CHALON-SUR-SAONE à LANGRES.

Langres	135k

N° 3387. DE CHALON-SUR-SAONE à LAON.

Paris	383k
Laon	177
	560

N° 3388. DE CHALON-SUR-SAONE à LAVAL.

Nevers	154k
Angers	403
Laval	74
	631

N° 3389. DE CHALON-SUR-SAONE à LILLE.

Paris	383k
Lille	274
	657

N° 3390. DE CHALON-SUR-SAONE à LIMOGES.

Moulins	148k
Limoges	222
	370

N° 3391. DE CHALON-SUR-SAONE à LONS-LE-SAUNIER.

Lons-le-Saunier	64k

N° 3392. DE CHALON-SUR-SAONE à LORIENT.

Nevers	154k
Nantes	491
Lorient	164
	809

N° 3393. DE CHALON-SUR-SAONE à LUNÉVILLE.

Lunéville	288k

N° 3394. DE CHALON-SUR-SAONE à LYON.

Lyon	126k

N° 3395. DE CHALON-SUR-SAONE à MACON.

Mâcon	58k

N° 3396. DE CHALON-SUR-SAONE au MANS.

Nevers	154k
Blois	227
Le Mans	108
	489

N° 3397. DE CHALON-SUR-SAONE à MARSEILLE.

Lyon	126k
Marseille	350
	476

N° 3398. DE CHALON-SUR-SAONE à MAUBEUGE.

Dijon	68k
Maubeuge	408
	476

N° 3399. DE CHALON-SUR-SAONE à MELUN.

Melun	338k

N° 3400. DE CHALON-SUR-SAONE à MENDE.

Lyon	126k
Le Puy	134
Mende	89
	349

N° 3401. DE CHALON-SUR-SAONE à METZ.

Dijon	68k
Metz	249
	317

N° 3402. DE CHALON-SUR-SAONE à MÉZIÈRES.

Dijon	68k
Châlons-sur-Marne	229
Mézières	120
	417

N° 3403. DE CHALON-SUR-SAONE à MONTAUBAN.

Clermont	235k
Aurillac	157
Montauban	177
	569

N° 3404. DE CHALON-SUR-SAONE à MONTBRISON.

Lyon	126k
Montbrison	101
	227

N° 3405. DE CHALON-SUR-SAONE à MONT-DE-MARSAN.

Moulins	148k
Limoges	222
Périgueux	95
Agen	136
Mont-de-Marsan	109
	710

N° 3406. DE CHALON-SUR-SAONE à MONTPELLIER.

Lyon	126k
Montpellier	328
	454

N° 3407. DE CHALON-SUR-SAONE à MOULINS.

Moulins	148k

N° 3408. DE CHALON-SUR-SAONE à NANCY.

Dijon	68k
Nancy	192
	260

N° 3409. DE CHALON-SUR-SAONE à NANTES.

Nevers	154k
Nantes	491
	645

N° 3410. DE CHALON-SUR-SAONE à NAPOLÉON-VENDÉE.

Nevers	154k
Saumur	360
Napoléon-Vendée	133
	647

N° 3411. DE CHALON-SUR-SAONE à NEVERS.

Nevers 154k

N° 3412. DE CHALON-SUR-SAONE à NIMES.

Lyon 126k
Nîmes 278
404

N° 3413. DE CHALON-SUR-SAONE à NIORT.

Moulins 148k
Poitiers 303
Niort 76
527

N° 3414. DE CHALON-SUR-SAONE à ORLÉANS.

Nevers 154k
Orléans 182
336

N° 3415. DE CHALON-SUR-SAONE à PARIS.

Paris 383k

N° 3416. DE CHALON-SUR-SAONE à PAU.

Clermont 235k
Aurillac 157
Montauban 177
Pau 194
763

N° 3417. DE CHALON-SUR-SAONE à PÉRIGUEUX.

Moulins 148k
Limoges 222
Périgueux 95
465

N° 3418. DE CHALON-SUR-SAONE à PERPIGNAN.

Lyon 126k
Montpellier 328
Perpignan 161
615

N° 3419. DE CHALON-SUR-SAONE à POITIERS.

Moulins 148k
Poitiers 303
451

N° 3420. DE CHALON-SUR-SAONE à PRIVAS.

Lyon 126k
Privas 144
270

N° 3421. DE CHALON-SUR-SAONE au PUY.

Lyon 126k
Le Puy 134
260

N° 3422. DE CHALON-SUR-SAONE à QUIMPER.

Nevers 154k
Nantes 491
Quimper 231
876

N° 3423. DE CHALON-SUR-SAONE à RENNES.

Nevers 154k
Angers 403
Rennes 125
682

N° 3424. DE CHALON-SUR-SAONE à ROCHEFORT.

Moulins 148k
Poitiers 303
Rochefort 137
588

N° 3425. DE CHALON-SUR-SAONE à LA ROCHELLE.

Moulins 148k
Poitiers 303
La Rochelle 139
590

N° 3426. DE CHALON-SUR-SAONE à RODEZ.

Clermont 235k
Rodez 225
460

N° 3427. DE CHALON-SUR-SAONE à ROUEN.

Paris 383k
Rouen 140
523

N° 3428. DE CHALON-SUR-SAONE à SAINT-BRIEUC.

Nevers 154k
Angers 403
Saint-Brieuc 225
782

N° 3429. DE CHALON-SUR-SAONE à SAINT-GERMAIN.

Paris 383k
Saint-Germain 23
406

N° 3430. DE CHALON-SUR-SAONE à SAINT-LO.

Paris 383k
Saint-Lô 300
683

N° 3431. DE CHALON-SUR-SAONE à SAINT-OMER.

Paris 383k
Saint-Omer 336
719

N° 3432. DE CHALON-SUR-SAONE à SARREGUEMINES.

Dijon 68k
Metz 249
Sarreguemines 76
393

N° 3433. DE CHALON-SUR-SAONE à SAUMUR.

Nevers 154k
Saumur 360
514

N° 3434. DE CHALON-SUR-SAONE à SCHELESTADT.

Schelestadt 310k

N° 3435. DE CHALON-SUR-SAONE à STRASBOURG.

Strasbourg 355k

N° 3436. DE CHALON-SUR-SAONE à TARBES.

Clermont 235k
Aurillac 157
Montauban 177
Tarbes 157
726

N° 3437. DE CHALON-SUR-SAONE à THIONVILLE.

Dijon 68k
Metz 249
Thionville 26
343

N° 3438. DE CHALON-SUR-SAONE à TOULON.

Lyon 126k
Marseille 350
Toulon 60
536

N° 3439. DE CHALON-SUR-SAONE à TOULOUSE.

Lyon 126k
Toulouse 493
619

N° 3440. DE CHALON-SUR-SAONE à TOURS.

Nevers 154k
Tours 296
450

N° 3441. DE CHALON-SUR-SAONE à TROYES.

Dijon 68k
Troyes 150
218

N° 3442. DE CHALON-SUR-SAONE à TULLE.

Clermont 235k
Tulle 143
378

N° 3443. DE CHALON-SUR-SAONE à VALENCE.

Lyon 126k
Valence 105
231

N° 3444. DE CHALON-SUR-SAONE à VALENCIENNES.

Paris 383k
Valenciennes 277
660

N° 3445. DE CHALON-SUR-SAONE à VANNES.

Nevers 154k
Nantes 491
Vannes 108
753

N° 3446. DE CHALON-SUR-SAONE à VERDUN.

Langres 135k
Verdun 173
308

N° 3447. DE CHALON-SUR-SAONE à VERNON.

Paris 383k
Vernon 80
463

N° 3448. DE CHALON-SUR-SAONE à VERSAILLES.

Paris 383k
Versailles 17
400

N° 3449. DE CHALON-SUR-SAONE à VESOUL.

Vesoul 156k

CHARTRES.

N° 3450. DE CHARTRES à CHATEAUROUX.

Orléans 73k
Châteauroux 144
217

N° 3451. DE CHARTRES à CHERBOURG.

Cherbourg 321k

N° 3452. DE CHARTRES à CLERMONT.

Orléans 73k
Clermont 324
397

N° 3453. DE CHARTRES à COLMAR.

Paris 88k
Colmar 569
657

N° 3454. DE CHARTRES à COMPIÈGNE.

Paris 88k
Compiègne 100
188

N° 3455. DE CHARTRES à DIGNE.

Orléans 73k
Lyon 420
Digne 296
789

N° 3456. DE CHARTRES à DIJON.

Paris 88k
Dijon 315
403

N° 3457. DE CHARTRES à DOUAI.

Paris 88k
Douai 241
329

N° 3458. DE CHARTRES à DRAGUIGNAN.

Orléans 73k
Lyon 420
Draguignan 391
884

N° 3459. DE CHARTRES à DUNKERQUE.

Paris 88k
Dunkerque 356
444

N° 3460. DE CHARTRES à ÉPINAL.

Paris 88k
Épinal 397
485

N° 3461. DE CHARTRES à ÉVREUX.

Évreux 76k

N° 3462. DE CHARTRES à LA FÈRE.

Paris 88k
La Fère 153
241

N° 3463. DE CHARTRES à FOIX.

Orléans 73k
Toulouse 575
Foix 82
730

N° 3464. DE CHARTRES à FONTAINEBLEAU.

Fontainebleau 147k

N° 3465. DE CHARTRES à GAP.

Orléans 73k
Lyon 420
Grenoble 108
Gap 101
702

N° 3466. DE CHARTRES à GIVET.

Paris 88k
Givet 320
408

N° 3467. DE CHARTRES à GRENOBLE.

Orléans 73k
Lyon 420
Grenoble 108
601

N° 3468. DE CHARTRES à GUÉRET.

Orléans 73k
Châteauroux 144
Guéret 91
308

N° 3469. DE CHARTRES à HAGUENAU.

Paris 88k
Haguenau 496
584

N° 3470. DE CHARTRES à LANGRES.

Paris 88k
Langres 307
395

N° 3471. DE CHARTRES à LAON.

Paris 88k
Laon 177
265

N° 3472. DE CHARTRES à LAVAL.

Laval 212k

N° 3473. DE CHARTRES à LILLE.

Paris 88k
Lille 274
362

N° 3474. DE CHARTRES à LIMOGES.

Orléans 73k
Limoges 269
342

N° 3475. DE CHARTRES À LONS-LE-SAUNIER.

Paris 88k
Lons-le-Saunier 447
535

N° 3476. DE CHARTRES À LORIENT.

Rennes. 285k
Lorient 160
445

N° 3477. DE CHARTRES À LUNÉVILLE.

Paris. 88k
Lunéville 385
473

N° 3478. DE CHARTRES À LYON.

Orléans 73k
Lyon 420
493

N° 3479. DE CHARTRES À MACON.

Paris 88k
Mâcon 441
529

N° 3480. DE CHARTRES au MANS.

Le Mans. 123k

N° 3481. DE CHARTRES À MARSEILLE.

Orléans 73k
Lyon 420
Marseille. 350
843

N° 3482. DE CHARTRES À MAUBEUGE.

Paris 88k
Maubeuge 260
348

N° 3483. DE CHARTRES À MELUN.

Paris 88k
Melun 45
133

N° 3484. DE CHARTRES À MENDE.

Orléans 73k
Clermont 324
Mende. 186
583

N° 3485. DE CHARTRES À METZ.

Paris 88k
Metz. 393
481

N° 3486. DE CHARTRES À MÉZIÈRES.

Paris 88k
Mézières 253
341

N° 3487. DE CHARTRES À MONTAUBAN.

Orléans 73k
Montauban. 526
599

N° 3488. DE CHARTRES À MONTBRISON.

Orléans 73k
Moulins. 231
Montbrison. 160
464

N° 3489. DE CHARTRES À MONT-DE-MARSAN.

Orléans 73k
Bordeaux 462
Mont-de-Marsan 131
666

N° 3490. DE CHARTRES À MONTPELLIER

Orléans 73k
Lyon 420
Montpellier 328
821

N° 3491. DE CHARTRES À MOULINS.

Orléans 73k
Moulins 231
304

N° 3492. DE CHARTRES À NANCY.

Paris 88k
Nancy. 352
440

N° 3493. DE CHARTRES À NANTES.

Le Mans. 123k
Angers 88
Nantes. 88
299

N° 3494. DE CHARTRES À NAPOLÉON-VENDÉE.

Le Mans. 123k
Angers 88
Napoléon-Vendée. . . . 125
336

N° 3495. DE CHARTRES À NEVERS.

Orléans 73k
Nevers. 182
255

N° 3496. DE CHARTRES À NIMES.

Orléans 73k
Lyon 420
Nimes 278
771

N° 3497. DE CHARTRES À NIORT.

Orléans 73k
Poitiers 216
Niort. 76
365

N° 3498. DE CHARTRES À ORLÉANS.

Orléans. 73k

N° 3499. DE CHARTRES À PARIS.

Paris. 88k

N° 3500. DE CHARTRES À PAU.

Orléans 73k
Bordeaux 462
Pau 213
748

N° 3501. DE CHARTRES À PÉRIGUEUX.

Orléans 73k
Limoges. 269
Périgueux. 95
437

N° 3502. DE CHARTRES À PERPIGNAN.

Orléans 73k
Toulouse. 575
Perpignan. 215
863

N° 3503. DE CHARTRES À POITIERS.

Orléans 73k
Poitiers. 216
289

N° 3504. DE CHARTRES À PRIVAS.

Orléans 73k
Lyon. 420
Privas. 144
637

N° 3505. DE CHARTRES au PUY.

Orléans 73k
Clermont 324
Le Puy. 134
531

N° 3506. DE CHARTRES À QUIMPER.

Rennes 285k
Quimper. 227
512

N° 3507. DE CHARTRES À RENNES.

Rennes 285k

N° 3508. DE CHARTRES À ROCHEFORT.

Orléans 73k
Poitiers 216
Rochefort 137
426

N° 3509. DE CHARTRES À LA ROCHELLE.

Orléans 73k
Poitiers 216
La Rochelle. 139
428

N° 3510. DE CHARTRES à RODEZ.

Orléans 73k
Clermont. 324
Rodez 225
622

N° 3511. DE CHARTRES à ROUEN.

Paris 88k
Rouen. 140
228

N° 3512. DE CHARTRES à SAINT-BRIEUC.

Rennes 285k
Saint-Brieuc. 100
385

N° 3513. DE CHARTRES à ST-GERMAIN.

Saint-Germain. 84k

N° 3514. DE CHARTRES à SAINT-LO.

Alençon 177k
Saint-Lô. 145
322

N° 3515. DE CHARTRES à SAINT-OMER.

Paris 88k
Saint-Omer 336
424

N° 3516. DE CHARTRES à SARREGUEMINES.

Paris 88k
Sarreguemines. 469
557

N° 3517. DE CHARTRES à SAUMUR.

Orléans 73k
Saumur 179
252

N° 3518. DE CHARTRES à SCHELESTADT.

Paris 88k
Schelestadt. 546
634

N° 3519. DE CHARTRES à STRASBOURG.

Paris 88k
Strasbourg. 501
589

N° 3520. DE CHARTRES à TARBES.

Orléans 73k
Tarbes. 643
716

N° 3521. DE CHARTRES à THIONVILLE.

Paris 88k
Thionville 419
507

N° 3522. DE CHARTRES à TOULON.

Orléans 73k
Lyon 420
Marseille. 350
Toulon. 60
903

N° 3523. DE CHARTRES à TOULOUSE.

Orléans. 73k
Toulouse. 575
648

N° 3524. DE CHARTRES à TOURS.

Tours. 142k

N° 3525. DE CHARTRES à TROYES.

Paris 88k
Troyes. 179
267

N° 3526. DE CHARTRES à TULLE.

Orléans 73k
Limoges. 269
Tulle. 89
431

N° 3527. DE CHARTRES à VALENCE.

Orléans 73k
Lyon. 420
Valence 105
598

N° 3528. DE CHARTRES à VALENCIENNES.

Paris. 88k
Valenciennes. 277
365

N° 3529. DE CHARTRES à VANNES.

Rennes. 285k
Vannes. 103
388

N° 3530. DE CHARTRES à VERDUN.

Paris 88k
Verdun 253
341

N° 3531. DE CHARTRES à VERNON.

Vernon 108k

N° 3532. DE CHARTRES à VERSAILLES.

Versailles 71k

N° 3533. DE CHARTRES à VESOUL.

Paris 88k
Vesoul. 381
469

CHATEAUROUX.

N° 3534. DE CHATEAUROUX à CHERBOURG.

Tours 108k
Cherbourg. 358
466

N° 3535. DE CHATEAUROUX à CLERMONT.

Clermont. 306k

N° 3536. DE CHATEAUROUX à COLMAR.

Nevers. 163k
Dijon 189
Colmar. 249
601

N° 3537. DE CHATEAUROUX à COMPIÈGNE.

Paris. 265k
Compiègne. 100
365

N° 3538. DE CHATEAUROUX à DIGNE.

Moulins 203k
Lyon. 186
Digne. 296
685

N° 3539. DE CHATEAUROUX à DIJON.

Nevers. 163k
Dijon. 189
352

N° 3540. DE CHATEAUROUX à DOUAI.

Paris. 265k
Douai. 241
506

N° 3541. DE CHATEAUROUX à DRAGUIGNAN.

Moulins 203k
Lyon. 186
Draguignan. 391
780

N° 3542. DE CHATEAUROUX à DUNKERQUE.

Paris. 265k
Dunkerque. 356
621

N° 3543. DE CHATEAUROUX à ÉPINAL.

Bourges 94k
Auxerre. 142
Langres 156
Épinal. 115
507

N° 3544. DE CHATEAUROUX à ÉVREUX.

Paris	265k
Évreux	108
	373

N° 3545. DE CHATEAUROUX à LA FÈRE

Paris	265k
La Fère	153
	418

N° 3546. DE CHATEAUROUX à FOIX.

Limoges	125k
Toulouse	308
Foix	82
	515

N° 3547. DE CHATEAUROUX à FONTAINEBLEAU.

Orléans	144k
Fontainebleau	88
	232

N° 3548. DE CHATEAUROUX à GAP.

Moulins	203k
Lyon	186
Grenoble	108
Gap	101
	598

N° 3549. DE CHATEAUROUX à GIVET.

Paris	265k
Givet	320
	585

N° 3550. DE CHATEAUROUX à GRENOBLE.

Moulins	203k
Lyon	186
Grenoble	108
	497

N° 3551. DE CHATEAUROUX à GUÉRET.

Guéret	91k

N° 3552. DE CHATEAUROUX à HAGUENAU.

Paris	265k
Haguenau	496
	761

N° 3553. DE CHATEAUROUX à LANGRES

Bourges	94k
Auxerre	142
Langres	156
	392

N° 3554. DE CHATEAUROUX à LAON.

Paris	265k
Laon	177
	442

N° 3555. DE CHATEAUROUX à LAVAL.

Tours	108k
Laval	140
	248

N° 3556. DE CHATEAUROUX à LILLE.

Paris	265k
Lille	274
	539

N° 3557. DE CHATEAUROUX à LIMOGES

Limoges	125k

N° 3558. DE CHATEAUROUX à LONS-LE-SAUNIER.

Nevers	163k
Chalon-sur-Saône	154
Lons-le-Saunier	64
	381

N° 3559. DE CHATEAUROUX à LORIENT.

Tours	108k
Nantes	195
Lorient	164
	467

N° 3560. DE CHATEAUROUX à LUNÉVILLE.

Paris	265k
Lunéville	385
	650

N° 3561. DE CHATEAUROUX à LYON.

Moulins	203k
Lyon	186
	389

N° 3562. DE CHATEAUROUX à MACON.

Moulins	203k
Mâcon	136
	339

N° 3563. DE CHATEAUROUX au MANS.

Tours	108k
Le Mans	82
	190

N° 3564. DE CHATEAUROUX à MARSEILLE.

Moulins	203k
Lyon	186
Marseille	350
	739

N° 3565. DE CHATEAUROUX à MAUBEUGE.

Paris	265k
Maubeuge	260
	525

N° 3566. DE CHATEAUROUX à MELUN.

Orléans	144k
Melun	103
	247

N° 3567. DE CHATEAUROUX à MENDE.

Clermont	306k
Mende	186
	492

N° 3568. DE CHATEAUROUX à METZ.

Paris	265k
Metz	393
	658

N° 3569. DE CHATEAUROUX à MÉZIÈRES.

Paris	265k
Mézières	253
	518

N° 3570. DE CHATEAUROUX à MONTAUBAN.

Montauban	382k

N° 3571. DE CHATEAUROUX à MONTBRISON.

Clermont	306k
Montbrison	113
	419

N° 3572. DE CHATEAUROUX à MONT-DE-MARSAN.

Bordeaux	344k
Mont-de-Marsan	131
	475

N° 3573. DE CHATEAUROUX à MONTPELLIER.

Clermont	306k
Montpellier	340
	646

N° 3574. DE CHATEAUROUX à MOULINS

Moulins	203k

N° 3575. DE CHATEAUROUX à NANCY.

Paris	265k
Nancy	352
	617

N° 3576. DE CHATEAUROUX à NANTES.

Nantes	295k

N° 3577. DE CHATEAUROUX à NAPOLÉON-VENDÉE.

Saumur	172k
Napoléon-Vendée	133
	305

N° 3578. DE CHATEAUROUX à NEVERS.

Nevers	163k

N° 3579. DE CHATEAUROUX à NIMES.

Clermont 306k
Nîmes. 312
618

N° 3580. DE CHATEAUROUX à NIORT.

Poitiers 118k
Niort. 76
194

N° 3581. DE CHATEAUROUX à ORLÉANS

Orléans 144k

N° 3582. DE CHATEAUROUX à PARIS.

Paris 265k

N° 3583. DE CHATEAUROUX à PAU.

Bordeaux 344k
Pau 213
557

N° 3584. DE CHATEAUROUX à PÉRIGUEUX.

Limoges. 125k
Périgueux. 95
220

N° 3585. DE CHATEAUROUX à PERPIGNAN.

Limoges. 125k
Toulouse. 308
Perpignan 215
648

N° 3586. DE CHATEAUROUX à POITIERS

Poitiers. 118k

N° 3587. DE CHATEAUROUX à PRIVAS.

Moulins 203k
Lyon 186
Privas. 144
533

N° 3588. DE CHATEAUROUX au PUY.

Clermont 306k
Le Puy 134
440

N° 3589. DE CHATEAUROUX à QUIMPER

Nantes. 295k
Quimper. 231
526

N° 3590. DE CHATEAUROUX à RENNES.

Tours 108k
Laval 140
Rennes. 73
321

N° 3591. DE CHATEAUROUX à ROCHEFORT.

Poitiers 118k
Rochefort. 137
255

N° 3592. DE CHATEAUROUX à LA ROCHELLE.

Poitiers 118k
La Rochelle. 139
257

N° 3593. DE CHATEAUROUX à RODEZ.

Clermont 306k
Rodez 225
531

N° 3594. DE CHATEAUROUX à ROUEN.

Paris. 265k
Rouen. 140
405

N° 3595. DE CHATEAUROUX à SAINT-BRIEUC.

Tours. 108k
Laval. 140
Rennes 73
Saint-Brieuc 100
421

N° 3596. DE CHATEAUROUX à SAINT-GERMAIN.

Paris. 265k
Saint-Germain 23
288

N° 3597. DE CHATEAUROUX à SAINT-LO

Tours. 108k
Saint-Lô. 276
384

N° 3598. DE CHATEAUROUX à SAINT-OMER.

Paris. 265k
Saint-Omer. 336
601

N° 3599. DE CHATEAUROUX à SARREGUEMINES.

Paris. 265k
Sarreguemines. 385
650

N° 3600. DE CHATEAUROUX à SAUMUR

Saumur. 172k

N° 3601. DE CHATEAUROUX à SCHELESTADT.

Nevers. 163k
Dijon 189
Schelestadt 272
624

N° 3602. DE CHATEAUROUX à STRASBOURG.

Nevers. 163k
Dijon 189
Strasbourg. 322
674

N° 3603. DE CHATEAUROUX à TARBES.

Tarbes. 499k

N° 3604. DE CHATEAUROUX à THIONVILLE.

Paris 265k
Thionville. 419
684

N° 3605. DE CHATEAUROUX à TOULON

Moulins 203k
Lyon 186
Marseille. 350
Toulon. 60
799

N° 3606. DE CHATEAUROUX à TOULOUSE.

Toulouse. 431k

N° 3607. DE CHATEAUROUX à TOURS.

Tours 108k

N° 3608. DE CHATEAUROUX à TROYES

Troyes. 282k

N° 3609. DE CHATEAUROUX à TULLE.

Limoges. 125k
Tulle 89
214

N° 3610. DE CHATEAUROUX à VALENCE.

Moulins 203k
Lyon 186
Valence 105
494

N° 3611. DE CHATEAUROUX à VALENCIENNES.

Paris 265k
Valenciennes. 277
542

N° 3612. DE CHATEAUROUX à VANNES.

Nantes. 295k
Vannes 108
403

N° 3613. DE CHATEAUROUX à VERDUN.

Paris 265k
Verdun 253
518

N° 3614. DE CHATEAUROUX à VERNON.

Paris	265k
Vernon	80
	345

N° 3615. DE CHATEAUROUX à VERSAILLES.

Paris	265k
Versailles	17
	282

N° 3616. DE CHATEAUROUX à VESOUL.

Nevers	163k
Dijon	189
Vesoul	107
	459

CHERBOURG.

N° 3617. DE CHERBOURG à CLERMONT

Paris	358k
Clermont	445
	803

N° 3618. DE CHERBOURG à COLMAR.

Paris	358k
Colmar	569
	927

N° 3619. DE CHERBOURG à COMPIÈGNE

Paris	358k
Compiègne	100
	458

N° 3620. DE CHERBOURG à DIGNE.

Paris	358k
Lyon	507
Digne	296
	1,161

N° 3621. DE CHERBOURG à DIJON.

Paris	358k
Dijon	315
	673

N° 3622. DE CHERBOURG à DOUAI.

Paris	358k
Douai	241
	599

N° 3623. DE CHERBOURG à DRAGUIGNAN

Paris	358k
Lyon	507
Draguignan	391
	1,256

N° 3624. DE CHERBOURG à DUNKERQUE

Paris	358k
Dunkerque	356
	714

N° 3625. DE CHERBOURG à ÉPINAL.

Paris	358k
Épinal	397
	755

N° 3626. DE CHERBOURG à ÉVREUX.

Évreux	245k

N° 3627. DE CHERBOURG à LA FÈRE.

Paris	358k
La Fère	153
	511

N° 3628. DE CHERBOURG à FOIX.

Tours	358k
Bordeaux	347
Toulouse	251
Foix	82
	1,038

N° 3629. DE CHERBOURG à FONTAINEBLEAU.

Paris	358k
Fontainebleau	59
	417

N° 3630. DE CHERBOURG à GAP.

Paris	358k
Lyon	507
Grenoble	108
Gap	101
	1,074

N° 3631. DE CHERBOURG à GIVET.

Paris	358k
Givet	320
	678

N° 3632. DE CHERBOURG à GRENOBLE.

Paris	358k
Lyon	507
Grenoble	108
	973

N° 3633. DE CHERBOURG à GUÉRET.

Tours	358k
Guéret	199
	557

N° 3634. DE CHERBOURG à HAGUENAU.

Paris	358k
Haguenau	496
	854

N° 3635. DE CHERBOURG à LANGRES.

Paris	358k
Langres	307
	665

N° 3636. DE CHERBOURG à LAON.

Paris	358k
Laon	177
	535

N° 3637. DE CHERBOURG à LAVAL.

Laval	230k

N° 3638. DE CHERBOURG à LILLE.

Paris	358k
Lille	274
	632

N° 3639. DE CHERBOURG à LIMOGES.

Tours	358k
Limoges	230
	588

N° 3640. DE CHERBOURG à LONS-LE-SAUNIER.

Paris	358k
Lons-le-Saunier	447
	805

N° 3641. DE CHERBOURG à LORIENT.

Saint-Lô	77k
Rennes	134
Lorient	160
	371

N° 3642. DE CHERBOURG à LUNÉVILLE.

Paris	358k
Lunéville	385
	743

N° 3643. DE CHERBOURG à LYON.

Paris	358k
Lyon	507
	865

N° 3644. DE CHERBOURG à MACON.

Paris	358k
Mâcon	441
	799

N° 3645. DE CHERBOURG au MANS.

Le Mans	271k

N° 3646. DE CHERBOURG à MARSEILLE

Paris	358k
Lyon	507
Marseille	350
	1,215

Nº 3647. DE CHERBOURG À MAUBEUGE.

Paris	358k
Maubeuge	260
	618

Nº 3648. DE CHERBOURG À MELUN.

Paris	358k
Melun	45
	403

Nº 3649. DE CHERBOURG À MENDE.

Paris	358k
Clermont	445
Mende	186
	989

Nº 3650. DE CHERBOURG À METZ.

Paris	358k
Metz	393
	751

Nº 3651. DE CHERBOURG À MÉZIÈRES.

Paris	358k
Mézières	253
	611

Nº 3652. DE CHERBOURG À MONTAUBAN

Tours	358k
Bordeaux	347
Montauban	214
	919

Nº 3653. DE CHERBOURG À MONTBRISON.

Paris	368k
Moulins	342
Montbrison	160
	860

Nº 3654. DE CHERBOURG À MONT-DE-MARSAN.

Tours	358k
Bordeaux	347
Mont-de-Marsan	131
	836

Nº 3655. DE CHERBOURG À MONTPELLIER.

Paris	358k
Lyon	507
Montpellier	328
	1,193

Nº 3656. DE CHERBOURG À MOULINS.

Paris	358k
Moulins	342
	700

Nº 3657. DE CHERBOURG À NANCY.

Paris	358k
Nancy	352
	710

Nº 3658. DE CHERBOURG À NANTES.

Nantes	318k

Nº 3659. DE CHERBOURG À NAPOLÉON-VENDÉE.

Napoléon-Vendée	389k

Nº 3660. DE CHERBOURG À NEVERS.

Paris	358k
Nevers	303
	661

Nº 3661. DE CHERBOURG À NIMES.

Paris	358k
Lyon	507
Nimes	278
	1,143

Nº 3662. DE CHERBOURG À NIORT.

Paris	358k
Poitiers	101
Niort	76
	535

Nº 3663. DE CHERBOURG À ORLÉANS.

Paris	358k
Orléans	121
	479

Nº 3664. DE CHERBOURG À PARIS.

Paris	358k

Nº 3665. DE CHERBOURG À PAU.

Paris	358k
Bordeaux	347
Pau	213
	918

Nº 3666. DE CHERBOURG À PÉRIGUEUX

Tours	358k
Angoulême	214
Périgueux	86
	658

Nº 3667. DE CHERBOURG À PERPIGNAN

Tours	358k
Bordeaux	347
Toulouse	251
Perpignan	215
	1,171

Nº 3668. DE CHERBOURG À POITIERS.

Tours	358k
Poitiers	101
	459

Nº 3669. DE CHERBOURG À PRIVAS.

Paris	358k
Lyon	507
Privas	144
	1,009

Nº 3670. DE CHERBOURG AU PUY.

Paris	358k
Clermont	445
Le Puy	134
	937

Nº 3671. DE CHERBOURG À QUIMPER.

Rennes	211k
Quimper	227
	438

Nº 3672. DE CHERBOURG À RENNES.

Rennes	211k

Nº 3673. DE CHERBOURG À ROCHEFORT.

Tours	358k
Poitiers	101
Rochefort	137
	596

Nº 3674. DE CHERBOURG À LA ROCHELLE.

Tours	358k
Poitiers	101
La Rochelle	139
	598

Nº 3675. DE CHERBOURG À RODEZ.

Tours	358k
Limoges	230
Rodez	277
	865

Nº 3676. DE CHERBOURG À ROUEN.

Rouen	251k

Nº 3677. DE CHERBOURG À ST-BRIEUC.

Saint-Lô	77k
Saint-Brieuc	183
	260

Nº 3678. DE CHERBOURG À SAINT-GERMAIN.

Paris	358k
Saint-Germain	23
	381

Nº 3679. DE CHERBOURG À SAINT-LO.

Saint-Lô	77k

Nº 3680. DE CHERBOURG À SAINT-OMER

Paris	358k
Saint-Omer	336
	694

N° 3681. DE CHERBOURG À SARREGUEMINES.

Paris. 358k
Sarreguemines. 469
827

N° 3682. DE CHERBOURG À SAUMUR.

Saumur 348k

N° 3683. DE CHERBOURG À SCHELESTADT.

Paris 358k
Schelestadt 546
904

N° 3684. DE CHERBOURG À STRASBOURG

Paris. 358k
Strasbourg 501
859

N° 3685. DE CHERBOURG À TARBES.

Tours 358k
Bordeaux. 347
Tarbes. 230
935

N° 3686. DE CHERBOURG À THIONVILLE

Paris. 358k
Thionville 419
777

N° 3687. DE CHERBOURG À TOULON.

Paris. 358k
Lyon 507
Marseille 350
Toulon 60
1,275

N° 3688. DE CHERBOURG À TOULOUSE.

Tours 358k
Bordeaux. 347
Toulouse 251
956

N° 3689. DE CHERBOURG À TOURS.

Tours 358k

N° 3690. DE CHERBOURG À TROYES.

Paris 358k
Troyes 179
537

N° 3691. DE CHERBOURG À TULLE.

Tours 358k
Limoges. 230
Tulle 89
677

N° 3692. DE CHERBOURG À VALENCE.

Paris 358k
Lyon 507
Valence 105
970

N° 3693. DE CHERBOURG À VALENCIENNES.

Paris 358k
Valenciennes 377
735

N° 3694. DE CHERBOURG À VANNES.

Rennes 211k
Vannes 103
314

N° 3695. DE CHERBOURG À VERDUN.

Paris 358k
Verdun 253
611

N° 3696. DE CHERBOURG À VERNON.

Évreux 245k
Vernon 32
277

N° 3697. DE CHERBOURG À VERSAILLES.

Paris 358k
Versailles 17
375

N° 3698. DE CHERBOURG À VESOUL.

Paris 358k
Vesoul 381
739

CLERMONT.

N° 3699. DE CLERMONT À COLMAR.

Mâcon. 177k
Colmar. 345
522

N° 3700. DE CLERMONT À COMPIÈGNE.

Paris. 445k
Compiègne. 100
545

N° 3701. DE CLERMONT À DIGNE.

Lyon. 184k
Digne. 298
482

N° 3702. DE CLERMONT À DIJON.

Moulins 95k
Dijon. 183
278

N° 3703. DE CLERMONT À DOUAI.

Paris. 445k
Douai. 241
686

N° 3704. DE CLERMONT À DRAGUIGNAN.

Avignon. 340k
Draguignan. 186
526

N° 3705. DE CLERMONT À DUNKERQUE.

Paris. 445k
Dunkerque. 356
801

N° 3706. DE CLERMONT À ÉPINAL.

Moulins 95k
Dijon 183
Épinal. 181
459

N° 3707. DE CLERMONT À ÉVREUX.

Paris 445k
Évreux. 108
553

N° 3708. DE CLERMONT À LA FÈRE.

Paris. 445k
La Fère. 153
598

N° 3709. DE CLERMONT À FOIX.

Toulouse. 380k
Foix. 82
462

N° 3710. DE CLERMONT À FONTAINEBLEAU.

Orléans 324k
Fontainebleau. 88
412

N° 3711. DE CLERMONT A GAP.

Lyon 184k
Grenoble 108
Gap. 101
393

N° 3712. DE CLERMONT À GIVET.

Paris. 445k
Givet. 320
765

N° 3713. DE CLERMONT À GRENOBLE.

Lyon 184k
Grenoble. 108
292

N° 3714. DE CLERMONT À GUÉRET.

Guéret. 130k

N° 3715. DE CLERMONT À HAGUENAU.

Haguenau. 612k

N° 3716. DE CLERMONT à LANGRES.

Moulins . . . . 95^{k}
Dijon 183
Langres 66
344

N° 3717. DE CLERMONT à LAON.

Paris. . . . . 445^{k}
Laon. 177
622

N° 3718. DE CLERMONT à LAVAL.

Tours . . . . 439^{k}
Laval 140
579

N° 3719. DE CLERMONT à LILLE.

Paris. . . . . 445^{k}
Lille. 274
719

N° 3720. DE CLERMONT à LIMOGES.

Limoges. . . . . 179^{k}

N° 3721. DE CLERMONT à LONS-LE-SAUNIER.

Mâcon. . . . . 177^{k}
Lons-le-Saunier 96
273

N° 3722. DE CLERMONT à LORIENT.

Nantes . . . . 634^{k}
Lorient. 164
798

N° 3723. DE CLERMONT à LUNÉVILLE.

Lunéville. . . . . 497^{k}

N° 3724. DE CLERMONT à LYON.

Lyon . . . . 184^{k}

N° 3725. DE CLERMONT à MACON.

Mâcon. . . . . 177^{k}

N° 3726. DE CLERMONT au MANS.

Tours . . . . 439^{k}
Le Mans. 82
521

N° 3727. DE CLERMONT à MARSEILLE.

Nîmes. . . . . 312^{k}
Marseille. 127
439

N° 3728. DE CLERMONT à MAUBEUGE.

Paris. . . . . 445^{k}
Maubeuge 260
705

N° 3729. DE CLERMONT à MELUN.

Orléans . . . . 324^{k}
Melun 103
427

N° 3730. DE CLERMONT à MENDE.

Mende. . . . . 186^{k}

N° 3731. DE CLERMONT à METZ.

Metz. . . . . 527^{k}

N° 3732. DE CLERMONT à MÉZIÈRES.

Paris. . . . . 445^{k}
Mézières. 253
698

N° 3733. DE CLERMONT à MONTAUBAN

Aurillac. . . . . 157^{k}
Montauban. 177
334

N° 3734. DE CLERMONT à MONTBRISON.

Montbrison . . . . . . 113^{k}

N° 3735. DE CLERMONT à MONT-DE-MARSAN.

Bordeaux . . . . 366^{k}
Mont-de-Marsan. . . . 131
497

N° 3736. DE CLERMONT à MONTPELLIER.

Le Puy. . . . . 134^{k}
Montpellier 206
340

N° 3737. DE CLERMONT à MOULINS.

Moulins . . . . 95^{k}

N° 3738. DE CLERMONT à NANCY.

Nancy . . . . 470^{k}

N° 3739. DE CLERMONT à NANTES.

Nantes. . . . . 634^{k}

N° 3740. DE CLERMONT à NAPOLÉON-VENDÉE.

Limoges. . . . . 179^{k}
Niort 162
Napoléon-Vendée . . . 87
428

N° 3741. DE CLERMONT à NEVERS.

Nevers . . . . 148^{k}

N° 3742. DE CLERMONT à NIMES.

Nîmes. . . . . 312^{k}

N° 3743. DE CLERMONT à NIORT.

Limoges. . . . . 179^{k}
Niort. 162
341

N° 3744. DE CLERMONT à ORLÉANS.

Orléans . . . . 324^{k}

N° 3745. DE CLERMONT à PARIS.

Paris . . . . 445^{k}

N° 3746. DE CLERMONT à PAU.

Aurillac. . . . . 157^{k}
Montauban 177
Pau 194
528

N° 3747. DE CLERMONT à PÉRIGUEUX.

Périgueux. . . . . . . 245^{k}

N° 3748. DE CLERMONT à PERPIGNAN.

Albi. . . . . 304^{k}
Carcassonne 107
Perpignan. 121
532

N° 3749. DE CLERMONT à POITIERS.

Guéret. . . . . 130^{k}
Poitiers 147
277

N° 3750. DE CLERMONT à PRIVAS.

Montbrison . . . . . . 113^{k}
Privas. 171
284

N° 3751. DE CLERMONT au PUY.

Le Puy . . . . 134^{k}

N° 3752. DE CLERMONT à QUIMPER.

Nantes. . . . . 634^{k}
Quimper. 231
865

N° 3753. DE CLERMONT à RENNES.

Angers. . . . . 538^{k}
Rennes. 125
663

N° 3754. DE CLERMONT à ROCHEFORT.

Limoges. . . . . 179^{k}
Angoulême 103
Rochefort. 109
391

N° 3755. DE CLERMONT à LA ROCHELLE.

Limoges. . . . . 179^{k}
Angoulême 103
La Rochelle. 125
407

N° 3756. DE CLERMONT à RODEZ.

Rodez . . . . 225^{k}

N° 3757. DE CLERMONT à ROUEN.

Paris . . . . 445^{k}
Rouen. 140
585

N° 3758. DE CLERMONT À SAINT-BRIEUC.

Angers	538k
Rennes	125
Saint-Brieuc	100
	763

N° 3759. DE CLERMONT À ST-GERMAIN.

Paris	445k
Saint-Germain	23
	468

N° 3760. DE CLERMONT À SAINT-LO.

Paris	445k
Saint-Lô	300
	745

N° 3761. DE CLERMONT À SAINT-OMER.

Paris	445k
Saint-Omer	336
	781

N° 3762. DE CLERMONT À SARREGUEMINES.

Sarreguemines	603k

N° 3763. DE CLERMONT À SAUMUR.

Saumur	503k

N° 3764. DE CLERMONT À SCHELESTADT.

Schelestadt	545k

N° 3765. DE CLERMONT À STRASBOURG.

Strasbourg	590k

N° 3766. DE CLERMONT À TARBES.

Aurillac	157k
Montauban	177
Tarbes	157
	491

N° 3767. DE CLERMONT À THIONVILLE.

Thionville	553k

N° 3768. DE CLERMONT À TOULON.

Nîmes	312k
Marseille	127
Toulon	60
	499

N° 3769. DE CLERMONT À TOULOUSE.

Toulouse	380k

N° 3770. DE CLERMONT À TOURS.

Tours	439k

N° 3771. DE CLERMONT À TROYES.

Troyes	334k

N° 3772. DE CLERMONT À TULLE.

Tulle	143k

N° 3773. DE CLERMONT À VALENCE.

Valence	245k

N° 3774. DE CLERMONT À VALENCIENNES.

Paris	445k
Valenciennes	277
	722

N° 3775. DE CLERMONT À VANNES.

Nantes	634k
Vannes	108
	742

N° 3776. DE CLERMONT À VERDUN.

Verdun	494k

N° 3777. DE CLERMONT À VERNON.

Paris	445k
Vernon	80
	525

N° 3778. DE CLERMONT À VERSAILLES.

Paris	445k
Versailles	17
	462

N° 3779. DE CLERMONT À VESOUL.

Moulins	95k
Dijon	183
Vesoul	107
	385

COLMAR.

N° 3780. DE COLMAR À COMPIÈGNE.

Paris	569k
Compiègne	100
	669

N° 3781. DE COLMAR À DIGNE.

Lyon	390k
Digne	296
	686

N° 3782. DE COLMAR À DIJON.

Dijon	249k

N° 3783. DE COLMAR À DOUAI.

Paris	569k
Douai	241
	810

N° 3784. DE COLMAR À DRAGUIGNAN.

Lyon	390k
Draguignan	391
	781

N° 3785. DE COLMAR À DUNKERQUE.

Paris	569k
Dunkerque	356
	925

N° 3786. DE COLMAR À ÉPINAL.

Épinal	113k

N° 3787. DE COLMAR À ÉVREUX.

Paris	569k
Évreux	108
	677

N° 3788. DE COLMAR À LA FÈRE.

Paris	569k
La Fère	153
	722

N° 3789. DE COLMAR À FOIX.

Lyon	390k
Montpellier	328
Carcassonne	157
Foix	98
	973

N° 3790. DE COLMAR À FONTAINEBLEAU.

Fontainebleau	451k

N° 3791. DE COLMAR À GAP.

Lyon	390k
Grenoble	108
Gap	101
	599

N° 3792. DE COLMAR À GIVET.

Nancy	136k
Givet	267
	403

N° 3793. DE COLMAR À GRENOBLE.

Lyon	390k
Grenoble	108
	498

N° 3794. DE COLMAR À GUÉRET.

Dijon	249k
Moulins	183
Guéret	138
	570

N° 3795. DE COLMAR À HAGUENAU.

Haguenau	97k

N° 3796. DE COLMAR À LANGRES.

Vesoul	142k
Langres	74
	216

N° 3797. DE COLMAR À LAON.

Paris	569k
Laon	177
	746

N° 3798. DE COLMAR À LAVAL.

Paris	569k
Laval	300
	869

N° 3799. DE COLMAR À LILLE.

Paris 569k
Lille. 274
843

N° 3800. DE COLMAR À LIMOGES.

Dijon 249k
Moulins. 183
Limoges. 222
654

N° 3801. DE COLMAR À LONS-LE-SAUNIER.

Lons-le-Saunier 266k

N° 3802. DE COLMAR À LORIENT.

Belfort 80k
Auxerre. 292
Orléans 149
Nantes. 310
Lorient. 164
995

N° 3803. DE COLMAR À LUNÉVILLE.

Lunéville. 184k

N° 3804. DE COLMAR À LYON.

Lyon. 390k

N° 3805. DE COLMAR À MACON.

Chalon-sur-Saône . . . 287k
Mâcon. 58
345

N° 3806. DE COLMAR AU MANS.

Paris. 569k
Le Mans. 211
780

N° 3807. DE COLMAR À MARSEILLE.

Lyon 390k
Marseille. 350
740

N° 3808. DE COLMAR À MAUBEUGE.

Nancy. 136k
Maubeuge. 312
448

N° 3809. DE COLMAR À MELUN.

Melun. 466k

N° 3810. DE COLMAR À MENDE.

Lyon 390k
Le Puy 134
Mende. 89
613

N° 3811. DE COLMAR À METZ.

Nancy. 136k
Metz. 57
193

N° 3812. DE COLMAR À MÉZIÈRES.

Nancy. 136k
Mézières. 200
336

N° 3813. DE COLMAR À MONTAUBAN.

Mâcon. 345k
Clermont. 177
Aurillac. 157
Montauban. 177
856

N° 3814. DE COLMAR À MONTBRISON.

Lyon. 390k
Montbrison. 101
491

N° 3815. DE COLMAR À MONT-DE-MARSAN.

Lyon. 390k
Bordeaux 549
Mont-de-Marsan 131
1,070

N° 3816. DE COLMAR À MONTPELLIER.

Lyon. 390k
Montpellier. 328
718

N° 3817. DE COLMAR À MOULINS.

Dijon. 249k
Moulins 183
432

N° 3818. DE COLMAR A NANCY.

Nancy. 136k

N° 3819. DE COLMAR À NANTES.

Belfort. 80k
Auxerre. 292
Orléans. 149
Nantes. 310
831

N° 3820. DE COLMAR À NAPOLÉON-VENDÉE.

Belfort. 80k
Auxerre. 292
Orléans 149
Saumur 179
Napoléon-Vendée. . . . 133
833

N° 3821. DE COLMAR À NEVERS.

Dijon. 249k
Nevers. 189
438

N° 3822. DE COLMAR À NIMES.

Lyon. 390k
Nimes. 278
668

N° 3823. DE COLMAR À NIORT.

Belfort 80k
Auxerre. 292
Orléans 149
Poitiers 216
Niort 76
813

N° 3824. DE COLMAR À ORLÉANS.

Belfort. 80k
Auxerre. 292
Orléans 149
521

N° 3825. DE COLMAR À PARIS.

Paris. 569k

N° 3826. DE COLMAR À PAU.

Lyon. 390k
Montpellier 328
Toulouse. 251
Pau 190
1,159

N° 3827. DE COLMAR À PÉRIGUEUX.

Dijon 249k
Moulins. 183
Limoges. 222
Périgueux. 95
749

N° 3828. DE COLMAR À PERPIGNAN.

Lyon. 390k
Montpellier 328
Perpignan. 161
879

N° 3829. DE COLMAR À POITIERS.

Belfort 80k
Auxerre. 292
Orléans 149
Poitiers 216
737

N° 3830. DE COLMAR À PRIVAS.

Lyon 390k
Privas. 144
534

N° 3831. DE COLMAR AU PUY.

Lyon. 390k
Le Puy 134
524

N° 3832. DE COLMAR À QUIMPER.

Belfort. 80k
Auxerre. 292
Orléans 149
Nantes. 310
Quimper. 231
1,062

N° 3833. DE COLMAR À RENNES.

Belfort	80k
Auxerre	292
Orléans	149
Angers	222
Rennes	125
	868

N° 3834. DE COLMAR À ROCHEFORT.

Belfort	80k
Auxerre	292
Orléans	149
Poitiers	216
Rochefort	137
	874

N° 3835. DE COLMAR À LA ROCHELLE.

Belfort	80k
Auxerre	292
Orléans	149
Poitiers	216
La Rochelle	139
	876

N° 3836. DE COLMAR À RODEZ.

Lyon	390k
Le Puy	134
Rodez	204
	728

N° 3837. DE COLMAR À ROUEN.

Paris	569k
Rouen	140
	709

N° 3838. DE COLMAR À SAINT-BRIEUC.

Belfort	80k
Auxerre	292
Orléans	149
Angers	222
Rennes	125
Saint-Brieuc	100
	968

N° 3839. DE COLMAR À SAINT-GERMAIN.

Paris	569k
Saint-Germain	23
	592

N° 3840. DE COLMAR À SAINT-LO.

Paris	569k
Saint-Lô	300
	869

N° 3841. DE COLMAR À SAINT-OMER.

Paris	569k
Saint-Omer	336
	905

N° 3842. DE COLMAR À SARREGUEMINES.

Strasbourg	68k
Sarreguemines	104
	172

N° 3843. DE COLMAR À SAUMUR.

Belfort	80k
Auxerre	292
Orléans	149
Saumur	179
	700

N° 3844. DE COLMAR À SCHELESTADT.

Schelestadt	23k

N° 3845. DE COLMAR À STRASBOURG.

Strasbourg	68k

N° 3846. DE COLMAR À TARBES.

Lyon	390k
Montpellier	328
Toulouse	251
Tarbes	151
	1,120

N° 3847. DE COLMAR À THIONVILLE.

Thionville	219k

N° 3848. DE COLMAR À TOULON.

Lyon	390k
Marseille	350
Toulon	60
	800

N° 3849. DE COLMAR À TOULOUSE.

Lyon	390k
Montpellier	328
Toulouse	251
	969

N° 3850. DE COLMAR À TOURS.

Belfort	80k
Auxerre	292
Orléans	149
Tours	115
	636

N° 3851. DE COLMAR À TROYES.

Troyes	331k

N° 3852. DE COLMAR À TULLE.

Mâcon	345k
Clermont	177
Tulle	143
	665

N° 3853. DE COLMAR À VALENCE.

Lyon	390k
Valence	105
	495

N° 3854. DE COLMAR À VALENCIENNES.

Paris	569k
Valenciennes	277
	846

N° 3855. DE COLMAR À VANNES.

Belfort	80k
Auxerre	292
Orléans	149
Nantes	310
Vannes	108
	939

N° 3856. DE COLMAR À VERDUN.

Nancy	136k
Verdun	98
	234

N° 3857. DE COLMAR À VERNON.

Paris	569k
Vernon	80
	649

N° 3858. DE COLMAR À VERSAILLES.

Paris	569k
Versailles	17
	586

N° 3859. DE COLMAR À VESOUL.

Vesoul	142k

COMPIÈGNE.

N° 3860. DE COMPIÈGNE À DIGNE.

Paris	100k
Lyon	507
Digne	296
	903

N° 3861. DE COMPIÈGNE À DIJON.

Paris	100k
Dijon	315
	415

N° 3862. DE COMPIÈGNE À DOUAI.

Douai	134k

N° 3863. DE COMPIÈGNE À DRAGUIGNAN.

Paris	100k
Lyon	507
Draguignan	391
	998

N° 3864. DE COMPIÈGNE À DUNKERQUE

Douai	134k
Dunkerque	115
	249

N° 3865. DE COMPIÈGNE À ÉPINAL.

Paris	100k
Épinal	397
	497

N° 3866. DE COMPIÈGNE à ÉVREUX.

Paris	100k
Évreux	108
	208

N° 3867. DE COMPIÈGNE à LA FÈRE.

La Fère	53k

N° 3868. DE COMPIÈGNE à FOIX.

Paris	100k
Toulouse	697
Foix	82
	879

N° 3869. DE COMPIÈGNE à FONTAINEBLEAU.

Paris	100k
Fontainebleau	59
	159

N° 3870. DE COMPIÈGNE à GAP.

Paris	100k
Lyon	507
Grenoble	108
Gap	101
	816

N° 3871. DE COMPIÈGNE à GIVET.

Givet	272k

N° 3872. DE COMPIÈGNE à GRENOBLE.

Paris	100k
Lyon	507
Grenoble	108
	715

N° 3873. DE COMPIÈGNE à GUÉRET.

Paris	100k
Châteauroux	265
Guéret	91
	456

N° 3874. DE COMPIÈGNE à HAGUENAU

Paris	100k
Haguenau	496
	596

N° 3875. DE COMPIÈGNE à LANGRES.

Paris	100k
Langres	307
	407

N° 3876. DE COMPIÈGNE à LAON.

Laon	77k

N° 3877. DE COMPIÈGNE à LAVAL.

Paris	100k
Laval	300
	400

N° 3878. DE COMPIÈGNE à LILLE.

Lille	167k

N° 3879. DE COMPIÈGNE à LIMOGES.

Paris	100k
Limoges	390
	490

N° 3880. DE COMPIÈGNE à LONS-LE-SAUNIER.

Paris	100k
Lons-le-Saunier	447
	547

N° 3881. DE COMPIÈGNE à LORIENT.

Paris	100k
Lorient	533
	633

N° 3882. DE COMPIÈGNE à LUNÉVILLE.

Paris	100k
Lunéville	385
	485

N° 3883. DE COMPIÈGNE à LYON.

Paris	100k
Lyon	507
	607

N° 3884. DE COMPIÈGNE à MACON.

Paris	100k
Mâcon	441
	541

N° 3885. DE COMPIÈGNE au MANS.

Paris	100k
Le Mans	211
	311

N° 3886. DE COMPIÈGNE à MARSEILLE.

Paris	100k
Lyon	507
Marseille	350
	957

N° 3887. DE COMPIÈGNE à MAUBEUGE.

Maubeuge	155k

N° 3888. DE COMPIÈGNE à MELUN.

Paris	100k
Melun	45
	145

N° 3889. DE COMPIÈGNE à MENDE.

Paris	100k
Clermont	445
Mende	186
	731

N° 3890. DE COMPIÈGNE à METZ.

Paris	100k
Metz	393
	493

N° 3891. DE COMPIÈGNE à MÉZIÈRES.

Mézières	205k

N° 3892. DE COMPIÈGNE à MONTAUBAN

Paris	100k
Montauban	648
	748

N° 3893. DE COMPIÈGNE à MONTBRISON.

Paris	100k
Moulins	342
Montbrison	160
	602

N° 3894. DE COMPIÈGNE à MONT-DE-MARSAN.

Paris	100k
Bordeaux	583
Mont-de-Marsan	131
	814

N° 3895. DE COMPIÈGNE à MONTPELLIER.

Paris	100k
Lyon	507
Montpellier	328
	935

N° 3896. DE COMPIÈGNE à MOULINS.

Paris	100k
Moulins	342
	442

N° 3897. DE COMPIÈGNE à NANCY.

Paris	100k
Nancy	352
	452

N° 3898. DE COMPIÈGNE à NANTES.

Paris	100k
Nantes	431
	531

N° 3899. DE COMPIÈGNE à NAPOLÉON-VENDÉE.

Paris	100k
Saumur	300
Napoléon-Vendée	133
	533

N° 3900. DE COMPIÈGNE à NEVERS.

Paris	100k
Nevers	303
	403

N° 3901. DE COMPIÈGNE à NIMES.

Paris	100k
Lyon	507
Nîmes	278
	885

N° 3902. DE COMPIÈGNE à NIORT.

Paris	100k
Poitiers	337
Niort	76
	513

N° 3903. DE COMPIÈGNE à ORLÉANS.

Paris	100k
Orléans	121
	221

N° 3904. DE COMPIÈGNE à PARIS.

Paris	100k

N° 3905. DE COMPIÈGNE à PAU.

Paris	100k
Bordeaux	583
Pau	213
	896

N° 3906. DE COMPIÈGNE à PÉRIGUEUX

Paris	100k
Limoges	390
Périgueux	95
	585

N° 3907. DE COMPIÈGNE à PERPIGNAN.

Paris	100k
Toulouse	697
Perpignan	215
	1,012

N° 3908. DE COMPIÈGNE à POITIERS.

Paris	100k
Poitiers	337
	437

N° 3909. DE COMPIÈGNE à PRIVAS.

Paris	100k
Lyon	507
Privas	144
	751

N° 3910. DE COMPIÈGNE au PUY.

Paris	100k
Clermont	445
Le Puy	134
	679

N° 3911. DE COMPIÈGNE à QUIMPER.

Paris	100k
Rennes	373
Quimper	227
	700

N° 3912. DE COMPIÈGNE à RENNES.

Paris	100k
Rennes	373
	473

N° 3913. DE COMPIÈGNE à ROCHEFORT

Paris	100k
Poitiers	337
Rochefort	137
	574

N° 3914. DE COMPIÈGNE à LA ROCHELLE.

Paris	100k
Poitiers	337
La Rochelle	139
	576

N° 3915. DE COMPIÈGNE à RODEZ.

Paris	100k
Clermont	445
Rodez	225
	770

N° 3916. DE COMPIÈGNE à ROUEN.

Rouen	154k

N° 3917. DE COMPIÈGNE à ST-BRIEUC.

Paris	100k
Rennes	373
Saint-Brieuc	100
	573

N° 3918. DE COMPIÈGNE à ST-GERMAIN

Paris	100k
Saint-Germain	23
	123

N° 3919. DE COMPIÈGNE à SAINT-LO.

Paris	100k
Saint-Lô	300
	400

N° 3920. DE COMPIÈGNE à SAINT-OMER

Saint-Omer	229k

N° 3921. DE COMPIÈGNE à SARREGUEMINES.

Paris	100k
Sarreguemines	469
	569

N° 3922. DE COMPIÈGNE à SAUMUR.

Paris	100k
Saumur	300
	400

N° 3923. DE COMPIÈGNE à SCHELESTADT.

Paris	100k
Schelestadt	546
	646

N° 3924. DE COMPIÈGNE à STRASBOURG

Paris	100k
Strasbourg	501
	601

N° 3925. DE COMPIÈGNE à TARBES.

Paris	100k
Tarbes	765
	865

N° 3926. DE COMPIÈGNE à THIONVILLE

Paris	100k
Thionville	419
	519

N° 3927. DE COMPIÈGNE à TOULON.

Paris	100k
Lyon	507
Marseille	350
Toulon	60
	1,017

N° 3928. DE COMPIÈGNE à TOULOUSE.

Paris	100k
Toulouse	697
	797

N° 3929. DE COMPIÈGNE à TOURS.

Paris	100k
Tours	236
	336

N° 3930. DE COMPIÈGNE à TROYES.

Paris	100k
Troyes	179
	279

N° 3931. DE COMPIÈGNE à TULLE.

Paris	100k
Limoges	390
Tulle	89
	579

N° 3932. DE COMPIÈGNE à VALENCE.

Paris	100k
Lyon	507
Valence	105
	712

N° 3933. DE COMPIÈGNE à VALENCIENNES.

Valenciennes	140k

N° 3934. DE COMPIÈGNE à VANNES.

Paris	100k
Rennes	373
Vannes	103
	576

N° 3935. DE COMPIÈGNE à VERDUN.

Paris	100k
Verdun	253
	353

N° 3936. DE COMPIÈGNE à VERNON.

Vernon 141k

N° 3937. DE COMPIÈGNE à VERSAILLES

Paris 100k
Versailles 17
117

N° 3938. DE COMPIÈGNE à VESOUL.

Paris 100k
Vesoul 381
481

DIGNE.

N° 3939. DE DIGNE à DIJON.

Lyon 296k
Dijon 193
489

N° 3940. DE DIGNE à DOUAI.

Lyon 296k
Paris 507
Douai 241
1,044

N° 3941. DE DIGNE à DRAGUIGNAN.

Draguignan 95k

N° 3942. DE DIGNE à DUNKERQUE.

Lyon 296k
Paris 507
Dunkerque 356
1,159

N° 3943. DE DIGNE à ÉPINAL.

Lyon 296k
Besançon 212
Épinal 123
631

N° 3944. DE DIGNE à ÉVREUX.

Lyon 296k
Paris 507
Évreux 108
911

N° 3945. DE DIGNE à LA FÈRE.

Lyon 296k
Paris 507
La Fère 153
956

N° 3946. DE DIGNE à FOIX.

Avignon 152k
Montpellier 98
Foix 255
505

N° 3947. DE DIGNE à FONTAINEBLEAU.

Lyon 296k
Fontainebleau 448
744

N° 3948. DE DIGNE à GAP.

Gap 87k

N° 3949. DE DIGNE à GIVET.

Lyon 296k
Dijon 193
Châlons-sur-Marne . . . 229
Givet 187
905

N° 3950. DE DIGNE à GRENOBLE.

Grenoble 188k

N° 3951. DE DIGNE à GUÉRET.

Lyon 296k
Clermont 183
Guéret 130
609

N° 3952. DE DIGNE à HAGUENAU.

Lyon 296k
Strasbourg 458
Haguenau 29
783

N° 3953. DE DIGNE à LANGRES.

Lyon 296k
Dijon 193
Langres 66
555

N° 3954. DE DIGNE à LAON.

Lyon 296k
Paris 507
Laon 177
980

N° 3955. DE DIGNE à LAVAL.

Lyon 296k
Bourges 308
Tours 227
Laval 140
971

N° 3956. DE DIGNE à LILLE.

Lyon 296k
Paris 507
Lille 274
1,077

N° 3957. DE DIGNE à LIMOGES.

Lyon 296k
Clermont 184
Limoges 179
659

N° 3958. DE DIGNE à LONS-LE-SAUNIER.

Lyon 296k
Lons-le-Saunier 124
420

N° 3959. DE DIGNE à LORIENT.

Lyon 296k
Bourges 308
Nantes 422
Lorient 164
1,190

N° 3960. DE DIGNE à LUNÉVILLE.

Lyon 296k
Lunéville 398
694

N° 3961. DE DIGNE à LYON.

Lyon 296k

N° 3962. DE DIGNE à MACON.

Lyon 296k
Mâcon 67
363

N° 3963. DE DIGNE au MANS.

Lyon 296k
Moulins 186
Blois 280
Le Mans 108
870

N° 3964. DE DIGNE à MARSEILLE.

Marseille 139k

N° 3965. DE DIGNE à MAUBEUGE.

Lyon 296k
Paris 507
Maubeuge 260
1,063

N° 3966. DE DIGNE à MELUN.

Lyon 296k
Melun 462
758

N° 3967. DE DIGNE à MENDE.

Nîmes 203k
Mende 148
351

N° 3968. DE DIGNE à METZ.

Lyon 296k
Dijon 193
Metz 249
738

N° 3969. DE DIGNE À MÉZIÈRES.

Lyon	296k
Dijon	193
Châlons-sur-Marne	229
Mézières	120
	838

N° 3970. DE DIGNE à MONTAUBAN.

Avignon	152k
Montpellier	98
Montauban	290
	540

N° 3971. DE DIGNE à MONTBRISON.

Lyon	296k
Montbrison	101
	397

N° 3972. DE DIGNE À MONT-DE-MARSAN

Avignon	152k
Montpellier	98
Toulouse	251
Mont-de-Marsan	189
	690

N° 3973. DE DIGNE à MONTPELLIER

Avignon	152k
Montpellier	98
	250

N° 3974. DE DIGNE à MOULINS.

Lyon	296k
Moulins	186
	482

N° 3975. DE DIGNE à NANCY.

Lyon	296k
Dijon	193
Nancy	192
	681

N° 3976. DE DIGNE à NANTES.

Lyon	296k
Moulins	186
Nantes	531
	1,013

N° 3977. DE DIGNE à NAPOLÉON-VENDÉE

Lyon	296k
Clermont	184
Limoges	179
Niort	162
Napoléon-Vendée	87
	908

N° 3978. DE DIGNE À NEVERS.

Lyon	296k
Nevers	239
	535

N° 3979. DE DIGNE à NIMES.

Avignon	152k
Nîmes	48
	200

N° 3980. DE DIGNE à NIORT.

Lyon	296k
Clermont	184
Limoges	179
Niort	162
	821

N° 3981. DE DIGNE à ORLÉANS.

Lyon	296k
Orléans	420
	716

N° 3982. DE DIGNE à PARIS.

Lyon	296k
Paris	507
	803

N° 3983. DE DIGNE à PAU.

Avignon	152k
Montpellier	98
Toulouse	251
Pau	190
	691

N° 3984. DE DIGNE à PÉRIGUEUX.

Avignon	152k
Nîmes	48
Rodez	232
Cahors	117
Périgueux	143
	692

N° 3985. DE DIGNE à PERPIGNAN.

Avignon	152k
Montpellier	98
Perpignan	161
	411

N° 3986. DE DIGNE à POITIERS.

Lyon	296k
Moulins	186
Poitiers	303
	785

N° 3987. DE DIGNE à PRIVAS.

Avignon	152k
Privas	109
	261

N° 3988. DE DIGNE au PUY.

Avignon	152k
Le Puy	206
	358

N° 3989. DE DIGNE à QUIMPER.

Lyon	296k
Moulins	186
Nantes	531
Quimper	231
	1,244

N° 3990. DE DIGNE à RENNES.

Lyon	296k
Moulins	186
Angers	443
Rennes	125
	1,050

N° 3991. DE DIGNE à ROCHEFORT.

Lyon	296k
Clermont	184
Limoges	179
Angoulême	103
Rochefort	109
	871

N° 3992. DE DIGNE à LA ROCHELLE.

Lyon	296k
Clermont	184
Limoges	179
Angoulême	103
La Rochelle	125
	887

N° 3993. DE DIGNE à RODEZ.

Avignon	152k
Nîmes	48
Rodez	232
	432

N° 3994. DE DIGNE à ROUEN.

Lyon	296k
Paris	507
Rouen	140
	943

N° 3995. DE DIGNE à SAINT-BRIEUC.

Lyon	296k
Moulins	186
Angers	443
Rennes	125
Saint-Brieuc	100
	1,150

N° 3996. DE DIGNE à SAINT-GERMAIN.

Lyon	296k
Paris	507
Saint-Germain	23
	826

N° 3997. DE DIGNE à SAINT-LÔ.

Lyon	296k
Paris	507
Saint-Lô	300
	1,103

N° 3998. DE DIGNE à SAINT-OMER.

Lyon	296k
Paris	507
Saint-Omer	336
	1,139

N° 3999. DE DIGNE à SARREGUEMINES.

Lyon	296k
Dijon	193
Sarreguemines	325
	814

N° 4000. DE DIGNE à SAUMUR.

Lyon	296k
Moulins	186
Saumur	410
	892

N° 4001. DE DIGNE à SCHELESTADT.

Lyon	296k
Schelestadt	413
	709

N° 4002. DE DIGNE à STRASBOURG.

Lyon	296k
Strasbourg	458
	754

N° 4003. DE DIGNE à TARBES.

Avignon	152k
Montpellier	98
Toulouse	251
Tarbes	151
	652

N° 4004. DE DIGNE à THIONVILLE.

Lyon	296k
Dijon	193
Thionville	275
	764

N° 4005. DE DIGNE à TOULON.

Aix	110k
Toulon	75
	185

N° 4006. DE DIGNE à TOULOUSE.

Avignon	152k
Montpellier	98
Toulouse	251
	501

N° 4007. DE DIGNE à TOURS.

Lyon	296k
Moulins	186
Tours	346
	828

N° 4008. DE DIGNE à TROYES.

Lyon	296k
Troyes	343
	639

N° 4009. DE DIGNE à TULLE.

Lyon	296k
Clermont	184
Tulle	143
	623

N° 4010. DE DIGNE à VALENCE.

Avignon	152k
Valence	125
	277

N° 4011. DE DIGNE à VALENCIENNES.

Lyon	296k
Paris	507
Valenciennes	277
	1,080

N° 4012. DE DIGNE à VANNES.

Lyon	296k
Moulins	186
Nantes	531
Vannes	108
	1,121

N° 4013. DE DIGNE à VERDUN.

Lyon	296k
Dijon	193
Verdun	239
	728

N° 4014. DE DIGNE à VERNON.

Lyon	296k
Paris	507
Vernon	80
	883

N° 4015. DE DIGNE à VERSAILLES.

Lyon	296k
Paris	507
Versailles	17
	820

N° 4016. DE DIGNE à VESOUL.

Lyon	296k
Besançon	212
Vesoul	47
	555

DIJON.

N° 4017. DE DIJON à DOUAI.

Paris	315k
Douai	241
	556

N° 4018. DE DIJON à DRAGUIGNAN.

Lyon	193k
Draguignan	391
	584

N° 4019. DE DIJON à DUNKERQUE.

Paris	315k
Dunkerque	356
	671

N° 4020. DE DIJON à ÉPINAL.

Langres	66k
Épinal	115
	181

N° 4021. DE DIJON à ÉVREUX.

Paris	315k
Évreux	108
	423

N° 4022. DE DIJON à LA FÈRE.

Paris	315k
La Fère	153
	468

N° 4023. DE DIJON à FOIX.

Lyon	193k
Montpellier	328
Carcassonne	157
Foix	98
	776

N° 4024. DE DIJON à FONTAINEBLEAU.

Fontainebleau	256k

N° 4025. DE DIJON à GAP.

Lyon	193k
Grenoble	108
Gap	101
	402

N° 4026. DE DIJON à GIVET.

Châlons-sur-Marne	229k
Givet	187
	416

N° 4027. DE DIJON à GRENOBLE.

Lyon	193k
Grenoble	108
	301

N° 4028. DE DIJON à GUÉRET.

Moulins	183k
Guéret	138
	321

N° 4029. DE DIJON à HAGUENAU.

Langres	66k
Haguenau	268
	334

N° 4030. DE DIJON à LANGRES.

Langres	66k

N° 4031. DE DIJON à LAON.

Paris	315k
Laon	177
	492

N° 4032. DE DIJON à LAVAL.

Paris	315k
Laval	300
	615

N° 4033. DE DIJON à LILLE.

Paris	315k
Lille	274
	589

N° 4034. DE DIJON à LIMOGES.

Limoges	405k

N° 4035. DE DIJON à LONS-LE-SAUNIER.

Lons-le-Saunier	99k

N° 4036. DE DIJON à LORIENT.

Paris	315k
Lorient	533
	848

N° 4037. DE DIJON à LUNÉVILLE.

Lunéville	219k

N° 4038. DE DIJON à LYON.

Lyon	193k

N° 4039. DE DIJON à MACON.

Mâcon	126k

N° 4040. DE DIJON au MANS.

Paris	315k
Le Mans	211
	526

N° 4041. DE DIJON à MARSEILLE.

Lyon	193k
Marseille	350
	543

N° 4042. DE DIJON à MAUBEUGE.

Maubeuge	408k

N° 4043. DE DIJON à MELUN.

Melun	271k

N° 4044. DE DIJON à MENDE.

Lyon	193k
Le Puy	134
Mende	89
	416

N° 4045. DE DIJON à METZ.

Nancy	192k
Metz	57
	249

N° 4046. DE DIJON à MÉZIÈRES.

Mézières	349k

N° 4047. DE DIJON à MONTAUBAN.

Moulins	183k
Clermont	95
Aurillac	157
Montauban	177
	612

N° 4048. DE DIJON à MONTBRISON.

Lyon	193k
Montbrison	101
	294

N° 4049. DE DIJON à MONT-DE-MARSAN.

Moulins	183k
Limoges	222
Périgueux	95
Agen	136
Mont-de-Marsan	109
	745

N° 4050. DE DIJON à MONTPELLIER.

Lyon	193k
Montpellier	328
	521

N° 4051. DE DIJON à MOULINS.

Moulins	183k

N° 4052. DE DIJON à NANCY.

Nancy	192k

N° 4053. DE DIJON à NANTES.

Auxerre	154k
Orléans	149
Nantes	310
	613

N° 4054. DE DIJON à NAPOLÉON-VENDÉE.

Auxerre	154k
Orléans	149
Saumur	179
Napoléon-Vendée	133
	615

N° 4055. DE DIJON à NEVERS.

Nevers	189k

N° 4056. DE DIJON à NIMES.

Lyon	193k
Nîmes	278
	471

N° 4057. DE DIJON à NIORT.

Auxerre	154k
Orléans	149
Poitiers	216
Niort	76
	595

N° 4058. DE DIJON à ORLÉANS.

Auxerre	154k
Orléans	149
	303

N° 4059. DE DIJON à PARIS.

Paris	315k

N° 4060. DE DIJON à PAU.

Moulins	183k
Clermont	95
Aurillac	157
Pau	373
	808

N° 4061. DE DIJON à PÉRIGUEUX.

Moulins	183k
Limoges	222
Périgueux	95
	500

N° 4062. DE DIJON à PERPIGNAN.

Lyon	193k
Montpellier	328
Perpignan	161
	682

N° 4063. DE DIJON à POITIERS.

Auxerre	154k
Orléans	149
Poitiers	216
	519

N° 4064. DE DIJON à PRIVAS.

Lyon	193k
Privas	144
	337

N° 4065. DE DIJON au PUY.

Lyon	193k
Le Puy	134
	327

N° 4066. DE DIJON à QUIMPER.

Auxerre	154k
Orléans	149
Nantes	310
Quimper	231
	844

N° 4067. DE DIJON à RENNES.

Paris	315k
Rennes	373
	688

N° 4068. DE DIJON à ROCHEFORT.

Auxerre	154k
Orléans	149
Poitiers	216
Rochefort	137
	656

N° 4069. DE DIJON à LA ROCHELLE.

Auxerre	154k
Orléans	149
Poitiers	216
La Rochelle	139
	658

N° 4070. DE DIJON à RODEZ.

Lyon	193k
Le Puy	134
Rodez	204
	531

N° 4071. DE DIJON à ROUEN.

Paris	315k
Rouen	140
	455

N° 4072. DE DIJON à SAINT-BRIEUC.

Paris	315k
Rennes	373
Saint-Brieuc	100
	788

N° 4073. DE DIJON à SAINT-GERMAIN.

Paris	315k
Saint-Germain	23
	338

N° 4074. DE DIJON à SAINT-LO.

Paris	315k
Saint-Lô	300
	615

N° 4075. DE DIJON à SAINT-OMER.

Paris	315k
Saint-Omer	336
	651

N° 4076. DE DIJON à SARREGUEMINES.

Metz	249k
Sarreguemines	76
	325

N° 4077. DE DIJON à SAUMUR.

Auxerre	154k
Orléans	149
Saumur	179
	482

N° 4078. DE DIJON à SCHELESTADT.

Schelestadt	272k

N° 4079. DE DIJON à STRASBOURG.

Strasbourg	322k

N° 4080. DE DIJON à TARBES.

Moulins	183k
Clermont	95
Aurillac	157
Tarbes	334
	769

N° 4081. DE DIJON à THIONVILLE.

Thionville	275k

N° 4082. DE DIJON à TOULON.

Lyon	193k
Marseille	350
Toulon	60
	603

N° 4083. DE DIJON à TOULOUSE.

Lyon	193k
Montpellier	328
Toulouse	251
	772

N° 4084. DE DIJON à TOURS.

Auxerre	154k
Orléans	149
Tours	115
	418

N° 4085. DE DIJON à TROYES.

Troyes	150k

N° 4086. DE DIJON à TULLE.

Moulins	183k
Clermont	95
Tulle	143
	421

N° 4087. DE DIJON à VALENCE.

Lyon	193k
Valence	105
	298

N° 4088. DE DIJON à VALENCIENNES.

Paris	315k
Valenciennes	277
	592

N° 4089. DE DIJON à VANNES.

Auxerre	154k
Orléans	149
Nantes	310
Vannes	108
	721

N° 4090. DE DIJON à VERDUN.

Verdun	239k

N° 4091. DE DIJON à VERNON.

Paris	315k
Vernon	80
	395

N° 4092. DE DIJON à VERSAILLES.

Paris	315k
Versailles	17
	332

N° 4093. DE DIJON à VESOUL.

Vesoul	107k

DOUAI.

N° 4094. DE DOUAI à DRAGUIGNAN.

Paris	241k
Lyon	507
Draguignan	391
	1,139

N° 4095. DE DOUAI à DUNKERQUE.

Dunkerque	115k

N° 4096. DE DOUAI à ÉPINAL.

Paris	241k
Épinal	397
	638

N° 4097. DE DOUAI à ÉVREUX.

Évreux	253k

N° 4098. DE DOUAI à LA FÈRE.

La Fère	89k

N° 4099. DE DOUAI à FOIX.

Paris	241k
Toulouse	697
Foix	82
	1,020

N° 4100. DE DOUAI à FONTAINEBLEAU.

Paris	241k
Fontainebleau	59
	300

N° 4101. DE DOUAI à GAP.

Paris	241k
Lyon	507
Grenoble	108
Gap	101
	957

N° 4102. DE DOUAI à GIVET.

Givet	240k

N° 4103. DE DOUAI à GRENOBLE.

Paris	241k
Lyon	507
Grenoble	108
	856

N° 4104. DE DOUAI à GUÉRET.

Paris	241k
Guéret	356
	597

N° 4105. DE DOUAI à HAGUENAU.

Paris 241k
Haguenau 496
737

N° 4106. DE DOUAI à LANGRES.

Paris 241k
Langres 307
548

N° 4107. DE DOUAI à LAON.

Laon 113k

N° 4108. DE DOUAI à LAVAL.

Paris 241k
Laval 300
541

N° 4109. DE DOUAI à LILLE.

Lille 33k

N° 4110. DE DOUAI à LIMOGES.

Paris 241k
Limoges 390
631

N° 4111. DE DOUAI à LONS-LE-SAUNIER.

Paris 241k
Lons-le-Saunier 447
688

N° 4112. DE DOUAI à LORIENT.

Paris 241k
Lorient 533
774

N° 4113. DE DOUAI à LUNÉVILLE.

Paris 241k
Lunéville 385
626

N° 4114. DE DOUAI à LYON.

Paris 241k
Lyon 507
748

N° 4115. DE DOUAI à MACON.

Paris 241k
Mâcon 441
682

N° 4116. DE DOUAI au MANS.

Paris 241k
Le Mans 211
452

N° 4117. DE DOUAI à MARSEILLE.

Paris 241k
Lyon 507
Marseille 350
1,098

N° 4118. DE DOUAI à MAUBEUGE.

Maubeuge 73k

N° 4119. DE DOUAI à MELUN.

Paris 241k
Melun 45
286

N° 4120. DE DOUAI à MENDE.

Paris 241k
Clermont 445
Mende 186
872

N° 4121. DE DOUAI à METZ.

Paris 241k
Metz 393
634

N° 4122. DE DOUAI à MÉZIÈRES.

Mézières 173k

N° 4123. DE DOUAI à MONTAUBAN.

Paris 241k
Montauban 648
889

N° 4124. DE DOUAI à MONTBRISON.

Paris 241k
Moulins 342
Montbrison 160
743

N° 4125. DE DOUAI à MONT-DE-MARSAN.

Paris 241k
Bordeaux 583
Mont-de-Marsan 131
955

N° 4126. DE DOUAI à MONTPELLIER.

Paris 241k
Lyon 507
Montpellier 328
1,076

N° 4127. DE DOUAI à MOULINS.

Paris 241k
Moulins 342
583

N° 4128. DE DOUAI à NANCY.

Paris 241k
Nancy 352
593

N° 4129. DE DOUAI à NANTES.

Paris 241k
Nantes 431
672

N° 4130. DE DOUAI à NAPOLÉON-VENDÉE.

Paris 241k
Saumur 300
Napoléon-Vendée 133
674

N° 4131. DE DOUAI à NEVERS.

Paris 241k
Nevers 303
544

N° 4132. DE DOUAI à NIMES.

Paris 241k
Lyon 507
Nîmes 278
1,026

N° 4133. DE DOUAI à NIORT.

Paris 241k
Poitiers 337
Niort 76
654

N° 4134. DE DOUAI à ORLÉANS.

Paris 241k
Orléans 121
362

N° 4135. DE DOUAI à PARIS.

Paris 241k

N° 4136. DE DOUAI à PAU.

Paris 241k
Bordeaux 583
Pau 213
1,037

N° 4137. DE DOUAI à PÉRIGUEUX.

Paris 241k
Limoges 390
Périgueux 95
726

N° 4138. DE DOUAI à PERPIGNAN.

Paris 241k
Toulouse 697
Perpignan 215
1,153

N° 4139. DE DOUAI à POITIERS.

Paris 241k
Poitiers 337
578

N° 4140. DE DOUAI à PRIVAS.

Paris 241k
Lyon 507
Privas 144
892

N° 4141. DE DOUAI au PUY.

Paris	241k
Clermont	445
Le Puy	134
	820

N° 4142. DE DOUAI à QUIMPER.

Paris	241k
Quimper	600
	841

N° 4143. DE DOUAI à RENNES.

Paris	241k
Rennes	373
	614

N° 4144. DE DOUAI à ROCHEFORT.

Paris	241k
Poitiers	337
Rochefort	137
	715

N° 4145. DE DOUAI à LA ROCHELLE.

Paris	241k
Poitiers	337
La Rochelle	139
	717

N° 4146. DE DOUAI à RODEZ.

Paris	241k
Clermont	445
Rodez	225
	911

N° 4147. DE DOUAI à ROUEN.

Paris	241k
Rouen	140
	381

N° 4148. DE DOUAI à ST-BRIEUC.

Paris	241k
Rennes	373
Saint-Brieuc	100
	714

N° 4149. DE DOUAI à ST-GERMAIN.

Paris	241k
Saint-Germain	23
	264

N° 4150. DE DOUAI à SAINT-LO.

Paris	241k
Saint-Lô	300
	541

N° 4151. DE DOUAI à SAINT-OMER.

Saint-Omer	95k

N° 4152. DE DOUAI à SARREGUEMINES.

Paris	241k
Sarreguemines	469
	710

N° 4153. DE DOUAI à SAUMUR.

Paris	241k
Saumur	300
	541

N° 4154. DE DOUAI à SCHELESTADT.

Paris	241k
Schelestadt	546
	787

N° 4155. DE DOUAI à STRASBOURG.

Paris	241k
Strasbourg	501
	742

N° 4156. DE DOUAI à TARBES.

Paris	241k
Tarbes	765
	1,006

N° 4157. DE DOUAI à THIONVILLE.

Paris	241k
Thionville	419
	660

N° 4158. DE DOUAI à TOULON.

Paris	241k
Lyon	507
Marseille	350
Toulon	60
	1,158

N° 4159. DE DOUAI à TOULOUSE.

Paris	241k
Toulouse	697
	938

N° 4160. DE DOUAI à TOURS.

Paris	241k
Tours	236
	477

N° 4161. DE DOUAI à TROYES.

Paris	241k
Troyes	179
	420

N° 4162. DE DOUAI à TULLE.

Paris	241k
Limoges	390
Tulle	89
	720

N° 4163. DE DOUAI à VALENCE.

Paris	241k
Lyon	507
Valence	105
	853

N° 4164. DE DOUAI à VALENCIENNES.

Valenciennes	36k

N° 4165. DE DOUAI à VANNES.

Paris	241k
Vannes	476
	717

N° 4166. DE DOUAI à VERDUN.

Paris	241k
Verdun	253
	494

N° 4167. DE DOUAI à VERNON.

Paris	241k
Vernon	80
	321

N° 4168. DE DOUAI à VERSAILLES.

Paris	241k
Versailles	17
	258

N° 4169. DE DOUAI à VESOUL.

Paris	241k
Vesoul	381
	622

DRAGUIGNAN.

N° 4170. DE DRAGUIGNAN à DUNKERQUE.

Lyon	391k
Paris	507
Dunkerque	356
	1,254

N° 4171. DE DRAGUIGNAN à ÉPINAL.

Lyon	391k
Besançon	212
Épinal	123
	726

N° 4172. DE DRAGUIGNAN à ÉVREUX.

Lyon	391k
Paris	507
Évreux	108
	1,006

N° 4173. DE DRAGUIGNAN à LA FÈRE.

Lyon	391k
Paris	507
La Fère	153
	1,051

N° 4174. DE DRAGUIGNAN à FOIX.

Aix	108k
Montpellier	173
Carcassonne	157
Foix	98
	536

N° 4175. DE DRAGUIGNAN à FONTAINEBLEAU.

Lyon 391k
Fontainebleau 448
839

N° 4176. DE DRAGUIGNAN à GAP.

Gap. 182k

N° 4177. DE DRAGUIGNAN à GIVET.

Lyon. 391k
Dijon. 193
Châlons-sur-Marne . . . 229
Givet. 187
1,000

N° 4178. DE DRAGUIGNAN à GRENOBLE

Grenoble. 283k

N° 4179. DE DRAGUIGNAN à GUÉRET.

Avignon. 186k
Le Puy 206
Clermont 134
Guéret. 130
656

N° 4180. DE DRAGUIGNAN à HAGUENAU

Lyon 391k
Strasbourg. 458
Haguenau. 29
878

N° 4181. DE DRAGUIGNAN à LANGRES.

Lyon 391k
Dijon 193
Langres. 66
650

N° 4182. DE DRAGUIGNAN à LAON.

Lyon 391k
Paris. 507
Laon. 177
1,075

N° 4183. DE DRAGUIGNAN à LAVAL.

Lyon 391k
Bourges 308
Tours 227
Laval. 140
1,066

N° 4184. DE DRAGUIGNAN à LILLE.

Lyon 391k
Paris. 507
Lille. 274
1,172

N° 4185. DE DRAGUIGNAN à LIMOGES.

Avignon. 186k
Clermont. 340
Limoges 179
695

N° 4186. DE DRAGUIGNAN à LONS-LE-SAUNIER.

Lyon 391k
Lons-le-Saunier. 124
515

N° 4187. DE DRAGUIGNAN à LORIENT.

Lyon 391k
Moulins 186
Nantes. 531
Lorient. 164
1,272

N° 4188. DE DRAGUIGNAN à LUNÉVILLE

Lyon 391k
Lunéville. 398
789

N° 4189. DE DRAGUIGNAN à LYON.

Lyon 391k

N° 4190. DE DRAGUIGNAN à MACON.

Lyon 391k
Mâcon. 67
458

N° 4191. DE DRAGUIGNAN au MANS.

Lyon 391k
Moulins 186
Blois 280
Le Mans. 108
965

N° 4192. DE DRAGUIGNAN à MARSEILLE

Marseille. 113k

N° 4193. DE DRAGUIGNAN à MAUBEUGE

Lyon 391k
Paris. 507
Maubeuge 260
1,158

N° 4194. DE DRAGUIGNAN à MELUN.

Lyon 391k
Melun. 462
853

N° 4195. DE DRAGUIGNAN à MENDE.

Nimes. 231k
Mende 148
379

N° 4196. DE DRAGUIGNAN à METZ.

Lyon 391k
Dijon 193
Metz. 249
833

N° 4197. DE DRAGUIGNAN à MÉZIÈRES.

Lyon 391k
Dijon 193
Châlons-sur-Marne. . . 229
Mézières. 120
933

N° 4198. DE DRAGUIGNAN à MONTAUBAN.

Aix 108k
Montpellier 173
Montauban 290
571

N° 4199. DE DRAGUIGNAN à MONTBRISON.

Avignon. 186k
Valence 125
Montbrison 132
443

N° 4200. DE DRAGUIGNAN à MONT-DE-MARSAN.

Aix. 108k
Montpellier 173
Toulouse. 251
Auch. 77
Mont-de-Marsan 112
721

N° 4201. DE DRAGUIGNAN à MONTPELLIER.

Aix 108k
Montpellier. 173
281

N° 4202. DE DRAGUIGNAN à MOULINS.

Lyon 391k
Moulins 186
577

N° 4203. DE DRAGUIGNAN à NANCY.

Lyon 391k
Dijon 193
Nancy. 192
776

N° 4204. DE DRAGUIGNAN à NANTES.

Lyon 391k
Moulins 186
Nantes. 531
1,108

N° 4205. DE DRAGUIGNAN à NAPOLÉON-VENDÉE.

Avignon. 186k
Clermont. 340
Limoges. 179
Niort. 162
Napoléon-Vendée. . . . 87
954

N° 4206. DE DRAGUIGNAN à NEVERS.

Lyon 391k
Nevers. 239
630

N° 4207. DE DRAGUIGNAN à NIMES.

Nimes. 231k

N° 4208. DE DRAGUIGNAN à NIORT.

Avignon	186k
Clermont	340
Limoges	179
Niort	162
	867

N° 4209. DE DRAGUIGNAN à ORLÉANS.

Lyon	391k
Orléans	420
	811

N° 4210. DE DRAGUIGNAN à PARIS.

Lyon	391k
Paris	507
	898

N° 4211. DE DRAGUIGNAN à PAU.

Aix	108k
Montpellier	173
Toulouse	251
Pau	190
	722

N° 4212. DE DRAGUIGNAN à PÉRIGUEUX

Nimes	231k
Rodez	232
Périgueux	260
	723

N° 4213. DE DRAGUIGNAN à PERPIGNAN

Aix	108k
Montpellier	173
Perpignan	161
	442

N° 4214. DE DRAGUIGNAN à POITIERS.

Avignon	186k
Clermont	340
Poitiers	277
	803

N° 4215. DE DRAGUIGNAN à PRIVAS.

Avignon	186k
Privas	109
	295

N° 4216. DE DRAGUIGNAN au PUY.

Avignon	186k
Le Puy	206
	392

N° 4217. DE DRAGUIGNAN à QUIMPER.

Lyon	391k
Moulins	186
Nantes	531
Quimper	231
	1,339

N° 4218. DE DRAGUIGNAN à RENNES.

Lyon	391k
Moulins	186
Angers	443
Rennes	125
	1,145

N° 4219. DE DRAGUIGNAN à ROCHEFORT.

Nîmes	231k
Rodez	232
Périgueux	260
Angoulême	86
Rochefort	109
	918

N° 4220. DE DRAGUIGNAN à LA ROCHELLE.

Nîmes	231k
Rodez	232
Périgueux	260
Angoulême	86
La Rochelle	125
	934

N° 4221. DE DRAGUIGNAN à RODEZ.

Nimes	231k
Rodez	232
	463

N° 4222. DE DRAGUIGNAN à ROUEN.

Lyon	391k
Paris	507
Rouen	140
	1,038

N° 4223. DE DRAGUIGNAN à SAINT-BRIEUC.

Lyon	391k
Moulins	186
Angers	443
Rennes	125
Saint-Brieuc	100
	1,245

N° 4224. DE DRAGUIGNAN à SAINT-GERMAIN.

Lyon	391k
Paris	507
Saint-Germain	23
	921

N° 4225. DE DRAGUIGNAN à SAINT-LO.

Lyon	391k
Paris	507
Saint-Lô	300
	1,198

N° 4226. DE DRAGUIGNAN à SAINT-OMER.

Lyon	391k
Paris	507
Saint-Omer	336
	1,234

N° 4227. DE DRAGUIGNAN à SARREGUEMINES.

Lyon	391k
Dijon	193
Metz	249
Sarreguemines	76
	909

N° 4228. DE DRAGUIGNAN à SAUMUR.

Lyon	391k
Moulins	186
Saumur	410
	987

N° 4229. DE DRAGUIGNAN à SCHELESTADT.

Lyon	391k
Schelestadt	413
	804

N° 4230. DE DRAGUIGNAN à STRASBOURG.

Lyon	391k
Strasbourg	458
	849

N° 4231. DE DRAGUIGNAN à TARBES.

Aix	108k
Montpellier	173
Toulouse	251
Tarbes	151
	683

N° 4232. DE DRAGUIGNAN à THIONVILLE.

Lyon	391k
Dijon	193
Metz	249
Thionville	26
	859

N° 4233. DE DRAGUIGNAN à TOULON.

Toulon	80k

N° 4234. DE DRAGUIGNAN à TOULOUSE

Aix	108k
Montpellier	173
Toulouse	251
	532

N° 4235. DE DRAGUIGNAN à TOURS.

Lyon	391k
Moulins	186
Tours	346
	923

N° 4236. DE DRAGUIGNAN à TROYES.

Lyon	381k
Dijon	193
Troyes	150
	734

N° 4237. DE DRAGUIGNAN à TULLE.

Nîmes	231k
Mende	148
Tulle	245
	624

N° 4238. DE DRAGUIGNAN à VALENCE.

Avignon	186k
Valence	125
	311

N° 4239. DE DRAGUIGNAN à VALENCIENNES.

Lyon	391k
Paris	507
Valenciennes	277
	1,175

N° 4240. DE DRAGUIGNAN à VANNES.

Lyon	391k
Moulins	186
Nantes	531
Vannes	108
	1,216

N° 4241. DE DRAGUIGNAN à VERDUN.

Lyon	391k
Dijon	193
Verdun	239
	823

N° 4242. DE DRAGUIGNAN à VERNON.

Lyon	391k
Paris	507
Vernon	80
	978

N° 4243. DE DRAGUIGNAN à VERSAILLES.

Lyon	391k
Paris	507
Versailles	17
	915

N° 4244. DE DRAGUIGNAN à VESOUL.

Lyon	391k
Besançon	212
Vesoul	47
	50

DUNKERQUE.

N° 4245. DE DUNKERQUE à ÉPINAL.

Paris	356k
Épinal	397
	753

N° 4246. DE DUNKERQUE à ÉVREUX.

Paris	356k
Évreux	108
	464

N° 4247. DE DUNKERQUE à LA FÈRE.

La Fère	204k

N° 4248. DE DUNKERQUE à FOIX.

Paris	356k
Toulouse	697
Foix	82
	1,135

N° 4249. DE DUNKERQUE à FONTAINEBLEAU.

Paris	356k
Fontainebleau	59
	415

N° 4250. DE DUNKERQUE à GAP.

Paris	356k
Lyon	507
Grenoble	108
Gap	101
	1,072

N° 4251. DE DUNKERQUE à GIVET.

Cambrai	141k
Givet	214
	355

N° 4252. DE DUNKERQUE à GRENOBLE

Paris	356k
Lyon	507
Grenoble	108
	971

N° 4253. DE DUNKERQUE à GUÉRET.

Paris	356k
Châteauroux	265
Guéret	91
	712

N° 4254. DE DUNKERQUE à HAGUENAU.

Paris	356k
Haguenau	496
	852

N° 4255. DE DUNKERQUE à LANGRES.

Paris	356k
Langres	307
	663

N° 4256. DE DUNKERQUE à LAON.

Laon	228k

N° 4257. DE DUNKERQUE à LAVAL.

Paris	356k
Laval	300
	656

N° 4258. DE DUNKERQUE à LILLE.

Lille	82k

N° 4259. DE DUNKERQUE à LIMOGES.

Paris	356k
Limoges	390
	746

N° 4260. DE DUNKERQUE à LONS-LE-SAUNIER.

Paris	356k
Lons-le-Saunier	447
	803

N° 4261. DE DUNKERQUE à LORIENT.

Paris	356k
Lorient	533
	889

N° 4262. DE DUNKERQUE à LUNÉVILLE.

Paris	356k
Lunéville	385
	741

N° 4263. DE DUNKERQUE à LYON.

Paris	356k
Lyon	507
	863

N° 4264. DE DUNKERQUE à MACON.

Paris	356k
Mâcon	441
	797

N° 4265. DE DUNKERQUE au MANS.

Paris	356k
Le Mans	211
	567

N° 4266. DE DUNKERQUE à MARSEILLE.

Paris	356k
Lyon	507
Marseille	350
	1,213

N° 4267. DE DUNKERQUE à MAUBEUGE

Maubeuge	188k

N° 4268. DE DUNKERQUE à MELUN.

Paris	356k
Melun	45
	401

N° 4269. DE DUNKERQUE à MENDE.

Paris	356k
Clermont	445
Mende	186
	987

N° 4270. DE DUNKERQUE à METZ.

Paris. 356k
Metz. 393
749

N° 4271. DE DUNKERQUE à MÉZIÈRES.

Mézières. 288k

N° 4272. DE DUNKERQUE à MONTAUBAN

Paris. 356k
Montauban.. 648
1,004

N° 4273. DE DUNKERQUE à MONTBRISON

Paris. 356k
Moulins 342
Montbrison. 160
858

N° 4274. DE DUNKERQUE à MONT-DE-MARSAN.

Paris. 356k
Bordeaux 583
Mont-de-Marsan.. . . . 131
1,070

N° 4275. DE DUNKERQUE à MONTPELLIER.

Paris. 356k
Lyon. 507
Montpellier. 328
1,191

N° 4276. DE DUNKERQUE à MOULINS.

Paris. 356k
Moulins.. 342
698

N° 4277. DE DUNKERQUE à NANCY.

Paris. 356k
Nancy.. 352
708

N° 4278. DE DUNKERQUE à NANTES.

Paris 356k
Nantes. 431
787

N° 4279. DE DUNKERQUE à NAPOLÉON-VENDÉE.

Paris. 356k
Saumur.. 300
Napoléon-Vendée. . . . 133
789

N° 4280. DE DUNKERQUE à NEVERS.

Paris. 356k
Nevers. 303
659

N° 4281. DE DUNKERQUE à NIMES.

Paris. 356k
Lyon. 507
Nîmes. 278
1,141

N° 4282. DE DUNKERQUE à NIORT.

Paris. 356k
Poitiers. 337
Niort. 76
769

N° 4283. DE DUNKERQUE à ORLÉANS.

Paris. 356k
Orléans 121
477

N° 4284. DE DUNKERQUE à PARIS.

Paris. 356k

N° 4285. DE DUNKERQUE à PAU.

Paris. 356k
Bordeaux 583
Pau. 213
1,152

N° 4286. DE DUNKERQUE à PÉRIGUEUX

Paris. 356k
Limoges. 390
Périgueux. 95
841

N° 4287. DE DUNKERQUE à PERPIGNAN

Paris. 356k
Toulouse. 697
Perpignan. 215
1,268

N° 4288. DE DUNKERQUE à POITIERS.

Paris. 356k
Poitiers.. 337
693

N° 4289. DE DUNKERQUE à PRIVAS.

Paris. 356k
Lyon. 507
Privas. 144
1,007

N° 4290. DE DUNKERQUE au PUY.

Paris. 356k
Clermont. 445
Le Puy 134
935

N° 4291. DE DUNKERQUE à QUIMPER.

Paris. 356k
Rennes 373
Quimper. 227
956

N° 4292. DE DUNKERQUE à RENNES.

Paris. 356k
Rennes. 373
729

N° 4293. DE DUNKERQUE à ROCHEFORT

Paris. 356k
Poitiers.. 337
Rochefort. 137
830

N° 4294. DE DUNKERQUE à LA ROCHELLE

Paris. 356k
Poitiers.. 337
La Rochelle. 139
832

N° 4295. DE DUNKERQUE à RODEZ.

Paris. 356k
Clermont. 445
Rodez 225
1,026

N° 4296. DE DUNKERQUE à ROUEN.

Rouen. 245k

N° 4297. DE DUNKERQUE à SAINT-BRIEUC.

Paris. 356k
Rennes 373
Saint-Brieuc. 100
829

N° 4298. DE DUNKERQUE à SAINT-GERMAIN.

Paris. 356k
Saint-Germain 23
379

N° 4299. DE DUNKERQUE à SAINT-LO.

Paris. 356k
Saint-Lô. 300
656

N° 4300. DE DUNKERQUE à ST-OMER.

Saint-Omer. 61k

N° 4301. DE DUNKERQUE à SARREGUEMINES.

Paris. 356k
Sarreguemines. 469
825

N° 4302. DE DUNKERQUE à SAUMUR.

Paris. 356k
Saumur 300
656

N° 4303. DE DUNKERQUE à SCHELESTADT.

Paris. 356k
Schelestadt. 546
902

N° 4304. DE DUNKERQUE À STRASBOURG.

Paris	356k
Strasbourg	501
	857

N° 4305. DE DUNKERQUE À TARBES.

Paris	356k
Tarbes	765
	1,121

N° 4306. DE DUNKERQUE À THIONVILLE

Paris	356k
Thionville	419
	775

N° 4307. DE DUNKERQUE À TOULON.

Paris	356k
Lyon	507
Marseille	350
Toulon	60
	1,273

N° 4308. DE DUNKERQUE À TOULOUSE.

Paris	356k
Toulouse	697
	1,053

N° 4309. DE DUNKERQUE À TOURS.

Paris	356k
Tours	236
	592

N° 4310. DE DUNKERQUE À TROYES.

Paris	356k
Troyes	179
	535

N° 4311. DE DUNKERQUE À TULLE.

Paris	356k
Limoges	390
Tulle	89
	835

N° 4312. DE DUNKERQUE À VALENCE.

Paris	356k
Lyon	507
Valence	105
	968

N° 4313. DE DUNKERQUE À VALENCIENNES.

Valenciennes	151k

N° 4314. DE DUNKERQUE À VANNES.

Paris	356k
Rennes	373
Vannes	103
	832

N° 4315. DE DUNKERQUE À VERDUN.

Paris	356k
Verdun	253
	609

N° 4316. DE DUNKERQUE À VERNON.

Paris	356k
Vernon	80
	436

N° 4317. DE DUNKERQUE À VERSAILLES

Paris	356k
Versailles	17
	373

N° 4318. DE DUNKERQUE À VESOUL.

Paris	356k
Vesoul	381
	737

ÉPINAL.

N° 4319. D'ÉPINAL À ÉVREUX.

Paris	397k
Évreux	108
	505

N° 4320. D'ÉPINAL À LA FÈRE.

Paris	397k
La Fère	153
	550

N° 4321. D'ÉPINAL À FOIX.

Besançon	123k
Lyon	212
Montpellier	328
Carcassonne	157
Foix	98
	918

N° 4322. D'ÉPINAL À FONTAINEBLEAU.

Troyes	218k
Fontainebleau	120
	338

N° 4323. D'ÉPINAL À GAP.

Besançon	123k
Lyon	212
Grenoble	108
Gap	101
	544

N° 4324. D'ÉPINAL À GIVET.

Nancy	70k
Givet	267
	337

N° 4325. D'ÉPINAL À GRENOBLE.

Besançon	123k
Lyon	212
Grenoble	108
	443

N° 4326. D'ÉPINAL À GUÉRET.

Dijon	181k
Moulins	183
Guéret	138
	502

N° 4327. D'ÉPINAL À HAGUENAU.

Strasbourg	141k
Haguenau	29
	170

N° 4328. D'ÉPINAL À LANGRES.

Langres	115k

N° 4329. D'ÉPINAL À LAON.

Paris	397k
Laon	177
	574

N° 4330. D'ÉPINAL À LAVAL.

Paris	397k
Laval	300
	697

N° 4331. D'ÉPINAL À LILLE.

Paris	397k
Lille	274
	671

N° 4332. D'ÉPINAL À LIMOGES.

Dijon	184k
Limoges	405
	589

N° 4333. D'ÉPINAL À LONS-LE-SAUNIER

Lons-le-Saunier	211k

N° 4334. D'ÉPINAL À LORIENT.

Langres	115k
Auxerre	156
Orléans	149
Nantes	310
Lorient	164
	894

N° 4335. D'ÉPINAL À LUNÉVILLE.

Lunéville	63k

N° 4336. D'ÉPINAL À LYON.

Besançon	123k
Lyon	212
	335

N° 4337. D'ÉPINAL À MACON.

Besançon	123k
Mâcon	167
	290

N° 1338. D'ÉPINAL au MANS.

Paris	397k
Le Mans	211
	608

N° 1339. D'ÉPINAL à MARSEILLE.

Besançon	123k
Lyon	212
Marseille	350
	685

N° 1340. D'ÉPINAL à MAUBEUGE.

Nancy	70k
Mézières	200
Maubeuge	104
	374

N° 1341. D'ÉPINAL à MELUN.

Troyes	218k
Melun	135
	353

N° 1342. D'ÉPINAL à MENDE.

Besançon	123k
Lyon	212
Le Puy	134
Mende	89
	558

N° 1343. D'ÉPINAL à METZ.

Metz	127k

N° 1344. D'ÉPINAL à MÉZIÈRES.

Nancy	70k
Mézières	200
	270

N° 1345. D'ÉPINAL à MONTAUBAN.

Dijon	181k
Moulins	183
Clermont	95
Aurillac	157
Montauban	177
	793

N° 1346. D'ÉPINAL à MONTBRISON.

Besançon	123k
Lyon	212
Montbrison	101
	436

N° 1347. D'ÉPINAL à MONT-DE-MARSAN.

Besançon	123k
Lyon	212
Bordeaux	549
Mont-de-Marsan	131
	1,015

N° 1348. D'ÉPINAL à MONTPELLIER.

Besançon	123k
Lyon	212
Montpellier	328
	663

N° 1349. D'ÉPINAL à MOULINS.

Dijon	181k
Moulins	183
	364

N° 1350. D'ÉPINAL à NANCY.

Nancy	70k

N° 1351. D'ÉPINAL à NANTES.

Langres	115k
Auxerre	156
Orléans	149
Nantes	310
	730

N° 1352. D'ÉPINAL à NAPOLÉON-VENDÉE.

Langres	115k
Auxerre	156
Orléans	149
Saumur	179
Napoléon-Vendée	133
	732

N° 1353. D'ÉPINAL à NEVERS.

Dijon	181k
Paris	189
	370

N° 1354. D'ÉPINAL à NIMES.

Besançon	123k
Lyon	212
Nîmes	278
	613

N° 1355. D'ÉPINAL à NIORT.

Langres	115k
Auxerre	156
Orléans	149
Poitiers	216
Niort	76
	712

N° 1356. D'ÉPINAL à ORLÉANS.

Langres	115k
Auxerre	156
Orléans	149
	420

N° 1357. D'ÉPINAL à PARIS.

Paris	397k

N° 1358. D'ÉPINAL à PAU.

Besançon	123k
Mâcon	167
Clermont	177
Aurillac	157
Tarbes	334
Pau	39
	997

N° 1359. D'ÉPINAL à PÉRIGUEUX.

Dijon	181k
Moulins	183
Limoges	222
Périgueux	95
	681

N° 1360. D'ÉPINAL à PERPIGNAN.

Besançon	123k
Lyon	212
Montpellier	328
Perpignan	161
	824

N° 1361. D'ÉPINAL à POITIERS.

Langres	115k
Auxerre	156
Orléans	149
Poitiers	216
	636

N° 1362. D'ÉPINAL à PRIVAS.

Besançon	123k
Lyon	212
Privas	144
	479

N° 1363. D'ÉPINAL au PUY.

Besançon	123k
Lyon	212
Le Puy	134
	469

N° 1364. D'ÉPINAL à QUIMPER.

Langres	115k
Auxerre	156
Orléans	149
Nantes	310
Quimper	231
	961

N° 1365. D'ÉPINAL à RENNES.

Paris	397k
Rennes	373
	770

N° 1366. D'ÉPINAL à ROCHEFORT.

Langres	115k
Auxerre	156
Orléans	149
Poitiers	216
Rochefort	137
	773

N° 1367. D'ÉPINAL à LA ROCHELLE.

Langres	115k
Auxerre	156
Orléans	149
Poitiers	216
La Rochelle	139
	775

N° 4368. d'ÉPINAL à RODEZ.

Besançon	123k
Lyon	212
Le Puy	134
Rodez	204
	673

N° 4369. d'ÉPINAL à ROUEN.

Paris	397k
Rouen	140
	537

N° 4370. d'ÉPINAL à SAINT-BRIEUC.

Paris	397k
Rennes	373
Saint-Brieuc	100
	870

N° 4371. d'ÉPINAL à SAINT-GERMAIN.

Paris	397k
Saint-Germain	23
	420

N° 4372. d'ÉPINAL à SAINT-LO.

Paris	397k
Saint-Lô	300
	697

N° 4373. d'ÉPINAL à SAINT-OMER.

Paris	397k
Saint-Omer	336
	733

N° 4374. d'ÉPINAL à SARREGUEMINES.

Metz	127k
Sarreguemines	76
	203

N° 4375. d'ÉPINAL à SAUMUR.

Langres	115k
Auxerre	156
Orléans	149
Saumur	179
	599

N° 4376. d'ÉPINAL à SCHELESTADT.

Schelestadt	101k

N° 4377. d'ÉPINAL à STRASBOURG.

Strasbourg	141k

N° 4378. d'ÉPINAL à TARBES.

Dijon	181k
Moulins	183
Clermont	95
Aurillac	157
Tarbes	334
	950

N° 4379. d'ÉPINAL à THIONVILLE.

Thionville	153k

N° 4380. d'ÉPINAL à TOULON.

Besançon	123k
Lyon	212
Marseille	350
Toulon	60
	745

N° 4381. d'ÉPINAL à TOULOUSE.

Besançon	123k
Lyon	212
Montpellier	328
Toulouse	251
	914

N° 4382. d'ÉPINAL à TOURS.

Langres	115k
Auxerre	156
Orléans	149
Tours	115
	535

N° 4383. d'ÉPINAL à TROYES.

Troyes	218k

N° 4384. d'ÉPINAL à TULLE.

Besançon	123k
Mâcon	167
Clermont	177
Tulle	143
	610

N° 4385. d'ÉPINAL à VALENCE.

Besançon	123k
Lyon	212
Valence	105
	440

N° 4386. d'ÉPINAL à VALENCIENNES.

Paris	397k
Valenciennes	277
	674

N° 4387. d'ÉPINAL à VANNES.

Langres	115k
Auxerre	156
Orléans	149
Nantes	310
Vannes	108
	838

N° 4388. d'ÉPINAL à VERDUN.

Verdun	168k

N° 4389. d'ÉPINAL à VERNON.

Paris	397k
Vernon	80
	477

N° 4390. d'ÉPINAL à VERSAILLES.

Paris	397k
Versailles	17
	414

N° 4391. d'ÉPINAL à VESOUL.

Vesoul	76k

ÉVREUX.

N° 4392. d'ÉVREUX à LA FÈRE.

Paris	108k
La Fère	153
	261

N° 4393. d'ÉVREUX à FOIX.

Paris	108k
Toulouse	697
Foix	82
	887

N° 4394. d'ÉVREUX à FONTAINEBLEAU

Paris	108k
Fontainebleau	59
	167

N° 4395. d'ÉVREUX à GAP.

Paris	108k
Lyon	507
Grenoble	108
Gap	101
	824

N° 4396. d'ÉVREUX à GIVET.

Paris	108k
Givet	320
	428

N° 4397. d'ÉVREUX à GRENOBLE.

Paris	108k
Lyon	507
Grenoble	108
	723

N° 4398. d'ÉVREUX à GUÉRET.

Paris	108k
Châteauroux	265
Guéret	91
	464

N° 4399. d'ÉVREUX à HAGUENAU.

Paris	108k
Haguenau	496
	604

N° 4400. d'ÉVREUX à LANGRES.

Paris	108k
Langres	307
	415

N° 4401. d'ÉVREUX à LAON.

Paris	108k
Laon	177
	285

N° 4402. D'ÉVREUX à LAVAL.

Alençon 116k
Laval. 91
207

N° 4403. D'ÉVREUX à LILLE.

Paris 108k
Lille. 274
382

N° 4404. D'ÉVREUX à LIMOGES.

Paris 108k
Limoges. 390
498

N° 4405. D'ÉVREUX à LONS-LE-SAUNIER

Paris 108k
Lons-le-Saunier 447
555

N° 4406. D'ÉVREUX à LORIENT.

Alençon 116k
Laval 91
Rennes 73
Lorient. 160
440

N° 4407. D'ÉVREUX à LUNÉVILLE.

Paris 108k
Lunéville. 385
493

N° 4408. D'ÉVREUX à LYON.

Paris 108k
Lyon 507
615

N° 4409. D'ÉVREUX à MACON.

Paris 108k
Mâcon. 441
549

N° 4410. D'ÉVREUX au MANS.

Alençon. 116k
Le Mans. 54
170

N° 4411. D'ÉVREUX à MARSEILLE.

Paris 108k
Lyon 507
Marseille. 350
965

N° 4412. D'ÉVREUX à MAUBEUGE.

Paris. 108k
Maubeuge. 260
368

N° 4413. D'ÉVREUX à MELUN.

Paris 108k
Melun. 45
153

N° 4414. D'ÉVREUX à MENDE.

Paris. 108k
Clermont 445
Mende. 186
739

N° 4415. D'ÉVREUX à METZ.

Paris 108k
Metz. 393
501

N° 4416. D'ÉVREUX à MÉZIÈRES.

Paris 108k
Mézières. 253
361

N° 4417. D'ÉVREUX à MONTAUBAN.

Paris 108k
Montauban 648
756

N° 4418. D'ÉVREUX à MONTBRISON.

Paris. 108k
Moulins 342
Montbrison 160
610

N° 4419. D'ÉVREUX à MONT-DE-MARSAN

Paris. 108k
Bordeaux 583
Mont-de-Marsan 131
822

N° 4420. D'ÉVREUX à MONTPELLIER.

Paris 108k
Lyon 507
Montpellier. 328
943

N° 4421. D'ÉVREUX à MOULINS.

Paris 108k
Moulins. 342
450

N° 4422. D'ÉVREUX à NANCY.

Paris. 108k
Nancy. 352
460

N° 4423. D'ÉVREUX à NANTES.

Nantes 338k

N° 4424. D'ÉVREUX à NAPOLÉON-VENDÉE.

Alençon. 116k
Le Mans. 54
Angers. 88
Napoléon-Vendée . . . 125
383

N° 4425. D'ÉVREUX à NEVERS.

Paris 108k
Nevers 303
411

N° 4426. D'ÉVREUX à NIMES.

Paris 108k
Lyon 507
Nimes. 278
893

N° 4427. D'ÉVREUX à NIORT.

Paris. 108k
Poitiers 337
Niort 76
521

N° 4428. D'ÉVREUX à ORLÉANS.

Paris. 108k
Orléans 121
229

N° 4429. D'ÉVREUX à PARIS.

Paris 108k

N° 4430. D'ÉVREUX à PAU.

Paris 108k
Bordeaux. 583
Pau. 213
904

N° 4431. D'ÉVREUX à PÉRIGUEUX.

Paris 108k
Limoges. 390
Périgueux. 95
593

N° 4432. D'ÉVREUX à PERPIGNAN.

Paris. 108k
Toulouse 697
Perpignan 215
1,020

N° 4433. D'ÉVREUX à POITIERS.

Paris. 108k
Poitiers 337
445

N° 4434. D'ÉVREUX à PRIVAS.

Paris. 108k
Lyon 507
Privas. 144
759

N° 4435. D'ÉVREUX au PUY.

Paris 108k
Clermont 445
Le Puy 134
687

N° 4436. D'ÉVREUX à QUIMPER.

Alençon	116k
Laval	91
Rennes	73
Quimper	227
	507

N° 4437. D'ÉVREUX à RENNES.

Alençon	116k
Laval	91
Rennes	73
	280

N° 4438. D'ÉVREUX à ROCHEFORT.

Paris	108k
Poitiers	337
Rochefort	137
	582

N° 4439. D'ÉVREUX à LA ROCHELLE.

Paris	108k
Poitiers	337
La Rochelle	139
	584

N° 4440. D'ÉVREUX à RODEZ.

Paris	108k
Clermont	445
Rodez	225
	778

N° 4441. D'ÉVREUX à ROUEN.

Rouen	51k

N° 4442. D'ÉVREUX à SAINT-BRIEUC.

Saint-Lô	187k
Saint-Brieuc	183
	370

N° 4443. D'ÉVREUX à ST-GERMAIN.

Saint-Germain	81k

N° 4444. D'ÉVREUX à SAINT-LO.

Saint-Lô	190k

N° 4445. D'ÉVREUX à SAINT-OMER.

Paris	108k
Saint-Omer	336
	444

N° 4446. D'ÉVREUX à SARREGUEMINES

Paris	108k
Sarreguemines	469
	577

N° 4447. D'ÉVREUX à SAUMUR.

Saumur	258k

N° 4448. D'ÉVREUX à SCHELESTADT.

Paris	108k
Schelestadt	546
	654

N° 4449. D'ÉVREUX à STRASBOURG.

Paris	108k
Strasbourg	501
	609

N° 4450. D'ÉVREUX à TARBES.

Paris	108k
Tarbes	765
	873

N° 4451. D'ÉVREUX à THIONVILLE.

Paris	108k
Thionville	419
	527

N° 4452. D'ÉVREUX à TOULON.

Paris	108k
Lyon	507
Marseille	350
Toulon	60
	1,025

N° 4453. D'ÉVREUX à TOULOUSE.

Paris	108k
Toulouse	697
	805

N° 4454. D'ÉVREUX à TOURS.

Paris	108k
Tours	236
	344

N° 4455. D'ÉVREUX à TROYES.

Paris	108k
Troyes	179
	287

N° 4456. D'ÉVREUX à TULLE.

Paris	108k
Limoges	390
Tulle	89
	587

N° 4457. D'ÉVREUX à VALENCE.

Paris	108k
Lyon	507
Valence	105
	720

N° 4458. D'ÉVREUX à VALENCIENNES.

Paris	108k
Valenciennes	277
	385

N° 4459. D'ÉVREUX à VANNES.

Alençon	116k
Laval	91
Rennes	73
Vannes	103
	383

N° 4460. D'ÉVREUX à VERDUN.

Paris	108k
Verdun	253
	361

N° 4461. D'ÉVREUX à VERNON.

Vernon	32k

N° 4462. D'ÉVREUX à VERSAILLES.

Paris	108k
Versailles	17
	125

N° 4463. D'ÉVREUX à VESOUL.

Paris	108k
Vesoul	381
	489

LA FÈRE.

N° 4464. DE LA FÈRE à FOIX.

Paris	153k
Toulouse	697
Foix	82
	932

N° 4465. DE LA FÈRE à FONTAINEBLEAU

Paris	153k
Fontainebleau	59
	212

N° 4466. DE LA FÈRE à GAP.

Paris	153k
Lyon	507
Grenoble	108
Gap	101
	869

N° 4467. DE LA FÈRE à GIVET.

Givet	219k

N° 4468. DE LA FÈRE à GRENOBLE.

Paris	153k
Lyon	507
Grenoble	108
	768

N° 4469. DE LA FÈRE à GUÉRET.

Paris	153k
Châteauroux	265
Guéret	91
	509

N° 4470. DE LA FÈRE à HAGUENAU.

Châlons-sur-Marne	115k
Haguenau	324
	439

N° 4471. DE LA FÈRE à LANGRES.

Châlons-sur-Marne. . .	115k
Langres.	173
	288

N° 4472. DE LA FÈRE à LAON.

Laon.	24k

N° 4473. DE LA FÈRE à LAVAL.

Paris	153k
Laval	300
	453

N° 4474. DE LA FÈRE à LILLE.

Lille.	122k

N° 4475. DE LA FÈRE à LIMOGES.

Paris	153k
Limoges.	390
	543

N° 4476. DE LA FÈRE à LONS-LE-SAUNIER.

Paris	153k
Lons-le-Saunier	447
	600

N° 4477. DE LA FÈRE à LORIENT.

Paris	153k
Lorient	533
	686

N° 4478. DE LA FÈRE à LUNÉVILLE.

Châlons-sur-Marne. . .	115k
Lunéville	213
	328

N° 4479. DE LA FÈRE à LYON.

Paris	153k
Lyon.	507
	660

N° 4480. DE LA FÈRE à MACON.

Paris	153k
Mâcon.	441
	594

N° 4481. DE LA FÈRE au MANS.

Paris	153k
Le Mans.	211
	364

N° 4482. DE LA FÈRE à MARSEILLE.

Paris	153k
Lyon	507
Marseille	350
	1,010

N° 4483. DE LA FÈRE à MAUBEUGE.

Maubeuge.	102k

N° 4484. DE LA FÈRE à MELUN.

Paris	153k
Melun	45
	198

N° 4485. DE LA FÈRE à MENDE.

Paris	153k
Clermont	445
Mende	186
	784

N° 4486. DE LA FÈRE à METZ.

Châlons-sur-Marne. . .	115k
Metz.	221
	336

N° 4487. DE LA FÈRE à MÉZIÈRES.

Mézières.	134k

N° 4488. DE LA FÈRE à MONTAUBAN.

Paris.	153k
Montauban.	648
	801

N° 4489. DE LA FÈRE à MONTBRISON.

Paris	153k
Moulins.	342
Montbrison.	160
	655

N° 4490. DE LA FÈRE à MONT-DE-MARSAN.

Paris.	153k
Bordeaux	583
Mont-de-Marsan	131
	867

N° 4491. DE LA FÈRE à MONTPELLIER.

Paris	153k
Lyon	507
Montpellier.	328
	988

N° 4492. DE LA FÈRE à MOULINS.

Paris.	153k
Moulins	342
	495

N° 4493. DE LA FÈRE à NANCY.

Châlons-sur-Marne. . .	115k
Nancy.	180
	295

N° 4494. DE LA FÈRE à NANTES.

Paris	153k
Nantes	431
	584

N° 4495. DE LA FÈRE à NAPOLÉON-VENDÉE.

Paris	153k
Saumur	300
Napoléon-Vendée . . .	133
	586

N° 4496. DE LA FÈRE à NEVERS.

Paris.	153k
Nevers	303
	456

N° 4497. DE LA FÈRE à NIMES.

Paris	153k
Lyon	507
Nimes.	278
	938

N° 4498. DE LA FÈRE à NIORT.

Paris	153k
Poitiers	337
Niort	76
	566

N° 4499. DE LA FÈRE à ORLÉANS.

Paris.	153k
Orléans	121
	274

N° 4500. DE LA FÈRE à PARIS.

Paris	153k

N° 4501. DE LA FÈRE à PAU.

Paris	153k
Bordeaux	583
Pau.	213
	949

N° 4502. DE LA FÈRE à PÉRIGUEUX.

Paris	153k
Limoges	390
Périgueux.	95
	638

N° 4503. DE LA FÈRE à PERPIGNAN.

Paris.	153k
Toulouse	697
Perpignan	215
	1,065

N° 4504. DE LA FÈRE à POITIERS.

Paris	153k
Poitiers	337
	490

N° 4505. DE LA FÈRE à PRIVAS.

Paris	153k
Lyon.	507
Privas.	144
	804

N° 4506. DE LA FÈRE au PUY.

Paris	153k
Clermont	445
Le Puy	134
	732

N° 4507. DE LA FÈRE à QUIMPER.

Paris	153k
Rennes	373
Quimper	227
	753

N° 4508. DE LA FÈRE à RENNES.

Paris	153k
Rennes	373
	526

N° 4509. DE LA FÈRE à ROCHEFORT.

Paris	153k
Poitiers	337
Rochefort	137
	627

N° 4510. DE LA FÈRE à LA ROCHELLE

Paris	153k
Poitiers	337
La Rochelle	139
	629

N° 4511. DE LA FÈRE à RODEZ.

Paris	153k
Clermont	445
Rodez	225
	823

N° 4512. DE LA FÈRE à ROUEN.

Paris	153k
Rouen	140
	293

N° 4513. DE LA FÈRE à SAINT-BRIEUC.

Paris	153k
Rennes	373
Saint-Brieuc	100
	626

N° 4514. DE LA FÈRE à SAINT-GERMAIN

Paris	153k
Saint-Germain	23
	176

N° 4515. DE LA FÈRE à SAINT-LO.

Paris	153k
Saint-Lô	300
	453

N° 4516. DE LA FÈRE à SAINT-OMER.

Saint-Omer	219k

N° 4517. DE LA FÈRE à SARREGUEMINES.

Châlons-sur-Marne	115k
Sarreguemines	297
	412

N° 4518. DE LA FÈRE à SAUMUR.

Paris	153k
Saumur	300
	453

N° 4519. DE LA FÈRE à SCHELESTADT.

Châlons-sur-Marne	115k
Schelestadt	374
	489

N° 4520. DE LA FÈRE à STRASBOURG.

Châlons-sur-Marne	115k
Strasbourg	329
	444

N° 4521. DE LA FÈRE à TARBES.

Paris	153k
Tarbes	765
	918

N° 4522. DE LA FÈRE à THIONVILLE.

Châlons-sur-Marne	115k
Thionville	247
	362

N° 4523. DE LA FÈRE à TOULON.

Paris	153k
Lyon	507
Marseille	350
Toulon	60
	1,070

N° 4524. DE LA FÈRE à TOULOUSE.

Paris	153k
Toulouse	697
	850

N° 4525. DE LA FÈRE à TOURS.

Paris	153k
Tours	236
	389

N° 4526. DE LA FÈRE à TROYES.

Châlons-sur-Marne	115k
Troyes	79
	194

N° 4527. DE LA FÈRE à TULLE.

Paris	153k
Limoges	390
Tulle	89
	632

N° 4528. DE LA FÈRE à VALENCE.

Paris	153k
Lyon	507
Valence	105
	765

N° 4529. DE LA FÈRE à VALENCIENNES

Valenciennes	95k

N° 4530. DE LA FÈRE à VANNES.

Paris	153k
Rennes	373
Vannes	103
	629

N° 4531. DE LA FÈRE à VERDUN.

Châlons-sur-Marne	115k
Verdun	81
	196

N° 4532. DE LA FÈRE à VERNON.

Paris	153k
Vernon	80
	233

N° 4533. DE LA FÈRE à VERSAILLES.

Paris	153k
Versailles	17
	170

N° 4534. DE LA FÈRE à VESOUL.

Châlons-sur-Marne	115k
Vesoul	247
	362

FOIX.

N° 4535. DE FOIX à FONTAINEBLEAU.

Toulouse	82k
Orléans	575
Fontainebleau	88
	745

N° 4536. DE FOIX à GAP.

Carcassonne	98k
Montpellier	157
Avignon	98
Gap	187
	540

N° 4537. DE FOIX à GIVET.

Toulouse	82k
Paris	697
Givet	320
	1,099

N° 4538. DE FOIX à GRENOBLE.

Carcassonne	98k
Montpellier	157
Valence	223
Grenoble	94
	572

N° 4539. DE FOIX à GUÉRET.

Toulouse	82k
Limoges	304
Guéret	84
	470

N° 4540. DE FOIX à HAGUENAU.

Carcassonne	98k
Montpellier	157
Lyon	328
Haguenau	487
	1,070

N° 4541. DE FOIX à LANGRES.

Carcassonne	98k
Montpellier	157
Lyon	328
Dijon	193
Langres	66
	842

N° 4542. DE FOIX à LAON.

Toulouse	82k
Paris	697
Laon	177
	956

N° 4543. DE FOIX à LAVAL.

Toulouse	82k
Bordeaux	251
Tours	347
Laval	140
	820

N° 4544. DE FOIX à LILLE.

Toulouse	82k
Paris	697
Lille	274
	1,053

N° 4545. DE FOIX à LIMOGES.

Toulouse	82k
Limoges	304
	386

N° 4546. DE FOIX à LONS-LE-SAUNIER.

Carcassonne	98k
Montpellier	157
Lyon	328
Lons-le-Saunier	124
	707

N° 4547. DE FOIX à LORIENT.

Toulouse	82k
Bordeaux	251
Nantes	334
Lorient	164
	831

N° 4548. DE FOIX à LUNÉVILLE.

Carcassonne	98k
Montpellier	157
Lyon	328
Lunéville	398
	981

N° 4549. DE FOIX à LYON.

Carcassonne	98k
Montpellier	157
Lyon	328
	583

N° 4550. DE FOIX à MACON.

Carcassonne	98k
Montpellier	157
Lyon	328
Mâcon	67
	650

N° 4551. DE FOIX au MANS.

Toulouse	82k
Bordeaux	251
Tours	347
Le Mans	82
	762

N° 4552. DE FOIX à MARSEILLE

Carcassonne	98k
Montpellier	157
Marseille	177
	432

N° 4553. DE FOIX à MAUBEUGE.

Toulouse	82k
Paris	697
Maubeuge	260
	1,039

N° 4554. DE FOIX à MELUN.

Toulouse	82k
Orléans	575
Melun	103
	760

N° 4555. DE FOIX à MENDE.

Toulouse	82k
Rodez	155
Mende	115
	352

N° 4556. DE FOIX à METZ.

Carcassonne	98k
Montpellier	157
Lyon	328
Dijon	193
Metz	249
	1,025

N° 4557. DE FOIX à MÉZIÈRES.

Toulouse	82k
Paris	697
Mézières	253
	1,032

N° 4558. DE FOIX à MONTAUBAN.

Montauban	131k

N° 4559. DE FOIX à MONTBRISON.

Carcassonne	98k
Montpellier	157
Le Puy	206
Montbrison	113
	574

N° 4560. DE FOIX à MONT-DE-MARSAN.

Toulouse	82k
Auch	77
Mont-de-Marsan	112
	271

N° 4561. DE FOIX à MONTPELLIER.

Carcassonne	98k
Montpellier	157
	255

N° 4562. DE FOIX à MOULINS.

Toulouse	82k
Clermont	380
Moulins	95
	557

N° 4563. DE FOIX à NANCY.

Carcassonne	98k
Montpellier	157
Lyon	328
Dijon	193
Nancy	192
	968

N° 4564. DE FOIX à NANTES.

Toulouse	82k
Bordeaux	251
Nantes	334
	667

N° 4565. DE FOIX à NAPOLÉON-VENDÉE.

Toulouse	82k
Bordeaux	251
Napoléon-Vendée	276
	609

Nº 4566. DE FOIX à NEVERS.

Toulouse	82^{k}
Clermont	380
Nevers	148
	610

Nº 4567. DE FOIX à NIMES.

Carcassonne	98^{k}
Montpellier	157
Nîmes	50
	305

Nº 4568. DE FOIX à NIORT.

Toulouse	82^{k}
Bordeaux	251
Niort	194
	527

Nº 4569. DE FOIX à ORLÉANS.

Toulouse	82^{k}
Orléans	575
	657

Nº 4570. DE FOIX à PARIS.

Toulouse	82^{k}
Paris	697
	779

Nº 4571. DE FOIX à PAU.

Toulouse	82^{k}
Pau	190
	272

Nº 4572. DE FOIX à PÉRIGUEUX.

Toulouse	82^{k}
Agen	107
Périgueux	136
	325

Nº 4573. DE FOIX à PERPIGNAN.

Perpignan	169^{k}

Nº 4574. DE FOIX à POITIERS.

Toulouse	82^{k}
Bordeaux	251
Poitiers	246
	579

Nº 4575. DE FOIX à PRIVAS.

Carcassonne	98^{k}
Montpellier	157
Privas	165
	420

Nº 4576. DE FOIX au PUY.

Carcassonne	98^{k}
Montpellier	157
Le Puy	206
	461

Nº 4577. DE FOIX à QUIMPER.

Toulouse	82^{k}
Bordeaux	251
Nantes	334
Quimper	231
	898

Nº 4578. DE FOIX à RENNES.

Toulouse	82^{k}
Bordeaux	251
Nantes	334
Rennes	107
	774

Nº 4579. DE FOIX à ROCHEFORT.

Toulouse	82^{k}
Bordeaux	251
Rochefort	162
	495

Nº 4580. DE FOIX à LA ROCHELLE.

Toulouse	82^{k}
Bordeaux	251
La Rochelle	193
	526

Nº 4581. DE FOIX à RODEZ.

Toulouse	82^{k}
Rodez	155
	237

Nº 4582. DE FOIX à ROUEN.

Toulouse	82^{k}
Paris	697
Rouen	140
	919

Nº 4583. DE FOIX à SAINT-BRIEUC.

Toulouse	82^{k}
Bordeaux	251
Nantes	334
Saint-Brieuc	207
	874

Nº 4584. DE FOIX à SAINT-GERMAIN.

Toulouse	82^{k}
Paris	697
Saint-Germain	23
	802

Nº 4585. DE FOIX à SAINT-LO.

Toulouse	82^{k}
Bordeaux	251
Tours	347
Saint-Lô	276
	956

Nº 4586. DE FOIX à SAINT-OMER.

Toulouse	82^{k}
Paris	697
Saint-Omer	336
	1,115

Nº 4587. DE FOIX à SARREGUEMINES.

Carcassonne	98^{k}
Montpellier	157
Lyon	328
Dijon	193
Metz	249
Sarreguemines	76
	1,101

Nº 4588. DE FOIX à SAUMUR.

Toulouse	82^{k}
Bordeaux	251
Saumur	411
	744

Nº 4589. DE FOIX à SCHELESTADT.

Carcassonne	98^{k}
Montpellier	157
Lyon	328
Schelestadt	413
	996

Nº 4590. DE FOIX à STRASBOURG.

Carcassonne	98^{k}
Montpellier	157
Lyon	328
Strasbourg	458
	1,041

Nº 4591. DE FOIX à TARBES.

Toulouse	82^{k}
Tarbes	151
	233

Nº 4592. DE FOIX à THIONVILLE.

Carcassonne	98^{k}
Montpellier	157
Lyon	328
Dijon	193
Metz	249
Thionville	26
	1,051

Nº 4593. DE FOIX à TOULON.

Carcassonne	98^{k}
Montpellier	157
Marseille	177
Toulon	60
	492

Nº 4594. DE FOIX à TOULOUSE.

Toulouse	82^{k}

Nº 4595. DE FOIX à TOURS.

Toulouse	82^{k}
Bordeaux	251
Tours	347
	680

Nº 4596. DE FOIX à TROYES.

Toulouse	82^{k}
Orléans	575
Troyes	208
	865

N° 4597. DE FOIX À TULLE.

Toulouse	82k
Cahors	111
Tulle	133
	326

N° 4598. DE FOIX À VALENCE.

Carcassonne	98k
Montpellier	157
Valence	223
	478

N° 4599. DE FOIX À VALENCIENNES.

Toulouse	82k
Paris	697
Valenciennes	277
	1,056

N° 4600. DE FOIX À VANNES.

Toulouse	82k
Bordeaux	251
Nantes	334
Vannes	108
	775

N° 4601. DE FOIX À VERDUN.

Carcassonne	98k
Montpellier	157
Lyon	328
Dijon	193
Verdun	239
	1,015

N° 4602. DE FOIX À VERNON.

Toulouse	82k
Paris	697
Vernon	80
	859

N° 4603. DE FOIX À VERSAILLES.

Toulouse	82k
Paris	697
Versailles	17
	796

N° 4604. DE FOIX À VESOUL.

Carcassonne	98k
Montpellier	157
Lyon	328
Besançon	212
Vesoul	47
	842

FONTAINEBLEAU.

N° 4605. DE FONTAINEBLEAU À GAP.

Lyon	448k
Grenoble	108
Gap	101
	657

N° 4606. DE FONTAINEBLEAU À GIVET.

Paris	59k
Givet	320
	379

N° 4607. DE FONTAINEBLEAU À GRENOBLE.

Lyon	448k
Grenoble	108
	556

N° 4608. DE FONTAINEBLEAU À GUÉRET.

Orléans	88k
Châteauroux	144
Guéret	91
	323

N° 4609. DE FONTAINEBLEAU À HAGUENAU.

Paris	59k
Haguenau	496
	555

N° 4610. DE FONTAINEBLEAU À LANGRES.

Troyes	120k
Langres	128
	248

N° 4611. DE FONTAINEBLEAU À LAON.

Paris	59k
Laon	177
	236

N° 4612. DE FONTAINEBLEAU À LAVAL.

Chartres	147k
Le Mans	122
Laval	90
	359

N° 4613. DE FONTAINEBLEAU À LILLE.

Paris	59k
Lille	274
	333

N° 4614. DE FONTAINEBLEAU À LIMOGES.

Orléans	88k
Limoges	269
	357

N° 4615. DE FONTAINEBLEAU À LONS-LE-SAUNIER.

Chalon-sur-Saône	324k
Lons-le-Saunier	64
	388

N° 4616. DE FONTAINEBLEAU À LORIENT.

Chartres	147k
Rennes	285
Lorient	160
	592

N° 4617. DE FONTAINEBLEAU À LUNÉVILLE.

Paris	59k
Lunéville	385
	444

N° 4618. DE FONTAINEBLEAU À LYON.

Lyon	448k

N° 4619. DE FONTAINEBLEAU À MACON.

Mâcon	382k

N° 4620. DE FONTAINEBLEAU au MANS.

Chartres	147k
Le Mans	123
	270

N° 4621. DE FONTAINEBLEAU À MARSEILLE.

Lyon	448k
Marseille	350
	798

N° 4622. DE FONTAINEBLEAU À MAUBEUGE.

Paris	59k
Maubeuge	260
	319

N° 4623. DE FONTAINEBLEAU À MELUN.

Melun	15k

N° 4624. DE FONTAINEBLEAU À MENDE.

Orléans	88k
Clermont	324
Mende	186
	598

N° 4625. DE FONTAINEBLEAU À METZ.

Paris	59k
Metz	393
	452

N° 4626. DE FONTAINEBLEAU À MÉZIÈRES.

Paris	59k
Mézières	253
	312

N° 4627. DE FONTAINEBLEAU À MONTAUBAN.

Orléans	88k
Limoges	269
Montauban	259
	616

N 4628. DE FONTAINEBLEAU à MONTBRISON.

Orléans	88k
Moulins	231
Montbrison	160
	479

N° 4629. DE FONTAINEBLEAU à MONT-DE-MARSAN.

Orléans	88k
Bordeaux	462
Mont-de-Marsan	131
	681

N° 4630. DE FONTAINEBLEAU à MONTPELLIER.

Lyon	448k
Montpellier	328
	776

N° 4631. DE FONTAINEBLEAU à MOULINS.

Orléans	88k
Moulins	231
	319

N° 4632. DE FONTAINEBLEAU à NANCY.

Paris	59k
Nancy	352
	411

N° 4633. DE FONTAINEBLEAU à NANTES.

Orléans	88k
Nantes	310
	398

N° 4634. DE FONTAINEBLEAU à NAPOLÉON-VENDÉE.

Orléans	88k
Saumur	179
Napoléon-Vendée	133
	400

N° 4635. DE FONTAINEBLEAU à NEVERS.

Nevers	223k

N° 4636. DE FONTAINEBLEAU à NIMES.

Lyon	448k
Nimes	278
	726

N° 4637. DE FONTAINEBLEAU à NIORT.

Orléans	88k
Poitiers	216
Niort	76
	380

N° 4638. DE FONTAINEBLEAU à ORLÉANS.

Orléans	88k

N° 4639. DE FONTAINEBLEAU à PARIS.

Paris	59k

N° 4640. DE FONTAINEBLEAU à PAU.

Orléans	88k
Bordeaux	462
Pau	213
	763

N° 4641. DE FONTAINEBLEAU à PÉRIGUEUX.

Orléans	88k
Limoges	269
Périgueux	95
	452

N° 4642. DE FONTAINEBLEAU à PERPIGNAN.

Orléans	88k
Toulouse	575
Perpignan	215
	878

N° 4643. DE FONTAINEBLEAU à POITIERS.

Orléans	88k
Poitiers	216
	304

N° 4644. DE FONTAINEBLEAU à PRIVAS.

Lyon	448k
Privas	144
	592

N° 4645. DE FONTAINEBLEAU au PUY.

Lyon	448k
Le Puy	134
	582

N° 4646. DE FONTAINEBLEAU à QUIMPER.

Orléans	88k
Nantes	310
Quimper	231
	629

N° 4647. DE FONTAINEBLEAU à RENNES.

Chartres	147k
Rennes	285
	432

N° 4648. DE FONTAINEBLEAU à ROCHEFORT.

Orléans	88k
Poitiers	216
Rochefort	137
	441

N° 4649. DE FONTAINEBLEAU à LA ROCHELLE.

Orléans	88k
Poitiers	216
La Rochelle	139
	443

N° 4650. DE FONTAINEBLEAU à RODEZ.

Orléans	88k
Clermont	324
Rodez	225
	637

N° 4651. DE FONTAINEBLEAU à ROUEN.

Paris	59k
Rouen	140
	199

N° 4652. DE FONTAINEBLEAU à SAINT-BRIEUC.

Chartres	147k
Rennes	285
Saint-Brieuc	100
	532

N° 4653. DE FONTAINEBLEAU à SAINT-GERMAIN.

Paris	59k
Saint-Germain	23
	82

N° 4654. DE FONTAINEBLEAU à ST-LO.

Paris	59k
Saint-Lô	300
	359

N° 4655. DE FONTAINEBLEAU à SAINT-OMER.

Paris	59k
Saint-Omer	336
	395

N° 4656. DE FONTAINEBLEAU à SARREGUEMINES.

Paris	59k
Sarreguemines	469
	528

N° 4657. DE FONTAINEBLEAU à SAUMUR.

Orléans	88k
Saumur	179
	267

N° 4658. DE FONTAINEBLEAU à SCHELESTADT.

Paris	59k
Schelestadt	546
	605

N° 4659. DE FONTAINEBLEAU à STRASBOURG.

Paris	59k
Strasbourg	501
	560

N° 4660. DE FONTAINEBLEAU à TARBES.

Orléans	88k
Tarbes	643
	731

N° 4661. DE FONTAINEBLEAU à THIONVILLE.

Paris	59k
Thionville	419
	478

N° 4662. DE FONTAINEBLEAU à TOULON.

Lyon	448k
Marseille	350
Toulon	60
	858

N° 4663. DE FONTAINEBLEAU à TOULOUSE.

Orléans	88k
Toulouse	575
	663

N° 4664. DE FONTAINEBLEAU à TOURS.

Orléans	88k
Tours	115
	203

N° 4665. DE FONTAINEBLEAU à TROYES.

Troyes	120k

N° 4666. DE FONTAINEBLEAU à TULLE.

Orléans	88k
Limoges	269
Tulle	89
	446

N° 4667. DE FONTAINEBLEAU à VALENCE.

Lyon	448k
Valence	105
	553

N° 4668. DE FONTAINEBLEAU à VALENCIENNES.

Paris	59k
Valenciennes	277
	336

N° 4669. DE FONTAINEBLEAU à VANNES.

Orléans	88k
Nantes	310
Vannes	108
	506

N° 4670. DE FONTAINEBLEAU à VERDUN.

Paris	59k
Verdun	253
	312

N° 4671. DE FONTAINEBLEAU à VERNON.

Paris	59k
Vernon	80
	139

N° 4672. DE FONTAINEBLEAU à VERSAILLES.

Paris	59k
Versailles	17
	76

N° 4673. DE FONTAINEBLEAU à VESOUL.

Troyes	120k
Paris	128
Vesoul	74
	322

GAP.

N° 4674. DE GAP à GIVET.

Grenoble	101k
Lyon	108
Dijon	193
Châlons-sur-Marne	229
Givet	187
	818

N° 4675. DE GAP à GRENOBLE.

Grenoble	101k

N° 4676. DE GAP à GUÉRET.

Lyon	101k
Clermont	183
Guéret	130
	414

N° 4677. DE GAP à HAGUENAU.

Grenoble	101k
Lyon	108
Strasbourg	458
Haguenau	29
	696

N° 4678. DE GAP à LANGRES.

Grenoble	101k
Lyon	108
Dijon	193
Langres	66
	468

N° 4679. DE GAP à LAON.

Grenoble	101k
Lyon	108
Paris	507
Laon	177
	893

N° 4680. DE GAP à LAVAL.

Grenoble	101k
Lyon	108
Moulins	186
Tours	346
Laval	140
	881

N° 4681. DE GAP à LILLE.

Grenoble	101k
Lyon	108
Paris	507
Lille	274
	990

N° 4682. DE GAP à LIMOGES.

Grenoble	101k
Lyon	108
Clermont	184
Limoges	179
	572

N° 4683. DE GAP à LONS-LE-SAUNIER.

Grenoble	101k
Lyon	108
Lons-le-Saunier	124
	333

N° 4684. DE GAP à LORIENT.

Grenoble	101k
Lyon	108
Moulins	186
Nantes	531
Lorient	160
	1,086

N° 4685. DE GAP à LUNÉVILLE.

Grenoble	101k
Lyon	108
Lunéville	398
	607

N° 4686. DE GAP à LYON.

Grenoble	101k
Lyon	108
	209

N° 4687. DE GAP à MACON.

Grenoble	101k
Lyon	108
Mâcon	67
	276

N° 4688. DE GAP au MANS.

Grenoble	101k
Lyon	108
Moulins	186
Blois	280
Le Mans	108
	783

N° 4689. DE GAP à MARSEILLE.

Aix	149k
Marseille	29
	178

N° 4690. DE GAP à MAUBEUGE.

Grenoble	101k
Lyon	108
Paris	507
Maubeuge	260
	976

N° 4691. DE GAP à MELUN.

Grenoble	101k
Lyon	108
Melun	462
	671

N° 4692. DE GAP à MENDE.

Avignon	187k
Nîmes	48
Mende	148
	383

N° 4693. DE GAP à METZ.

Grenoble	101k
Lyon	108
Dijon	193
Metz	249
	651

N° 4694. DE GAP à MÉZIÈRES.

Grenoble	101k
Lyon	108
Dijon	193
Châlons-sur-Marne	229
Mézières	120
	751

N° 4695. DE GAP à MONTAUBAN.

Avignon	187k
Montpellier	98
Montauban	290
	575

N° 4696. DE GAP à MONTBRISON.

Grenoble	101k
Lyon	108
Montbrison	101
	310

N° 4697. DE GAP à MONT-DE-MARSAN.

Avignon	187k
Montpellier	98
Toulouse	251
Auch	77
Mont-de-Marsan	112
	725

N° 4698. DE GAP à MONTPELLIER.

Avignon	187k
Montpellier	98
	285

N° 4699. DE GAP à MOULINS.

Grenoble	101k
Lyon	108
Moulins	186
	395

N° 4700. DE GAP à NANCY.

Grenoble	101k
Lyon	108
Dijon	193
Nancy	192
	594

N° 4701. DE GAP à NANTES.

Grenoble	101k
Lyon	108
Moulins	186
Nantes	531
	926

N° 4702. DE GAP à NAPOLÉON-VENDÉE.

Grenoble	101k
Lyon	108
Clermont	184
Limoges	179
Niort	162
Napoléon-Vendée	87
	821

N° 4703. DE GAP à NEVERS.

Grenoble	101k
Lyon	108
Nevers	239
	448

N° 4704. DE GAP à NIMES.

Avignon	187k
Nîmes	48
	235

N° 4705. DE GAP à NIORT.

Grenoble	101k
Lyon	108
Clermont	184
Limoges	179
Niort	162
	734

N°. 4706 DE GAP à ORLÉANS.

Grenoble	101k
Lyon	108
Orléans	420
	629

N° 4707. DE GAP à PARIS.

Grenoble	101k
Lyon	108
Paris	507
	716

N° 4708. DE GAP à PAU.

Avignon	187k
Montpellier	98
Toulouse	251
Pau	190
	726

N° 4709. DE GAP à PÉRIGUEUX.

Grenoble	101k
Lyon	108
Clermont	184
Tulle	143
Périgueux	102
	638

N° 4710. DE GAP à PERPIGNAN.

Avignon	187k
Montpellier	98
Perpignan	161
	446

N° 4711. DE GAP à POITIERS.

Grenoble	101k
Lyon	108
Moulins	186
Poitiers	303
	698

N° 4712. DE GAP à PRIVAS.

Grenoble	101k
Valence	94
Privas	39
	234

N° 4713. DE GAP au PUY.

Grenoble	101k
Lyon	108
Le Puy	134
	343

N° 4714. DE GAP à QUIMPER.

Grenoble	101k
Lyon	108
Moulins	186
Nantes	531
Quimper	231
	1,157

N° 4715. DE GAP à RENNES.

Grenoble	101k
Lyon	108
Moulins	186
Angers	443
Rennes	125
	963

N° 4716. DE GAP à ROCHEFORT.

Grenoble	101k
Lyon	108
Clermont	184
Angoulême	282
Rochefort	109
	784

N° 4717. DE GAP à LA ROCHELLE.

Grenoble	101k
Lyon	108
Clermont	184
Angoulême	282
La Rochelle	125
	800

N° 4718. DE GAP à RODEZ.

Avignon	187k
Nîmes	48
Rodez	232
	467

N° 4719. DE GAP à ROUEN.

Grenoble	101k
Lyon	108
Paris	507
Rouen	140
	856

N° 4720. DE GAP à SAINT-BRIEUC.

Grenoble	101k
Lyon	108
Moulins	186
Angers	443
Rennes	125
Saint-Brieuc	100
	1,063

N° 4721. DE GAP à SAINT-GERMAIN.

Grenoble	101k
Lyon	108
Paris	507
Saint-Germain	23
	739

N° 4722. DE GAP à SAINT-LO.

Grenoble	101k
Lyon	108
Paris	507
Saint-Lô	300
	1,016

N° 4723. DE GAP à SAINT-OMER.

Grenoble	101k
Lyon	108
Paris	507
Saint-Omer	336
	1,052

N° 4724. DE GAP à SARREGUEMINES.

Grenoble	101k
Lyon	108
Dijon	193
Metz	249
Sarreguemines	76
	727

N° 4725. DE GAP à SAUMUR.

Grenoble	101k
Lyon	108
Moulins	186
Saumur	410
	805

N° 4726. DE GAP à SCHELESTADT.

Grenoble	101k
Lyon	108
Schelestadt	413
	622

N° 4727. DE GAP à STRASBOURG.

Grenoble	101k
Lyon	108
Strasbourg	458
	667

N° 4728. DE GAP à TARBES.

Avignon	187k
Montpellier	98
Toulouse	251
Tarbes	151
	687

N° 4729. DE GAP à THIONVILLE.

Grenoble	101k
Lyon	108
Dijon	193
Thionville	275
	677

N° 4730. DE GAP à TOULON.

Aix	149k
Toulon	75
	224

N° 4731. DE GAP à TOULOUSE.

Avignon	187k
Montpellier	98
Toulouse	251
	536

N° 4732. DE GAP à TOURS.

Grenoble	101k
Lyon	108
Moulins	186
Tours	346
	741

N° 4733. DE GAP à TROYES.

Grenoble	101k
Lyon	108
Troyes	343
	552

N° 4734. DE GAP à TULLE.

Grenoble	101k
Lyon	108
Clermont	184
Tulle	143
	536

N° 4735. DE GAP à VALENCE.

Grenoble	101k
Valence	94
	195

N° 4736. DE GAP à VALENCIENNES.

Grenoble	101k
Lyon	108
Paris	507
Valenciennes	277
	993

N° 4737. DE GAP à VANNES.

Grenoble	101k
Lyon	108
Moulins	186
Nantes	531
Vannes	108
	1,034

N° 4738. DE GAP à VERDUN.

Grenoble	101k
Lyon	108
Dijon	193
Verdun	108
	510

N° 4739. DE GAP à VERNON.

Grenoble	101k
Lyon	108
Paris	507
Vernon	80
	796

N° 4740. DE GAP à VERSAILLES.

Grenoble	101k
Lyon	108
Paris	507
Versailles	17
	733

N° 4741. DE GAP à VESOUL.

Grenoble	101k
Lyon	108
Besançon	212
Vesoul	47
	468

GIVET.

N° 4742. DE GIVET à GRENOBLE.

Châlons-sur-Marne	187k
Dijon	229
Lyon	193
Grenoble	108
	717

N° 4743. DE GIVET à GUÉRET.

Paris	320k
Châteauroux	265
Guéret	91
	676

N° 4744. DE GIVET à HAGUENAU.

Metz	220k
Haguenau	151
	371

N° 4745. DE GIVET à LANGRES.

Châlons-sur-Marne	187k
Langres	173
	360

N° 4746. DE GIVET à LAON.

Mézières	67k
Laon	128
	195

N° 4747. DE GIVET à LAVAL.

Paris	320k
Laval	300
	620

N° 4748. DE GIVET à LILLE.

Lille	273k

N° 4749. DE GIVET à LIMOGES.

Paris	320k
Limoges	390
	710

N° 4750. DE GIVET à LONS-LE-SAUNIER.

Châlons-sur-Marne	187k
Dijon	229
Lons-le-Saunier	99
	515

N° 4751. DE GIVET à LORIENT.

Paris	320k
Rennes	373
Lorient	160
	853

N° 4752. DE GIVET à LUNÉVILLE.

Lunéville	294k

N° 4753. DE GIVET à LYON.

Châlons-sur-Marne	187k
Dijon	229
Lyon	193
	609

N° 4754. DE GIVET à MACON.

Châlons-sur-Marne	187k
Dijon	229
Mâcon	126
	542

N° 4755. DE GIVET au MANS.

Paris	320k
Le Mans	211
	531

N° 4756. DE GIVET à MARSEILLE.

Châlons-sur-Marne	187k
Dijon	229
Lyon	193
Marseille	350
	959

N° 4757. DE GIVET à MAUBEUGE.

Maubeuge	171k

N° 4758. DE GIVET à MELUN.

Paris	320k
Melun	45
	365

N° 4759. DE GIVET à MENDE.

Paris	320k
Clermont	445
Mende	186
	951

N° 4760. DE GIVET à METZ.

Metz	220k

N° 4761. DE GIVET à MÉZIÈRES.

Mézières	67k

N° 4762. DE GIVET à MONTAUBAN.

Paris	320k
Montauban	648
	968

N° 4763. DE GIVET à MONTBRISON.

Châlons-sur-Marne	187k
Dijon	229
Lyon	193
Montbrison	101
	710

N° 4764. DE GIVET à MONT-DE-MARSAN.

Paris	320k
Bordeaux	583
Mont-de-Marsan	131
	1,034

N° 4765. DE GIVET à MONTPELLIER.

Châlons-sur-Marne	187k
Dijon	229
Lyon	193
Montpellier	328
	937

N° 4766. DE GIVET à MOULINS.

Châlons-sur-Marne	187k
Auxerre	156
Nevers	109
Moulins	53
	505

N° 4767. DE GIVET A NANCY.

Nancy	267k

N° 4768. DE GIVET à NANTES.

Paris	320k
Nantes	431
	751

N° 4769. DE GIVET à NAPOLÉON-VENDÉE.

Paris	320k
Saumur	300
Napoléon-Vendée	133
	753

N° 4770. DE GIVET à NEVERS.

Châlons-sur-Marne	187k
Auxerre	156
Nevers	109
	452

N° 4771. DE GIVET à NIMES.

Châlons-sur-Marne	187k
Dijon	229
Lyon	193
Nîmes	278
	887

N° 4772. DE GIVET à NIORT.

Paris	320k
Poitiers	337
Niort	76
	733

N° 4773. DE GIVET à ORLÉANS.

Paris	320k
Orléans	121
	441

N° 4774. DE GIVET à PARIS.

Paris	320k

N° 4775. DE GIVET à PAU.

Paris	320k
Bordeaux	583
Pau	213
	1,116

N° 4776. DE GIVET à PÉRIGUEUX.

Paris	320k
Limoges	390
Périgueux	95
	805

N° 4777. DE GIVET à PERPIGNAN.

Châlons-sur-Marne	187k
Dijon	229
Lyon	193
Montpellier	328
Perpignan	161
	1,098

N° 4778. DE GIVET à POITIERS.

Paris	320k
Poitiers	337
	657

N° 4779. DE GIVET à PRIVAS.

Châlons-sur-Marne	187k
Dijon	229
Lyon	193
Privas	144
	753

N° 4780. DE GIVET au PUY.

Paris	320k
Clermont	445
Le Puy	134
	899

N° 4781. DE GIVET à QUIMPER.

Paris	320k
Rennes	373
Quimper	227
	920

N° 4782. DE GIVET à RENNES.

Paris	320k
Rennes	373
	693

N° 4783. DE GIVET à ROCHEFORT.

Paris	320k
Poitiers	337
Rochefort	137
	794

N° 4784. DE GIVET à LA ROCHELLE.

Paris	320k
Poitiers	337
La Rochelle	139
	796

N° 4785. DE GIVET à RODEZ.

Paris	320k
Clermont	445
Rodez	225
	990

N° 4786. DE GIVET à ROUEN.

Paris	320k
Rouen	140
	460

N° 4787. DE GIVET à SAINT-BRIEUC.

Paris	320k
Rennes	373
Saint-Brieuc	100
	793

N° 4788. DE GIVET à SAINT-GERMAIN.

Paris	320k
Saint-Germain	23
	343

N° 4789. DE GIVET à SAINT-LO.

Paris	320k
Saint-Lô	300
	620

N° 4790. DE GIVET à SAINT-OMER.

Saint-Omer	370k

N° 4791. DE GIVET à SARREGUEMINES

Sarreguemines	296k

N° 4792. DE GIVET à SAUMUR.

Paris	320k
Saumur	300
	620

N° 4793. DE GIVET à SCHELESTADT.

Lunéville	294k
Schelestadt	108
	402

N° 4794. DE GIVET à STRASBOURG.

Metz	220k
Strasbourg	180
	400

N° 4795. DE GIVET à TARBES.

Paris	320k
Tarbes	765
	1,085

N° 4796. DE GIVET à THIONVILLE.

Thionville	248k

N° 4797. DE GIVET à TOULON.

Châlons-sur-Marne	187k
Dijon	229
Lyon	193
Marseille	350
Toulon	60
	1,019

N° 4798. DE GIVET à TOULOUSE.

Paris	320k
Toulouse	697
	1,017

N° 4799. DE GIVET à TOURS.

Paris	320k
Tours	236
	556

N° 4800. DE GIVET à TROYES.

Châlons-sur-Marne	187k
Troyes	79
	266

N° 4801. DE GIVET à TULLE.

Paris	320k
Limoges	390
Tulle	89
	799

N° 4802. DE GIVET à VALENCE.

Châlons-sur-Marne	187k
Dijon	229
Lyon	193
Valence	105
	714

N° 4803. DE GIVET à VALENCIENNES.

Valenciennes	208k

N° 4804. DE GIVET à VANNES.

Paris	320k
Rennes	373
Vannes	103
	796

N° 4805. DE GIVET à VERDUN.

Verdun	169k

N° 4806. DE GIVET à VERNON.

Paris	320k
Vernon	80
	400

N° 4807. DE GIVET à VERSAILLES.

Paris	320k
Versailles	17
	337

N° 4808. DE GIVET à VESOUL.

Châlons-sur-Marne	187k
Langres	173
Vesoul	74
	434

GRENOBLE.

N° 4809. DE GRENOBLE à GUÉRET.

Lyon	108k
Clermont	183
Guéret	130
	421

N° 4810. DE GRENOBLE à HAGUENAU.

Lyon	108k
Strasbourg	458
Haguenau	29
	595

N° 4811. DE GRENOBLE à LANGRES.

Lyon	108k
Dijon	193
Langres	66
	367

N° 4812. DE GRENOBLE à LAON.

Lyon	108k
Paris	507
Laon	177
	792

N° 4813. DE GRENOBLE à LAVAL.

Lyon	108k
Moulins	186
Tours	346
Laval	140
	780

N° 4814. DE GRENOBLE à LILLE.

Lyon	108k
Paris	507
Lille	274
	889

N° 4815. DE GRENOBLE à LIMOGES.

Lyon	108k
Clermont	184
Limoges	179
	471

N° 4816. DE GRENOBLE à LONS-LE-SAUNIER.

Lyon	108k
Lons-le-Saunier	124
	232

N° 4817. DE GRENOBLE à LORIENT.

Lyon	108k
Moulins	186
Nantes	531
Lorient	164
	989

N° 4818. DE GRENOBLE à LUNÉVILLE.

Lyon	108k
Lunéville	398
	506

N° 4819. DE GRENOBLE à LYON.

Lyon	108k

N° 4820. DE GRENOBLE à MACON.

Lyon	108k
Mâcon	67
	175

N° 4821. DE GRENOBLE au MANS.

Lyon	108k
Moulins	186
Blois	280
Le Mans	108
	682

N° 4822. DE GRENOBLE à MARSEILLE.

Gap	101k
Marseille	178
	279

N° 4823. DE GRENOBLE à MAUBEUGE.

Lyon	108k
Paris	507
Maubeuge	260
	875

N° 4824. DE GRENOBLE à MELUN.

Lyon	108k
Melun	462
	570

N° 4825. DE GRENOBLE à MENDE.

Lyon	108k
Le Puy	134
Mende	89
	331

N° 4826. DE GRENOBLE à METZ.

Lyon	108k
Dijon	193
Metz	249
	550

N° 4827. DE GRENOBLE à MÉZIÈRES.

Lyon	108k
Dijon	193
Châlons-sur-Marne	229
Mézières	120
	650

N° 4828. DE GRENOBLE à MONTAUBAN.

Valence	94k
Montpellier	223
Montauban	290
	607

N° 4829. DE GRENOBLE à MONTBRISON.

Lyon	108k
Montbrison	101
	209

N° 4830. DE GRENOBLE à MONT-DE-MARSAN.

Valence	94k
Montpellier	223
Toulouse	251
Auch	77
Mont-de-Marsan	112
	757

N° 4831. DE GRENOBLE à MONTPELLIER.

Valence	94k
Montpellier	223
	317

N° 4832. DE GRENOBLE à MOULINS.

Lyon	108k
Moulins	186
	294

N° 4833. DE GRENOBLE à NANCY.

Lyon	108k
Dijon	193
Nancy	192
	493

N° 4834. DE GRENOBLE à NANTES.

Lyon	108k
Moulins	186
Nantes	531
	825

N° 4835. DE GRENOBLE à NAPOLÉON-VENDÉE.

Lyon	108k
Clermont	184
Limoges	179
Niort	162
Napoléon-Vendée	87
	720

N° 4836. DE GRENOBLE à NEVERS.

Lyon	108k
Nevers	239
	347

N° 4837. DE GRENOBLE à NIMES.

Valence	94k
Nîmes	173
	267

N° 4838. DE GRENOBLE à NIORT.

Lyon	108k
Clermont	184
Limoges	179
Niort	162
	633

N° 4839. DE GRENOBLE à ORLÉANS.

Lyon	108k
Orléans	420
	528

N° 4840. DE GRENOBLE à PARIS.

Lyon	108k
Paris	507
	615

N° 4841. DE GRENOBLE à PAU.

Valence	94k
Montpellier	223
Toulouse	251
Pau	190
	758

N° 4842. DE GRENOBLE à PÉRIGUEUX.

Lyon	108k
Clermont	184
Tulle	143
Périgueux	102
	537

N° 4843. DE GRENOBLE à PERPIGNAN.

Valence	94k
Montpellier	223
Perpignan	161
	478

N° 4844. DE GRENOBLE à POITIERS.

Lyon	108k
Moulins	186
Poitiers	303
	597

N° 4845. DE GRENOBLE à PRIVAS.

Privas	133k

N° 4846. DE GRENOBLE au PUY.

Lyon	108k
Le Puy	134
	242

N° 4847. DE GRENOBLE à QUIMPER.

Lyon	108k
Moulins	186
Nantes	531
Quimper	231
	1,056

N° 4848. DE GRENOBLE à RENNES.

Lyon	108k
Moulins	186
Angers	443
Rennes	125
	862

N° 4849. DE GRENOBLE à ROCHEFORT.

Lyon	108k
Clermont	184
Limoges	179
Angoulême	103
Rochefort	109
	683

N° 4850. DE GRENOBLE à LA ROCHELLE.

Lyon	108k
Clermont	184
Limoges	179
Angoulême	103
La Rochelle	125
	699

N° 4851. DE GRENOBLE à RODEZ.

Valence	94k
Mende	174
Rodez	115
	383

N° 4852. DE GRENOBLE à ROUEN.

Lyon	108k
Paris	507
Rouen	140
	755

N° 4853. DE GRENOBLE à ST-BRIEUC.

Lyon	108k
Moulins	186
Angers	443
Rennes	125
Saint-Brieuc	100
	962

N° 4854. DE GRENOBLE à SAINT-GERMAIN.

Lyon	108k
Paris	507
Saint-Germain	23
	638

N° 4855. DE GRENOBLE à SAINT-LO.

Lyon	108k
Paris	507
Saint-Lô	300
	915

N° 4856. DE GRENOBLE à SAINT-OMER.

Lyon	108k
Paris	507
Saint-Omer	336
	951

N° 4857. DE GRENOBLE à SARREGUEMINES.

Lyon	108k
Dijon	193
Metz	249
Sarreguemines	76
	626

N° 4858. DE GRENOBLE à SAUMUR.

Lyon	108k
Moulins	186
Saumur	410
	704

N° 4859. DE GRENOBLE à SCHELESTADT

Lyon	108k
Schelestadt	413
	521

N° 4860. DE GRENOBLE à STRASBOURG.

Lyon	108k
Strasbourg	458
	566

N° 4861. DE GRENOBLE à TARBES.

Valence	94k
Montpellier	223
Toulouse	251
Tarbes	151
	719

N° 4862. DE GRENOBLE à THIONVILLE.

Lyon	108k
Dijon	193
Metz	249
Thionville	26
	576

N° 4863. DE GRENOBLE à TOULON.

Valence	94k
Marseille	245
Toulon	60
	399

N° 4864. DE GRENOBLE à TOULOUSE.

Valence	94k
Montpellier	223
Toulouse	251
	568

N° 4865. DE GRENOBLE à TOURS.

Lyon	108k
Moulins	186
Tours	346
	640

N° 4866. DE GRENOBLE à TROYES.

Lyon	108k
Troyes	343
	451

N° 4867. DE GRENOBLE à TULLE.

Lyon	108k
Clermont	184
Tulle	143
	435

N° 4868. DE GRENOBLE à VALENCE.

Valence	94k

N° 4869. DE GRENOBLE à VALENCIENNES.

Lyon	108k
Paris	507
Valenciennes	277
	882

N° 4870. DE GRENOBLE à VANNES.

Lyon	108k
Moulins	186
Nantes	531
Vannes	108
	933

N° 4871. DE GRENOBLE à VERDUN.

Lyon	108k
Dijon	193
Verdun	239
	540

N° 4872. DE GRENOBLE à VERNON.

Lyon	108k
Paris	507
Vernon	80
	695

N° 4873. DE GRENOBLE à VERSAILLES.

Lyon	108k
Paris	507
Versailles	17
	632

N° 4874. DE GRENOBLE À VESOUL.

Lyon	108k
Besançon	212
Vesoul	47
	367

GUÉRET.

N° 4875. DE GUÉRET À HAGUENAU.

Paris	356k
Haguenau	496
	852

N° 4876. DE GUÉRET À LANGRES.

Moulins	138k
Dijon	183
Langres	66
	387

N° 4877. DE GUÉRET À LAON.

Paris	356k
Laon	177
	533

N° 4878. DE GUÉRET À LAVAL.

Tours	199k
Laval	140
	339

N° 4879. DE GUÉRET À LILLE.

Paris	356k
Lille	274
	630

N° 4880. DE GUÉRET À LIMOGES.

Limoges	84k

N° 4881. DE GUÉRET À LONS-LE-SAUNIER.

Moulins	138k
Chalon-sur-Saône	148
Lons-le-Saunier	64
	350

N° 4882. DE GUÉRET À LORIENT.

Tours	199k
Nantes	197
Lorient	160
	556

N° 4883. DE GUÉRET À LUNÉVILLE.

Paris	356k
Lunéville	385
	741

N° 4884. DE GUÉRET À LYON.

Clermont	130k
Lyon	184
	314

N° 4885. DE GUÉRET À MACON.

Moulins	138k
Mâcon	136
	274

N° 4886. DE GUÉRET AU MANS.

Tours	199k
Le Mans	82
	281

N° 4887. DE GUÉRET À MARSEILLE.

Clermont	130k
Nîmes	312
Marseille	127
	569

N° 4888. DE GUÉRET À MAUBEUGE.

Paris	356k
Maubeuge	260
	616

N° 4889. DE GUÉRET À MELUN.

Orléans	235k
Melun	103
	338

N° 4890. DE GUÉRET À MENDE.

Clermont	130k
Mende	186
	316

N° 4891. DE GUÉRET À METZ.

Paris	356k
Metz	393
	749

N° 4892. DE GUÉRET À MÉZIÈRES.

Paris	356k
Mézières	253
	609

N° 4893. DE GUÉRET À MONTAUBAN.

Limoges	84k
Cahors	197
Montauban	62
	343

N° 4894. DE GUÉRET À MONTBRISON.

Clermont	130k
Montbrison	113
	243

N° 4895. DE GUÉRET À MONT-DE-MARSAN.

Limoges	84k
Périgueux	95
Agen	136
Mont-de-Marsan	109
	424

N° 4896. DE GUÉRET À MONTPELLIER.

Clermont	130k
Montpellier	340
	470

N° 4897. DE GUÉRET À MOULINS.

Moulins	138k

N° 4898. DE GUÉRET À NANCY.

Paris	356k
Nancy	352
	708

N° 4899. DE GUÉRET À NANTES.

Tours	199k
Nantes	197
	396

N° 4900. DE GUÉRET À NAPOLÉON-VENDÉE.

Poitiers	147k
Niort	76
Napoléon-Vendée	87
	310

N° 4901. DE GUÉRET À NEVERS.

Moulins	138k
Nevers	53
	191

N° 4902. DE GUÉRET À NIMES.

Clermont	130k
Nîmes	312
	442

N° 4903. DE GUÉRET À NIORT.

Poitiers	147k
Niort	76
	223

N° 4904. DE GUÉRET À ORLÉANS.

Orléans	235k

N° 4905. DE GUÉRET À PARIS.

Paris	356k

N° 4906. DE GUÉRET À PAU.

Limoges	84k
Agen	231
Pau	184
	499

N° 4907. DE GUÉRET À PÉRIGUEUX.

Limoges	84k
Périgueux	95
	179

N° 4908. DE GUÉRET à PERPIGNAN.

Limoges	84k
Toulouse	308
Perpignan	215
	607

N° 4909. DE GUÉRET à POITIERS.

Poitiers	147k

N° 4910. DE GUÉRET à PRIVAS.

Clermont	130k
Montbrison	113
Privas	171
	414

N° 4911. DE GUÉRET au PUY.

Clermont	130k
Le Puy	134
	264

N° 4912. DE GUÉRET à QUIMPER.

Tours	199k
Nantes	197
Quimper	231
	627

N° 4913. DE GUÉRET à RENNES.

Tours	199k
Angers	107
Rennes	125
	431

N° 4914. DE GUÉRET à ROCHEFORT.

Poitiers	147k
Rochefort	137
	284

N° 3915. DE GUÉRET à LA ROCHELLE.

Poitiers	147k
La Rochelle	139
	286

N° 4916. DE GUÉRET à RODEZ.

Clermont	130k
Rodez	225
	355

N° 4917. DE GUÉRET à ROUEN.

Paris	356k
Rouen	140
	496

N° 4918. DE GUÉRET à SAINT-BRIEUC.

Tours	199k
Angers	107
Rennes	125
Saint-Brieuc	100
	531

N° 4919. DE GUÉRET à SAINT-GERMAIN.

Paris	356k
Saint-Germain	23
	379

N° 4920. DE GUÉRET à SAINT-LO.

Tours	199k
Saint-Lô	276
	475

N° 4921. DE GUÉRET à SAINT-OMER.

Paris	356k
Saint-Omer	336
	692

N° 4922. DE GUÉRET à SARREGUEMINES.

Paris	356k
Sarreguemines	469
	825

N° 4923. DE GUÉRET à SAUMUR.

Tours	199k
Saumur	64
	263

N° 4924. DE GUÉRET à SCHELESTADT.

Paris	356k
Schelestadt	546
	902

N° 4925. DE GUÉRET à STRASBOURG.

Paris	356k
Strasbourg	501
	857

N° 4926. DE GUÉRET à TARBES.

Limoges	84k
Tarbes	376
	460

N° 4927. DE GUÉRET à THIONVILLE.

Paris	356k
Thionville	419
	775

N° 4928. DE GUÉRET à TOULON.

Clermont	130k
Nîmes	312
Marseille	127
Toulon	60
	629

N° 4929. DE GUÉRET à TOULOUSE.

Limoges	84k
Toulouse	308
	392

N° 4930. DE GUÉRET à TOURS.

Tours	199k

N° 4931. DE GUÉRET à TROYES.

Châteauroux	91k
Troyes	282
	373

N° 4932. DE GUÉRET à TULLE.

Limoges	84k
Tulle	89
	173

N° 4933. DE GUÉRET à VALENCE.

Clermont	130k
Montbrison	113
Valence	132
	375

N° 4934. DE GUÉRET à VALENCIENNES.

Paris	356k
Valenciennes	277
	633

N° 4935. DE GUÉRET à VANNES.

Tours	199k
Nantes	197
Vannes	108
	504

N° 4936. DE GUÉRET à VERDUN.

Paris	356k
Verdun	253
	609

N° 4937. DE GUÉRET à VERNON.

Paris	356k
Vernon	80
	436

N° 4938. DE GUÉRET à VERSAILLES.

Paris	356k
Versailles	17
	373

N° 4939. DE GUÉRET à VESOUL.

Moulins	138k
Dijon	183
Vesoul	107
	428

HAGUENAU.

N° 4940. DE HAGUENAU à LANGRES.

Nancy	142k
Langres	126
	268

N° 4941. DE HAGUENAU à LAON.

Châlons-sur-Marne	324k
Laon	91
	415

N° 4942. DE HAGUENAU À LAVAL.

Paris	496k
Laval	300
	796

N° 4943. DE HAGUENAU À LILLE.

Paris	496k
Lille	274
	770

N° 4944. DE HAGUENAU À LIMOGES.

Paris	496k
Limoges	390
	886

N° 4945. DE HAGUENAU À LONS-LE-SAUNIER.

Strasbourg	29k
Lons-le-Saunier	334
	363

N° 4946. DE HAGUENAU À LORIENT.

Paris	496k
Rennes	373
Lorient	160
	1,029

N° 4947. DE HAGUENAU À LUNÉVILLE.

Lunéville	115k

N° 4948. DE HAGUENAU À LYON.

Strasbourg	29k
Lyon	458
	487

N° 4949. DE HAGUENAU À MACON.

Strasbourg	29k
Mâcon	413
	442

N° 4950. DE HAGUENAU AU MANS.

Paris	496k
Le Mans	211
	707

N° 4951. DE HAGUENAU À MARSEILLE.

Strasbourg	29k
Lyon	458
Marseille	350
	837

N° 4952. DE HAGUENAU À MAUBEUGE.

Metz	151k
Mézières	153
Maubeuge	104
	408

N° 4953. DE HAGUENAU À MELUN.

Paris	496k
Melun	45
	541

N° 4954. DE HAGUENAU À MENDE.

Strasbourg	29k
Lyon	458
Le Puy	134
Mende	89
	710

N° 4955. DE HAGUENAU À METZ.

Metz	151k

N° 4956. DE HAGUENAU À MÉZIÈRES.

Metz	151k
Mézières	153
	304

N° 4957. DE HAGUENAU À MONTAUBAN.

Clermont	612k
Aurillac	157
Montauban	177
	946

N° 4958. DE HAGUENAU À MONTBRISON.

Strasbourg	29k
Lyon	458
Montbrison	101
	588

N° 4959. DE HAGUENAU À MONT-DE-MARSAN.

Paris	496k
Bordeaux	583
Mont-de-Marsan	131
	1,210

N° 4960. DE HAGUENAU À MONTPELLIER.

Strasbourg	29k
Lyon	458
Montpellier	328
	815

N° 4961. DE HAGUENAU À MOULINS.

Strasbourg	29k
Dijon	322
Moulins	183
	534

N° 4962. DE HAGUENAU À NANCY.

Nancy	142k

N° 4963. DE HAGUENAU À NANTES.

Paris	496k
Nantes	431
	927

N° 4964. DE HAGUENAU À NAPOLÉON-VENDÉE.

Paris	496k
Saumur	300
Napoléon-Vendée	133
	929

N° 4965. DE HAGUENAU À NEVERS.

Strasbourg	29k
Dijon	322
Nevers	189
	540

N° 4966. DE HAGUENAU À NIMES.

Strasbourg	29k
Lyon	458
Nîmes	278
	765

N° 4967. DE HAGUENAU À NIORT.

Paris	496k
Poitiers	337
Niort	76
	909

N° 4968. DE HAGUENAU À ORLÉANS.

Paris	496k
Orléans	121
	617

N° 4969. DE HAGUENAU À PARIS.

Paris	496k

N° 4970. DE HAGUENAU À PAU.

Strasbourg	29k
Lyon	458
Montpellier	328
Toulouse	251
Pau	190
	1,256

N° 4971. DE HAGUENAU À PÉRIGUEUX.

Strasbourg	29k
Dijon	322
Moulins	183
Limoges	222
Périgueux	95
	851

N° 4972. DE HAGUENAU À PERPIGNAN.

Strasbourg	29k
Lyon	458
Montpellier	328
Perpignan	161
	976

N° 4973. DE HAGUENAU À POITIERS.

Paris	496k
Poitiers	337
	833

N° 4974. DE HAGUENAU À PRIVAS.

Strasbourg	29k
Lyon	458
Privas	144
	631

N° 4975. DE HAGUENAU au PUY.

Strasbourg. 29k
Lyon 458
Le Puy 134
621

N° 4976. DE HAGUENAU à QUIMPER.

Paris 496k
Rennes. 373
Quimper. 227
1,096

N° 4977. DE HAGUENAU à RENNES.

Paris 496k
Rennes. 373
869

N° 4978. DE HAGUENAU à ROCHEFORT.

Paris 496k
Poitiers 337
Rochefort. 137
970

N° 4979. DE HAGUENAU à LA ROCHELLE.

Paris 496k
Poitiers 337
La Rochelle.. 139
972

N° 4980. DE HAGUENAU à RODEZ.

Strasbourg. 29k
Lyon 458
Le Puy 134
Rodez. 204
825

N° 4981. DE HAGUENAU à ROUEN.

Paris 496k
Rouen. 140
636

N° 4982. DE HAGUENAU à SAINT-BRIEUC.

Paris. 496k
Rennes. 373
Saint-Brieuc. 100
969

N° 4983. DE HAGUENAU à ST-GERMAIN.

Paris. 496k
Saint-Germain. 23
519

N° 4984. DE HAGUENAU à SAINT-LO.

Paris. 496k
Saint-Lô. 300
796

N° 4985. DE HAGUENAU à SAINT-OMER.

Paris. 496k
Saint-Omer. 336
832

N° 4986. DE HAGUENAU à SARREGUEMINES.

Sarreguemines. 75k

N° 4987. DE HAGUENAU à SAUMUR.

Paris 496k
Saumur. 300
796

N° 4988. DE HAGUENAU à SCHELESTADT.

Schelestadt 74k

N° 4989. DE HAGUENAU à STRASBOURG.

Strasbourg. 29k

N° 4990. DE HAGUENAU à TARBES.

Strasbourg. 29k
Lyon 458
Montpellier 328
Toulouse. 251
Tarbes. 151
1,217

N° 4991. DE HAGUENAU à THIONVILLE.

Thionville 177k

N° 4992. DE HAGUENAU à TOULON.

Strasbourg. 29k
Lyon 458
Marseille. 350
Toulon. 60
897

N° 4993. DE HAGUENAU à TOULOUSE.

Strasbourg. 29k
Lyon 458
Montpellier. 328
Toulouse. 251
1,066

N° 4994. DE HAGUENAU à TOURS.

Paris 496k
Tours.. 236
732

N° 4995. DE HAGUENAU à TROYES.

Troyes. 339k

N° 4996. DE HAGUENAU à TULLE.

Clermont. 612k
Tulle. 143
755

N° 4997. DE HAGUENAU à VALENCE.

Strasbourg. 29k
Lyon 458
Valence 105
592

N° 4998. DE HAGUENAU à VALENCIENNES.

Paris. 496k
Valenciennes. 277
773

N° 4999. DE HAGUENAU à VANNES.

Paris. 496k
Rennes. 373
Vannes 103
972

N° 5000. DE HAGUENAU à VERDUN.

Verdun 216k

N° 5001. DE HAGUENAU à VERNON.

Paris. 496k
Vernon 80
576

N° 5002. DE HAGUENAU à VERSAILLES.

Paris. 496k
Versailles 17
513

N° 5003. DE HAGUENAU à VESOUL.

Belfort. 177k
Vesoul. 62
239

LANGRES.

N° 5004. DE LANGRES à LAON.

Châlons-sur-Marne. . . 173k
Laon. 91
264

N° 5005. DE LANGRES à LAVAL.

Paris 307k
Laval 300
607

N° 5006. DE LANGRES à LILLE.

Paris 307k
Lille. 274
581

N° 5007. DE LANGRES à LIMOGES.

Dijon 66k
Moulins 183
Limoges. 222
471

N° 5008. DE LANGRES à LONS-LE-SAUNIER.

Lons-le-Saunier 165k

N° 5009. DE LANGRES à LORIENT.

Auxerre	156k
Orléans	149
Nantes	310
Lorient	164
	779

N° 5010. DE LANGRES à LUNÉVILLE.

Lunéville	153k

N° 5011. DE LANGRES à LYON.

Dijon	66k
Lyon	193
	259

N° 5012. DE LANGRES à MACON.

Dijon	66k
Mâcon	126
	192

N° 5013. DE LANGRES au MANS.

Paris	307k
Le Mans	211
	518

N° 5014. DE LANGRES à MARSEILLE.

Dijon	66k
Lyon	193
Marseille	350
	609

N° 5015. DE LANGRES à MAUBEUGE.

Châlons-sur-Marne	173k
Maubeuge	179
	352

N° 5016. DE LANGRES à MELUN.

Troyes	128k
Melun	135
	263

N° 5017. DE LANGRES à MENDE.

Dijon	66k
Lyon	193
Le Puy	134
Mende	89
	482

N° 5018. DE LANGRES à METZ.

Nancy	126k
Metz	57
	183

N° 5019. DE LANGRES à MÉZIÈRES.

Châlons-sur-Marne	173k
Mézières	103
	276

N° 5020. DE LANGRES à MONTAUBAN.

Dijon	66k
Moulins	183
Clermont	95
Aurillac	157
Montauban	177
	678

N° 5021. DE LANGRES à MONTBRISON.

Dijon	66k
Lyon	193
Montbrison	101
	360

N° 5022. DE LANGRES à MONT-DE-MARSAN.

Bordeaux	754k
Mont-de-Marsan	131
	885

N° 5023. DE LANGRES à MONTPELLIER.

Dijon	66k
Lyon	193
Montpellier	328
	587

N° 5024. DE LANGRES à MOULINS.

Dijon	66k
Moulins	183
	249

N° 5025. DE LANGRES à NANCY.

Nancy	126k

N° 5026. DE LANGRES à NANTES.

Auxerre	156k
Orléans	149
Nantes	310
	615

N° 5027. DE LANGRES à NAPOLÉON-VENDÉE.

Auxerre	156k
Orléans	149
Saumur	179
Napoléon-Vendée	133
	617

N° 5028. DE LANGRES à NEVERS.

Dijon	66k
Nevers	189
	255

N° 5029. DE LANGRES à NIMES.

Dijon	66k
Lyon	193
Nîmes	278
	537

N° 5030. DE LANGRES à NIORT.

Auxerre	156k
Orléans	149
Poitiers	216
Niort	76
	597

N° 5031. DE LANGRES à ORLÉANS.

Auxerre	156k
Orléans	149
	305

N° 5032. DE LANGRES à PARIS.

Paris	307k

N° 5033. DE LANGRES à PAU.

Dijon	66k
Moulins	183
Clermont	95
Aurillac	157
Auch	260
Pau	111
	872

N° 5034. DE LANGRES à PÉRIGUEUX.

Auxerre	156k
Bourges	142
Limoges	219
Périgueux	95
	612

N° 5035. DE LANGRES à PERPIGNAN.

Dijon	66k
Lyon	193
Montpellier	328
Perpignan	161
	748

N° 5036. DE LANGRES à POITIERS.

Auxerre	156k
Orléans	149
Poitiers	216
	521

N° 5037. DE LANGRES à PRIVAS.

Dijon	66k
Lyon	193
Privas	144
	403

N° 5038. DE LANGRES au PUY.

Dijon	66k
Lyon	193
Le Puy	134
	393

N° 5039. DE LANGRES à QUIMPER.

Auxerre	156k
Orléans	149
Nantes	310
Quimper	231
	846

N° 5040. DE LANGRES à RENNES.

Paris	307k
Rennes	373
	680

N° 5041. DE LANGRES à ROCHEFORT.

Auxerre	156k
Orléans	149
Poitiers	216
Rochefort	137
	658

N° 5042. DE LANGRES à LA ROCHELLE

Auxerre	156k
Orléans	149
Poitiers	216
La Rochelle	139
	660

N° 5043. DE LANGRES à RODEZ.

Dijon	66k
Moulins	183
Clermont	95
Rodez	225
	569

N° 5044. DE LANGRES à ROUEN.

Paris	307k
Rouen	140
	447

N° 5045. DE LANGRES à SAINT-BRIEUC.

Paris	307k
Rennes	373
Saint-Brieuc	100
	780

N° 5046. DE LANGRES à ST-GERMAIN.

Paris	307k
Saint-Germain	23
	330

N° 5047. DE LANGRES à SAINT-LO.

Paris	307k
Saint-Lô	300
	607

N° 5048. DE LANGRES à SAINT-OMER.

Paris	307k
Saint-Omer	336
	643

N° 5049. DE LANGRES à SARREGUEMINES.

Nancy	126k
Metz	57
Sarreguemines	76
	259

N° 5050. DE LANGRES à SAUMUR.

Auxerre	156k
Orléans	149
Saumur	179
	484

N° 5051. DE LANGRES à SCHELESTADT

Épinal	115k
Schelestadt	101
	216

N° 5052. DE LANGRES à STRASBOURG.

Épinal	115k
Strasbourg	141
	256

N° 5053. DE LANGRES à TARBES.

Dijon	66k
Moulins	183
Clermont	95
Aurillac	157
Tarbes	334
	835

N° 5054. DE LANGRES à THIONVILLE.

Nancy	126k
Metz	57
Thionville	26
	209

N° 5055. DE LANGRES à TOULON.

Dijon	66k
Lyon	193
Marseille	350
Toulon	60
	669

N° 5056. DE LANGRES à TOULOUSE.

Dijon	66k
Moulins	183
Clermont	95
Toulouse	380
	724

N° 5057. DE LANGRES à TOURS.

Auxerre	156k
Orléans	149
Tours	115
	420

N° 5058. DE LANGRES à TROYES.

Troyes	128k

N° 5059. DE LANGRES à TULLE.

Dijon	66k
Moulins	183
Clermont	95
Tulle	143
	487

N° 5060. DE LANGRES à VALENCE.

Dijon	66k
Lyon	193
Valence	105
	364

N° 5061. DE LANGRES à VALENCIENNES.

Paris	307k
Valenciennes	277
	584

N° 5062. DE LANGRES à VANNES.

Auxerre	156k
Orléans	149
Nantes	310
Vannes	103
	718

N° 5063. DE LANGRES à VERDUN.

Verdun	173k

N° 5064. DE LANGRES à VERNON.

Paris	307k
Vernon	80
	387

N° 5065. DE LANGRES à VERSAILLES.

Paris	307k
Versailles	17
	324

N° 5066. DE LANGRES à VESOUL.

Vesoul	74k

LAON.

N° 5067. DE LAON à LAVAL.

Paris	177k
Laval	300
	477

N° 5068. DE LAON à LILLE.

Lille	146k

N° 5069. DE LAON à LIMOGES.

Paris	177k
Limoges	390
	567

N° 5070. DE LAON à LONS-LE-SAUNIER.

Paris	177k
Lons-le-Saunier	447
	624

N° 5071. DE LAON à LORIENT.

Paris	177k
Rennes	373
Lorient	160
	710

N° 5072. DE LAON à LUNÉVILLE.

Châlons-sur-Marne. . . 91k
Lunéville 213
304

N° 5073. DE LAON à LYON.

Paris 177k
Lyon 507
684

N° 5074. DE LAON à MACON.

Paris 177k
Mâcon. 441
618

N° 5075. DE LAON au MANS.

Paris 177k
Le Mans. 211
388

N° 5076. DE LAON à MARSEILLE.

Paris 177k
Lyon 507
Marseille 350
1,034

N° 5077. DE LAON à MAUBEUGE.

Maubeuge. 88k

N° 5078. DE LAON à MELUN.

Paris 177k
Melun 45
222

N° 5079. DE LAON à MENDE.

Paris 177k
Clermont 445
Mende. 186
808

N° 5080. DE LAON à METZ.

Châlons-sur-Marne. . . 91k
Metz. 221
312

N° 5081. DE LAON à MÉZIÈRES.

Mézières. 128k

N° 5082. DE LAON à MONTAUBAN.

Paris 177k
Montauban. 648
825

N° 5083. DE LAON à MONTBRISON.

Paris 177k
Moulins 342
Montbrison 160
679

N° 5084. DE LAON à MONT-DE-MARSAN.

Paris 177k
Bordeaux 583
Mont-de-Marsan 131
891

N° 5085. DE LAON à MONTPELLIER.

Paris 177k
Lyon 507
Montpellier 328
1,012

N° 5086. DE LAON à MOULINS.

Paris. 177k
Moulins 342
519

N° 5087. DE LAON à NANCY.

Châlons-sur-Marne. . . 91k
Nancy 180
271

N° 5088. DE LAON à NANTES.

Paris. 177k
Nantes. 431
608

N° 5089. DE LAON à NAPOLÉON-VENDÉE.

Paris. 177k
Saumur 300
Napoléon-Vendée. . . . 133
610

N° 5090. DE LAON à NEVERS.

Paris 177k
Nevers. 303
480

N° 5091. DE LAON à NIMES.

Paris. 177k
Lyon 507
Nimes. 278
962

N° 5092. DE LAON à NIORT.

Paris 177k
Poitiers 337
Niort 76
590

N° 5093. DE LAON à ORLÉANS.

Paris. 177k
Orléans 121
298

N° 5094. DE LAON à PARIS.

Paris 177k

N° 5095. DE LAON à PAU.

Paris 177k
Bordeaux 583
Pau 213
973

N° 5096. DE LAON à PÉRIGUEUX.

Paris 177k
Limoges. 390
Périgueux 95
662

N° 5097. DE LAON à PERPIGNAN.

Paris 177k
Toulouse. 697
Perpignan. 215
1,089

N° 5098. DE LAON à POITIERS.

Paris 177k
Poitiers 337
514

N° 5099. DE LAON à PRIVAS.

Paris 177k
Lyon 507
Privas. 144
828

N° 5100. DE LAON au PUY.

Paris. 177k
Clermont. 445
Le Puy 134
756

N° 5101. DE LAON à QUIMPER.

Paris. 177k
Rennes. 373
Quimper. 227
777

N° 5102. DE LAON à RENNES.

Paris 177k
Rennes 373
550

N° 5103. DE LAON à ROCHEFORT.

Paris 177k
Poitiers 337
Rochefort 137
651

N° 5104. DE LAON à LA ROCHELLE.

Paris. 177k
Poitiers 337
La Rochelle 139
653

N° 5105. DE LAON à RODEZ.

Paris. 177k
Clermont. 445
Rodez 225
847

N° 5106. DE LAON à ROUEN.

Paris. 177k
Rouen. 140
317

N° 5107. DE LAON à SAINT-BRIEUC.

Paris 177k
Rennes. 373
Saint-Brieuc 100
650

N° 5108. DE LAON à SAINT-GERMAIN

Paris 177k
Saint-Germain. 23
200

N° 5109. DE LAON à SAINT-LO.

Paris 177k
Saint-Lô. 300
477

N° 5110. DE LAON à SAINT-OMER.

Saint-Omer 208k

N° 5111. DE LAON à SARREGUEMINES.

Châlons-sur-Marne. . . 91k
Sarreguemines 297
388

N° 5112. DE LAON à SAUMUR.

Paris 177k
Saumur 300
477

N° 5113. DE LAON à SCHELESTADT.

Châlons-sur-Marne. . . 91k
Schelestadt 374
465

N° 5114. DE LAON à STRASBOURG.

Châlons-sur-Marne. . . 91k
Strasbourg 329
420

N° 5115. DE LAON à TARBES.

Paris. 177k
Tarbes 765
942

N° 5116. DE LAON à THIONVILLE.

Châlons-sur-Marne . . . 91k
Thionville 247
338

N° 5117. DE LAON à TOULON.

Paris. 177k
Lyon 507
Marseille. 350
Toulon. 60
1,094

N° 5118. DE LAON à TOULOUSE.

Paris. 177k
Toulouse. 697
874

N° 5119. DE LAON à TOURS.

Paris. 177k
Tours 236
413

N° 5120. DE LAON à TROYES.

Troyes. 170k

N° 5121. DE LAON à TULLE.

Paris. 177k
Limoges. 390
Tulle 89
656

N° 5122. DE LAON à VALENCE.

Paris. 177k
Lyon 507
Valence. 105
789

N° 5123. DE LAON à VALENCIENNES.

Valenciennes. 119k

N° 5124. DE LAON à VANNES.

Paris. 177k
Rennes 373
Vannes 103
653

N° 5125. DE LAON à VERDUN.

Verdun 172k

N° 5126. DE LAON à VERNON.

Paris. 177k
Vernon. 80
257

N° 5127. DE LAON à VERSAILLES.

Paris 177k
Versailles 17
194

N° 5128. DE LAON à VESOUL.

Châlons-sur-Marne. . . 91k
Langres. 173
Vesoul. 74
338

LAVAL.

N° 5129. DE LAVAL à LILLE.

Paris. 300k
Lille. 274
574

N° 5130. DE LAVAL à LIMOGES.

Tours 140k
Limoges. 230
370

N° 5131. DE LAVAL à LONS-LE-SAUNIER.

Tours 140k
Nevers. 296
Chalon-sur-Saône . . . 154
Lons-le-Saunier 64
654

N° 5132. DE LAVAL à LORIENT.

Rennes 73k
Lorient 160
233

N° 5133. DE LAVAL à LUNÉVILLE.

Paris 300k
Lunéville. 385
685

N° 5134. DE LAVAL à LYON.

Tours 140k
Moulins 346
Lyon 186
672

N° 5135. DE LAVAL à MACON.

Tours 140k
Moulins 346
Mâcon. 136
622

N° 5136. DE LAVAL au MANS.

Le Mans 90k

N° 5137. DE LAVAL à MARSEILLE.

Tours 140k
Moulins 346
Lyon. 186
Marseille. 350
1,022

N° 5138. DE LAVAL à MAUBEUGE.

Paris. 300k
Maubeuge. 260
560

N° 5139. DE LAVAL à MELUN.

Paris	300k
Melun	45
	345

N° 5140. DE LAVAL à MENDE.

Tours	140k
Clermont	439
Mende	186
	765

N° 5141. DE LAVAL à METZ.

Paris	300k
Metz	393
	693

N° 5142. DE LAVAL à MÉZIÈRES.

Paris	300k
Mézières	253
	553

N° 5143. DE LAVAL à MONTAUBAN.

Tours	140k
Bordeaux	347
Montauban	214
	701

N° 5144. DE LAVAL à MONTBRISON.

Tours	140k
Moulins	346
Montbrison	160
	646

N° 5145. DE LAVAL à MONT-DE-MARSAN.

Tours	140k
Bordeaux	347
Mont-de-Marsan	131
	618

N° 5146. DE LAVAL à MONTPELLIER.

Tours	140k
Bordeaux	347
Toulouse	251
Montpellier	251
	989

N° 5147. DE LAVAL à MOULINS.

Tours	140k
Moulins	346
	486

N° 5148. DE LAVAL à NANCY.

Paris	300k
Nancy	352
	652

N° 5149. DE LAVAL à NANTES.

Nantes	131k

N° 5150. DE LAVAL à NAPOLÉON-VENDÉE.

Angers	74k
Napoléon-Vendée	125
	199

N° 5151. DE LAVAL à NEVERS.

Tours	140k
Nevers	296
	436

N° 5152. DE LAVAL à NIMES.

Tours	140k
Moulins	346
Lyon	186
Nîmes	278
	950

N° 5153. DE LAVAL à NIORT.

Tours	140k
Poitiers	101
Niort	76
	317

N° 5154. DE LAVAL à ORLÉANS.

Tours	140k
Orléans	115
	255

N° 5155. DE LAVAL à PARIS.

Paris	300k

N° 5156. DE LAVAL à PAU.

Tours	140k
Bordeaux	347
Pau	213
	700

N° 5157. DE LAVAL à PÉRIGUEUX.

Tours	140k
Angoulême	214
Périgueux	86
	440

N° 5158. DE LAVAL à PERPIGNAN.

Tours	140k
Toulouse	538
Perpignan	215
	893

N° 5159. DE LAVAL à POITIERS.

Tours	140k
Poitiers	101
	241

N° 5160. DE LAVAL à PRIVAS.

Tours	140k
Moulins	346
Lyon	186
Privas	144
	816

N° 5161. DE LAVAL au PUY.

Tours	140k
Clermont	439
Le Puy	134
	713

N° 5162. DE LAVAL à QUIMPER.

Rennes	73k
Quimper	227
	300

N° 5163. DE LAVAL à RENNES.

Rennes	73k

N° 5164. DE LAVAL à ROCHEFORT.

Tours	140k
Poitiers	101
Rochefort	137
	378

N° 5165. DE LAVAL à LA ROCHELLE.

Tours	140k
Poitiers	101
La Rochelle	139
	380

N° 5166. DE LAVAL à RODEZ.

Tours	140k
Limoges	230
Rodez	277
	647

N° 5167. DE LAVAL à ROUEN.

Rouen	233k

N° 5168. DE LAVAL à SAINT-BRIEUC.

Rennes	73k
Saint-Brieuc	100
	173

N° 5169. DE LAVAL à SAINT-GERMAIN.

Versailles	283k
Saint-Germain	13
	296

N° 5170. DE LAVAL à SAINT-LO.

Saint-Lô	153k

N° 5171. DE LAVAL à SAINT-OMER.

Paris	300k
Saint-Omer	336
	636

N° 5172. DE LAVAL à SARREGUEMINES.

Paris	300k
Sarreguemines	469
	769

N° 5173. DE LAVAL à SAUMUR.

Saumur 118k

N° 5174. DE LAVAL à SCHELESTADT.

Paris. 300k
Schelestadt 546
846

N° 5175. DE LAVAL à STRASBOURG.

Paris 300k
Strasbourg. 501
801

N° 5176. DE LAVAL à TARBES.

Tours 140k
Bordeaux 347
Tarbes 230
717

N° 5177. DE LAVAL à THIONVILLE.

Paris 300k
Thionville 419
719

N° 5178. DE LAVAL à TOULON.

Tours 140k
Moulins.. 346
Lyon 186
Marseille 350
Toulon. 60
1,082

N° 5179. DE LAVAL à TOULOUSE.

Tours 140k
Toulouse. 538
678

N° 5180. DE LAVAL à TOURS.

Tours 140k

N° 5181. DE LAVAL à TROYES.

Paris 300k
Troyes 179
479

N° 5182. DE LAVAL à TULLE.

Tours 140k
Limoges. 230
Tulle 89
459

N° 5183. DE LAVAL à VALENCE.

Tours 140k
Moulins 346
Lyon. 186
Valence 105
777

N° 5184. DE LAVAL à VALENCIENNES.

Paris 300k
Valenciennes. 277
577

N° 5185. DE LAVAL à VANNES.

Rennes 73k
Vannes 103
176

N° 5186. DE LAVAL à VERDUN.

Paris 300k
Verdun 253
553

N° 5187. DE LAVAL à VERNON.

Vernon. 239k

N° 5188. DE LAVAL à VERSAILLES.

Versailles 283k

N° 5189. DE LAVAL à VESOUL.

Tours 140k
Orléans 115
Auxerre 149
Langres 156
Vesoul. 74
634

LILLE.

N° 5190. DE LILLE à LIMOGES.

Paris 274k
Limoges. 390
664

N° 5191. DE LILLE à LONS-LE-SAUNIER.

Paris. 274k
Lons-le-Saunier 447
721

N° 5192. DE LILLE à LORIENT.

Paris 274k
Rennes 373
Lorient. 160
807

N° 5193. DE LILLE à LUNÉVILLE.

Paris. 274k
Lunéville. 385
659

N° 5194. DE LILLE à LYON.

Paris 274k
Lyon. 507
781

N° 5195. DE LILLE à MACON.

Paris. 274k
Mâcon 441
715

N° 5196. DE LILLE au MANS.

Paris. 274k
Le Mans 211
485

N° 5197. DE LILLE à MARSEILLE.

Paris. 274k
Lyon. 507
Marseille. 350
1,131

N° 5198. DE LILLE à MAUBEUGE.

Maubeuge 106k

N° 5199. DE LILLE à MELUN.

Paris. 274k
Melun 45
319

N° 5200. DE LILLE à MENDE.

Paris. 274k
Clermont 445
Mende. 186
905

N° 5201. DE LILLE à METZ.

Paris 274k
Metz. 393
667

N° 5202. DE LILLE à MÉZIÈRES.

Mézières. 206k

N° 5203. DE LILLE à MONTAUBAN.

Paris 274k
Montauban 648
922

N° 5204. DE LILLE à MONTBRISON.

Paris 274k
Moulins 342
Montbrison 160
776

N° 5205. DE LILLE à MONT-DE-MARSAN

Paris 274k
Bordeaux. 583
Mont-de-Marsan 131
988

N° 5206. DE LILLE à MONTPELLIER.

Paris 274k
Lyon.. 507
Montpellier 328
1,109

N° 5207. DE LILLE à MOULINS.

Paris	274k
Moulins	342
	616

N° 5208. DE LILLE à NANCY.

Paris	274k
Nancy	352
	626

N° 5209. DE LILLE à NANTES.

Paris	274k
Nantes	431
	705

N° 5210. DE LILLE à NAPOLÉON-VENDÉE

Paris	274k
Saumur	300
Napoléon-Vendée	133
	707

N° 5211. DE LILLE à NEVERS.

Paris	274k
Nevers	303
	577

N° 5212. DE LILLE à NIMES.

Paris	274k
Lyon	507
Nîmes	278
	1,059

N° 5213. DE LILLE à NIORT.

Paris	274k
Poitiers	337
Niort	76
	687

N° 5214. DE LILLE à ORLÉANS.

Paris	274k
Orléans	121
	395

N° 5215. DE LILLE à PARIS.

Paris	274k

N° 5216. DE LILLE à PAU.

Paris	274k
Bordeaux	583
Pau	213
	1,070

N° 5217. DE LILLE à PÉRIGUEUX.

Paris	274k
Limoges	390
Périgueux	95
	759

N° 5218. DE LILLE à PERPIGNAN.

Paris	274k
Toulouse	697
Perpignan	215
	1.186

N° 5219. DE LILLE à POITIERS.

Paris	274k
Poitiers	337
	611

N° 5220. DE LILLE à PRIVAS.

Paris	274k
Lyon	507
Privas	144
	925

N° 5221. DE LILLE au PUY.

Paris	274k
Clermont	445
Le Puy	134
	853

N° 5222. DE LILLE à QUIMPER.

Paris	274k
Rennes	373
Quimper	227
	874

N° 5223. DE LILLE à RENNES.

Paris	274k
Rennes	373
	647

N° 5224. DE LILLE à ROCHEFORT.

Paris	274k
Poitiers	337
Rochefort	137
	748

N° 5225. DE LILLE à LA ROCHELLE.

Paris	274k
Poitiers	337
La Rochelle	139
	750

N° 5226. DE LILLE à RODEZ.

Paris	274k
Clermont	445
Rodez	225
	944

N° 5227. DE LILLE à ROUEN.

Paris	274k
Rouen	140
	414

N° 5228. DE LILLE à SAINT-BRIEUC.

Paris	274k
Rennes	373
Saint-Brieuc	100
	747

N° 5229. DE LILLE à SAINT-GERMAIN.

Paris	274k
Saint-Germain	23
	297

N° 5230. DE LILLE à SAINT-LO.

Paris	274k
Saint-Lô	300
	574

N° 5231. DE LILLE à SAINT-OMER.

Saint-Omer	62k

N° 5232. DE LILLE à SARREGUEMINES.

Paris	274k
Sarreguemines	469
	743

N° 5233. DE LILLE à SAUMUR.

Paris	274k
Saumur	300
	574

N° 5234. DE LILLE à SCHELESTADT.

Paris	274k
Schelestadt	546
	820

N° 5235. DE LILLE à STRASBOURG.

Paris	274k
Strasbourg	501
	775

N° 5236. DE LILLE à TARBES.

Paris	274k
Tarbes	765
	1,039

N° 5237. DE LILLE à THIONVILLE.

Paris	274k
Thionville	419
	693

N° 5238. DE LILLE à TOULON.

Paris	274k
Lyon	507
Marseille	350
Toulon	60
	1,191

N° 5239. DE LILLE à TOULOUSE.

Paris	274k
Toulouse	697
	971

N° 5240. DE LILLE à TOURS.

Paris	274k
Tours	236
	510

N° 5241. DE LILLE à TROYES.

Paris	274k
Troyes	179
	453

N° 5242. DE LILLE à TULLE.

Paris	274k
Limoges	390
Tulle	89
	753

N° 5243. DE LILLE à VALENCE.

Paris	274k
Lyon	507
Valence	105
	886

N° 5244. DE LILLE à VALENCIENNES.

Valenciennes	69k

N° 5245. DE LILLE à VANNES.

Paris	274k
Rennes	373
Vannes	103
	750

N° 5246. DE LILLE à VERDUN.

Paris	274k
Verdun	253
	527

N° 5247. DE LILLE à VERNON.

Paris	274k
Vernon	80
	354

N° 5248. DE LILLE à VERSAILLES.

Paris	274k
Versailles	17
	291

N° 5249. DE LILLE à VESOUL.

Paris	274k
Vesoul	381
	655

LIMOGES.

N° 5250. DE LIMOGES à LONS-LE-SAUNIER.

Moulins	222k
Chalon-sur-Saône	148
Lons-le-Saunier	64
	434

N° 5251. DE LIMOGES à LORIENT.

Tours	230k
Nantes	197
Lorient	160
	587

N° 5252. DE LIMOGES à LUNÉVILLE.

Paris	390k
Lunéville	385
	775

N° 5253. DE LIMOGES à LYON.

Clermont	179k
Lyon	183
	362

N° 5254. DE LIMOGES à MACON.

Clermont	179k
Mâcon	177
	356

N° 5255. DE LIMOGES au MANS.

Tours	230k
Le Mans	82
	312

N° 5256. DE LIMOGES à MARSEILLE.

Clermont	179k
Nimes	312
Marseille	127
	618

N° 5257. DE LIMOGES à MAUBEUGE.

Paris	390k
Maubeuge	260
	650

N° 5258. DE LIMOGES à MELUN.

Orléans	269k
Melun	103
	372

N° 5259. DE LIMOGES à MENDE.

Aurillac	174k
Mende	160
	334

N° 5260. DE LIMOGES à METZ.

Paris	390k
Metz	393
	783

N° 5261. DE LIMOGES à MÉZIÈRES.

Paris	390k
Mézières	253
	643

N° 5262. DE LIMOGES à MONTAUBAN.

Cahors	197k
Montauban	62
	259

N° 5263. DE LIMOGES à MONTBRISON.

Clermont	179k
Montbrison	113
	292

N° 5264. DE LIMOGES à MONT-DE-MARSAN.

Périgueux	95k
Agen	136
Mont-de-Marsan	109
	340

N° 5265. DE LIMOGES à MONTPELLIER

Aurillac	174k
Rodez	103
Montpellier	193
	470

N° 5266. DE LIMOGES à MOULINS.

Moulins	222k

N° 5267. DE LIMOGES à NANCY.

Paris	390k
Nancy	352
	742

N° 5268. DE LIMOGES à NANTES.

Poitiers	129k
Nantes	296
	425

N° 5269. DE LIMOGES à NAPOLÉON-VENDÉE.

Niort	162k
Napoléon-Vendée	87
	249

N° 5270. DE LIMOGES à NEVERS.

Nevers	288k

N° 5271. DE LIMOGES à NIMES.

Clermont	179k
Nimes	312
	491

N° 5272. DE LIMOGES à NIORT.

Niort	162k

N° 5273. DE LIMOGES à ORLÉANS.

Orléans	269k

N° 5274. DE LIMOGES à PARIS.

Paris	390k

N° 5275. DE LIMOGES à PAU.

Bordeaux	216k
Pau	213
	429

N° 5276. DE LIMOGES à PÉRIGUEUX.

Périgueux	95k

N° 5277. DE LIMOGES à PERPIGNAN.

Toulouse. 308k
Perpignan. 215
523

N° 5278. DE LIMOGES à POITIERS.

Poitiers. 129k

N° 5279. DE LIMOGES à PRIVAS.

Clermont. 179k
Montbrison. 113
Privas. 171
463

N° 5280. DE LIMOGES au PUY.

Clermont. 179k
Le Puy. 134
313

N° 5281. DE LIMOGES à QUIMPER.

Tours. 230k
Nantes. 197
Quimper. 231
658

N° 5282. DE LIMOGES à RENNES.

Tours. 230k
Angers 107
Rennes. 125
462

N° 5283. DE LIMOGES à ROCHEFORT.

Angoulême 103k
Rochefort. 109
212

N° 5284. DE LIMOGES à LA ROCHELLE

Angoulême 103k
La Rochelle 125
228

N° 5285. DE LIMOGES à RODEZ.

Aurillac. 174k
Rodez. 103
277

N° 5286. DE LIMOGES à ROUEN.

Paris. 390k
Rouen. 140
530

N° 5287. DE LIMOGES à SAINT-BRIEUC.

Tours. 230k
Angers. 107
Rennes. 125
Saint-Brieuc. 100
562

N° 5288. DE LIMOGES à ST-GERMAIN.

Paris. 390k
Saint-Germain. 23
413

N° 5289. DE LIMOGES à SAINT-LO.

Tours. 230k
Saint-Lô. 276
506

N° 5290. DE LIMOGES à SAINT-OMER.

Paris. 390k
Saint-Omer. 336
726

N° 5291. DE LIMOGES à SARREGUEMINES.

Paris 390k
Sarreguemines. 469
859

N° 5292. DE LIMOGES à SAUMUR.

Tours 230k
Saumur. 64
294

N° 5293. DE LIMOGES à SCHELESTADT

Paris. 390k
Schelestadt 546
936

N° 5294. DE LIMOGES à STRASBOURG.

Paris 390k
Strasbourg 501
891

N° 5295. DE LIMOGES à TARBES.

Tarbes. 376k

N° 5296. DE LIMOGES à THIONVILLE.

Paris. 390k
Thionville. 419
809

N° 5297. DE LIMOGES à TOULON.

Clermont 179k
Nimes. 312
Marseille. 127
Toulon. 60
678

N° 5298. DE LIMOGES à TOULOUSE.

Toulouse. 308k

N° 5299. DE LIMOGES à TOURS.

Tours. 230k

N° 5300. DE LIMOGES à TROYES.

Orléans 269k
Troyes. 208
477

N° 5301. DE LIMOGES à TULLE.

Tulle. 89k

N° 5302. DE LIMOGES à VALENCE.

Clermont 179k
Montbrison. 113
Valence. 132
424

N° 5303. DE LIMOGES à VALENCIENNES.

Paris 390k
Valenciennes 277
667

N° 5304. DE LIMOGES à VANNES.

Tours. 230k
Nantes. 197
Vannes. 108
535

N° 5305 DE LIMOGES à VERDUN.

Paris 390k
Verdun. 253
643

N° 5306. DE LIMOGES à VERNON.

Paris 390k
Vernon. 80
470

N° 5307. DE LIMOGES à VERSAILLES.

Paris 390k
Versailles. 17
407

N° 5308. DE LIMOGES à VESOUL.

Moulins 222k
Dijon. 183
Vesoul. 107
512

LONS-LE-SAUNIER.

N° 5309. DE LONS-LE-SAUNIER à LORIENT.

Chalon-sur-Saône. . . . 64k
Nevers. 154
Nantes. 491
Lorient. 164
873

N° 5310. DE LONS-LE-SAUNIER à LUNÉVILLE.

Besançon. 88k
Lunéville. 186
274

N° 5311. DE LONS-LE-SAUNIER à LYON

Lyon. 124

N° 5312. DE LONS-LE-SAUNIER à MACON

Mâcon	96k

N° 5313. LONS-LE-SAUNIER au MANS.

Chalon-sur-Saône	64k
Nevers	154
Blois	227
Le Mans	108
	553

N° 5314. DE LONS-LE-SAUNIER à MARSEILLE.

Lyon	124k
Marseille	350
	474

N° 5315. DE LONS-LE-SAUNIER à MAUBEUGE.

Dijon	99k
Maubeuge	408
	507

N° 5316. DE LONS-LE-SAUNIER à MELUN

Chalon-sur-Saône	64k
Melun	338
	402

N° 5317. DE LONS-LE-SAUNIER à MENDE

Lyon	124k
Le Puy	134
Mende	89
	347

N° 5318. DE LONS-LE-SAUNIER à METZ.

Dijon	99k
Metz	249
	348

N° 5319. DE LONS-LE-SAUNIER à MÉZIÈRES.

Dijon	99k
Châlons-sur-Marne	229
Mézières	120
	448

N° 5320. DE LONS-LE-SAUNIER à MONTAUBAN.

Lyon	124k
Le Puy	134
Mende	89
Rodez	115
Montauban	130
	592

N° 5321 DE LONS-LE-SAUNIER à MONTBRISON.

Lyon	124k
Montbrison	101
	225

N° 5322. DE LONS-LE-SAUNIER à MONT-DE-MARSAN

Lyon	124k
Bordeaux	549
Mont-de-Marsan	131
	804

N° 5323. DE LONS-LE-SAUNIER à MONTPELLIER.

Lyon	124k
Montpellier	328
	452

N° 5324. DE LONS-LE-SAUNIER à MOULINS.

Chalon-sur-Saône	64k
Moulins	148
	212

N° 5325. DE LONS-LE-SAUNIER à NANCY.

Dijon	99k
Nancy	192
	291

N° 5326. DE LONS-LE-SAUNIER à NANTES.

Chalon-sur-Saône	64k
Nevers	154
Nantes	491
	709

N° 5327. DE LONS-LE-SAUNIER à NAPOLÉON-VENDÉE.

Chalon-sur-Saône	64k
Moulins	148
Poitiers	303
Niort	76
Napoléon-Vendée	87
	678

N° 5328. DE LONS-LE-SAUNIER à NEVERS.

Chalon-sur-Saône	64k
Nevers	154
	218

N° 5329. DE LONS-LE-SAUNIER à NIMES

Lyon	124k
Nimes	278
	402

N° 5330. DE LONS-LE-SAUNIER à NIORT

Chalon-sur-Saône	64k
Moulins	148
Poitiers	303
Niort	76
	591

N° 5331. DE LONS-LE-SAUNIER à ORLÉANS.

Chalon-sur-Saône	64k
Nevers	154
Orléans	182
	400

N° 5332. DE LONS-LE-SAUNIER à PARIS

Paris	447k

N° 5333. DE LONS-LE-SAUNIER à PAU.

Lyon	124k
Le Puy	134
Mende	89
Rodez	115
Montauban	130
Pau	194
	786

N° 5334. DE LONS-LE-SAUNIER à PÉRIGUEUX.

Chalon-sur-Saône	64k
Moulins	148
Limoges	222
Périgueux	95
	529

N° 5335. DE LONS-LE-SAUNIER à PERPIGNAN.

Lyon	124k
Montpellier	328
Perpignan	161
	613

N° 5336. DE LONS-LE-SAUNIER à POITIERS.

Chalon-sur-Saône	64k
Moulins	148
Poitiers	303
	515

N° 5337. DE LONS-LE-SAUNIER à PRIVAS.

Lyon	124k
Privas	144
	268

N° 5338. DE LONS-LE-SAUNIER au PUY

Lyon	124k
Le Puy	134
	258

N° 5339. DE LONS-LE-SAUNIER à QUIMPER.

Chalon-sur-Saône	64k
Nevers	154
Nantes	491
Quimper	231
	940

N° 5340. DE LONS-LE-SAUNIER à RENNES.

Chalon-sur-Saône....	64k
Nevers.........	154
Angers.........	403
Rennes.........	125
	746

N° 5341 DE LONS-LE-SAUNIER à ROCHEFORT.

Chalon-sur-Saône....	64k
Moulins.........	148
Poitiers.........	303
Rochefort.......	137
	652

N° 5342. DE LONS-LE-SAUNIER à LA ROCHELLE.

Chalon-sur-Saône....	64k
Moulins.........	148
Poitiers.........	303
La Rochelle......	139
	654

N° 5343. DE LONS-LE-SAUNIER à RODEZ

Lyon.........	124k
Le Puy........	134
Rodez.........	204
	462

N° 5344. DE LONS-LE-SAUNIER à ROUEN

Paris.........	447k
Rouen.........	140
	587

N° 5345. DE LONS-LE-SAUNIER à SAINT-BRIEUC.

Chalon-sur-Saône....	64k
Nevers.........	154
Angers.........	403
Rennes.........	125
Saint-Brieuc......	100
	846

N° 5346. DE LONS-LE-SAUNIER à SAINT-GERMAIN.

Paris..........	447k
Saint-Germain.....	23
	470

N° 5347. DE LONS-LE-SAUNIER à SAINT-LO.

Paris..........	447k
Saint-Lô........	300
	747

N° 5348. DE LONS-LE-SAUNIER à SAINT-OMER.

Paris..........	447k
Saint-Omer.......	336
	783

N° 5349. DE LONS-LE-SAUNIER à SARREGUEMINES.

Dijon..........	99k
Metz..........	249
Sarreguemines.....	76
	424

N° 5350. DE LONS-LE-SAUNIER à SAUMUR.

Chalon-sur-Saône....	64k
Nevers.........	154
Saumur........	360
	578

N° 5351. DE LONS-LE-SAUNIER à SCHELESTADT.

Besançon.......	88k
Schelestadt.......	201
	289

N° 5352. DE LONS-LE-SAUNIER à STRASBOURG.

Besançon.......	88k
Strasbourg.......	246
	334

N° 5353. DE LONS-LE-SAUNIER à TARBES.

Lyon.........	124k
Le Puy........	134
Mende.........	89
Rodez.........	115
Montauban.......	130
Tarbes........	157
	749

N° 5354. DE LONS-LE-SAUNIER à THIONVILLE.

Dijon..........	99k
Metz..........	249
Thionville.......	26
	374

N° 5355. DE LONS-LE-SAUNIER à TOULON.

Lyon..........	124k
Marseille........	350
Toulon.........	60
	534

N° 5356. DE LONS-LE-SAUNIER à TOULOUSE.

Lyon..........	124k
Montpellier.......	328
Toulouse........	251
	703

N° 5357. DE LONS-LE-SAUNIER à TOURS

Chalon-sur-Saône....	64k
Nevers........	154
Tours.........	296
	514

N° 5358. DE LONS-LE-SAUNIER à TROYES.

Dijon..........	99k
Troyes.........	150
	249

N° 5359. DE LONS-LE-SAUNIER à TULLE

Mâcon.........	96k
Clermont........	177
Tulle.........	143
	416

N° 5360. DE LONS-LE-SAUNIER à VALENCE.

Lyon..........	124k
Valence........	105
	229

N° 5361. DE LONS-LE-SAUNIER à VALENCIENNES.

Paris..........	447k
Valenciennes......	277
	724

N° 5362. DE LONS-LE-SAUNIER à VANNES.

Chalon-sur-Saône....	64k
Nevers.........	154
Nantes.........	491
Vannes.........	108
	817

N° 5363. DE LONS-LE-SAUNIER à VERDUN.

Langres........	151k
Verdun.........	173
	324

N° 5364. DE LONS-LE-SAUNIER à VERNON.

Paris..........	447k
Vernon.........	80
	527

N° 5365. DE LONS-LE-SAUNIER à VERSAILLES.

Paris..........	447k
Versailles........	17
	464

N° 5366. DE LONS-LE-SAUNIER à VESOUL.

Vesoul.........	135k

LORIENT.

N° 5367. DE LORIENT à LUNÉVILLE.

Rennes	160k
Paris	373
Lunéville	385
	918

N° 5368. DE LORIENT à LYON.

Nantes	164k
Moulins	531
Lyon	186
	881

N° 5369. DE LORIENT à MACON.

Nantes	164k
Moulins	531
Mâcon	136
	831

N° 5370. DE LORIENT au MANS.

Rennes	160k
Le Mans	163
	323

N° 5371. DE LORIENT à MARSEILLE.

Nantes	164k
Bordeaux	334
Toulouse	251
Montpellier	251
Marseille	177
	1,177

N° 5372. DE LORIENT à MAUBEUGE.

Rennes	160k
Paris	373
Maubeuge	260
	793

N° 5373. DE LORIENT à MELUN.

Rennes	160k
Paris	373
Melun	45
	578

N° 5374. DE LORIENT à MENDE.

Nantes	164k
Clermont	634
Mende	186
	984

N° 5375. DE LORIENT à METZ.

Rennes	160k
Paris	373
Metz	393
	926

N° 5376. DE LORIENT à MÉZIÈRES.

Rennes	160k
Paris	373
Mézières	253
	786

N° 5377. DE LORIENT à MONTAUBAN.

Nantes	164k
Bordeaux	334
Montauban	214
	712

N° 5378. DE LORIENT à MONTBRISON.

Nantes	164k
Clermont	634
Montbrison	113
	911

N° 5379. DE LORIENT à MONT-DE-MARSAN.

Nantes	164k
Bordeaux	334
Mont-de-Marsan	131
	629

N° 5380. DE LORIENT à MONTPELLIER.

Nantes	164k
Bordeaux	334
Toulouse	251
Montpellier	251
	1,000

N° 5381. DE LORIENT à MOULINS.

Nantes	164k
Moulins	531
	695

N° 5382. DE LORIENT à NANCY.

Rennes	160k
Paris	373
Nancy	352
	885

N° 5383. DE LORIENT à NANTES.

Nantes	164k

N° 5384. DE LORIENT à NAPOLÉON-VENDÉE.

Nantes	164k
Napoléon-Vendée	71
	235

N° 5385. DE LORIENT à NEVERS.

Nantes	164k
Nevers	491
	55

N° 5386. DE LORIENT à NIMES.

Nantes	164k
Bordeaux	334
Toulouse	251
Nîmes	301
	1,050

N° 5387. DE LORIENT à NIORT.

Nantes	164k
Niort	140
	304

N° 5388. DE LORIENT à ORLÉANS.

Nantes	164k
Orléans	310
	474

N° 5389. DE LORIENT à PARIS.

Rennes	160k
Paris	373
	533

N° 5390. DE LORIENT à PAU.

Nantes	164k
Bordeaux	334
Pau	213
	711

N° 5391. DE LORIENT à PÉRIGUEUX.

Nantes	164k
Angoulême	409
Périgueux	86
	659

N° 5392. DE LORIENT à PERPIGNAN.

Nantes	164k
Bordeaux	334
Toulouse	251
Perpignan	215
	964

N° 5393. DE LORIENT à POITIERS.

Nantes	164k
Poitiers	296
	460

N° 5394. DE LORIENT à PRIVAS.

Nantes	164k
Moulins	531
Montbrison	160
Privas	171
	1,026

N° 5395. DE LORIENT au PUY.

Nantes	164k
Clermont	634
Le Puy	134
	932

N° 5396. DE LORIENT à QUIMPER.

Quimper	67k

N° 5397. DE LORIENT à RENNES.

Rennes	160k

N° 5398. DE LORIENT à ROCHEFORT.

Nantes	164k
Rochefort	185
	349

N° 5399. DE LORIENT à LA ROCHELLE.

Nantes	164k
La Rochelle	154
	318

N° 5400. de LORIENT à RODEZ.

Nantes	164k
Limoges	425
Rodez	277
	866

N° 5401. de LORIENT à ROUEN.

Rennes	160k
Caen	173
Rouen	133
	466

N° 5402. de LORIENT à ST-BRIEUC.

Saint-Brieuc	122k

N° 5403. de LORIENT à ST-GERMAIN.

Rennes	160k
Versailles	356
Saint-Germain	13
	529

N° 5404. de LORIENT à SAINT-LO.

Rennes	160k
Saint-Lô	134
	294

N° 5405. de LORIENT à ST-OMER.

Rennes	160k
Paris	373
Saint-Omer	336
	869

N° 5406. de LORIENT à SARREGUEMINES.

Rennes	160k
Paris	373
Sarreguemines	469
	1,002

N° 5407. de LORIENT à SAUMUR.

Nantes	164k
Saumur	131
	295

N° 5408. de LORIENT à SCHELESTADT.

Rennes	160k
Paris	373
Schelestadt	546
	1,079

N° 5409. de LORIENT à STRASBOURG.

Rennes	160k
Paris	373
Strasbourg	501
	1,034

N° 5410. de LORIENT à TARBES.

Nantes	164k
Bordeaux	334
Tarbes	230
	728

N° 5411. de LORIENT à THIONVILLE.

Rennes	160k
Paris	373
Thionville	419
	952

N° 5412. de LORIENT à TOULON.

Nantes	164k
Bordeaux	334
Toulouse	251
Montpellier	251
Marseille	177
Toulon	60
	1,237

N° 5413. de LORIENT à TOULOUSE.

Nantes	164k
Bordeaux	334
Toulouse	251
	749

N° 5414. de LORIENT à TOURS.

Nantes	164k
Tours	195
	359

N° 5415. de LORIENT à TROYES.

Rennes	160k
Paris	373
Troyes	179
	712

N° 5416. de LORIENT à TULLE.

Nantes	164k
Limoges	425
Tulle	89
	678

N° 5417. de LORIENT à VALENCE.

Nantes	164k
Moulins	531
Lyon	186
Valence	105
	986

N° 5418. de LORIENT à VALENCIENNES.

Rennes	160k
Paris	373
Valenciennes	277
	810

N° 5419. de LORIENT à VANNES.

Vannes	56k

N° 5420. de LORIENT à VERDUN.

Rennes	160k
Paris	373
Verdun	253
	786

N° 5421. de LORIENT à VERNON.

Rennes	160k
Caen	173
Vernon	156
	489

N° 5422. de LORIENT à VERSAILLES.

Rennes	160k
Versailles	356
	516

N° 5423. de LORIENT à VESOUL.

Rennes	160k
Paris	373
Vesoul	381
	914

LUNÉVILLE.

N° 5424. de LUNÉVILLE à LYON.

Lyon	398k

N° 5425. de LUNÉVILLE à MACON.

Dijon	219k
Mâcon	126
	345

N° 5426. de LUNÉVILLE au MANS.

Paris	385k
Le Mans	211
	596

N° 5427. de LUNÉVILLE à MARSEILLE.

Lyon	398k
Marseille	350
	748

N° 5428. de LUNÉVILLE à MAUBEUGE

Mézières	227k
Maubeuge	104
	331

N° 5429. de LUNÉVILLE à MELUN.

Nancy	27k
Troyes	197
Melun	135
	359

N° 5430. de LUNÉVILLE à MENDE.

Lyon	398k
Le Puy	134
Mende	89
	621

N° 5431. de LUNÉVILLE à METZ.

Metz	84k

N° 5432. DE LUNÉVILLE à MÉZIÈRES.

Mézières	227k

N° 5433. DE LUNÉVILLE à MONTAUBAN

Dijon	219k
Moulins	183
Clermont	95
Aurillac	157
Montauban	177
	831

N° 5434. DE LUNÉVILLE à MONTBRISON

Lyon	398k
Montbrison	101
	499

N° 5435. DE LUNÉVILLE à MONT-DE-MARSAN.

Paris	385k
Bordeaux	583
Mont-de-Marsan	131
	1,099

N° 5436. DE LUNÉVILLE à MONTPELLIER.

Lyon	398k
Montpellier	328
	726

N° 5437. DE LUNÉVILLE à MOULINS.

Dijon	219k
Moulins	183
	402

N° 5438. DE LUNÉVILLE à NANCY.

Nancy	27k

N° 5439. DE LUNÉVILLE à NANTES.

Paris	385k
Nantes	431
	816

N° 5440. DE LUNÉVILLE à NAPOLÉON-VENDÉE.

Paris	385k
Saumur	300
Napoléon-Vendée	133
	818

N° 5441. DE LUNÉVILLE à NEVERS.

Paris	385k
Nevers	303
	688

N° 5442. DE LUNÉVILLE à NIMES.

Lyon	398k
Nîmes	278
	676

N° 5443. DE LUNÉVILLE à NIORT.

Paris	385k
Poitiers	337
Niort	76
	798

N° 5444. DE LUNÉVILLE à ORLÉANS.

Paris	385k
Orléans	121
	506

N° 5445. DE LUNÉVILLE à PARIS.

Paris	385k

N° 5446. DE LUNÉVILLE à PAU.

Paris	385k
Bordeaux	583
Pau	213
	1,181

N° 5447. DE LUNÉVILLE à PÉRIGUEUX.

Paris	385k
Limoges	390
Périgueux	95
	870

N° 5448. DE LUNÉVILLE à PERPIGNAN.

Lyon	398k
Montpellier	328
Perpignan	161
	887

N° 5449. DE LUNÉVILLE à POITIERS.

Paris	385k
Poitiers	337
	722

N° 5450. DE LUNÉVILLE à PRIVAS.

Lyon	398k
Privas	144
	542

N° 5451. DE LUNÉVILLE au PUY.

Lyon	398k
Le Puy	134
	532

N° 5452. DE LUNÉVILLE à QUIMPER.

Paris	385k
Rennes	373
Quimper	227
	985

N° 5453. DE LUNÉVILLE à RENNES.

Paris	385k
Rennes	373
	758

N° 5454. DE LUNÉVILLE à ROCHEFORT

Paris	385k
Poitiers	337
Rochefort	137
	859

N° 5455. DE LUNÉVILLE à LA ROCHELLE.

Paris	385k
Poitiers	337
La Rochelle	139
	861

N° 5456. DE LUNÉVILLE à RODEZ.

Dijon	219k
Moulins	183
Clermont	95
Rodez	225
	722

N° 5457. DE LUNÉVILLE à ROUEN.

Paris	385k
Rouen	140
	525

N° 5458. DE LUNÉVILLE à ST-BRIEUC.

Paris	385k
Rennes	373
Saint-Brieuc	100
	858

N° 5459. DE LUNÉVILLE à SAINT-GERMAIN.

Paris	385k
Saint-Germain	23
	408

N° 5460. DE LUNÉVILLE à SAINT-LO.

Paris	385k
Saint-Lô	300
	685

N° 5461. DE LUNÉVILLE à ST-OMER.

Paris	385k
Saint-Omer	336
	721

N° 5462. DE LUNÉVILLE à SARREGUEMINES.

Sarreguemines	131k

N° 5463. DE LUNÉVILLE à SAUMUR.

Paris	385k
Saumur	300
	685

N° 5464. DE LUNÉVILLE à SCHELESTADT.

Schelestadt	108k

N° 5465. DE LUNÉVILLE à STRASBOURG

Strasbourg	125k

N° 5466. DE LUNÉVILLE à TARBES.

Paris	385k
Tarbes	765
	1,150

N° 5467. DE LUNÉVILLE à THIONVILLE

Thionville	110k

N° 5468. DE LUNÉVILLE à TOULON.

Lyon	398k
Marseille	350
Toulon	60
	808

N° 5469. DE LUNÉVILLE À TOULOUSE.

Lyon. 398k
Montpellier. 328
Toulouse. 251
977

N° 5470. DE LUNÉVILLE à TOURS.

Paris 385k
Tours 236
621

N° 5471. DE LUNÉVILLE à TROYES.

Troyes. 224k

N° 5472. DE LUNÉVILLE à TULLE.

Dijon 219k
Moulins 183
Clermont 95
Tulle 143
640

N° 5473. DE LUNÉVILLE à VALENCE.

Lyon. 398k
Valence 105
503

N° 5474. DE LUNÉVILLE à VALENCIENNES.

Paris 385k
Valenciennes 277
662

N° 5475. DE LUNÉVILLE à VANNES.

Paris 385k
Rennes 373
Vannes 103
861

N° 5476. DE LUNÉVILLE à VERDUN.

Verdun 125k

N° 5477. DE LUNÉVILLE à VERNON.

Paris 385k
Vernon 80
465

N° 5478. DE LUNÉVILLE à VERSAILLES

Paris 385k
Versailles 17
402

N° 5479. DE LUNÉVILLE à VESOUL.

Vesoul. 139k

LYON.

N° 5480. DE LYON à MACON.

Mâcon. 67k

N° 5481. DE LYON au MANS.

Moulins 186k
Blois. 280
Le Mans. 108
574

N° 5482. DE LYON à MARSEILLE.

Marseille 350k

N° 5483. DE LYON à MAUBEUGE.

Dijon 193k
Maubeuge 408
601

N° 5484. DE LYON à MELUN.

Melun 462k

N° 5485. DE LYON à MENDE.

Le Puy 134k
Mende. 89
223

N° 5486. DE LYON à METZ.

Dijon 193k
Metz. 249
442

N° 5487. DE LYON à MÉZIÈRES.

Dijon 193k
Châlons-sur-Marne . . . 229
Mézières 120
542

N° 5488. DE LYON à MONTAUBAN.

Le Puy 134k
Mende. 89
Rodez 115
Montauban. 130
468

N° 5489. DE LYON à MONTBRISON.

Montbrison. 101k

N° 5490. DE LYON à MONT-DE-MARSAN

Bordeaux 549k
Mont-de-Marsan. . . . 131
680

N° 5491. DE LYON à MONTPELLIER.

Montpellier 328k

N° 5492. DE LYON à MOULINS.

Moulins. 186k

N° 5493. DE LYON à NANCY.

Dijon 193k
Nancy. 192
385

N° 5494. DE LYON à NANTES.

Moulins 186k
Nantes. 531
717

N° 5495. DE LYON à NAPOLÉON-VENDÉE.

Moulins 186k
Saumur. 410
Napoléon-Vendée. . . . 133
729

N° 5496. DE LYON à NEVERS.

Nevers. 239k

N° 5497. DE LYON à NIMES.

Nimes. 278k

N° 5498. DE LYON à NIORT.

Moulins 186k
Poitiers. 303
Niort. 76
565

N° 5499. DE LYON à ORLÉANS.

Orléans 420k

N° 5500. DE LYON à PARIS.

Paris 507k

N° 5501. DE LYON à PAU.

Le Puy 134k
Mende. 89
Rodez 115
Montauban. 130
Pau. 194
662

N° 5502. DE LYON à PÉRIGUEUX.

Clermont 184k
Périgueux. 245
429

N° 5503. DE LYON à PERPIGNAN.

Montpellier 328k
Perpignan. 161
489

N° 5504. DE LYON à POITIERS.

Moulins 186k
Poitiers. 303
489

N° 5505. DE LYON à PRIVAS.

Privas. 144k

N° 5506. DE LYON au PUY.

Le Puy 134k

N° 5507. DE LYON à QUIMPER.

Moulins	186k
Nantes	531
Quimper	231
	948

N° 5508. DE LYON à RENNES.

Moulins	186k
Angers	443
Rennes	125
	754

N° 5509. DE LYON à ROCHEFORT.

Moulins	186k
Poitiers	303
Rochefort	137
	626

N° 5510. DE LYON à LA ROCHELLE.

Moulins	186k
Poitiers	303
La Rochelle	139
	628

N° 5511. DE LYON à RODEZ.

Le Puy	134k
Mende	89
Rodez	115
	338

N° 5512. DE LYON à ROUEN.

Paris	507k
Rouen	140
	647

N° 5513. DE LYON à SAINT-BRIEUC.

Moulins	186k
Angers	443
Rennes	125
Saint-Brieuc	100
	854

N° 5514. DE LYON à SAINT-GERMAIN.

Paris	507k
Saint-Germain	23
	530

N° 5515. DE LYON à SAINT-LO.

Paris	507k
Saint-Lô	300
	807

N° 5516. DE LYON à SAINT-OMER.

Paris	507k
Saint-Omer	336
	843

N° 5517. DE LYON à SARREGUEMINES

Dijon	193k
Metz	249
Sarreguemines	76
	518

N° 5518. DE LYON à SAUMUR.

Moulins	186k
Saumur	410
	596

N° 5519. DE LYON à SCHELESTADT.

Schelestadt	413k

N° 5520. DE LYON à STRASBOURG.

Strasbourg	458k

N° 5521. DE LYON à TARBES.

Le Puy	134k
Mende	89
Rodez	115
Montauban	130
Tarbes	157
	625

N° 5522. DE LYON à THIONVILLE.

Dijon	193k
Metz	249
Thionville	26
	468

N° 5523. DE LYON à TOULON.

Marseille	350k
Toulon	60
	410

N° 5524. DE LYON à TOULOUSE.

Toulouse	493k

N° 5525. DE LYON à TOURS.

Moulins	186k
Tours	346
	532

N° 5526. DE LYON à TROYES.

Troyes	343k

N° 5527. DE LYON à TULLE.

Clermont	184k
Tulle	143
	327

N° 5528. DE LYON à VALENCE.

Valence	105k

N° 5529. DE LYON à VALENCIENNES.

Paris	507k
Valenciennes	277
	784

N° 5530. DE LYON à VANNES.

Moulins	186k
Nantes	531
Vannes	108
	825

N° 5531. DE LYON à VERDUN.

Dijon	193k
Verdun	239
	432

N° 5532. DE LYON à VERNON.

Paris	507k
Vernon	80
	587

N° 5533. DE LYON à VERSAILLES.

Paris	507k
Versailles	17
	524

N° 5534. DE LYON à VESOUL.

Besançon	212k
Vesoul	47
	259

MACON.

N° 5535. DE MACON au MANS.

Moulins	136k
Blois	280
Le Mans	108
	524

N° 5536. DE MACON à MARSEILLE.

Lyon	67k
Marseille	350
	417

N° 5537. DE MACON à MAUBEUGE.

Dijon	126k
Maubeuge	408
	534

N° 5538. DE MACON à MELUN.

Melun	396k

N° 5539. DE MACON à MENDE.

Lyon	67k
Le Puy	134
Mende	89
	290

N° 5540. DE MACON à METZ.

Dijon	126k
Metz	249
	375

N° 5541. DE MACON à MÉZIÈRES.

Dijon	126k
Châlons-sur-Marne	229
Mézières	120
	475

N° 5542. DE MACON à MONTAUBAN.

Lyon 67k
Le Puy 134
Mende 89
Rodez 115
Montauban. 130
535

N° 5543. DE MACON à MONTBRISON.

Lyon 67k
Montbrison 101
168

N° 5544. DE MACON à MONT-DE-MARSAN.

Lyon. 67k
Bordeaux 549
Mont-de-Marsan 131
747

N° 5545. DE MACON à MONTPELLIER.

Lyon. 67k
Montpellier. 328
395

N° 5546. DE MACON à MOULINS.

Moulins 136k

N° 5547. DE MACON à NANCY.

Dijon 126k
Nancy. 192
318

N° 5548. DE MACON à NANTES.

Moulins. 136k
Nantes. 531
667

N° 5549. DE MACON à NAPOLÉON-VENDÉE.

Moulins 136k
Saumur 410
Napoléon-Vendée. . . . 133
679

N° 5550. DE MACON à NEVERS.

Nevers. 189k

N° 5551. DE MACON à NIMES.

Lyon 67k
Nîmes. 278
345

N° 5552. DE MACON à NIORT.

Moulins 136k
Poitiers 303
Niort 76
515

N° 5553. DE MACON à ORLÉANS.

Moulins 136k
Orléans 231
367

N° 5554. DE MACON à PARIS.

Paris 441k

N° 5555. DE MACON à PAU.

Lyon. 67k
Le Puy. 134
Mende. 89
Rodez 115
Montauban 130
Pau 194
729

N° 5556. DE MACON à PÉRIGUEUX.

Clermont 177k
Périgueux. 245
422

N° 5557. DE MACON à PERPIGNAN.

Lyon 67k
Montpellier 328
Perpignan. 161
556

N° 5558. DE MACON à POITIERS.

Moulins 136k
Poitiers 303
439

N° 5559. DE MACON à PRIVAS.

Lyon 67k
Privas 144
211

N° 5560. DE MACON au PUY.

Lyon 67k
Le Puy 134
201

N° 5561. DE MACON à QUIMPER.

Moulins 136k
Nantes. 531
Quimper. 231
898

N° 5562. DE MACON à RENNES.

Moulins 136k
Angers 443
Rennes 125
704

N° 5563. DE MACON à ROCHEFORT.

Moulins 136k
Poitiers 303
Rochefort 137
576

N° 5564. DE MACON à LA ROCHELLE.

Moulins 136k
Poitiers 303
La Rochelle 139
578

N° 5565. DE MACON à RODEZ.

Clermont 177k
Rodez 225
402

N° 5566. DE MACON à ROUEN.

Paris 441k
Rouen. 140
581

N° 5567. DE MACON à SAINT-BRIEUC.

Moulins 136k
Angers 443
Rennes 125
Saint-Brieuc. 100
804

N° 5568. DE MACON à SAINT-GERMAIN.

Paris 441k
Saint-Germain. 23
464

N° 5569. DE MACON à SAINT-LO.

Paris 441k
Saint-Lô. 300
741

N° 5570. DE MACON à SAINT-OMER.

Paris 441k
Saint-Omer 336
777

N° 5571. DE MACON à SARREGUEMINES.

Dijon 126k
Metz 249
Sarreguemines. 76
451

N° 5572. DE MACON à SAUMUR.

Moulins 136k
Saumur 410
546

N° 5573. DE MACON à SCHELESTADT.

Schelestadt 368k

N° 5574. DE MACON à STRASBOURG.

Schelestadt 368k
Strasbourg. 45
413

N° 5575. DE MACON à TARBES.

Lyon 67k
Le Puy 134
Mende. 89
Rodez 115
Montauban. 130
Tarbes. 157
692

N° 5576. DE MACON à THIONVILLE.

Dijon 126k
Metz. 249
Thionville 26
401

N° 5577. DE MACON à TOULON.

Lyon	67k
Marseille	350
Toulon	60
	477

N° 5578. DE MACON à TOULOUSE.

Lyon	67k
Toulouse	493
	560

N° 5579. DE MACON à TOURS.

Moulins	136k
Tours	346
	482

N° 5580. DE MACON à TROYES.

Dijon	126k
Troyes	150
	276

N° 5581. DE MACON à TULLE.

Clermont	177k
Tulle	143
	320

N° 5582. DE MACON à VALENCE.

Lyon	67k
Valence	105
	172

N° 5583. DE MACON à VALENCIENNES.

Paris	441k
Valenciennes	277
	718

N° 5584. DE MACON à VANNES.

Moulins	136k
Nantes	531
Vannes	108
	775

N° 5585. DE MACON à VERDUN.

Dijon	126k
Verdun	239
	365

N° 5586. DE MACON à VERNON.

Paris	441k
Vernon	80
	521

N° 5587. DE MACON à VERSAILLES.

Paris	441k
Versailles	17
	458

N° 5588. DE MACON à VESOUL.

Besançon	167k
Vesoul	47
	214

LE MANS.

N° 5589. DU MANS à MARSEILLE.

Blois	108k
Moulins	280
Lyon	186
Marseille	350
	924

N° 5590. DU MANS à MAUBEUGE.

Paris	211k
Maubeuge	260k
	471

N° 5591. DU MANS à MELUN.

Paris	211k
Melun	45
	256

N° 5592. DU MANS à MENDE.

Blois	108k
Clermont	382
Mende	186
	676

N° 5593 DU MANS à METZ.

Paris	211k
Metz	393
	604

N° 5594. DU MANS à MÉZIÈRES.

Paris	211k
Mézières	253
	464

N° 5595. DU MANS à MONTAUBAN.

Tours	82k
Bordeaux	347
Montauban	214
	643

N° 5596. DU MANS à MONTBRISON.

Blois	108k
Moulins	280
Montbrison	160
	548

N° 5597. DU MANS à MONT-DE-MARSAN

Tours	82k
Bordeaux	347
Mont-de-Marsan	131
	560

N° 5598. DU MANS à MONTPELLIER.

Blois	108k
Clermont	382
Montpellier	340
	830

N° 5599. DU MANS à MOULINS.

Blois	108k
Moulins	280
	388

N° 5600. DU MANS à NANCY.

Paris	211k
Nancy	352
	563

N° 5601. DU MANS à NANTES.

Nantes	177k

N° 5602. DU MANS à NAPOLÉON-VENDÉE.

Angers	88k
Napoléon-Vendée	125
	213

N° 5603. DU MANS à NEVERS.

Blois	108k
Nevers	227
	335

N° 5604. DU MANS à NIMES.

Blois	108k
Clermont	382
Nîmes	312
	802

N° 5605. DU MANS à NIORT.

Tours	82k
Poitiers	101
Niort	76
	259

N° 5606. DU MANS à ORLÉANS.

Orléans	152k

N° 5607. DU MANS à PARIS.

Paris	211k

N° 5608. DU MANS à PAU.

Tours	82k
Bordeaux	347
Pau	213
	642

N° 5609. DU MANS à PÉRIGUEUX.

Tours	82k
Angoulême	214
Périgueux	86
	382

N° 5610. DU MANS à PERPIGNAN.

Tours	82k
Bordeaux	347
Toulouse	251
Perpignan	215
	895

N° 5611. DU MANS à POITIERS.

Tours	82k
Poitiers	101
	183

N° 5612. DU MANS à PRIVAS.

Blois	108k
Moulins	280
Lyon	186
Privas	144
	718

N° 5613. DU MANS AU PUY.

Blois	108k
Clermont	382
Le Puy	134
	624

N° 5614. DU MANS à QUIMPER.

Rennes	163k
Quimper	227
	390

N° 5615. DU MANS à RENNES.

Rennes	163k

N° 5616. DU MANS à ROCHEFORT.

Tours	82k
Poitiers	101
Rochefort	137
	320

N° 5617. DU MANS à LA ROCHELLE.

Tours	82k
Poitiers	101
La Rochelle	139
	322

N° 5618. DU MANS à RODEZ.

Tours	82k
Angoulême	214
Rodez	346
	642

N° 5619. DU MANS à ROUEN.

Alençon	54k
Rouen	142
	196

N° 5620. DU MANS à SAINT-BRIEUC.

Rennes	163k
Saint-Brieuc	100
	263

N° 5621. DU MANS à SAINT-GERMAIN.

Versailles	194k
Saint-Germain	13
	207

N° 5622. DU MANS à SAINT-LO.

Alençon	54k
Saint-Lô	145
	199

N° 5623. DU MANS à SAINT-OMER.

Paris	211k
Saint-Omer	336
	547

N° 5624. DU MANS à SARREGUEMINES.

Paris	211k
Sarreguemines	469
	680

N° 5625. DU MANS à SAUMUR.

Saumur	93k

N° 5626. DU MANS à SCHELESTADT.

Paris	211k
Schelestadt	546
	757

N° 5627. DU MANS à STRASBOURG.

Paris	211k
Strasbourg	501
	712

N° 5628. DU MANS à TARBES.

Tours	82k
Bordeaux	347
Tarbes	230
	659

N° 5629. DU MANS à THIONVILLE.

Paris	211k
Thionville	419
	630

N° 5630. DU MANS à TOULON.

Blois	108k
Moulins	280
Lyon	186
Marseille	350
Toulon	60
	984

N° 5631. DU MANS à TOULOUSE.

Tours	82k
Bordeaux	347
Toulouse	251
	680

N° 5632. DU MANS à TOURS.

Tours	82k

N° 5633. DU MANS à TROYES.

Paris	211k
Troyes	179
	390

N° 5634. DU MANS à TULLE.

Tours	82k
Limoges	230
Tulle	89
	401

N° 5635. DU MANS à VALENCE.

Blois	108k
Moulins	280
Lyon	186
Valence	105
	679

N° 5636. DU MANS à VALENCIENNES.

Paris	211k
Valenciennes	277
	488

N° 5637. DU MANS à VANNES.

Rennes	163k
Vannes	103
	266

N° 5638. DU MANS à VERDUN.

Paris	211k
Verdun	253
	464

N° 5639. DU MANS à VERNON.

Vernon	202k

N° 5640. DU MANS à VERSAILLES.

Versailles	194k

N° 5641. DU MANS à VESOUL.

Paris	211k
Vesoul	381
	592

MARSEILLE.

N° 5642. DE MARSEILLE à MAUBEUGE.

Lyon	350k
Paris	507
Maubeuge	260
	1,117

N° 5643. DE MARSEILLE à MELUN.

Lyon	350k
Melun	462
	812

N° 5644. DE MARSEILLE à MENDE.

Nîmes	127k
Mende	148
	275

N° 5645. de MARSEILLE à METZ.

Lyon 350k
Dijon 193
Metz. 249
Total : 792

N° 5646. de MARSEILLE à MÉZIÈRES.

Lyon 350k
Dijon 193
Châlons-sur-Marne. . . 229
Mézières. 120
Total : 892

N° 5647. de MARSEILLE à MONTAUBAN.

Montpellier 177k
Montauban 290
Total : 467

N° 5648. de MARSEILLE à MONTBRISON.

Valence 245k
Montbrison 132
Total : 377

N° 5649. de MARSEILLE à MONT-DE-MARSAN.

Montpellier 177k
Toulouse. 251
Auch. 77
Mont-de-Marsan 112
Total : 617

N° 5650. de MARSEILLE à MONTPELLIER.

Montpellier. 177k

N° 5651. de MARSEILLE à MOULINS.

Lyon 350k
Moulins 186
Total : 536

N° 5652. de MARSEILLE à NANCY.

Lyon 350k
Dijon 193
Nancy. 192
Total : 735

N° 5653. de MARSEILLE à NANTES.

Lyon 350k
Moulins 186
Nantes. 531
Total : 1,067

N° 5654. de MARSEILLE à NAPOLÉON-VENDÉE.

Nîmes. 127k
Clermont. 312
Limoges. 179
Niort. 162
Napoléon-Vendée. . . . 87
Total : 867

N° 5655. de MARSEILLE à NEVERS.

Lyon 350k
Nevers. 239
Total : 589

N° 5656. de MARSEILLE à NÎMES.

Nîmes. 127k

N° 5657. de MARSEILLE à NIORT.

Nîmes. 127k
Clermont 312
Limoges 179
Niort. 162
Total : 780

N° 5658. de MARSEILLE à ORLÉANS.

Lyon 350k
Orléans 420
Total : 770

N° 5659. de MARSEILLE à PARIS.

Lyon 350k
Paris 507
Total : 857

N° 5660. de MARSEILLE à PAU.

Montpellier. 177k
Toulouse. 251
Pau 190
Total : 618

N° 5661. de MARSEILLE à PÉRIGUEUX.

Nîmes. 127k
Rodez 232
Périgueux. 260
Total : 619

N° 5662. de MARSEILLE à PERPIGNAN.

Montpellier. 177k
Perpignan. 161
Total : 338

N° 5663. de MARSEILLE à POITIERS.

Nîmes. 127k
Clermont. 312
Limoges. 179
Poitiers 129
Total : 747

N° 5664. de MARSEILLE à PRIVAS.

Avignon. 120k
Privas. 109
Total : 229

N° 5665. de MARSEILLE au PUY.

Nîmes. 127k
Le Puy. 178
Total : 305

N° 5666. de MARSEILLE à QUIMPER.

Lyon. 350k
Moulins 186
Nantes 531
Quimper. 231
Total : 1,298

N° 5667. de MARSEILLE à RENNES.

Lyon 350k
Moulins 186
Angers. 443
Rennes 125
Total : 1,104

N° 5668. de MARSEILLE à ROCHEFORT.

Montpellier 177k
Toulouse. 251
Bordeaux 251
Rochefort. 162
Total : 841

N° 5669. de MARSEILLE à LA ROCHELLE.

Montpellier 177k
Toulouse. 251
Bordeaux 251
La Rochelle 193
Total : 872

N° 5670. de MARSEILLE à RODEZ.

Nîmes 127k
Rodez. 232
Total : 359

N° 5671. de MARSEILLE à ROUEN.

Lyon 350k
Paris 507
Rouen. 140
Total : 997

N° 5672. de MARSEILLE à SAINT-BRIEUC.

Lyon 350k
Moulins 186
Angers. 443
Rennes 125
Saint-Brieuc 100
Total : 1,204

N° 5673. de MARSEILLE à SAINT-GERMAIN.

Lyon 350k
Paris. 507
Saint-Germain. 23
Total : 880

N° 5674. de MARSEILLE à SAINT-LÔ.

Lyon 350k
Paris 507
Saint-Lô. 300
Total : 1,157

N° 5675. DE MARSEILLE à SAINT-OMER.

Lyon	350k
Paris	507
Saint-Omer	336
	1,193

N° 5676. DE MARSEILLE à SARREGUEMINES.

Lyon	350k
Dijon	193
Metz	249
Sarreguemines	76
	868

N° 5677. DE MARSEILLE à SAUMUR.

Lyon	350k
Moulins	186
Saumur	410
	946

N° 5678. DE MARSEILLE à SCHELESTADT.

Lyon	350k
Schelestadt	413
	763

N° 5679. DE MARSEILLE à STRASBOURG

Lyon	350k
Strasbourg	458
	808

N° 5680. DE MARSEILLE à TARBES.

Montpellier	177k
Toulouse	251
Tarbes	151
	579

N° 5681. DE MARSEILLE à THIONVILLE.

Lyon	350k
Dijon	193
Metz	249
Thionville	26
	818

N° 5682. DE MARSEILLE à TOULON.

Toulon	60k

N° 5683. DE MARSEILLE à TOULOUSE.

Montpellier	177k
Toulouse	251
	428

N° 5684. DE MARSEILLE à TOURS.

Nîmes	127k
Clermont	312
Tours	439
	878

N° 5685. DE MARSEILLE à TROYES.

Lyon	350k
Dijon	193
Troyes	150
	693

N° 5686. DE MARSEILLE à TULLE.

Nîmes	127k
Mende	148
Aurillac	160
Tulle	85
	520

N° 5687. DE MARSEILLE à VALENCE.

Valence	245k

N° 5688. DE MARSEILLE à VALENCIENNES.

Lyon	350k
Paris	507
Valenciennes	277
	1,134

N° 5689. DE MARSEILLE à VANNES.

Lyon	350k
Moulins	186
Nantes	531
Vannes	108
	1,175

N° 5690. DE MARSEILLE à VERDUN.

Lyon	350k
Dijon	193
Verdun	239
	782

N° 5691. DE MARSEILLE à VERNON.

Lyon	350k
Paris	507
Vernon	80
	937

N° 5692. DE MARSEILLE à VERSAILLES.

Lyon	350k
Paris	507
Versailles	17
	874

N° 5693. DE MARSEILLE à VESOUL.

Lyon	350k
Besançon	212
Vesoul	47
	609

MAUBEUGE.

N° 5694. DE MAUBEUGE à MELUN.

Paris	260k
Melun	45
	305

N° 5695. DE MAUBEUGE à MENDE.

Paris	260k
Clermont	445
Mende	186
	891

N° 5696. DE MAUBEUGE à METZ.

Mézières	104k
Metz	153
	257

N° 5697. DE MAUBEUGE à MÉZIÈRES.

Mézières	104k

N° 5698. DE MAUBEUGE à MONTAUBAN

Paris	260k
Montauban	648
	908

N° 5699. DE MAUBEUGE à MONTBRISON.

Paris	260k
Moulins	342
Montbrison	160
	762

N° 5700. DE MAUBEUGE à MONT-DE-MARSAN.

Paris	260k
Bordeaux	583
Mont-de-Marsan	131
	974

N° 5701. DE MAUBEUGE à MONTPELLIER

Paris	260k
Lyon	507
Montpellier	328
	1,095

N° 5702. DE MAUBEUGE à MOULINS.

Paris	260k
Moulins	342
	602

N° 5703. DE MAUBEUGE à NANCY.

Mézières	104k
Verdun	102
Nancy	98
	304

N° 5704. DE MAUBEUGE à NANTES.

Paris	260k
Nantes	431
	691

N° 5705. DE MAUBEUGE à NAPOLÉON-VENDÉE.

Paris	260k
Saumur	300
Napoléon-Vendée	133
	693

N° 5706. DE MAUBEUGE à NEVERS.

Paris	260k
Nevers	303
	563

N° 5707. DE MAUBEUGE à NIMES.

Paris	260k
Lyon	507
Nîmes	278
	1,045

N° 5708. DE MAUBEUGE à NIORT.

Paris	260k
Poitiers	337
Niort	76
	673

N° 5709. DE MAUBEUGE à ORLÉANS.

Paris	260k
Orléans	121
	381

N° 5710. DE MAUBEUGE à PARIS.

Paris	260k

N° 5711. DE MAUBEUGE à PAU.

Paris	260k
Bordeaux	583
Pau	213
	1,056

N° 5712. DE MAUBEUGE à PÉRIGUEUX.

Paris	260k
Limoges	390
Périgueux	95
	745

N° 5713. DE MAUBEUGE à PERPIGNAN.

Paris	260k
Toulouse	697
Perpignan	215
	1,172

N° 5714. DE MAUBEUGE à POITIERS.

Paris	260k
Poitiers	337
	597

N° 5715. DE MAUBEUGE à PRIVAS.

Paris	260k
Lyon	507
Privas	144
	911

N° 5716. DE MAUBEUGE au PUY.

Paris	260k
Clermont	445
Le Puy	134
	839

N° 5717. DE MAUBEUGE à QUIMPER.

Paris	260k
Rennes	373
Quimper	227
	860

N° 5718. DE MAUBEUGE à RENNES.

Paris	260k
Rennes	373
	633

N° 5719. DE MAUBEUGE à ROCHEFORT

Paris	260k
Poitiers	337
Rochefort	137
	734

N° 5720. DE MAUBEUGE à LA ROCHELLE.

Paris	260k
Poitiers	337
La Rochelle	139
	736

N° 5721. DE MAUBEUGE à RODEZ.

Paris	260k
Clermont	445
Rodez	225
	930

N° 5722. DE MAUBEUGE à ROUEN.

Amiens	166k
Rouen	113
	279

N° 5723. DE MAUBEUGE à ST-BRIEUC.

Paris	260k
Rennes	373
Saint-Brieuc	100
	733

N° 5724. DE MAUBEUGE à ST-GERMAIN

Paris	260k
Saint-Germain	23
	283

N° 5725. DE MAUBEUGE à SAINT-LO.

Paris	260k
Saint-Lô	300
	560

N° 5726. DE MAUBEUGE à SAINT-OMER

Saint-Omer	168k

N° 5727. DE MAUBEUGE à SARREGUEMINES.

Mézières	104k
Metz	153
Sarreguemines	76
	333

N° 5728. DE MAUBEUGE à SAUMUR.

Paris	260k
Saumur	300
	560

N° 5729. DE MAUBEUGE à SCHELESTADT.

Mézières	104k
Verdun	102
Nancy	98
Schelestadt	135
	439

N° 5730. DE MAUBEUGE à STRASBOURG

Mézières	104k
Verdun	102
Nancy	98
Strasbourg	152
	456

N° 5731. DE MAUBEUGE à TARBES.

Paris	260k
Tarbes	765
	1,025

N° 5732. DE MAUBEUGE à THIONVILLE

Mézières	104k
Metz	153
Thionville	26
	283

N° 5733. DE MAUBEUGE à TOULON.

Paris	260k
Lyon	507
Marseille	350
Toulon	60
	1,177

N° 5734. DE MAUBEUGE à TOULOUSE.

Paris	260k
Toulouse	697
	957

N° 5735. DE MAUBEUGE à TOURS.

Paris	260k
Tours	236
	496

N° 5736. DE MAUBEUGE à TROYES.

Laon	88k
Châlons-sur-Marne	91
Troyes	79
	258

N° 5737. DE MAUBEUGE à TULLE.

Paris	260k
Limoges	390
Tulle	89
	739

N° 5738. DE MAUBEUGE à VALENCE.

Paris	260k
Lyon	507
Valence	105
	872

N° 5739. DE MAUBEUGE À VALENCIENNES.

Valenciennes	37k

N° 5740. DE MAUBEUGE À VANNES.

Paris	260k
Rennes	373
Vannes	103
	736

N° 5741. DE MAUBEUGE À VERDUN.

Mézières	104k
Verdun	102
	206

N° 5742. DE MAUBEUGE À VERNON.

Paris	260k
Vernon	80
	340

N° 5743. DE MAUBEUGE À VERSAILLES.

Paris	260k
Versailles	17
	277

N° 5744. DE MAUBEUGE À VESOUL.

Laon	88k
Châlons-sur-Marne	91
Langres	173
Vesoul	74
	426

MELUN.

N° 5745. DE MELUN À MENDE.

Auxerre	129k
Nevers	109
Clermont	148
Mende	186
	572

N° 5746. DE MELUN À METZ.

Paris	45k
Metz	393
	438

N° 5747. DE MELUN À MÉZIÈRES.

Paris	45k
Mézières	253
	298

N° 5748. DE MELUN À MONTAUBAN.

Orléans	103k
Limoges	269
Montauban	259
	631

N° 5749. DE MELUN À MONTBRISON.

Auxerre	129k
Nevers	109
Moulins	53
Montbrison	160
	451

N° 5750. DE MELUN À MONT-DE-MARSAN.

Orléans	103k
Bordeaux	462
Mont-de-Marsan	131
	696

N° 5751. DE MELUN À MONTPELLIER.

Lyon	462k
Montpellier	328
	790

N° 5752. DE MELUN À MOULINS.

Auxerre	129k
Nevers	109
Moulins	53
	291

N° 5753. DE MELUN À NANCY.

Paris	45k
Nancy	352
	397

N° 5754. DE MELUN À NANTES.

Orléans	103k
Nantes	310
	413

N° 5755. DE MELUN À NAPOLÉON-VENDÉE.

Orléans	103k
Saumur	179
Napoléon-Vendée	133
	415

N° 5756. DE MELUN À NEVERS.

Auxerre	129k
Nevers	109
	238

N° 5757. DE MELUN À NIMES.

Lyon	462k
Nîmes	278
	740

N° 5758. DE MELUN À NIORT.

Orléans	103k
Poitiers	216
Niort	76
	395

N° 5759. DE MELUN À ORLÉANS.

Orléans	103k

N° 5760. DE MELUN À PARIS.

Paris	45k

N° 5761. DE MELUN À PAU.

Orléans	103k
Bordeaux	462
Pau	213
	778

N° 5762. DE MELUN À PÉRIGUEUX.

Orléans	103k
Limoges	269
Périgueux	95
	467

N° 5763. DE MELUN À PERPIGNAN.

Orléans	103k
Toulouse	575
Perpignan	215
	893

N° 5764. DE MELUN À POITIERS.

Orléans	103k
Poitiers	216
	319

N° 5765. DE MELUN À PRIVAS.

Lyon	462k
Privas	144
	606

N° 5766. DE MELUN au PUY.

Auxerre	129k
Nevers	109
Clermont	148
Le Puy	134
	520

N° 5767. DE MELUN À QUIMPER.

Paris	45k
Rennes	373
Quimper	227
	645

N° 5768. DE MELUN À RENNES.

Paris	45k
Rennes	373
	418

N° 5769. DE MELUN À ROCHEFORT.

Orléans	103k
Poitiers	216
Rochefort	137
	456

N° 5770. DE MELUN À LA ROCHELLE.

Orléans	103k
Poitiers	216
La Rochelle	139
	458

N° 5771. de MELUN à RODEZ.

Auxerre	129k
Nevers	109
Clermont	148
Rodez	225
	611

N° 5772. de MELUN à ROUEN.

Paris	45k
Rouen	140
	185

N° 5773. de MELUN à SAINT-BRIEUC.

Paris	45k
Rennes	373
Saint-Brieuc	100
	518

N° 5774. de MELUN à SAINT-GERMAIN.

Paris	45k
Saint-Germain	23
	68

N° 5775. de MELUN à SAINT-LO.

Paris	45k
Saint-Lô	300
	345

N° 5776. de MELUN à SAINT-OMER.

Paris	45k
Saint-Omer	336
	381

N° 5777. de MELUN à SARREGUEMINES.

Paris	45k
Sarreguemines	469
	514

N° 5778. de MELUN à SAUMUR.

Orléans	103k
Saumur	179
	282

N° 5779. de MELUN à SCHELESTADT.

Paris	45k
Schelestadt	546
	591

N° 5780. de MELUN à STRASBOURG.

Paris	45k
Strasbourg	501
	546

N° 5781. de MELUN à TARBES.

Orléans	103k
Tarbes	643
	746

N° 5782. de MELUN à THIONVILLE.

Paris	45k
Thionville	419
	464

N° 5783. de MELUN à TOULON.

Lyon	462k
Marseille	350
Toulon	60
	872

N° 5784. de MELUN à TOULOUSE.

Orléans	103k
Toulouse	575
	678

N° 5785. de MELUN à TOURS.

Orléans	103k
Tours	115
	218

N° 5786. de MELUN à TROYES.

Troyes	135k

N° 5787. de MELUN à TULLE.

Orléans	103k
Limoges	269
Tulle	89
	461

N° 5788. de MELUN à VALENCE.

Lyon	462k
Valence	105
	567

N° 5789. de MELUN à VALENCIENNES.

Paris	45k
Valenciennes	277
	322

N° 5790. de MELUN à VANNES.

Paris	45k
Rennes	373
Vannes	103
	521

N° 5791. de MELUN à VERDUN.

Paris	45k
Verdun	253
	298

N° 5792. de MELUN à VERNON.

Paris	45k
Vernon	80
	125

N° 5793. de MELUN à VERSAILLES.

Paris	45k
Versailles	17
	62

N° 5794. de MELUN à VESOUL.

Troyes	135k
Langres	128
Vesoul	74
	337

MENDE.

N° 5795. de MENDE à METZ.

Le Puy	89k
Lyon	134
Dijon	193
Metz	249
	665

N° 5796. de MENDE à MÉZIÈRES.

Clermont	186k
Moulins	95
Nevers	53
Auxerre	109
Troyes	77
Châlons-sur-Marne	79
Mézières	120
	719

N° 5797. de MENDE à MONTAUBAN.

Rodez	115k
Montauban	130
	245

N° 5798. de MENDE à MONTBRISON.

Le Puy	89k
Montbrison	113
	202

N° 5799. de MENDE à MONT-DE-MARSAN.

Rodez	115k
Montauban	130
Agen	70
Mont-de-Marsan	109
	424

N° 5800. de MENDE à MONTPELLIER.

Nîmes	148k
Montpellier	50
	198

N° 5801. de MENDE à MOULINS.

Clermont	186k
Moulins	95
	281

N° 5802. de MENDE à NANCY.

Le Puy	89k
Lyon	134
Dijon	193
Nancy	192
	608

N° 5803. DE MENDE à NANTES.

Clermont 186k
Nantes. 634
820

N° 5804. DE MENDE à NAPOLÉON-VENDÉE.

Aurillac 160k
Limoges. 174
Niort. 162
Napoléon-Vendée. . . . 87
583

N° 5805. DE MENDE à NEVERS.

Clermont 186k
Nevers. 148
334

N° 5806. DE MENDE à NIMES.

Nimes. 148k

N° 5807. DE MENDE à NIORT.

Aurillac 160k
Limoges. 174
Niort 162
496

N° 5808. DE MENDE à ORLÉANS.

Clermont. 186k
Orléans 324
510

N° 5809. DE MENDE à PARIS.

Clermont 186k
Paris 445
631

N° 5810. DE MENDE à PAU.

Rodez 115k
Montauban 130
Pau 194
439

N° 5811. DE MENDE à PÉRIGUEUX.

Aurillac 160k
Tulle. 85
Périgueux. 102
347

N° 5812. DE MENDE à PERPIGNAN.

Nimes. 148k
Montpellier. 50
Perpignan. 161
359

N° 5813. DE MENDE à POITIERS.

Aurillac 160k
Limoges 174
Poitiers 129
463

N° 5814. DE MENDE à PRIVAS.

Privas 135k

N° 5815. DE MENDE au PUY.

Le Puy 89k

N° 5816. DE MENDE à QUIMPER.

Clermont. 186k
Nantes. 634
Quimper. 231
1,051

N° 5817. DE MENDE à RENNES.

Clermont. 186k
Angers 538
Rennes. 125
849

N° 5818. DE MENDE à ROCHEFORT.

Aurillac 160k
Limoges. 174
Angoulême 103
Rochefort 109
546

N° 5819. DE MENDE à LA ROCHELLE.

Aurillac 160k
Limoges. 174
Angoulême 103
La Rochelle 125
562

N° 5820. DE MENDE à RODEZ.

Rodez 115k

N° 5821. DE MENDE à ROUEN.

Clermont 186k
Paris 445
Rouen. 140
771

N° 5822. DE MENDE à SAINT-BRIEUC.

Clermont. 186k
Angers 538
Rennes. 125
Saint-Brieuc 100
949

N° 5823. DE MENDE à SAINT-GERMAIN.

Clermont 186k
Paris 445
Saint-Germain 23
654

N° 5824. DE MENDE à SAINT-LO.

Clermont. 186k
Tours 439
Saint-Lô. 276
901

N° 5825. DE MENDE à SAINT-OMER.

Clermont 186k
Paris 445
Saint-Omer 336
967

N° 5826. DE MENDE à SARREGUEMINES.

Le Puy 89k
Lyon. 134
Dijon. 193
Metz. 249
Sarreguemines 76
741

N° 5827. DE MENDE à SAUMUR.

Clermont. 186k
Saumur 503
689

N° 5828. DE MENDE à SCHELESTADT.

Le Puy 89k
Lyon. 134
Schelestadt 413
636

N° 5829. DE MENDE à STRASBOURG.

Le Puy. 89k
Lyon. 134
Strasbourg 458
681

N° 5830. DE MENDE à TARBES.

Rodez. 115k
Montauban 130
Tarbes 157
402

N° 5831. DE MENDE à THIONVILLE.

Le Puy 89k
Lyon. 134
Dijon. 193
Metz. 249
Thionville 26
691

N° 5832. DE MENDE à TOULON.

Nimes. 148k
Marseille. 127
Toulon 60
335

N° 5833. DE MENDE à TOULOUSE.

Rodez 115k
Albi. 79
Toulouse. 76
270

N° 5834. DE MENDE à TOURS.

Clermont 186k
Tours 439
625

N° 5835. de MENDE à TROYES.

Clermont 186k
Moulins 95
Nevers 53
Auxerre 109
Troyes 77
520

N° 5836. de MENDE à TULLE.

Aurillac 160k
Tulle 85
245

N° 5837. de MENDE à VALENCE.

Privas 135k
Valence 39
174

N° 5838. de MENDE à VALENCIENNES.

Clermont 186k
Paris 445
Valenciennes 277
908

N° 5839. de MENDE à VANNES.

Clermont 186k
Nantes 634
Vannes 108
928

N° 5840. de MENDE à VERDUN.

Le Puy 89k
Lyon 134
Dijon 193
Verdun 239
655

N° 5841. de MENDE à VERNON.

Clermont 186k
Paris 445
Vernon 80
711

N° 5842. de MENDE à VERSAILLES.

Clermont 186k
Paris 445
Versailles 17
648

N° 5843. de MENDE à VESOUL.

Le Puy 89k
Lyon 134
Besançon 212
Vesoul 47
482

METZ.

N° 5844. de METZ à MÉZIÈRES.

Mézières 153k

N° 5845. de METZ à MONTAUBAN.

Paris 393k
Montauban 648
1,041

N° 5846. de METZ à MONTBRISON.

Dijon 249k
Lyon 193
Montbrison 101
543

N° 5847. de METZ à MONT-DE-MARSAN

Paris 393k
Bordeaux 583
Mont-de-Marsan 131
1,107

N° 5848. de METZ à MONTPELLIER.

Dijon 249k
Lyon 193
Montpellier 328
770

N° 5849. de METZ à MOULINS.

Dijon 249k
Moulins 183
432

N° 5850. de METZ A NANCY.

Nancy 57k

N° 5851. de METZ à NANTES.

Paris 393k
Nantes 431
824

N° 5852. de METZ à NAPOLÉON-VENDÉE.

Paris 393k
Saumur 300
Napoléon-Vendée 133
826

N° 5853. de METZ à NEVERS.

Dijon 249k
Nevers 189
438

N° 5854. de METZ à NIMES.

Dijon 249k
Lyon 193
Nimes 278
720

N° 5855. de METZ à NIORT.

Paris 393k
Poitiers 337
Niort 76
806

N° 5856. de METZ à ORLÉANS.

Paris 393k
Orléans 121
514

N° 5857. de METZ à PARIS.

Paris 393k

N° 5858. de METZ à PAU.

Paris 393k
Bordeaux 583
Pau 213
1,189

N° 5859. de METZ à PÉRIGUEUX.

Dijon 249k
Moulins 183
Limoges 222
Périgueux 95
749

N° 5860. de METZ à PERPIGNAN.

Dijon 249k
Lyon 193
Montpellier 328
Perpignan 161
931

N° 5861. de METZ à POITIERS.

Paris 393k
Poitiers 337
730

N° 5862. de METZ à PRIVAS.

Dijon 249k
Lyon 193
Privas 144
586

N° 5863. de METZ au PUY.

Dijon 249k
Lyon 193
Le Puy 134
576

N° 5864. de METZ à QUIMPER.

Paris 393k
Rennes 373
Quimper 227
993

N° 5865. de METZ à RENNES.

Paris 393k
Rennes 373
766

N° 5866. DE METZ À ROCHEFORT.

Paris	393k
Poitiers	337
Rochefort	137
	867

N° 5867. DE METZ À LA ROCHELLE.

Paris	393k
Poitiers	337
La Rochelle	139
	869

N° 5868. DE METZ À RODEZ.

Dijon	249k
Moulins	183
Clermont	95
Rodez	225
	752

N° 5869. DE METZ À ROUEN.

Paris	393k
Rouen	140
	533

N° 5870. DE METZ À SAINT-BRIEUC.

Paris	393k
Rennes	373
Saint-Brieuc	100
	866

N° 5871. DE METZ À SAINT-GERMAIN.

Paris	393k
Saint-Germain	23
	416

N° 5872. DE METZ À SAINT-LO.

Paris	393k
Saint-Lô	300
	693

N° 5873. DE METZ À SAINT-OMER.

Paris	393k
Saint-Omer	336
	729

N° 5874. DE METZ À SARREGUEMINES

Sarreguemines	76k

N° 5875. DE METZ À SAUMUR.

Paris	393k
Saumur	300
	693

N° 5876. DE METZ À SCHELESTADT.

Nancy	57k
Lunéville	27
Schelestadt	108
	192

N° 5877. DE METZ À STRASBOURG.

Strasbourg	180k

N° 5878. DE METZ À TARBES.

Paris	393k
Tarbes	765
	1,158

N° 5879. DE METZ À THIONVILLE.

Thionville	26k

N° 5880. DE METZ À TOULON.

Dijon	249k
Lyon	193
Marseille	350
Toulon	60
	852

N° 5881. DE METZ À TOULOUSE.

Paris	393k
Toulouse	697
	1,090

N° 5882. DE METZ À TOURS.

Paris	393k
Tours	236
	629

N° 5883. DE METZ À TROYES.

Bar-le-Duc	139k
Troyes	120
	259

N° 5884. DE METZ À TULLE.

Dijon	249k
Moulins	183
Clermont	95
Tulle	143
	670

N° 5885. DE METZ À VALENCE.

Dijon	249k
Lyon	193
Valence	105
	547

N° 5886. DE METZ À VALENCIENNES.

Mézières	153k
Valenciennes	141
	294

N° 5887. DE METZ À VANNES.

Paris	393k
Rennes	373
Vannes	103
	869

N° 5888. DE METZ À VERDUN.

Verdun	65k

N° 5889. DE METZ À VERNON.

Paris	393k
Vernon	80
	473

N° 5890. DE METZ À VERSAILLES.

Paris	393k
Versailles	17
	410

N° 5891. DE METZ À VESOUL.

Nancy	57k
Vesoul	146
	203

MÉZIÈRES.

N° 5892 DE MÉZIÈRES À MONTAUBAN.

Paris	253k
Montauban	648
	901

N° 5893. DE MÉZIÈRES À MONTBRISON.

Châlons-sur-Marne	120k
Dijon	229
Lyon	193
Montbrison	101
	643

N° 5894. DE MÉZIÈRES À MONT-DE-MARSAN.

Paris	253k
Bordeaux	583
Mont-de-Marsan	131
	967

N° 5895. DE MÉZIÈRES À MONTPELLIER.

Châlons-sur-Marne	120k
Dijon	229
Lyon	193
Montpellier	328
	870

N° 5896. DE MÉZIÈRES À MOULINS.

Paris	253k
Moulins	342
	595

N° 5897. DE MÉZIÈRES À NANCY.

Verdun	102k
Nancy	98
	200

N° 5898. DE MÉZIÈRES À NANTES.

Paris	253k
Nantes	431
	684

N° 5899. DE MÉZIÈRES À NAPOLÉON-VENDÉE.

Paris	253k
Saumur	300
Napoléon-Vendée	133
	686

N° 5900. DE MÉZIÈRES à NEVERS.

Paris	253 k
Nevers	303
	556

N° 5901. DE MÉZIÈRES à NIMES.

Châlons-sur-Marne	120 k
Dijon	229
Lyon	193
Nîmes	278
	820

N° 5902. DE MÉZIÈRES à NIORT.

Paris	253 k
Poitiers	337
Niort	76
	666

N° 5904. DE MÉZIÈRES à ORLÉANS.

Paris	253 k
Orléans	121
	374

N° 5904. DE MÉZIÈRES à PARIS.

Paris	253 k

N° 5905. DE MÉZIÈRES à PAU.

Paris	253 k
Bordeaux	583
Pau	213
	1,049

N° 5906. DE MÉZIÈRES à PÉRIGUEUX.

Paris	253 k
Limoges	390
Périgueux	95
	738

N° 5907. DE MÉZIÈRES à PERPIGNAN.

Châlons-sur-Marne	120 k
Dijon	229
Paris	193
Montpellier	328
Perpignan	161
	1,031

N° 5908. DE MÉZIÈRES à POITIERS.

Paris	253 k
Poitiers	337
	590

N° 5009. DE MÉZIÈRES à PRIVAS.

Châlons-sur-Marne	120 k
Dijon	229
Lyon	193
Privas	144
	686

N° 5910. DE MÉZIÈRES au PUY.

Paris	253 k
Clermont	445
Le Puy	134
	832

N° 5911. DE MÉZIÈRES à QUIMPER.

Paris	253 k
Rennes	373
Quimper	227
	853

N° 5912. DE MÉZIÈRES à RENNES.

Paris	253 k
Rennes	373
	626

N° 5913. DE MÉZIÈRES à ROCHEFORT.

Paris	253 k
Poitiers	337
Rochefort	137
	727

N° 5914. DE MÉZIÈRES à LA ROCHELLE

Paris	253 k
Poitiers	337
La Rochelle	137
	727

N° 5915. DE MÉZIÈRES à RODEZ.

Paris	253 k
Clermont	445
Rodez	225
	923

N° 5916. DE MÉZIÈRES à ROUEN.

Paris	253 k
Rouen	140
	393

N° 5917. DE MÉZIÈRES à SAINT-BRIEUC.

Paris	253 k
Rennes	373
Saint-Brieuc	100
	726

N° 5918. DE MÉZIÈRES à SAINT-GERMAIN.

Paris	253 k
Saint-Germain	23
	276

N° 5919. DE MÉZIÈRES à SAINT-LO.

Paris	253 k
Saint-Lô	300
	553

N° 5920. DE MÉZIÈRES à SAINT-OMER.

Cambrai	147 k
Saint-Omer	121
	268

N° 5921. DE MÉZIÈRES à SARREGUEMINES.

Metz	153 k
Sarreguemines	76
	229

N° 5922. DE MÉZIÈRES à SAUMUR.

Paris	253 k
Saumur	300
	553

N° 5923. DE MÉZIÈRES à SCHELESTADT.

Verdun	102 k
Nancy	98
Schelestadt	135
	335

N° 5924. DE MÉZIÈRES à STRASBOURG.

Metz	153 k
Strasbourg	180
	333

N° 5925. DE MÉZIÈRES à TARBES.

Paris	253 k
Tarbes	765
	1,018

N° 5926. DE MÉZIÈRES à THIONVILLE.

Metz	153 k
Thionville	26
	179

N° 5927. DE MÉZIÈRES à TOULON.

Châlons-sur-Marne	120 k
Dijon	229
Lyon	193
Marseille	350
Toulon	60
	952

N° 5928. DE MÉZIÈRES à TOULOUSE.

Paris	253 k
Toulouse	697
	950

N° 5929. DE MÉZIÈRES à TOURS.

Paris	253 k
Tours	236
	489

N° 5930. DE MÉZIÈRES à TROYES.

Châlons-sur-Marne	120 k
Troyes	79
	199

N° 5931. DE MÉZIÈRES à TULLE.

Paris	253 k
Limoges	390
Tulle	89
	732

N° 5932. DE MÉZIÈRES à VALENCE.

Châlons-sur-Marne	120k
Dijon	229
Lyon	193
Valence	105
	647

N° 5933. DE MÉZIÈRES à VALENCIENNES.

Valenciennes	141k

N° 5934. DE MÉZIÈRES à VANNES.

Paris	253k
Rennes	373
Vannes	103
	729

N° 5935. DE MÉZIÈRES à VERDUN.

Verdun	102k

N° 5936. DE MÉZIÈRES à VERNON.

Paris	253k
Vernon	80
	333

N° 5937. DE MÉZIÈRES à VERSAILLES.

Paris	253k
Versailles	17
	270

N° 5938. DE MÉZIÈRES à VESOUL.

Châlons-sur-Marne	120k
Langres	173
Vesoul	74
	367

MONTAUBAN.

N° 5939. DE MONTAUBAN à MONTBRISON.

Aurillac	177k
Clermont	157
Montbrison	113
	447

N° 5940. DE MONTAUBAN à MONT-DE-MARSAN.

Agen	70k
Mont-de-Marsan	109
	179

N° 5941. DE MONTAUBAN à MONTPELLIER.

Albi	74k
Montpellier	216
	290

N° 5942. DE MONTAUBAN à MOULINS.

Aurillac	177k
Clermont	157
Moulins	95
	429

N° 5943. DE MONTAUBAN à NANCY.

Aurillac	177k
Clermont	157
Nancy	470
	804

N° 5944. DE MONTAUBAN à NANTES.

Bordeaux	214k
Nantes	334
	548

N° 5945. DE MONTAUBAN à NAPOLÉON-VENDÉE.

Bordeaux	214k
Napoléon-Vendée	276
	490

N° 5946. DE MONTAUBAN à NEVERS.

Aurillac	177k
Clermont	157
Nevers	148
	482

N° 5947. DE MONTAUBAN à NIMES.

Albi	74k
Montpellier	216
Nîmes	50
	340

N° 5948. DE MONTAUBAN à NIORT.

Bordeaux	214k
Niort	194
	408

N° 5949. DE MONTAUBAN à ORLÉANS.

Orléans	526k

N° 5950. DE MONTAUBAN à PARIS.

Paris	648k

N° 5951. DE MONTAUBAN à PAU.

Pau	194k

N° 5952. DE MONTAUBAN à PÉRIGUEUX.

Périgueux	206k

N° 5953. DE MONTAUBAN à PERPIGNAN.

Toulouse	49k
Perpignan	215
	264

N° 5954. DE MONTAUBAN à POITIERS.

Bordeaux	214k
Poitiers	246
	460

N° 5955. DE MONTAUBAN à PRIVAS.

Albi	74k
Montpellier	216
Privas	165
	455

N° 5956. DE MONTAUBAN au PUY.

Rodez	130k
Mende	115
Le Puy	89
	334

N° 5957. DE MONTAUBAN à QUIMPER.

Bordeaux	214k
Nantes	334
Quimper	231
	779

N° 5958. DE MONTAUBAN à RENNES.

Bordeaux	214k
Nantes	334
Rennes	107
	655

N° 5959. DE MONTAUBAN à ROCHEFORT.

Bordeaux	214k
Rochefort	162
	376

N° 5960. DE MONTAUBAN à LA ROCHELLE.

Bordeaux	214k
La Rochelle	193
	407

N° 5961. DE MONTAUBAN à RODEZ.

Rodez	130k

N° 5932. DE MONTAUBAN à ROUEN.

Paris	648k
Rouen	140
	788

N° 5963. DE MONTAUBAN à SAINT-BRIEUC.

Bordeaux	214k
Nantes	334
Saint-Brieuc	207
	755

N° 5964. DE MONTAUBAN à SAINT-GERMAIN.

Paris	648k
Saint-Germain	23
	671

N° 5965. DE MONTAUBAN à SAINT-LO.

Bordeaux	214k
Tours	347
Saint-Lô	276
	837

N° 5966. DE MONTAUBAN à SAINT-OMER.

Paris 648k
Saint-Omer 336
984

N° 5967. DE MONTAUBAN à SARREGUEMINES.

Aurillac. 177k
Clermont 157
Metz. 527
Sarreguemines. 76
937

N° 5968. DE MONTAUBAN à SAUMUR.

Angoulême 292k
Saumur 277
569

N° 5969. DE MONTAUBAN à SCHELESTADT.

Aurillac. 177k
Clermont 157
Mâcon. 177
Schelestadt 368
879

N° 5970. DE MONTAUBAN à STRASBOURG.

Aurillac 177k
Clermont 157
Mâcon. 177
Strasbourg. 413
924

N° 5971. DE MONTAUBAN à TARBES.

Tarbes. 157k

N° 5972. DE MONTAUBAN à THIONVILLE.

Aurillac 177k
Clermont 157
Metz. 527
Thionville 26
887

N° 5973. DE MONTAUBAN à TOULON.

Albi. 74k
Montpellier 216
Nîmes 50
Marseille 127
Toulon. 60
527

N° 5974. DE MONTAUBAN à TOULOUSE.

Toulouse 49k

N° 5975. DE MONTAUBAN à TOURS.

Bordeaux 214k
Tours 347
561

N° 5976. DE MONTAUBAN à TROYES.

Aurillac. 177k
Clermont. 157
Troyes 334
668

N° 5977. DE MONTAUBAN à TULLE.

Cahors. 62k
Tulle 133
195

N° 5978. DE MONTAUBAN à VALENCE.

Albi. 74k
Montpellier 216
Nîmes. 50
Valence 173
513

N° 5979. DE MONTAUBAN à VALENCIENNES.

Paris 648k
Valenciennes. 277
925

N° 5980. DE MONTAUBAN à VANNES.

Bordeaux 214k
Nantes. 334
Vannes 108
656

N° 5981. DE MONTAUBAN à VERDUN.

Aurillac. 177k
Clermont 157
Verdun 494
828

N° 5982. DE MONTAUBAN à VERNON.

Paris 648k
Vernon. 80
728

N° 5983. DE MONTAUBAN à VERSAILLES.

Paris 648k
Versailles 17
665

N° 5984. DE MONTAUBAN à VESOUL.

Lyon 468k
Besançon 212
Vesoul. 47
727

MONTBRISON.

N° 5985. DE MONTBRISON à MONT-DE-MARSAN.

Clermont. 113k
Tulle 143
Périgueux 102
Agen 136
Mont-de-Marsan. . . . 109
603

N° 5986. DE MONTBRISON à MONTPELLIER.

Le Puy. 113k
Montpellier 206
319

N° 5987. DE MONTBRISON à MOULINS.

Moulins 160k

N° 5988. DE MONTBRISON à NANCY.

Lyon 101k
Dijon 193
Nancy. 192
486

N° 5989. DE MONTBRISON à NANTES.

Moulins 160k
Nantes. 531
691

N° 5990. DE MONTBRISON à NAPOLÉON-VENDÉE.

Clermont. 113k
Limoges. 179
Niort. 162
Napoléon-Vendée. . . . 87
541

N° 5991. DE MONTBRISON à NEVERS.

Moulins 160k
Nevers. 53
213

N° 5992. DE MONTBRISON à NIMES.

Le Puy 113k
Nîmes. 178
291

N° 5993. DE MONTBRISON à NIORT.

Clermont 113k
Limoges. 179
Niort. 162
454

N° 5994. DE MONTBRISON à ORLÉANS.

Moulins 160k
Orléans 231
391

N° 5995. DE MONTBRISON à PARIS.

Moulins 160k
Paris. 342
502

N° 5996. DE MONTBRISON à PAU.

Clermont 113k
Aurillac 157
Montauban 177
Auch 83
Tarbes. 74
Pau. 39
643

N° 5997. DE MONTBRISON à PÉRIGUEUX.

Clermont 113k
Tulle 143
Périgueux. 102
358

N° 5998. DE MONTBRISON à PERPIGNAN.

Le Puy. 113k
Montpellier. 206
Perpignan 161
480

N° 5999. DE MONTBRISON à POITIERS.

Clermont. 113k
Guéret. 130
Poitiers 147
390

N° 6000. DE MONTBRISON à PRIVAS.

Valence 132k
Privas 39
171

N° 6001. DE MONTBRISON au PUY.

Le Puy 113k

N° 6002. DE MONTBRISON à QUIMPER.

Moulins 160k
Nantes. 531
Quimper. 231
922

N° 6003. DE MONTBRISON à RENNES.

Moulins 160k
Angers 443
Rennes 125
728

N° 6004. DE MONTBRISON à ROCHEFORT.

Clermont 113k
Limoges. 179
Angoulême. 103
Rochefort 109
504

N° 6005. DE MONTBRISON à LA ROCHELLE.

Clermont 113k
Limoges. 179
Angoulême. 103
La Rochelle 125
520

N° 6006. DE MONTBRISON à RODEZ.

Le Puy 113k
Mende. 89
Rodez. 115
317

N° 6007. DE MONTBRISON à ROUEN.

Moulins. 160k
Paris. 342
Rouen. 140
642

N° 6008. DE MONTBRISON à ST-BRIEUC

Moulins 160k
Angers 443
Rennes 125
Saint-Brieuc. 100
828

N° 6009. DE MONTBRISON à SAINT-GERMAIN.

Moulins. 160k
Paris. 342
Saint-Germain 23
525

N° 6010. DE MONTBRISON à SAINT-LO

Moulins 160k
Paris 342
Saint-Lô. 300
802

N° 6011. DE MONTBRISON à ST-OMER.

Moulins 160k
Paris. 342
Saint-Omer 336
838

N° 6012. DE MONTBRISON à SARREGUEMINES.

Lyon. 101k
Dijon. 193
Metz. 249
Sarreguemines. 76
619

N° 6013. DE MONTBRISON à SAUMUR.

Moulins 160k
Saumur 410
570

N° 6014. DE MONTBRISON à SCHELESTADT.

Lyon 101k
Schelestadt 413
514

N° 6015. DE MONTBRISON à STRASBOURG.

Lyon 101k
Strasbourg. 458
559

N° 6016. DE MONTBRISON à TARBES.

Clermont 113k
Aurillac 157
Montauban. 177
Tarbes. 157
604

N° 6017. DE MONTBRISON à THIONVILLE.

Lyon 101k
Dijon 193
Metz. 249
Thionville. 26
569

N° 6018. DE MONTBRISON à TOULON.

Valence 132k
Marseille. 245
Toulon. 60
437

N° 6019. DE MONTBRISON à TOULOUSE

Toulouse 472k

N° 6020. DE MONTBRISON à TOURS.

Moulins 160k
Tours 346
506

N° 6021. DE MONTBRISON à TROYES.

Moulins 160k
Nevers 53
Auxerre. 109
Troyes. 77
399

N° 6022. DE MONTBRISON à TULLE.

Clermont 113k
Tulle 143
256

N° 6023. DE MONTBRISON à VALENCE.

Valence 132k

N° 6024. DE MONTBRISON à VALENCIENNES.

Moulins 160k
Paris. 342
Valenciennes. 277
779

N° 6025. DE MONTBRISON à VANNES.

Moulins 160k
Nantes. 531
Vannes 108
799

N° 6026. DE MONTBRISON À VERDUN.

Lyon	101k
Dijon	193
Verdun	239
	533

N° 6027. DE MONTBRISON À VERNON.

Moulins	160k
Paris	342
Vernon	80
	582

N° 6028. DE MONTBRISON À VERSAILLES.

Moulins	160k
Paris	342
Versailles	17
	519

N° 6029. DE MONTBRISON À VESOUL.

Lyon	101k
Besançon	212
Vesoul	47
	360

MONT-DE-MARSAN.

N° 6030. DE MONT-DE-MARSAN À MONTPELLIER.

Auch	112k
Toulouse	77
Montpellier	251
	440

N° 6031. DE MONT-DE-MARSAN À MOULINS.

Agen	109k
Périgueux	136
Limoges	95
Guéret	84
Moulins	138
	562

N° 6032. DE MONT-DE-MARSAN À NANCY.

Bordeaux	131k
Paris	583
Nancy	352
	1,066

N° 6033. DE MONT-DE-MARSAN À NANTES.

Bordeaux	131k
Nantes	334
	465

N° 6034. DE MONT-DE-MARSAN À NAPOLÉON-VENDÉE.

Bordeaux	131k
Napoléon-Vendée	276
	407

N° 6035. DE MONT-DE-MARSAN À NEVERS.

Agen	109k
Périgueux	136
Limoges	95
Nevers	288
	628

N° 6036. DE MONT-DE-MARSAN À NIMES.

Auch	112k
Toulouse	77
Montpellier	251
Nîmes	50
	490

N° 6037. DE MONT-DE-MARSAN À NIORT.

Bordeaux	131k
Niort	194
	325

N° 6038. DE MONT-DE-MARSAN À ORLÉANS.

Bordeaux	131k
Orléans	462
	593

N° 6039. DE MONT-DE-MARSAN À PARIS.

Bordeaux	131k
Paris	583
	714

N° 6040. DE MONT-DE-MARSAN À PAU.

Pau	82k

N° 6041. DE MONT-DE-MARSAN À PÉRIGUEUX.

Agen	109k
Périgueux	136
	245

N° 6042. DE MONT-DE-MARSAN À PERPIGNAN.

Auch	112k
Toulouse	77
Perpignan	215
	404

N° 6043. DE MONT-DE-MARSAN À POITIERS.

Bordeaux	131k
Poitiers	246
	377

N° 6044. DE MONT-DE-MARSAN À PRIVAS.

Auch	112k
Toulouse	77
Montpellier	251
Privas	165
	605

N° 6045. DE MONT-DE-MARSAN AU PUY.

Agen	109k
Montauban	70
Rodez	130
Mende	115
Le Puy	89
	513

N° 6046. DE MONT-DE-MARSAN À QUIMPER.

Bordeaux	131k
Nantes	334
Quimper	231
	696

N° 6047. DE MONT-DE-MARSAN À RENNES.

Bordeaux	131k
Nantes	334
Rennes	107
	572

N° 6048. DE MONT-DE-MARSAN À ROCHEFORT.

Bordeaux	131k
Rochefort	162
	293

N° 6049. DE MONT-DE-MARSAN À LA ROCHELLE.

Bordeaux	131k
La Rochelle	193
	324

N° 6050. DE MONT-DE-MARSAN À RODEZ.

Agen	109k
Montauban	70
Rodez	130
	309

N° 6051. DE MONT-DE-MARSAN À ROUEN.

Bordeaux	131k
Paris	583
Rouen	140
	854

N° 6052. DE MONT-DE-MARSAN À SAINT-BRIEUC.

Bordeaux	131k
Nantes	334
Saint-Brieuc	207
	672

N° 6053. DE MONT-DE-MARSAN À SAINT-GERMAIN.

Bordeaux	131k
Paris	583
Saint-Germain	23
	737

N° 6054. DE MONT-DE-MARSAN à SAINT-LO.

Bordeaux	131k
Tours	347
Saint-Lô	276
	754

N° 6055. DE MONT-DE-MARSAN à SAINT-OMER.

Bordeaux	131k
Paris	583
Saint-Omer	336
	1,050

N° 6056. DE MONT-DE-MARSAN à SARREGUEMINES.

Bordeaux	131k
Paris	583
Sarreguemines	469
	1,183

N° 6057. DE MONT-DE-MARSAN à SAUMUR.

Bordeaux	131k
Saumur	411
	542

N° 6058. DE MONT-DE-MARSAN à SCHELESTADT.

Bordeaux	131k
Lyon	549
Schelestadt	413
	1,093

N° 6059. DE MONT-DE-MARSAN à STRASBOURG.

Bordeaux	131k
Lyon	549
Strasbourg	458
	1,138

N° 6060. DE MONT-DE-MARSAN à TARBES.

Tarbes	99k

N° 6061. DE MONT-DE-MARSAN à THIONVILLE.

Bordeaux	131k
Paris	583
Thionville	419
	1,133

N° 6062. DE MONT-DE-MARSAN à TOULON.

Auch	112k
Toulouse	77
Montpellier	251
Marseille	177
Toulon	60
	677

N° 6063. DE MONT-DE-MARSAN à TOULOUSE.

Auch	112k
Toulouse	77
	189

N° 6064. DE MONT-DE-MARSAN à TOURS.

Bordeaux	131k
Tours	347
	478

N° 6065. DE MONT-DE-MARSAN à TROYES.

Bordeaux	131k
Troyes	626
	757

N° 6066. DE MONT-DE-MARSAN à TULLE.

Agen	109k
Périgueux	136
Tulle	102
	347

N° 6067. DE MONT-DE-MARSAN à VALENCE.

Auch	112k
Toulouse	77
Montpellier	251
Valence	223
	663

N° 6068. DE MONT-DE-MARSAN à VALENCIENNES.

Bordeaux	131k
Paris	583
Valenciennes	277
	991

N° 6069. DE MONT-DE-MARSAN à VANNES.

Bordeaux	131k
Nantes	334
Vannes	108
	573

N° 6070. DE MONT-DE-MARSAN à VERDUN.

Bordeaux	131k
Paris	583
Verdun	253
	967

N° 6071. DE MONT-DE-MARSAN à VERNON.

Bordeaux	131k
Paris	583
Vernon	80
	794

N° 6072. DE MONT-DE-MARSAN à VERSAILLES.

Bordeaux	131k
Paris	583
Versailles	17
	731

N° 6073. DE MONT-DE-MARSAN à VESOUL.

Agen	109k
Périgueux	136
Limoges	95
Guéret	84
Moulins	138
Dijon	183
Vesoul	107
	852

MONTPELLIER.

N° 6074. DE MONTPELLIER à MOULINS

Clermont	340k
Moulins	95
	435

N° 6075. DE MONTPELLIER à NANCY.

Lyon	328k
Dijon	193
Nancy	192
	713

N° 6076. DE MONTPELLIER à NANTES.

Toulouse	251k
Bordeaux	251
Nantes	334
	836

N° 6077. DE MONTPELLIER à NAPOLÉON-VENDÉE.

Toulouse	251k
Bordeaux	251
Napoléon-Vendée	276
	778

N° 6078. DE MONTPELLIER à NEVERS.

Clermont	340k
Nevers	148
	488

N° 6079. DE MONTPELLIER à NIMES.

Nîmes	50k

N° 6080. DE MONTPELLIER à NIORT.

Toulouse	251k
Bordeaux	251
Niort	194
	696

N° 6081. DE MONTPELLIER à ORLÉANS.

Clermont	340k
Orléans	324
	664

N° 6082. DE MONTPELLIER à PARIS.

Lyon	328k
Paris	507
	835

N° 6083. DE MONTPELLIER à PAU.

Toulouse	251k
Pau	190
	441

N° 6084. DE MONTPELLIER à PÉRIGUEUX.

Rodez	193k
Cahors	117
Périgueux	143
	453

N° 6085. DE MONTPELLIER à PERPIGNAN.

Perpignan	161k

N° 6086. DE MONTPELLIER à POITIERS

Clermont	340k
Poitiers	277
	617

N° 6087. DE MONTPELLIER à PRIVAS.

Nîmes	50k
Privas	115
	165

N° 6088. DE MONTPELLIER au PUY.

Le Puy	206k

N° 6089. DE MONTPELLIER à QUIMPER

Toulouse	251k
Bordeaux	251
Nantes	334
Quimper	231
	1,067

N° 6090. DE MONTPELLIER à RENNES.

Toulouse	251k
Bordeaux	251
Nantes	334
Rennes	107
	943

N° 6091. DE MONTPELLIER à ROCHEFORT.

Toulouse	251k
Bordeaux	251
Rochefort	162
	664

N° 6092. DE MONTPELLIER à LA ROCHELLE.

Toulouse	251k
Bordeaux	251
La Rochelle	193
	695

N° 6093. DE MONTPELLIER à RODEZ.

Rodez	193k

N° 6094. DE MONTPELLIER à ROUEN.

Lyon	328k
Paris	507
Rouen	140
	975

N° 6095. DE MONTPELLIER à SAINT-BRIEUC.

Toulouse	251k
Bordeaux	251
Nantes	334
Saint-Brieuc	207
	1,043

N° 6096. DE MONTPELLIER à SAINT-GERMAIN.

Lyon	328k
Paris	507
Saint-Germain	23
	858

N° 6097. DE MONTPELLIER à SAINT-LO

Clermont	340k
Tours	439
Saint-Lô	276
	1,055

N° 6098. DE MONTPELLIER à SAINT-OMER.

Lyon	328k
Paris	507
Saint-Omer	336
	1,171

N° 6099. DE MONTPELLIER à SARREGUEMINES.

Lyon	328k
Dijon	193
Metz	249
Sarreguemines	76
	846

N° 6100. DE MONTPELLIER à SAUMUR.

Clermont	340k
Saumur	503
	843

N° 6101. DE MONTPELLIER à SCHELESTADT.

Lyon	328k
Schelestadt	413
	741

N° 6102. DE MONTPELLIER à STRASBOURG.

Lyon	328k
Strasbourg	458
	786

N° 6103. DE MONTPELLIER à TARBES.

Toulouse	251k
Tarbes	151
	402

N° 6104. DE MONTPELLIER à THIONVILLE.

Lyon	328k
Dijon	193
Metz	249
Thionville	26
	796

N° 6105. DE MONTPELLIER à TOULON.

Marseille	177k
Toulon	60
	237

N° 6106. DE MONTPELLIER à TOULOUSE.

Toulouse	251k

N° 6107. DE MONTPELLIER à TOURS.

Clermont	340k
Tours	439
	779

N° 6108. DE MONTPELLIER à TROYES.

Lyon	328k
Troyes	343
	671

N° 6109. DE MONTPELLIER à TULLE.

Rodez	193k
Aurillac	103
Tulle	85
	381

N° 6110. DE MONTPELLIER à VALENCE

Valence	223k

N° 6111. DE MONTPELLIER à VALENCIENNES.

Lyon	328k
Paris	507
Valenciennes	277
	1,112

N° 6112. DE MONTPELLIER à VANNES.

Toulouse	251k
Bordeaux	251
Nantes	334
Vannes	108
	944

N° 6113. DE MONTPELLIER À VERDUN.

Lieu	Distance
Lyon	328k
Dijon	193
Verdun	239
	760

N° 6114. DE MONTPELLIER À VERNON.

Lieu	Distance
Lyon	328k
Paris	507
Vernon	80
	915

N° 6115. DE MONTPELLIER À VERSAILLES.

Lieu	Distance
Lyon	328k
Paris	507
Versailles	17
	852

N° 6116. DE MONTPELLIER À VESOUL.

Lieu	Distance
Lyon	328k
Besançon	212
Vesoul	47
	587

MOULINS.

N° 6117. DE MOULINS À NANCY.

Lieu	Distance
Dijon	183k
Nancy	192
	375

N° 6118. DE MOULINS À NANTES

Lieu	Distance
Nantes	531k

N° 6119. DE MOULINS À NAPOLÉON-VENDÉE.

Lieu	Distance
Saumur	041k
Napoléon-Vendée	133
	543

N° 6120. DE MOULINS À NEVERS.

Lieu	Distance
Nevers	53k

N° 6121. DE MOULINS À NIMES.

Lieu	Distance
Clermont	95k
Nimes	312
	407

N° 6122. DE MOULINS À NIORT.

Lieu	Distance
Poitiers	303k
Niort	76
	379

N° 6123. DE MOULINS À ORLÉANS.

Lieu	Distance
Orléans	231k

N° 6124. DE MOULINS À PARIS.

Lieu	Distance
Paris	342k

N° 6125. DE MOULINS À PAU.

Lieu	Distance
Clermont	95k
Aurillac	157
Montauban	177
Pau	194
	623

N° 6126. DE MOULINS À PÉRIGUEUX.

Lieu	Distance
Guéret	138k
Limoges	84
Périgueux	95
	317

N° 6127. DE MOULINS À PERPIGNAN.

Lieu	Distance
Clermont	95k
Montpellier	340
Perpignan	161
	596

N° 6128. DE MOULINS À POITIERS.

Lieu	Distance
Poitiers	303k

N° 6129. DE MOULINS À PRIVAS.

Lieu	Distance
Lyon	186k
Privas	144
	330

N° 6130. DE MOULINS AU PUY.

Lieu	Distance
Clermont	95k
Le Puy	134
	229

N° 6131. DE MOULINS À QUIMPER.

Lieu	Distance
Nantes	531k
Quimper	231
	762

N° 6132. DE MOULINS À RENNES.

Lieu	Distance
Angers	443k
Rennes	125
	568

N° 6133. DE MOULINS À ROCHEFORT.

Lieu	Distance
Poitiers	303k
Rochefort	137
	440

N° 6134. DE MOULINS À LA ROCHELLE.

Lieu	Distance
Poitiers	303k
La Rochelle	139
	442

N° 6135. DE MOULINS À RODEZ.

Lieu	Distance
Clermont	95k
Rodez	225
	320

N° 6136. DE MOULINS À ROUEN.

Lieu	Distance
Paris	342k
Rouen	140
	482

N° 6137. DE MOULINS À SAINT-BRIEUC.

Lieu	Distance
Angers	443k
Rennes	125
Saint-Brieuc	100
	668

N° 6138. DE MOULINS À SAINT-GERMAIN

Lieu	Distance
Paris	342k
Saint-Germain	23
	365

N° 6139. DE MOULINS À SAINT-LO.

Lieu	Distance
Paris	342k
Saint-Lô	300
	642

N° 6140. DE MOULINS À SAINT-OMER.

Lieu	Distance
Paris	342k
Saint-Omer	336
	678

N° 6141. DE MOULINS À SARREGUEMINES.

Lieu	Distance
Dijon	183k
Metz	249
Sarreguemines	76
	508

N° 6142. DE MOULINS À SAUMUR.

Lieu	Distance
Saumur	410k

N° 6143. DE MOULINS À SCHELESTADT.

Lieu	Distance
Chalon-sur-Saône	148k
Schelestadt	310
	458

N° 6144. DE MOULINS À STRASBOURG.

Lieu	Distance
Chalon-sur-Saône	148k
Strasbourg	355
	503

N° 6145. DE MOULINS À TARBES.

Lieu	Distance
Clermont	95k
Aurillac	157
Montauban	177
Tarbes	157
	586

N° 6146. DE MOULINS À THIONVILLE.

Lieu	Distance
Dijon	183k
Metz	249
Thionville	26
	458

N° 6147. DE MOULINS À TOULON.

Lieu	Distance
Lyon	186k
Marseille	350
Toulon	60
	596

N° 6148. DE MOULINS à TOULOUSE.

Toulouse. 475k

N° 6149. DE MOULINS à TOURS.

Tours 346k

N° 6150. DE MOULINS à TROYES.

Nevers 53k
Auxerre 109
Troyes 77
239

N° 6151. DE MOULINS à TULLE.

Clermont 95k
Tulle 143
238

N° 6152. DE MOULINS à VALENCE.

Lyon 186k
Valence 105
291

N° 6153. DE MOULINS à VALENCIENNES.

Paris 342k
Valenciennes 277
619

N° 6154. DE MOULINS à VANNES.

Nantes 531k
Vannes 108
639

N° 6155. DE MOULINS à VERDUN.

Verdun 399k

N° 6156. DE MOULINS à VERNON.

Paris 342k
Vernon 80
422

N° 6157. DE MOULINS à VERSAILLES.

Paris 342k
Versailles 17
359

N° 6158. DE MOULINS à VESOUL.

Dijon 183k
Vesoul 107
290

NANCY.

N° 6159. DE NANCY à NANTES.

Paris 352k
Nantes 431
783

N° 6160. DE NANCY à NAPOLÉON-VENDÉE.

Paris 352k
Saumur 300
Napoléon-Vendée 133
785

N° 6161. DE NANCY à NEVERS.

Paris 352k
Nevers 303
655

N° 6162. DE NANCY à NIMES.

Dijon 192k
Lyon 193
Nîmes 278
663

N° 6163. DE NANCY à NIORT.

Paris 352k
Poitiers 337
Niort 76
765

N° 6164. DE NANCY à ORLÉANS.

Paris 352k
Orléans 121
473

N° 6165. DE NANCY à PARIS.

Paris 352k

N° 6166. DE NANCY à PAU.

Paris 352k
Bordeaux 583
Pau 213
1,148

N° 6167. DE NANCY à PÉRIGUEUX.

Paris 352k
Limoges 390
Périgueux 95
837

N° 6168. DE NANCY à PERPIGNAN.

Dijon 192k
Lyon 193
Montpellier 328
Perpignan 161
874

N° 6169. DE NANCY à POITIERS.

Paris 352k
Poitiers 337
689

N° 6170. DE NANCY à PRIVAS.

Dijon 192k
Lyon 193
Privas 144
529

N° 6171. DE NANCY au PUY.

Dijon 192k
Lyon 193
Le Puy 134
519

N° 6172. DE NANCY à QUIMPER.

Paris 352k
Rennes 373
Quimper 227
952

N° 6173. DE NANCY à RENNES.

Paris 352k
Rennes 373
725

N° 6174. DE NANCY à ROCHEFORT.

Paris 352k
Poitiers 337
Rochefort 137
826

N° 6175. DE NANCY à LA ROCHELLE.

Paris 352k
Poitiers 337
La Rochelle 139
828

N° 6176. DE NANCY à RODEZ.

Clermont 470k
Rodez 225
695

N° 6177. DE NANCY à ROUEN.

Paris 352k
Rouen 140
492

N° 6178. DE NANCY à SAINT-BRIEUC.

Paris 352k
Rennes 373
Saint-Brieuc 100
825

N° 6179. DE NANCY à ST-GERMAIN.

Paris 352k
Saint-Germain 23
375

N° 6180. DE NANCY à SAINT-LO.

Paris 352k
Saint-Lô 300
652

N° 6181. DE NANCY à SAINT-OMER.

Paris 352k
Saint-Omer 336
688

N° 6182. DE NANCY à SARREGUEMINES.

Sarreguemines 133k

N° 6183. DE NANCY à SAUMUR.

Paris 352k
Saumur 300
652

N° 6184. DE NANCY à SCHELESTADT.

Schelestadt 194k

N° 6185. DE NANCY à STRASBOURG.

Strasbourg 149k

N° 6186. DE NANCY à TARBES.

Paris 352k
Tarbes 765
1,117

N° 6187. DE NANCY à THIONVILLE.

Thionville 83k

N° 6188. DE NANCY à TOULON.

Dijon 192k
Lyon 193
Marseille 350
Toulon 60
795

N° 6189. DE NANCY à TOULOUSE.

Paris 352k
Toulouse 697
1,049

N° 6190. DE NANCY à TOURS.

Paris 352k
Tours 236
588

N° 6191. DE NANCY à TROYES.

Troyes 197k

N° 6192. DE NANCY à TULLE.

Clermont 470k
Tulle 143
613

N° 6193. DE NANCY à VALENCE.

Dijon 192k
Lyon 193
Valence 105
490

N° 6194. DE NANCY à VALENCIENNES.

Paris 352k
Valenciennes 277
629

N° 6195. DE NANCY à VANNES.

Paris 352k
Nantes 431
Vannes 108
891

N° 6196. DE NANCY à VERDUN.

Verdun 98k

N° 6197. DE NANCY à VERNON.

Paris 352k
Vernon 80
432

N° 6198. DE NANCY à VERSAILLES.

Paris 352k
Versailles 17
369

N° 6199. DE NANCY à VESOUL.

Épinal 70k
Vesoul 76
146

NANTES.

N° 6200. DE NANTES à NAPOLÉON-VENDÉE.

Napoléon-Vendée . . . 71k

N° 6201. DE NANTES à NEVERS.

Nevers 491k

N° 6202. DE NANTES à NIMES.

Bordeaux 334k
Toulouse 251
Montpellier 251
Nîmes 50
886

N° 6203. DE NANTES à NIORT.

Niort 140k

N° 6204. DE NANTES à ORLÉANS.

Orléans 310k

N° 6205. DE NANTES à PARIS.

Paris 431k

N° 6206. DE NANTES à PAU.

Bordeaux 334k
Pau 213
547

N° 6207. DE NANTES à PÉRIGUEUX.

Angoulême 409k
Périgueux 86
495

N° 6208. DE NANTES à PERPIGNAN.

Bordeaux 334k
Toulouse 251
Perpignan 215
800

N° 6209. DE NANTES à POITIERS.

Poitiers 296k

N° 6210. DE NANTES à PRIVAS.

Moulins 531k
Lyon 186
Privas 144
861

N° 6211. DE NANTES au PUY.

Clermont 634k
Le Puy 134
768

N° 6212. DE NANTES à QUIMPER.

Quimper 231k

N° 6213. DE NANTES à RENNES.

Rennes 107k

N° 6214. DE NANTES à ROCHEFORT.

Rochefort 185k

N° 6215. DE NANTES à LA ROCHELLE.

La Rochelle 154k

N° 6216. DE NANTES à RODEZ.

Limoges 425k
Rodez 277
702

N° 6217. DE NANTES à ROUEN.

Paris 431k
Rouen 140
571

N° 6218. DE NANTES à SAINT-BRIEUC.

Rennes 107k
Saint-Brieuc 100
207

N° 6219. DE NANTES à SAINT-GERMAIN.

Paris 431k
Saint-Germain 23
454

N° 6220. DE NANTES à SAINT-LO.

Rennes 107k
Saint-Lô 134
241

N° 6221. DE NANTES à SAINT-OMER.

Paris 431k
Saint-Omer 336
767

N° 6222. DE NANTES à SARREGUEMINES

Paris. 431ᵏ
Sarreguemines. 469
900

N° 6223. DE NANTES à SAUMUR.

Saumur. 131ᵏ

N° 6224. DE NANTES à SCHELESTADT.

Paris. 431ᵏ
Schelestadt 546
977

N° 6225. DE NANTES à STRASBOURG.

Paris. 431ᵏ
Strasbourg. 501
932

N° 6226. DE NANTES à TARBES.

Bordeaux 334ᵏ
Tarbes. 230
564

N° 6227. DE NANTES à THIONVILLE.

Paris. 431ᵏ
Metz. 393
Thionville 26
850

N° 6228. DE NANTES à TOULON.

Moulins 531ᵏ
Lyon 186
Marseille. 350
Toulon 60
1,127

N° 6229. DE NANTES à TOULOUSE.

Bordeaux 334ᵏ
Toulouse. 251
585

N° 6230. DE NANTES à TOURS.

Tours 195ᵏ

N° 6231. DE NANTES à TROYES.

Orléans 310ᵏ
Troyes. 208
518

N° 6232. DE NANTES à TULLE.

Limoges. 425ᵏ
Tulle. 89
514

N° 6233. DE NANTES à VALENCE.

Moulins 531ᵏ
Lyon 186
Valence. 105
822

N° 6234. DE NANTES à VALENCIENNES.

Paris 431ᵏ
Valenciennes. 277
708

N° 6235. DE NANTES à VANNES.

Vannes. 108ᵏ

N° 6236. DE NANTES à VERDUN.

Paris. 431ᵏ
Verdun. 253
684

N° 6237. DE NANTES à VERNON.

Paris. 431ᵏ
Vernon. 80
511

N° 6238. DE NANTES à VERSAILLES.

Paris. 431ᵏ
Versailles. 17
448

N° 6239. DE NANTES à VESOUL.

Nevers 491ᵏ
Dijon 189
Vesoul. 107
787

NAPOLÉON-VENDÉE.

N° 6240. DE NAPOLÉON-VENDÉE à NEVERS.

Saumur 133ᵏ
Nevers. 360
493

N° 6241. DE NAPOLÉON-VENDÉE à NIMES.

Bordeaux. 276ᵏ
Toulouse. 251
Montpellier. 251
Nimes. 50
828

N° 6242. DE NAPOLÉON-VENDÉE à NIORT.

Niort. 87ᵏ

N° 6243. DE NAPOLÉON-VENDÉE à ORLÉANS.

Saumur 133ᵏ
Orléans 179
312

N° 6244. DE NAPOLÉON-VENDÉE à PARIS.

Saumur 133ᵏ
Paris. 300
433

N° 6245. DE NAPOLÉON-VENDÉE à PAU.

Bordeaux 276ᵏ
Pau 213
489

N° 6246. DE NAPOLÉON-VENDÉE à PÉRIGUEUX.

Niort. 87ᵏ
Angoulême 109
Périgueux. 86
282

N° 6247. DE NAPOLÉON-VENDÉE à PERPIGNAN.

Bordeaux 276ᵏ
Toulouse. 251
Perpignan. 215
742

N° 6248. DE NAPOLÉON-VENDÉE à POITIERS.

Poitiers 163ᵏ

N° 6249. DE NAPOLÉON-VENDÉE à PRIVAS.

Saumur 133ᵏ
Moulins 410
Lyon 186
Privas. 144
873

N° 6250. DE NAPOLÉON-VENDÉE au PUY.

Saumur 133ᵏ
Clermont. 503
Le Puy 134
770

N° 6251. DE NAPOLÉON-VENDÉE à QUIMPER.

Nantes. 71ᵏ
Quimper. 231
302

N° 6252. DE NAPOLÉON-VENDÉE à RENNES.

Nantes 71ᵏ
Rennes 107
178

N° 6253. DE NAPOLÉON-VENDÉE à ROCHEFORT.

Rochefort 114ᵏ

N° 6254. DE NAPOLÉON-VENDÉE à LA ROCHELLE.

La Rochelle 83ᵏ

N° 6255. DE NAPOLÉON-VENDÉE à RODEZ.

Niort 87ᵏ
Limoges. 162
Rodez 277
526

N° 6256. DE NAPOLÉON-VENDÉE À ROUEN.

Saumur	133k
Paris	300
Rouen	140
	573

N° 6257. DE NAPOLÉON-VENDÉE À SAINT-BRIEUC.

Nantes	71k
Saint-Brieuc	207
	278

N° 6258. DE NAPOLÉON-VENDÉE À ST-GERMAIN.

Saumur	133k
Paris	300
Saint-Germain	23
	456

N° 6259. DE NAPOLÉON-VENDÉE À SAINT-LO.

Nantes	71k
Rennes	107
Saint-Lô	134
	312

N° 6260. DE NAPOLÉON-VENDÉE À SAINT-OMER.

Saumur	133k
Paris	300
Saint-Omer	336
	769

N° 6261. DE NAPOLÉON-VENDÉE À SARREGUEMINES.

Saumur	133k
Paris	300
Sarreguemines	469
	902

N° 6262. DE NAPOLÉON-VENDÉE À SAUMUR.

Saumur	133k

N° 6263. DE NAPOLÉON-VENDÉE À SCHLESTADT

Saumur	133k
Paris	300
Schelestadt	546
	979

N° 6264. DE NAPOLÉON-VENDÉE À STRASBOURG.

Saumur	133k
Paris	300
Strasbourg	501
	934

N° 6265. DE NAPOLÉON-VENDÉE À TARBES.

Bordeaux	276k
Tarbes	230
	506

N° 6266. DE NAPOLÉON-VENDÉE À THIONVILLE.

Saumur	133k
Paris	300
Thionville	419
	852

N° 6267. DE NAPOLÉON-VENDÉE À TOULON.

Bordeaux	276k
Toulouse	251
Montpellier	251
Marseille	177
Toulon	60
	1,015

N° 6268. DE NAPOLÉON-VENDÉE À TOULOUSE.

Bordeaux	276k
Toulouse	251
	527

N° 6269. DE NAPOLÉON-VENDÉE À TOURS.

Saumur	133k
Tours	64
	197

N° 6270. DE NAPOLÉON-VENDÉE À TROYES.

Saumur	133k
Orléans	179
Troyes	208
	520

N° 6271. DE NAPOLÉON-VENDÉE À TULLE.

Niort	87k
Limoges	162
Tulle	89
	338

N° 6272. DE NAPOLÉON-VENDÉE À VALENCE.

Saumur	133k
Moulins	410
Lyon	186
Valence	105
	834

N° 6273. DE NAPOLÉON-VENDÉE À VALENCIENNES.

Saumur	133k
Paris	300
Valenciennes	277
	710

N° 6274. DE NAPOLÉON-VENDÉE À VANNES.

Nantes	71k
Vannes	108
	179

N° 6275. DE NAPOLÉON-VENDÉE À VERDUN.

Saumur	133k
Paris	300
Verdun	253
	686

N° 6276. DE NAPOLÉON-VENDÉE À VERNON.

Saumur	133k
Paris	300
Vernon	80
	513

N° 6277. DE NAPOLÉON-VENDÉE À VERSAILLES.

Saumur	133k
Paris	300
Versailles	17
	450

N° 6278. DE NAPOLÉON-VENDÉE À VESOUL.

Saumur	133k
Nevers	360
Dijon	189
Vesoul	107
	789

NEVERS.

N° 6279. DE NEVERS À NIMES.

Lyon	239k
Nimes	278
	517

N° 6280. DE NEVERS À NIORT.

Poitiers	397k
Niort	76
	473

N° 6281. DE NEVERS À ORLÉANS.

Orléans	182k

N° 6282. DE NEVERS À PARIS.

Paris	303k

N° 6283. DE NEVERS À PAU.

Bordeaux	476k
Pau	213
	689

N° 6284. DE NEVERS À PÉRIGUEUX.

Limoges	288k
Périgueux	95
	383

N° 6285. DE NEVERS à PERPIGNAN.

Clermont	148k
Toulouse	380
Perpignan	215
	743

N° 6286. DE NEVERS à POITIERS.

Poitiers	250k

N° 6287. DE NEVERS à PRIVAS.

Lyon	239k
Privas	144
	383

N° 6288. DE NEVERS au PUY.

Clermont	148k
Le Puy	134
	282

N° 6289. DE NEVERS à QUIMPER.

Nantes	491k
Quimper	231
	722

N° 6290. DE NEVERS à RENNES.

Angers	403k
Rennes	125
	528

N° 6291. DE NEVERS à ROCHEFORT.

Poitiers	397k
Rochefort	137
	534

N° 6292. DE NEVERS à LA ROCHELLE.

Poitiers	397k
La Rochelle	139
	536

N° 6293. DE NEVERS à RODEZ.

Clermont	148k
Rodez	225
	373

N° 6294. DE NEVERS à ROUEN.

Paris	303k
Rouen	140
	443

N° 6295. DE NEVERS à SAINT-BRIEUC.

Angers	403k
Rennes	125
Saint-Brieuc	100
	628

N° 6296. DE NEVERS à ST-GERMAIN.

Paris	303k
Saint-Germain	23
	326

N° 6297. DE NEVERS à SAINT-LO.

Blois	227k
Saint-Lô	302
	529

N° 6298. DE NEVERS à SAINT-OMER.

Paris	303k
Saint-Omer	336
	639

N° 6299. DE NEVERS à SARREGUEMINES.

Dijon	189k
Metz	249
Sarreguemines	76
	514

N° 6300 DE NEVERS à SAUMUR.

Saumur	360k

N° 6301. DE NEVERS à SCHELESTADT.

Dijon	189k
Schelestadt	272
	461

N° 6302. DE NEVERS à STRASBOURG.

Dijon	189k
Strasbourg	322
	511

N° 6303. DE NEVERS à TARBES.

Bordeaux	476k
Tarbes	230
	706

N° 6304. DE NEVERS à THIONVILLE.

Dijon	189k
Metz	249
Thionville	26
	464

N° 6305. DE NEVERS à TOULON.

Lyon	239k
Marseille	350
Toulon	60
	649

N° 6306. DE NEVERS à TOULOUSE.

Limoges	288k
Toulouse	308
	596

N° 6307. DE NEVERS à TOURS.

Tours	296k

N° 6308. DE NEVERS à TROYES.

Auxerre	109k
Troyes	77
	186

N° 6309. DE NEVERS à TULLE.

Clermont	148k
Tulle	143
	291

N° 6310. DE NEVERS à VALENCE.

Lyon	239k
Valence	105
	344

N° 6311. DE NEVERS à VALENCIENNES.

Paris	303k
Valenciennes	277
	580

N° 6312. DE NEVERS à VANNES.

Nantes	491k
Vannes	108
	599

N° 6313. DE NEVERS à VERDUN.

Auxerre	109k
Troyes	77
Châlons-sur-Marne	79
Verdun	81
	346

N° 6314. DE NEVERS à VERNON.

Paris	303k
Vernon	80
	383

N° 6315. DE NEVERS à VERSAILLES.

Paris	303k
Versailles	17
	320

N° 6316. DE NEVERS à VESOUL.

Dijon	189k
Vesoul	107
	296

NIMES.

N° 6317. DE NIMES à NIORT.

Clermont	312k
Limoges	179
Niort	162
	653

N° 6318. DE NIMES à ORLÉANS.

Clermont	312k
Orléans	324
	636

N° 6319. DE NIMES à PARIS.

Lyon	278k
Paris	507
	785

N° 6320. DE NIMES À PAU.

Montpellier	50k
Toulouse	251
Pau	190
	491

N° 6321. DE NIMES À PÉRIGUEUX.

Rodez	232k
Cahors	117
Périgueux	143
	492

N° 6322. DE NIMES À PERPIGNAN.

Montpellier	50k
Perpignan	161
	211

N° 6323. DE NIMES À POITIERS.

Clermont	312k
Guéret	130
Poitiers	147
	589

N° 6324. DE NIMES À PRIVAS.

Privas	115k

N° 6325. DE NIMES au PUY.

Le Puy	178k

N° 6326. DE NIMES À QUIMPER.

Montpellier	50k
Toulouse	251
Bordeaux	251
Nantes	334
Quimper	231
	1,117

N° 6227. DE NIMES À RENNES.

Clermont	312k
Angers	538
Rennes	125
	975

N° 6328. DE NIMES À ROCHEFORT.

Rodez	232k
Cahors	117
Périgueux	143
Angoulême	86
Rochefort	109
	687

N° 6329. DE NIMES À LA ROCHELLE.

Rodez	232k
Cahors	117
Périgueux	143
Angoulême	86
La Rochelle	125
	703

N° 6330. DE NIMES À RODEZ.

Rodez	232k

N° 6331. DE NIMES À ROUEN.

Lyon	278k
Paris	507
Rouen	140
	925

N° 6332. DE NIMES À SAINT-BRIEUC.

Clermont	312k
Angers	538
Rennes	125
Saint-Brieuc	100
	1,075

N° 6333. DE NIMES À SAINT-GERMAIN.

Lyon	278k
Paris	507
Saint-Germain	23
	808

N° 6334. DE NIMES À SAINT-LO.

Clermont	312k
Tours	439
Saint-Lô	276
	1,027

N° 6335. DE NIMES À SAINT-OMER.

Lyon	278k
Paris	507
Saint-Omer	336
	1,121

N° 6336. DE NIMES À SARREGUEMINES.

Lyon	278k
Dijon	193
Metz	249
Sarreguemines	76
	796

N° 6337. DE NIMES À SAUMUR.

Clermont	312k
Saumur	503
	815

N° 6338. DE NIMES À SCHELESTADT.

Lyon	278k
Schelestadt	413
	691

N° 6330. DE NIMES À STRASBOURG.

Lyon	278k
Strasbourg	458
	736

N° 6340. DE NIMES À TARBES.

Montpellier	50k
Toulouse	251
Tarbes	151
	452

N° 6341 DE NIMES À THIONVILLE.

Lyon	278k
Dijon	193
Metz	249
Thionville	26
	746

N° 6342. DE NIMES À TOULON.

Marseille	127k
Toulon	60
	187

N° 6343. DE NIMES À TOULOUSE.

Montpellier	50k
Toulouse	251
	301

N° 6344. DE NIMES À TOURS.

Clermont	312k
Tours	439
	751

N° 6345. DE NIMES À TROYES.

Lyon	278k
Troyes	343
	621

N° 6346. DE NIMES À TULLE.

Mende	148k
Aurillac	160
Tulle	85
	393

N° 6347. DE NIMES À VALENCE.

Valence	173k

N° 6348. DE NIMES À VALENCIENNES.

Lyon	278k
Paris	507
Valenciennes	277
	1,062

N° 6349. DE NIMES À VANNES.

Montpellier	50k
Toulouse	251
Bordeaux	251
Nantes	334
Vannes	108
	994

N° 6350. DE NIMES À VERDUN.

Lyon	278k
Dijon	193
Verdun	239
	710

N° 6351. DE NIMES À VERNON.

Lyon	278k
Paris	507
Vernon	80
	865

N° 6352. DE NIMES à VERSAILLES.

Lyon	278k
Paris	507
Versailles	17
	802

N° 6353. DE NIMES à VESOUL.

Lyon	278k
Besançon	212
Vesoul	47
	537

NIORT.

N° 6354. DE NIORT à ORLÉANS.

Poitiers	76k
Orléans	216
	292

N° 6355. DE NIORT à PARIS.

Poitiers	76k
Paris	337
	413

N° 6356. DE NIORT à PAU.

Bordeaux	194k
Pau	213
	407

N° 6357. DE NIORT à PÉRIGUEUX.

Angoulême	109k
Périgueux	86
	195

N° 6358. DE NIORT à PERPIGNAN.

Bordeaux	194k
Toulouse	251
Perpignan	215
	660

N° 6359. DE NIORT à POITIERS.

Poitiers	76k

N° 6360. DE NIORT à PRIVAS.

Limoges	162k
Clermont	179
Montbrison	113
Valence	132
Privas	39
	625

N° 6361. DE NIORT au PUY.

Limoges	162k
Clermont	179
Le Puy	134
	475

N° 6362. DE NIORT à QUIMPER.

Nantes	140k
Quimper	231
	371

N° 6363. DE NIORT à RENNES.

Nantes	140k
Rennes	107
	247

N° 6364. DE NIORT à ROCHEFORT.

Rochefort	61k

N° 6365. DE NIORT à LA ROCHELLE.

La Rochelle	63k

N° 6366. DE NIORT à RODEZ.

Limoges	162k
Tulle	89
Aurillac	85
Rodez	103
	439

N° 6367. DE NIORT à ROUEN.

Poitiers	76k
Paris	337
Rouen	140
	553

N° 6368. DE NIORT à SAINT-BRIEUC.

Nantes	140k
Saint-Brieuc	207
	347

N° 6369. DE NIORT à SAINT-GERMAIN.

Poitiers	76k
Paris	337
Saint-Germain	23
	436

N° 6370. DE NIORT à SAINT-LO.

Poitiers	76k
Tours	101
Saint-Lô	276
	453

N° 6371. DE NIORT à SAINT-OMER.

Poitiers	76k
Paris	337
Saint-Omer	336
	749

N° 6372. DE NIORT à SARREGUEMINES

Poitiers	76k
Paris	337
Sarreguemines	469
	882

N° 6373. DE NIORT à SAUMUR.

Saumur	124k

N° 6374. DE NIORT à SCHELESTADT.

Poitiers	76k
Paris	337
Schelestadt	546
	959

N° 6375. DE NIORT à STRASBOURG.

Poitiers	76k
Paris	337
Strasbourg	501
	914

N° 6376. DE NIORT à TARBES.

Bordeaux	194k
Tarbes	230
	424

N° 6377. DE NIORT à THIONVILLE.

Poitiers	76k
Paris	337
Thionville	419
	832

N° 6378. DE NIORT à TOULON.

Bordeaux	194k
Toulouse	251
Montpellier	251
Marseille	177
Toulon	60
	933

N° 6379. DE NIORT à TOULOUSE.

Bordeaux	194k
Toulouse	251
	445

N° 6380. DE NIORT à TOURS.

Poitiers	76k
Tours	101
	177

N° 6381. DE NIORT à TROYES.

Poitiers	76k
Orléans	216
Troyes	208
	500

N° 6382. DE NIORT à TULLE.

Limoges	162k
Tulle	89
	251

N° 6383. DE NIORT à VALENCE.

Limoges	162k
Clermont	179
Montbrison	113
Valence	132
	586

N° 6384. DE NIORT À VALENCIENNES.

Poitiers	76k
Paris	337
Valenciennes	277
	690

N° 6385. DE NIORT À VANNES.

Nantes	140k
Vannes	108
	248

N° 6386. DE NIORT À VERDUN.

Poitiers	76k
Paris	337
Verdun	253
	666

N° 6387. DE NIORT À VERNON.

Poitiers	76k
Paris	337
Vernon	80
	493

N° 6388. DE NIORT À VERSAILLES.

Poitiers	76k
Paris	337
Versailles	17
	430

N° 6389. DE NIORT À VESOUL.

Poitiers	76k
Moulins	203
Dijon	183
Vesoul	107
	669

ORLÉANS.

N° 6390. D'ORLÉANS À PARIS.

Paris	121k

N° 6391. D'ORLÉANS À PAU.

Bordeaux	462k
Pau	213
	675

N° 6392. D'ORLÉANS À PÉRIGUEUX.

Limoges	269k
Périgueux	95
	364

N° 6393. D'ORLÉANS À PERPIGNAN.

Toulouse	575k
Perpignan	215
	790

N° 6394. D'ORLÉANS À POITIERS.

Poitiers	216k

N° 6395. D'ORLÉANS À PRIVAS.

Lyon	420k
Privas	144
	564

N° 6396. D'ORLÉANS AU PUY.

Clermont	324k
Le Puy	134
	458

N° 6397. D'ORLÉANS À QUIMPER.

Nantes	310k
Quimper	231
	541

N° 6398. D'ORLÉANS À RENNES.

Angers	222k
Rennes	125
	347

N° 6399. D'ORLÉANS À ROCHEFORT.

Poitiers	216k
Rochefort	137
	353

N° 6400. D'ORLÉANS À LA ROCHELLE.

Poitiers	216k
La Rochelle	139
	355

N° 6401. D'ORLÉANS À RODEZ.

Clermont	324k
Rodez	225
	549

N° 6402. D'ORLÉANS À ROUEN.

Paris	121k
Rouen	140
	261

N° 6403. D'ORLÉANS À SAINT-BRIEUC.

Angers	222k
Rennes	125
Saint-Brieuc	100
	447

N° 6404. D'ORLÉANS À SAINT-GERMAIN

Paris	121k
Saint-Germain	23
	144

N° 6405. D'ORLÉANS À SAINT-LO.

Alençon	189k
Saint-Lô	145
	334

N° 6406. D'ORLÉANS À SAINT-OMER.

Paris	121k
Saint-Omer	336
	457

N° 6407. D'ORLÉANS À SARREGUEMINES

Paris	121k
Sarreguemines	469
	590

N° 6408. D'ORLÉANS À SAUMUR.

Saumur	179k

N° 6409. D'ORLÉANS À SCHELESTADT.

Paris	121k
Schelestadt	546
	667

N° 6410. D'ORLÉANS À STRASBOURG.

Paris	121k
Strasbourg	501
	622

N° 6411. D'ORLÉANS À TARBES.

Tarbes	643k

N° 6412. D'ORLÉANS À THIONVILLE.

Paris	121k
Thionville	419
	540

N° 6413. D'ORLÉANS À TOULON.

Lyon	420k
Marseille	350
Toulon	60
	830

N° 6414. D'ORLÉANS À TOULOUSE.

Toulouse	575k

N° 6415. D'ORLÉANS À TOURS.

Tours	115k

N° 6416. D'ORLÉANS À TROYES.

Troyes	208k

N° 6417. D'ORLÉANS À TULLE.

Limoges	269k
Tulle	89
	358

N° 6418. D'ORLÉANS À VALENCE.

Lyon	420k
Valence	105
	525

N° 6419. D'ORLÉANS À VALENCIENNES.

Paris	121k
Valenciennes	277
	398

N° 6420. D'ORLÉANS À VANNES.

Nantes	310k
Vannes	108
	418

N° 6421. D'ORLÉANS à VERDUN.

Paris	121k
Verdun	253
	374

N° 6422. D'ORLÉANS à VERNON.

Paris	121k
Vernon	80
	201

N° 6423. D'ORLÉANS à VERSAILLES.

Paris	121k
Versailles	17
	138

N° 6424. D'ORLÉANS à VESOUL.

Auxerre	149k
Langres	156
Vesoul	74
	379

PARIS.

N° 6425. DE PARIS à PAU.

Bordeaux	583k
Pau	213
	796

N° 6426. DE PARIS à PÉRIGUEUX.

Limoges	390k
Périgueux	95
	485

N° 6427. DE PARIS à PERPIGNAN.

Toulouse	697k
Perpignan	215
	912

N° 6428. DE PARIS à POITIERS.

Poitiers	337k

N° 6429. DE PARIS à PRIVAS.

Lyon	507k
Privas	144
	651

N° 6430. DE PARIS au PUY.

Clermont	445k
Le Puy	134
	579

N° 6431. DE PARIS à QUIMPER.

Rennes	373k
Quimper	227
	600

N° 6432. DE PARIS à RENNES.

Rennes	373k

N° 6433. DE PARIS à ROCHEFORT.

Poitiers	337k
Rochefort	137
	474

N° 6434. DE PARIS à LA ROCHELLE.

Poitiers	337k
La Rochelle	139
	476

N° 6435. DE PARIS à RODEZ.

Clermont	445k
Rodez	225
	670

N° 6436. DE PARIS à ROUEN.

Rouen	140k

N° 6437. DE PARIS à SAINT-BRIEUC.

Rennes	373k
Saint-Brieuc	100
	473

N° 6438. DE PARIS à SAINT-GERMAIN.

Saint-Germain	23k

N° 6439. DE PARIS à SAINT-LO.

Saint-Lô	300k

N° 6440. DE PARIS à SAINT-OMER.

Saint-Omer	336k

N° 6441. DE PARIS à SARREGUEMINES.

Sarreguemines	469k

N° 6442. DE PARIS à SAUMUR.

Saumur	300k

N° 6443. DE PARIS à SCHELESTADT.

Schelestadt	546k

N° 6444. DE PARIS à STRASBOURG.

Strasbourg	501k

N° 6445. DE PARIS à TARBES.

Tarbes	765k

N° 6446. DE PARIS à THIONVILLE.

Thionville	419k

N° 6447. DE PARIS à TOULON.

Lyon	507k
Marseille	350
Toulon	60
	917

N° 6448. DE PARIS à TOULOUSE.

Toulouse	697k

N° 6449. DE PARIS à TOURS.

Tours	236k

N° 6450. DE PARIS à TROYES.

Troyes	179k

N° 6451. DE PARIS à TULLE.

Limoges	390k
Tulle	89
	479

N° 6452. DE PARIS à VALENCE.

Lyon	507k
Valence	105
	612

N° 6453. DE PARIS à VALENCIENNES.

Valenciennes	277k

N° 6454. DE PARIS à VANNES.

Rennes	373k
Vannes	103
	476

N° 6455. DE PARIS à VERDUN.

Verdun	253k

N° 6456. DE PARIS à VERNON.

Vernon	80k

N° 6457. DE PARIS à VERSAILLES.

Versailles	17k

N° 6458. DE PARIS à VESOUL.

Troyes	179k
Langres	128
Vesoul	74
	381

PAU.

N° 6459. DE PAU à PÉRIGUEUX.

Bordeaux	213k
Périgueux	121
	334

N° 6460. DE PAU à PERPIGNAN.

Toulouse	190k
Perpignan	215
	405

N° 6461. DE PAU à POITIERS.

Bordeaux	213k
Poitiers	246
	459

N° 6462. DE PAU à PRIVAS.

Toulouse	190k
Montpellier	251
Privas	165
	606

N° 6463. DE PAU AU PUY.

Auch	111k
Montauban	83
Rodez	130
Mende	115
Le Puy	89
	528

N° 6464. DE PAU À QUIMPER.

Bordeaux	213k
Nantes	334
Quimper	231
	778

N° 6465. DE PAU À RENNES.

Bordeaux	213k
Nantes	334
Rennes	107
	654

N° 6466. DE PAU À ROCHEFORT.

Bordeaux	213k
Rochefort	162
	375

N° 6467. DE PAU À LA ROCHELLE.

Bordeaux	213k
La Rochelle	193
	406

N° 6468. DE PAU À RODEZ.

Montauban	194k
Rodez	130
	324

N° 6469. DE PAU À ROUEN.

Bordeaux	213k
Paris	583
Rouen	140
	936

N° 6470. DE PAU À SAINT-BRIEUC.

Bordeaux	213k
Nantes	334
Saint-Brieuc	207
	754

N° 6471. DE PAU À SAINT-GERMAIN.

Bordeaux	213k
Paris	583
Saint-Germain	23
	819

N° 6472. DE PAU À SAINT-LO.

Bordeaux	213k
Tours	347
Saint-Lô	276
	836

N° 6473. DE PAU À SAINT-OMER.

Bordeaux	213k
Paris	583
Saint-Omer	336
	1,132

N° 6474. DE PAU À SARREGUEMINES.

Bordeaux	213k
Paris	583
Sarreguemines	469
	1,265

N° 6475. DE PAU À SAUMUR.

Bordeaux	213k
Saumur	411
	624

N° 6476. DE PAU À SCHELESTADT.

Toulouse	190k
Montpellier	251
Lyon	328
Schelestadt	413
	1,182

N° 6477. DE PAU À STRASBOURG.

Toulouse	190k
Montpellier	251
Lyon	328
Strasbourg	458
	1,227

N° 6478. DE PAU À TARBES.

Tarbes	39k

N° 6479. DE PAU À THIONVILLE.

Bordeaux	213k
Paris	583
Thionville	419
	1,215

N° 6480. DE PAU À TOULON.

Toulouse	190k
Montpellier	251
Marseille	177
Toulon	60
	678

N° 6481. DE PAU À TOULOUSE.

Toulouse	190k

N° 6482. DE PAU À TOURS.

Bordeuax	213k
Tours	347
	560

N° 6483. DE PAU À TROYES.

Bordeaux	213k
Orléans	462
Troyes	208
	883

N° 6484. DE PAU À TULLE.

Montauban	194k
Cahors	62
Tulle	133
	389

N° 6485. DE PAU À VALENCE.

Toulouse	190k
Montpellier	251
Valence	223
	664

N° 6486. DE PAU À VALENCIENNES.

Bordeaux	213k
Paris	583
Valenciennes	277
	1,073

N° 6487. DE PAU À VANNES.

Bordeaux	213k
Nantes	334
Vannes	108
	655

N° 6488. DE PAU À VERDUN.

Bordeaux	213k
Paris	583
Verdun	253
	1,049

N° 6489. DE PAU À VERNON.

Bordeaux	213k
Paris	583
Vernon	80
	876

N° 6490. DE PAU À VERSAILLES.

Bordeaux	213k
Paris	583
Versailles	17
	813

N° 6491. DE PAU À VESOUL.

Toulouse	190k
Montpellier	251
Lyon	328
Besançon	212
Vesoul	47
	1,028

PÉRIGUEUX.

N° 6492. DE PÉRIGUEUX À PERPIGNAN.

Agen	136k
Toulouse	107
Perpignan	215
	458

N° 6493. DE PÉRIGUEUX À POITIERS.

Angoulême	86k
Poitiers	113
	199

N° 6494. DE PÉRIGUEUX à PRIVAS.

Tulle	102k
Aurillac	85
Mende	160
Privas	135
	482

N° 6495. DE PÉRIGUEUX au PUY.

Tulle	102k
Aurillac	85
Le Puy	187
	374

N° 6496. DE PÉRIGUEUX à QUIMPER.

Angoulême	86k
Nantes	409
Quimper	231
	726

N° 6497. DE PÉRIGUEUX à RENNES.

Angoulême	86k
Angers	321
Rennes	125
	532

N° 6498. DE PÉRIGUEUX à ROCHEFORT

Angoulême	86k
Rochefort	109
	195

N° 6499. DE PÉRIGUEUX à LA ROCHELLE.

Angoulême	86k
La Rochelle	125
	211

N° 6500. DE PÉRIGUEUX à RODEZ.

Cahors	143k
Rodez	117
	260

N° 6501. DE PÉRIGUEUX à ROUEN.

Limoges	95k
Paris	390
Rouen	140
	625

N° 6502. DE PÉRIGUEUX à ST-BRIEUC.

Angoulême	86k
Angers	321
Rennes	125
Saint-Brieuc	100
	632

N° 6503. DE PÉRIGUEUX à ST-GERMAIN.

Limoges	95k
Paris	390
Saint-Germain	23
	508

N° 6504. DE PÉRIGUEUX à SAINT-LO.

Angoulême	86k
Tours	214
Saint-Lô	276
	576

N° 6505. DE PÉRIGUEUX à SAINT-OMER

Limoges	95k
Paris	390
Saint-Omer	336
	821

N° 6506. DE PÉRIGUEUX à SARREGUEMINES.

Limoges	95k
Paris	390
Sarreguemines	469
	954

N° 6507. DE PÉRIGUEUX à SAUMUR.

Angoulême	86k
Saumur	277
	363

N° 6508. DE PÉRIGUEUX à SCHELESTADT.

Limoges	95k
Paris	390
Schelestadt	546
	1,031

N° 6509. DE PÉRIGUEUX à STRASBOURG.

Limoges	95k
Paris	390
Strasbourg	501
	986

N° 6510. DE PÉRIGUEUX à TARBES.

Agen	136k
Tarbes	146
	282

N° 6511. DE PÉRIGUEUX à THIONVILLE

Limoges	95k
Paris	390
Thionville	419
	904

N° 6512. DE PÉRIGUEUX à TOULON.

Agen	136k
Toulouse	107
Montpellier	251
Marseille	177
Toulon	60
	731

N° 6513. DE PÉRIGUEUX à TOULOUSE.

Agen	136k
Toulouse	107
	243

N° 6514. DE PÉRIGUEUX à TOURS.

Angoulême	86k
Tours	214
	300

N° 6515. DE PÉRIGUEUX à TROYES.

Limoges	95k
Châteauroux	125
Bourges	94
Auxerre	142
Troyes	77
	533

N° 6516. DE PÉRIGUEUX à TULLE.

Tulle	102k

N° 6517. DE PÉRIGUEUX à VALENCE.

Tulle	102k
Clermont	143
Montbrison	113
Valence	132
	490

N° 6518. DE PÉRIGUEUX à VALENCIENNES.

Limoges	95k
Paris	390
Valenciennes	277
	762

N° 6519. DE PÉRIGUEUX à VANNES.

Angoulême	86k
Nantes	409
Vannes	108
	603

N° 6520. DE PÉRIGUEUX à VERDUN.

Limoges	95k
Paris	390
Verdun	253
	738

N° 6521. DE PÉRIGUEUX à VERNON.

Limoges	95k
Paris	390
Vernon	80
	565

N° 6522. DE PÉRIGUEUX à VERSAILLES

Limoges	95k
Paris	390
Versailles	17
	402

N° 6523. DE PÉRIGUEUX à VESOUL.

Moulins	317k
Dijon	183
Vesoul	107
	607

PERPIGNAN.

N° 6524. DE PERPIGNAN à POITIERS.

Toulouse	215k
Bordeaux	251
Poitiers	246
	712

N° 6525. DE PERPIGNAN à PRIVAS.

Montpellier	161k
Privas.	165
	326

N° 6526. DE PERPIGNAN au PUY.

Montpellier	161k
Le Puy	206
	367

N° 6527. DE PERPIGNAN à QUIMPER.

Toulouse	215k
Bordeaux	251
Nantes.	334
Quimper.	231
	1,031

N° 6528. DE PERPIGNAN à RENNES.

Toulouse	215k
Bordeaux	251
Nantes	334
Rennes.	107
	907

N° 6529. DE PERPIGNAN à ROCHEFORT.

Toulouse.	215k
Bordeaux	251
Rochefort.	162
	628

N° 6530. DE PERPIGNAN à LA ROCHELLE

Toulouse.	215k
Bordeaux	251
La Rochelle.	193
	659

N° 6531. DE PERPIGNAN à RODEZ.

Carcassonne.	121k
Albi	107
Rodez	79
	307

N° 6532. DE PERPIGNAN à ROUEN.

Toulouse.	215k
Paris.	697
Rouen.	140
	1,052

N° 6533. DE PERPIGNAN à SAINT-BRIEUC.

Toulouse.	215k
Bordeaux.	251
Nantes.	334
Saint-Brieuc.	207
	1,007

N° 6534. DE PERPIGNAN à SAINT-GERMAIN.

Toulouse.	215k
Paris	697
Saint-Germain.	23
	935

N° 6535. DE PERPIGNAN à SAINT-LO.

Toulouse.	215k
Bordeaux.	251
Tours	247
Saint-Lô	276
	1,089

N° 6536. DE PERPIGNAN à SAINT-OMER

Toulouse.	215k
Paris	697
Saint-Omer.	336
	1,248

N° 6537. DE PERPIGNAN à SARRE-GUEMINES.

Montpellier.	161k
Lyon.	328
Dijon	193
Metz.	249
Sarreguemines.	76
	1,007

N° 6538. DE PERPIGNAN à SAUMUR.

Toulouse.	215k
Saumur	526
	741

N° 6539. DE PERPIGNAN à SCHELESTADT.

Montpellier	161k
Lyon.	328
Schelestadt	413
	902

N° 6540. DE PERPIGNAN à STRASBOURG

Montpellier	161k
Lyon.	328
Strasbourg	458
	947

N° 6541. DE PERPIGNAN à TARBES.

Toulouse.	215k
Tarbes	151
	366

N° 6542. DE PERPIGNAN à THIONVILLE.

Montpellier	161k
Lyon	328
Dijon	193
Metz.	249
Thionville	26
	957

N° 6543. DE PERPIGNAN à TOULON.

Montpellier.	161k
Marseille.	177
Toulon	60
	398

N° 6544. DE PERPIGNAN à TOULOUSE.

Toulouse.	215k

N° 6545. DE PERPIGNAN à TOURS.

Toulouse	215k
Bordeaux.	251
Tours	347
	813

N° 6546. DE PERPIGNAN à TROYES.

Montpellier	161k
Lyon	328
Troyes.	343
	832

N° 6547. DE PERPIGNAN à TULLE.

Toulouse.	215k
Cahors.	111
Tulle	133
	459

N° 6548. DE PERPIGNAN à VALENCE.

Montpellier	161k
Valence	223
	384

N° 6549. DE PERPIGNAN à VALENCIENNES.

Toulouse.	215k
Paris.	697
Valenciennes	277
	1,189

N° 6550. DE PERPIGNAN à VANNES.

Toulouse	215k
Bordeaux	251
Nantes.	334
Vannes	108
	908

N° 6551. DE PERPIGNAN à VERDUN.

Montpellier.	161k
Lyon	328
Dijon.	193
Verdun	239
	921

N° 6552. DE PERPIGNAN à VERNON.

Toulouse.	215k
Paris.	697
Vernon	80
	992

N° 6553. DE PERPIGNAN à VERSAILLES

Toulouse.	215k
Paris	697
Versailles	17
	929

N° 6554. DE PERPIGNAN à VESOUL.

Montpellier	161k
Lyon	328
Besançon	212
Vesoul	47
	748

POITIERS.

N° 6555. DE POITIERS à PRIVAS.

Guéret	147k
Clermont	130
Montbrison	113
Valence	132
Privas	39
	561

N° 6556. DE POITIERS au PUY.

Guéret	147k
Clermont	130
Le Puy	134
	411

N° 6557. DE POITIERS à QUIMPER.

Nantes	296k
Quimper	231
	527

N° 6558. DE POITIERS à RENNES.

Angers	208k
Rennes	125
	333

N° 6559. DE POITIERS à ROCHEFORT.

Niort	76k
Rochefort	61
	137

N° 6560. DE POITIERS à LA ROCHELLE.

Niort	76k
La Rochelle	63
	139

N° 6561. DE POITIERS à RODEZ.

Limoges	129k
Tulle	89
Aurillac	85
Rodez	103
	406

N° 6562. DE POITIERS à ROUEN.

Paris	337k
Rouen	140
	477

N° 6563. DE POITIERS à ST-BRIEUC.

Angers	208k
Rennes	125
Saint-Brieuc	100
	433

N° 6564. DE POITIERS à ST-GERMAIN.

Paris	337k
Saint-Germain	23
	360

N° 6565. DE POITIERS à SAINT-LO.

Tours	101k
Saint-Lô	276
	377

N° 6566. DE POITIERS à SAINT-OMER.

Paris	337k
Saint-Omer	336
	673

N° 6567. DE POITIERS à SARREGUEMINES.

Paris	337k
Sarreguemines	469
	806

N° 6568. DE POITIERS à SAUMUR.

Saumur	165k

N° 6569. DE POITIERS à SCHELESTADT.

Paris	337k
Schelestadt	546
	883

N° 6570. DE POITIERS à STRASBOURG.

Paris	337k
Strasbourg	501
	838

N° 6571. DE POITIERS à TARBES.

Tarbes	456k

N° 6572. DE POITIERS à THIONVILLE.

Paris	337k
Thionville	419
	756

N° 6573. DE POITIERS à TOULON.

Guéret	147k
Clermont	130
Nîmes	312
Marseille	127
Toulon	60
	776

N° 6574. DE POITIERS à TOULOUSE.

Toulouse	437k

N° 6575. DE POITIERS à TOURS.

Tours	101k

N° 6576. DE POITIERS à TROYES.

Paris	337k
Troyes	179
	516

N° 6577. DE POITIERS à TULLE.

Limoges	129k
Tulle	89
	218

N° 6578. DE POITIERS à VALENCE.

Guéret	147k
Clermont	130
Montbrison	113
Valence	132
	522

N° 6579. DE POITIERS à VALENCIENNES.

Paris	337k
Valenciennes	277
	614

N° 6580. DE POITIERS à VANNES.

Nantes	296k
Vannes	108
	404

N° 6581. DE POITIERS à VERDUN.

Paris	337k
Verdun	253
	590

N° 6582. DE POITIERS à VERNON.

Paris	337k
Vernon	80
	417

N° 6583. DE POITIERS à VERSAILLES.

Paris	337k
Versailles	17
	354

N° 6584. DE POITIERS à VESOUL.

Bourges	181k
Nevers	69
Dijon	189
Vesoul	107
	546

PRIVAS.

N° 6585. DE PRIVAS au PUY.

Le Puy	212k

N° 6586. DE PRIVAS à QUIMPER.

Lyon	144k
Moulins	186
Nantes	531
Quimper	231
	1,092

N° 6587. DE PRIVAS À RENNES.

Lyon	144k
Moulins	186
Angers	443
Rennes	125
	898

N° 6588. DE PRIVAS À ROCHEFORT.

Valence	39k
Montbrison	132
Clermont	113
Limoges	179
Angoulême	103
Rochefort	109
	675

N° 6589. DE PRIVAS À LA ROCHELLE.

Valence	39k
Montbrison	132
Clermont	113
Limoges	179
Angoulême	103
La Rochelle	125
	691

N° 6590. DE PRIVAS À RODEZ.

Mende	135k
Rodez	115
	250

N° 6591. DE PRIVAS À ROUEN.

Lyon	144k
Paris	507
Rouen	140
	791

N° 6592. DE PRIVAS À ST-BRIEUC.

Lyon	144k
Moulins	186
Angers	443
Rennes	125
Saint-Brieuc	100
	998

N° 6593. DE PRIVAS À ST-GERMAIN.

Lyon	144k
Paris	507
Saint-Germain	23
	674

N° 6594. DE PRIVAS À SAINT-LO.

Lyon	144k
Paris	507
Saint-Lô	300
	951

N° 6595. DE PRIVAS À SAINT-OMER.

Lyon	144k
Paris	507
Saint-Omer	336
	987

N° 6596. DE PRIVAS À SARREGUEMINES.

Lyon	144k
Dijon	193
Metz	249
Sarreguemines	76
	662

N° 6597. DE PRIVAS À SAUMUR.

Lyon	144k
Moulins	186
Saumur	410
	740

N° 6598. DE PRIVAS À SCHELESTADT.

Lyon	144k
Schelestadt	413
	557

N° 6599. DE PRIVAS À STRASBOURG.

Lyon	144k
Strasbourg	458
	602

N° 6600. DE PRIVAS À TARBES.

Montpellier	165k
Toulouse	251
Tarbes	151
	567

N° 6601. DE PRIVAS À THIONVILLE.

Lyon	144k
Dijon	193
Metz	249
Thionville	26
	612

N° 6602. DE PRIVAS À TOULON.

Avignon	109k
Marseille	120
Toulon	60
	289

N° 6603. DE PRIVAS À TOULOUSE.

Montpellier	165k
Toulouse	251
	416

N° 6604. DE PRIVAS À TOURS.

Lyon	144k
Moulins	186
Tours	346
	676

N° 6605. DE PRIVAS À TROYES.

Lyon	144k
Troyes	343
	487

N° 6606. DE PRIVAS À TULLE.

Valence	39k
Montbrison	132
Clermont	113
Tulle	143
	427

N° 6607. DE PRIVAS À VALENCE.

Valence	39k

N° 6608. DE PRIVAS À VALENCIENNES.

Lyon	144k
Paris	507
Valenciennes	277
	928

N° 6609. DE PRIVAS À VANNES.

Lyon	144k
Moulins	186
Nantes	531
Vannes	108
	969

N° 6610. DE PRIVAS À VERDUN.

Lyon	144k
Dijon	193
Verdun	239
	576

N° 6611. DE PRIVAS À VERNON.

Lyon	144k
Paris	507
Vernon	80
	731

N° 6612. DE PRIVAS À VERSAILLES.

Lyon	144k
Paris	507
Versailles	17
	668

N° 6613. DE PRIVAS À VESOUL.

Lyon	144k
Besançon	212
Vesoul	47
	403

LE PUY.

N° 6614. DU PUY À QUIMPER.

Clermont	134k
Nantes	634
Quimper	231
	999

N° 6615. DU PUY À RENNES.

Clermont	134k
Angers	538
Rennes	125
	797

N° 6616. DU PUY À ROCHEFORT.

Clermont	134k
Limoges	179
Angoulême	103
Rochefort	109
	525

N° 6617. DU PUY À LA ROCHELLE.

Clermont	134k
Limoges	179
Angoulême	103
La Rochelle	125
	541

N° 6618. DU PUY À RODEZ.

Mende	89k
Rodez	115
	204

N° 6619. DU PUY À ROUEN.

Clermont	134k
Paris	445
Rouen	140
	719

N° 6620. DU PUY À SAINT-BRIEUC.

Clermont	134k
Angers	538
Rennes	125
Saint-Brieuc	100
	897

N° 6621. DU PUY À SAINT-GERMAIN.

Clermont	134k
Paris	445
Saint-Germain	23
	602

N° 6622. DU PUY À SAINT-LO.

Clermont	134k
Tours	439
Saint-Lô	276
	849

N° 6623. DU PUY À SAINT-OMER.

Clermont	134k
Paris	445
Saint-Omer	336
	915

N° 6624. DU PUY À SARREGUEMINES.

Lyon	134k
Dijon	193
Metz	249
Sarreguemines	76
	652

N° 6625. DU PUY À SAUMUR.

Clermont	134k
Saumur	503
	637

N° 6626. DU PUY À SCHELESTADT.

Lyon	134k
Schelestadt	413
	547

N° 6627. DU PUY À STRASBOURG.

Lyon	134k
Strasbourg	458
	592

N° 6628. DU PUY À TARBES.

Mende	89k
Rodez	115
Montauban	130
Tarbes	157
	491

N° 6629. DU PUY À THIONVILLE.

Lyon	134k
Dijon	193
Metz	249
Thionville	26
	602

N° 6630. DU PUY À TOULON.

Avignon	206k
Marseille	120
Toulon	60
	386

N° 6631. DU PUY À TOULOUSE.

Mende	89k
Rodez	115
Albi	79
Toulouse	76
	359

N° 6632. DU PUY À TOURS.

Clermont	134k
Tours	439
	573

N° 6633. DU PUY À TROYES.

Lyon	134k
Troyes	343
	477

N° 6634. DU PUY À TULLE.

Aurillac	187k
Tulle	85
	272

N° 6635. DU PUY À VALENCE.

Valence	173k

N° 6636. DU PUY À VALENCIENNES.

Clermont	134k
Paris	445
Valenciennes	277
	856

N° 6637. DU PUY À VANNES.

Clermont	134k
Nantes	634
Vannes	108
	876

N° 6638. DU PUY À VERDUN.

Lyon	134k
Dijon	193
Verdun	239
	566

N° 6639. DU PUY À VERNON.

Clermont	134k
Paris	445
Vernon	80
	659

N° 6640. DU PUY À VERSAILLES.

Clermont	134k
Paris	445
Versailles	17
	596

N° 6641. DU PUY À VESOUL.

Lyon	134k
Besançon	212
Vesoul	47
	393

QUIMPER.

N° 6642. DE QUIMPER À RENNES.

Rennes	227k

N° 6643. DE QUIMPER À ROCHEFORT.

Nantes	231k
Rochefort	185
	416

N° 6644. DE QUIMPER À LA ROCHELLE.

Nantes	231k
La Rochelle	154
	385

N° 6645. DE QUIMPER À RODEZ.

Nantes	231k
Limoges	425
Rodez	277
	933

N° 6646. DE QUIMPER À ROUEN.

Rennes	227k
Caen	173
Rouen	133
	533

N° 6647. DE QUIMPER À ST-BRIEUC.

Saint-Brieuc	189k

N° 6648. DE QUIMPER À ST-GERMAIN.

Rennes	227k
Versailles	356
Saint-Germain	13
	596

N° 6649. DE QUIMPER à SAINT-LO.

Rennes	227k
Saint-Lô	134
	361

N° 6650. DE QUIMPER à ST-OMER.

Rennes	227k
Paris	373
Saint-Omer	336
	936

N° 6651. DE QUIMPER à SARREGUEMINES.

Rennes	227k
Paris	373
Sarreguemines	469
	1,069

N° 6652. DE QUIMPER à SAUMUR.

Nantes	231k
Saumur	131
	362

N° 6653. DE QUIMPER à SCHELESTADT

Rennes	227k
Paris	373
Schelestadt	546
	1,146

N° 6654. DE QUIMPER à STRASBOURG.

Rennes	227k
Paris	373
Strasbourg	501
	1,101

N° 6655. DE QUIMPER à TARBES.

Nantes	231k
Bordeaux	334
Tarbes	230
	795

N° 6656. DE QUIMPER à THIONVILLE.

Rennes	227k
Paris	373
Thionville	419
	1,019

N° 6657. DE QUIMPER à TOULON.

Nantes	231k
Bordeaux	334
Toulouse	251
Montpellier	251
Marseille	177
Toulon	60
	1,304

N° 6658. DE QUIMPER à TOULOUSE.

Nantes	231k
Bordeaux	334
Toulouse	251
	816

N° 6659. DE QUIMPER à TOURS.

Nantes	231k
Tours	195
	426

N° 6660. DE QUIMPER à TROYES.

Rennes	227k
Paris	373
Troyes	179
	779

N° 6661. DE QUIMPER à TULLE.

Nantes	231k
Limoges	425
Tulle	89
	745

N° 6662. DE QUIMPER à VALENCE.

Nantes	231k
Clermont	634
Montbrison	113
Valence	132
	1,110

N° 6663. DE QUIMPER à VALENCIENNES

Rennes	227k
Paris	373
Valenciennes	277
	877

N° 6664. DE QUIMPER à VANNES.

Vannes	123k

N° 6665. DE QUIMPER à VERDUN.

Rennes	227k
Paris	373
Verdun	253
	853

N° 6666. DE QUIMPER à VERNON.

Rennes	227k
Caen	173
Vernon	156
	556

N° 6667. DE QUIMPER à VERSAILLES.

Rennes	227k
Versailles	356
	583

N° 6668. DE QUIMPER à VESOUL.

Rennes	227k
Paris	373
Vesoul	381
	981

RENNES.

N° 6669. DE RENNES à ROCHEFORT.

Nantes	107k
Rochefort	185
	292

N° 6670. DE RENNES à LA ROCHELLE.

Nantes	107k
La Rochelle	154
	261

N° 6671. DE RENNES à RODEZ.

Angers	125k
Limoges	337
Rodez	277
	739

N° 6672. DE RENNES à ROUEN.

Caen	173k
Rouen	133
	306

N° 6673. DE RENNES à SAINT-BRIEUC.

Saint-Brieuc	100k

N° 6674. DE RENNES à SAINT-GERMAIN.

Versailles	356k
Saint-Germain	13
	369

N° 6675. DE RENNES à SAINT-LO.

Saint-Lô	134k

N° 6676. DE RENNES à SAINT-OMER.

Paris	373k
Saint-Omer	336
	709

N° 6677. DE RENNES à SARREGUEMINES.

Paris	373k
Sarreguemines	469
	842

N° 6678. DE RENNES à SAUMUR.

Angers	125k
Saumur	43
	168

N° 6679. DE RENNES à SCHELESTADT.

Paris	373k
Schelestadt	546
	919

N° 6680. DE RENNES à STRASBOURG.

Paris	373k
Strasbourg	501
	874

N° 6681. DE RENNES à TARBES.

Nantes	107k
Bordeaux	334
Tarbes	230
	671

N° 6682. DE RENNES à THIONVILLE.

Paris	373k
Thionville	419
	792

N° 6683. DE RENNES à TOULON.

Angers	125k
Moulins	443
Lyon	186
Marseille	350
Toulon	60
	1,164

N° 6684. DE RENNES à TOULOUSE.

Nantes	107k
Bordeaux	334
Toulouse	251
	692

N° 6685. DE RENNES à TOURS.

Laval	73k
Tours	140
	213

N° 6686. DE RENNES à TROYES.

Paris	373k
Troyes	179
	552

N° 6687. DE RENNES à TULLE.

Angers	125k
Limoges	337
Tulle	89
	551

N° 6688. DE RENNES à VALENCE.

Paris	373k
Lyon	507
Valence	105
	985

N° 6689. DE RENNES à VALENCIENNES.

Paris	373k
Valenciennes	277
	650

N° 6690. DE RENNES à VANNES.

Vannes	103k

N° 6691. DE RENNES à VERDUN.

Paris	373k
Verdun	253
	626

N° 6692. DE RENNES à VERNON.

Laval	73k
Alençon	91
Vernon	148
	312

N° 6693. DE RENNES à VERSAILLES.

Versailles	356k

N° 6694. DE RENNES à VESOUL.

Paris	373k
Vesoul	381
	754

ROCHEFORT.

N° 6695. DE ROCHEFORT à LA ROCHELLE.

La Rochelle	31k

N° 6696. DE ROCHEFORT à RODEZ.

Angoulême	109k
Périgueux	86
Cahors	143
Rodez	117
	455

N° 6697. DE ROCHEFORT à ROUEN.

Poitiers	137k
Paris	337
Rouen	140
	614

N° 6698. DE ROCHEFORT à ST-BRIEUC.

Nantes	185k
Saint-Brieuc	207
	392

N° 6699. DE ROCHEFORT à SAINT-GERMAIN.

Poitiers	137k
Paris	337
Saint-Germain	23
	497

N° 6700. DE ROCHEFORT à SAINT-LO.

Nantes	185k
Rennes	107
Saint-Lô	134
	426

N° 6701. DE ROCHEFORT à ST-OMER.

Poitiers	137k
Paris	337
Saint-Omer	336
	810

N° 6702. DE ROCHEFORT à SARREGUEMINES.

Poitiers	137k
Paris	337
Sarreguemines	469
	943

N° 6703. DE ROCHEFORT à SAUMUR.

Niort	61k
Saumur	124
	185

N° 6704. DE ROCHEFORT à SCHELESTADT.

Poitiers	137k
Paris	337
Schelestadt	546
	1,020

N° 6705. DE ROCHEFORT à STRASBOURG

Poitiers	137k
Paris	337
Strasbourg	501
	975

N° 6706. DE ROCHEFORT à TARBES.

Bordeaux	162k
Tarbes	230
	392

N° 6707. DE ROCHEFORT à THIONVILLE

Poitiers	137k
Paris	337
Thionville	419
	893

N° 6708. DE ROCHEFORT à TOULON.

Bordeaux	162k
Toulouse	251
Montpellier	251
Marseille	177
Toulon	60
	901

N° 6709. DE ROCHEFORT à TOULOUSE

Bordeaux	162k
Toulouse	251
	413

N° 6710. DE ROCHEFORT à TOURS.

Poitiers	137k
Tours	101
	238

N° 6711. DE ROCHEFORT à TROYES.

Poitiers	137k
Orléans	216
Troyes	208
	561

N° 6712. de ROCHEFORT à TULLE.

- Angoulême 109k
- Périgueux. 86
- Tulle 102

Total : 297

N° 6713. de ROCHEFORT à VALENCE.

- Angoulême 109k
- Limoges. 103
- Clermont 179
- Montbrison 113
- Valence 132

Total : 636

N° 6714. de ROCHEFORT à VALENCIENNES.

- Poitiers 137k
- Paris. 337
- Valenciennes. 277

Total : 751

N° 6715. de ROCHEFORT à VANNES.

- Nantes. 185k
- Vannes 108

Total : 293

N° 6716. de ROCHEFORT à VERDUN.

- Poitiers. 137k
- Paris. 337
- Verdun 253

Total : 727

N° 6717. de ROCHEFORT à VERNON.

- Poitiers 137k
- Paris 337
- Vernon 80

Total : 554

N° 6718. de ROCHEFORT à VERSAILLES

- Poitiers 137k
- Paris. 337
- Versailles 17

Total : 491

N° 6719. de ROCHEFORT à VESOUL.

- Poitiers 137k
- Moulins 303
- Dijon 183
- Vesoul. 107

Total : 730

LA ROCHELLE.

N° 6720. de LA ROCHELLE à RODEZ.

- Angoulême 125k
- Périgueux. 86
- Cahors 143
- Rodez. 117

Total : 471

N° 6721. de LA ROCHELLE à ROUEN.

- Poitiers 139k
- Paris 337
- Rouen. 140

Total : 616

N° 6722. de LA ROCHELLE à ST-BRIEUC

- Nantes. 154k
- Saint-Brieuc 207

Total : 361

N° 6723. de LA ROCHELLE à SAINT-GERMAIN.

- Poitiers 139k
- Paris 337
- Saint-Germain. 23

Total : 499

N° 6724. de LA ROCHELLE à SAINT-LO

- Nantes. 154k
- Rennes. 107
- Saint-Lô. 134

Total : 395

N° 6725. de LA ROCHELLE à SAINT-OMER

- Poitiers. 139k
- Paris 337
- Saint-Omer 336

Total : 812

N° 6726. de LA ROCHELLE à SARREGUEMINES.

- Poitiers. 139k
- Paris. 337
- Sarreguemines. 469

Total : 945

N° 6727. de LA ROCHELLE à SAUMUR.

- Saumur 167k

N° 6728. de LA ROCHELLE à SCHELESTADT.

- Poitiers 139k
- Paris 337
- Schelestadt. 546

Total : 1,022

N° 6729. de LA ROCHELLE à STRASBOURG.

- Poitiers 139k
- Paris. 337
- Strasbourg. 501

Total : 977

N° 6730. de LA ROCHELLE à TARBES.

- Bordeaux 193k
- Tarbes. 230

Total : 423

N° 6731. de LA ROCHELLE à THIONVILLE.

- Poitiers 139k
- Paris 337
- Thionville. 419

Total : 895

N° 6732. de LA ROCHELLE à TOULON.

- Bordeaux 193k
- Toulouse. 251
- Montpellier 251
- Marseille 177
- Toulon. 60

Total : 932

N° 6733. de LA ROCHELLE à TOULOUSE

- Bordeaux 193k
- Toulouse. 251

Total : 444

N° 6734. de LA ROCHELLE à TOURS.

- Poitiers. 139k
- Tours 101

Total : 240

N° 6735. de LA ROCHELLE à TROYES.

- Poitiers. 139k
- Orléans 216
- Troyes. 208

Total : 563

N° 6736. de LA ROCHELLE à TULLE.

- Angoulême. 125k
- Périgueux. 86
- Tulle 102

Total : 313

N° 6737. de LA ROCHELLE à VALENCE

- Niort 63k
- Limoges. 162
- Clermont. 179
- Montbrison 113
- Valence. 132

Total : 649

N° 6738. de LA ROCHELLE à VALENCIENNES.

- Poitiers 139k
- Paris. 337
- Valenciennes. 277

Total : 753

N° 6739. de LA ROCHELLE à VANNES.

- Nantes 154k
- Vannes 108

Total : 262

N° 6740 de LA ROCHELLE à VERDUN.

- Poitiers 139k
- Paris. 337
- Verdun 253

Total : 729

N° 6741. de LA ROCHELLE à VERNON.

- Poitiers 139k
- Paris. 337
- Vernon 80

Total : 553

N° 6742. DE LA ROCHELLE à VERSAILLES.

Poitiers	139k
Paris	337
Versailles	17
	493

N° 6743. DE LA ROCHELLE à VESOUL.

Poitiers	139k
Moulins	303
Dijon	183
Vesoul	107
	732

RODEZ.

N° 6744. DE RODEZ à ROUEN.

Clermont	225k
Paris	445
Rouen	140
	810

N° 6745. DE RODEZ à SAINT-BRIEUC.

Aurillac	103k
Angers	511
Rennes	125
Saint-Brieuc	100
	839

N° 6746. DE RODEZ à SAINT-GERMAIN.

Clermont	225k
Paris	445
Saint-Germain	23
	693

N° 6747. DE RODEZ à SAINT-LO.

Clermont	225k
Paris	445
Saint-Lô	300
	970

N° 6748. DE RODEZ à SAINT-OMER.

Clermont	225k
Paris	445
Saint-Omer	336
	1,006

N° 6749. DE RODEZ à SARREGUEMINES

Clermont	225k
Metz	527
Sarreguemines	76
	828

N° 6750. DE RODEZ à SAUMUR.

Angoulême	346k
Saumur	277
	623

N° 6751. DE RODEZ à SCHELESTADT.

Clermont	225k
Schelestadt	545
	770

N° 6752. DE RODEZ à STRASBOURG.

Clermont	225k
Strasbourg	590
	815

N° 6753. DE RODEZ à TARBES.

Montauban	130k
Tarbes	157
	287

N° 6754. DE RODEZ à THIONVILLE.

Clermont	225k
Metz	527
Thionville	26
	778

N° 6755. DE RODEZ à TOULON.

Nîmes	232k
Marseille	130
Toulon	60
	422

N° 6756. DE RODEZ à TOULOUSE.

Albi	79k
Toulouse	76
	155

N° 6757. DE RODEZ à TOURS.

Angoulême	346k
Tours	214
	560

N° 6758. DE RODEZ à TROYES.

Clermont	225k
Troyes	334
	559

N° 6759. DE RODEZ à TULLE.

Tulle	188k

N° 6760. DE RODEZ à VALENCE.

Mende	115k
Privas	135
Valence	39
	289

N° 6761. DE RODEZ à VALENCIENNES

Clermont	225k
Paris	445
Valenciennes	277
	947

N° 6762. DE RODEZ à VANNES.

Angoulême	346k
Nantes	409
Vannes	108
	863

N° 6763. DE RODEZ à VERDUN.

Clermont	225k
Verdun	494
	719

N° 6764. DE RODEZ à VERNON.

Clermont	225k
Paris	445
Vernon	80
	750

N° 6765. DE RODEZ à VERSAILLES.

Clermont	225k
Paris	445
Versailles	17
	687

N° 6766. DE RODEZ à VESOUL.

Le Puy	204k
Lyon	134
Besançon	212
Vesoul	47
	597

ROUEN.

N° 6767. DE ROUEN à SAINT-BRIEUC.

Caen	133k
Saint-Lô	63
Saint-Brieuc	183
	379

N° 6768. DE ROUEN à SAINT-GERMAIN.

Paris	140k
Saint-Germain	23
	163

N° 6769. DE ROUEN à SAINT-LO.

Caen	133k
Saint-Lô	63
	196

N° 6770. DE ROUEN à SAINT-OMER.

Saint-Omer	184k

N° 6771. DE ROUEN à SARREGUEMINES.

Paris	140k
Sarreguemines	469
	609

N° 6772. DE ROUEN à SAUMUR.

Saumur	281k

N° 6773. DE ROUEN à SCHELESTADT.

Paris	140k
Schelestadt	546
	686

No 6774. DE ROUEN À STRASBOURG.

Paris 140k
Strasbourg 501
641

No 6775. DE ROUEN À TARBES.

Paris 140k
Tarbes 765
905

No 6776. DE ROUEN À THIONVILLE.

Paris 140k
Thionville 419
559

No 6777. DE ROUEN À TOULON.

Paris 140k
Lyon 507
Marseille 350
Toulon 60
1,057

No 6778. DE ROUEN À TOULOUSE.

Paris 140k
Toulouse 697
837

No 6779. DE ROUEN À TOURS.

Paris 140k
Tours 236
376

No 6780. DE ROUEN À TROYES.

Paris 140k
Troyes 179
319

No 6781. DE ROUEN À TULLE.

Paris 140k
Limoges 390
Tulle 89
619

No 6782. DE ROUEN À VALENCE.

Paris 140k
Lyon 507
Valence 105
752

No 6783. DE ROUEN À VALENCIENNES.

Amiens 113k
Valenciennes 130
243

No 6784. DE ROUEN À VANNES.

Caen 133k
Rennes 173
Vannes 103
409

No 6785. DE ROUEN À VERDUN.

Paris 140k
Verdun 253
393

No 6786. DE ROUEN À VERNON.

Vernon 60k

No 6787. DE ROUEN À VERSAILLES.

Paris 140k
Versailles 17
157

No 6788. DE ROUEN À VESOUL.

Paris 140k
Vesoul 381
521

SAINT-BRIEUC.

No 6789. DE SAINT-BRIEUC À SAINT-GERMAIN.

Rennes 100k
Versailles 356
Saint-Germain 13
469

No 6790. DE SAINT-BRIEUC À SAINT-LO.

Saint-Lô 183k

No 6791. DE SAINT-BRIEUC À SAINT-OMER.

Rennes 100k
Paris 373
Saint-Omer 336
809

No 6792. DE SAINT-BRIEUC À SARREGUEMINES.

Rennes 100k
Paris 373
Sarreguemines 469
942

No 6793. DE SAINT-BRIEUC À SAUMUR.

Rennes 100k
Angers 125
Saumur 43
268

No 6794. DE SAINT-BRIEUC À SCHELESTADT.

Rennes 100k
Paris 373
Schelestadt 546
1,019

No 6795. DE SAINT-BRIEUC À STRASBOURG.

Rennes 100k
Paris 373
Strasbourg 501
974

No 6796. DE SAINT-BRIEUC À TARBES.

Nantes 207k
Bordeaux 334
Tarbes 230
771

No 6797. DE SAINT-BRIEUC À THIONVILLE.

Rennes 100k
Paris 373
Thionville 419
892

No 6798. DE SAINT-BRIEUC À TOULON.

Nantes 207k
Bordeaux 334
Toulouse 251
Montpellier 251
Marseille 177
Toulon 60
1,280

No 6799. DE SAINT-BRIEUC À TOULOUSE.

Nantes 207k
Bordeaux 334
Toulouse 251
792

No 6800. DE SAINT-BRIEUC À TOURS.

Rennes 100k
Angers 125
Tours 107
332

No 6801. DE SAINT-BRIEUC À TROYES.

Rennes 100k
Paris 373
Troyes 179
652

No 6802. DE SAINT-BRIEUC À TULLE.

Rennes 100k
Angers 125
Limoges 337
Tulle 89
651

No 6803. DE SAINT-BRIEUC À VALENCE.

Rennes 100k
Paris 373
Lyon 507
Valence 105
1,085

N° 6804. DE SAINT-BRIEUC À VALENCIENNES.

Rennes	100k
Paris	373
Valenciennes	277
	750

N° 6805. DE SAINT-BRIEUC À VANNES.

Vannes	113k

N° 6806. DE SAINT-BRIEUC À VERDUN.

Rennes	100k
Paris	373
Verdun	253
	726

N° 6807. DE SAINT-BRIEUC À VERNON.

Caen	246k
Vernon	156
	402

N° 6808. DE SAINT-BRIEUC À VERSAILLES.

Rennes	100k
Versailles	356
	456

N° 6809. DE SAINT-BRIEUC À VESOUL.

Rennes	100k
Paris	373
Vesoul	381
	854

SAINT-GERMAIN.

N° 6810. DE SAINT-GERMAIN À ST-LO.

Évreux	81k
Caen	127
Saint-Lô	63
	271

N° 6811. DE ST-GERMAIN À ST-OMER.

Paris	23k
Saint-Omer	336
	359

N° 6812. DE SAINT-GERMAIN À SARGUEMINES.

Paris	23k
Sarreguemines	469
	492

N° 6813. DE ST-GERMAIN À SAUMUR.

Paris	23k
Saumur	300
	323

N° 6814. DE SAINT-GERMAIN À SCHELESTADT.

Paris	23k
Schelestadt	546
	569

N° 6815. DE SAINT-GERMAIN À STRASBOURG.

Paris	23k
Strasbourg	501
	524

N° 6816. DE ST-GERMAIN À TARBES.

Paris	23k
Tarbes	765
	788

N° 6817. DE SAINT-GERMAIN À THIONVILLE.

Paris	23k
Thionville	419
	442

N° 6818. DE ST-GERMAIN À TOULON.

Paris	23k
Lyon	507
Marseille	350
Toulon	60
	940

N° 6819. DE SAINT-GERMAIN À TOULOUSE.

Paris	23k
Toulouse	697
	720

N° 6820. DE ST-GERMAIN À TOURS.

Paris	23k
Tours	236
	259

N° 6821. DE ST-GERMAIN À TROYES.

Paris	23k
Troyes	179
	202

N° 6822. DE SAINT-GERMAIN À TULLE.

Paris	23k
Limoges	390
Tulle	89
	502

N° 6823. DE ST-GERMAIN À VALENCE.

Paris	23k
Lyon	507
Valence	105
	635

N° 6824. DE SAINT-GERMAIN À VALENCIENNES.

Paris	23k
Valenciennes	277
	300

N° 6825. DE ST-GERMAIN À VANNES.

Versailles	13k
Rennes	356
Vannes	103
	472

N° 6826. DE ST-GERMAIN À VERDUN.

Paris	23k
Verdun	253
	276

N° 6827. DE ST-GERMAIN À VERNON.

Vernon	75k

N° 6828. DE ST-GERMAIN À VERSAILLES.

Versailles	13k

N° 6829. DE ST-GERMAIN À VESOUL.

Paris	23k
Vesoul	381
	404

SAINT-LO.

N° 6830. DE SAINT-LO À SAINT-OMER.

Paris	300k
Saint-Omer	336
	636

N° 6831. DE SAINT-LO À SARREGUEMINES.

Paris	300k
Sarreguemines	469
	769

N° 6832. DE SAINT-LO À SAUMUR.

Saumur	271k

N° 6833. DE SAINT-LO À SCHELESTADT.

Paris	300k
Schelestadt	546
	846

N° 6834. DE SAINT-LO À STRASBOURG.

Paris	300k
Strasbourg	501
	801

N° 6835. DE SAINT-LO À TARBES.

Tours	276k
Bordeaux	347
Tarbes	230
	853

N° 6836. DE SAINT-LO À THIONVILLE.

Paris	300k
Thionville	419
	719

N° 6837. DE SAINT-LO À TOULON.

Paris	300k
Lyon	507
Marseille	350
Toulon	60
	1,217

N° 6838. DE SAINT-LO À TOULOUSE.

Tours	276k
Bordeaux	347
Toulouse	251
	874

N° 6839. DE SAINT-LO À TOURS.

Tours	276k

N° 6840. DE SAINT-LO À TROYES.

Paris	300k
Troyes	179
	479

N° 6841. DE SAINT-LO À TULLE.

Tours	276k
Limoges	230
Tulle	89
	595

N° 6842. DE SAINT-LO À VALENCE.

Paris	300k
Lyon	507
Valence	105
	912

N° 6843. DE SAINT-LO À VALENCIENNES.

Paris	300k
Valenciennes	277
	577

N° 6844. DE SAINT-LO À VANNES.

Rennes	134k
Vannes	103
	237

N° 6845. DE SAINT-LO À VERDUN.

Paris	300k
Verdun	253
	553

N° 6846. DE SAINT-LO À VERNON.

Caen	63k
Évreux	127
Vernon	32
	222

N° 6847. DE SAINT-LO À VERSAILLES.

Caen	63k
Évreux	127
Saint-Germain	81
Versailles	13
	284

N° 6848. DE SAINT-LO À VESOUL.

Paris	300k
Vesoul	381
	681

SAINT-OMER.

N° 6849. DE SAINT-OMER À SARREGUEMINES.

Paris	336k
Sarreguemines	469
	805

N° 6850. DE SAINT-OMER À SAUMUR.

Paris	336k
Saumur	300
	636

N° 6851. DE SAINT-OMER À SCHELESTADT.

Paris	336k
Schelestadt	546
	882

N° 6852. DE SAINT-OMER À STRASBOURG.

Paris	336k
Strasbourg	501
	837

N° 6853. DE SAINT-OMER À TARBES.

Paris	336k
Tarbes	765
	1,101

N° 6854. DE SAINT-OMER À THIONVILLE.

Paris	336k
Thionville	419
	755

N° 6855. DE SAINT-OMER À TOULON.

Paris	336k
Lyon	507
Marseille	350
Toulon	60
	1,253

N° 6856. DE SAINT-OMER À TOULOUSE

Paris	336k
Toulouse	697
	1,033

N° 6857. DE SAINT-OMER À TOURS.

Paris	336k
Tours	236
	572

N° 6858. DE SAINT-OMER À TROYES.

Paris	336k
Troyes	179
	515

N° 6859. DE SAINT-OMER À TULLE.

Paris	336k
Limoges	390
Tulle	89
	815

N° 6860. DE SAINT-OMER À VALENCE.

Paris	336k
Lyon	507
Valence	105
	948

N° 6861. DE SAINT-OMER À VALENCIENNES.

Valenciennes	131k

N° 6862. DE SAINT-OMER À VANNES.

Paris	336k
Rennes	373
Vannes	103
	812

N° 6863. DE SAINT-OMER À VERDUN.

Paris	336k
Verdun	253
	589

N° 6864. DE SAINT-OMER À VERNON.

Paris	336k
Vernon	80
	416

N° 6865 DE SAINT-OMER À VERSAILLES

Paris	336k
Versailles	17
	353

N° 6866. DE SAINT-OMER À VESOUL.

Paris	336k
Vesoul	381
	717

SARREGUEMINES.

N° 6867. DE SARREGUEMINES À SAUMUR.

Metz	76k
Paris	393
Saumur	300
	769

N° 6868. DE SARREGUEMINES À SCHELESTADT.

Schelestadt	149k

N° 6869. DE SARREGUEMINES À STRASBOURG.

Strasbourg	104k

N° 6870. DE SARREGUEMINES à TARBES

Metz	76k
Paris	393
Tarbes	765
	1,234

N° 6871. DE SARREGUEMINES à THIONVILLE.

Thionville	102k

N° 6872. DE SARREGUEMINES à TOULON.

Metz	76k
Dijon	249
Lyon	193
Marseille	350
Toulon	60
	928

N° 6873. DE SARREGUEMINES à TOULOUSE.

Metz	76k
Dijon	249
Lyon	193
Montpellier	328
Toulouse	251
	1,097

N° 6874. DE SARREGUEMINES à TOURS

Metz	76k
Paris	393
Tours	236
	705

N° 6875. DE SARREGUEMINES à TROYES

Metz	76k
Troyes	259
	335

N° 6876. DE SARREGUEMINES à TULLE.

Metz	76k
Dijon	249
Moulins	183
Clermont	95
Tulle	143
	746

N° 6877. DE SARREGUEMINES à VALENCE.

Metz	76k
Dijon	249
Lyon	193
Valence	105
	623

N° 6878. DE SARREGUEMINES à VALENCIENNES.

Metz	76k
Mézières	153
Valenciennes	141
	370

N° 6879. DE SARREGUEMINES à VANNES

Metz	76k
Paris	393
Rennes	373
Vannes	103
	945

N° 6880. DE SARREGUEMINES à VERDUN

Verdun	141k

N° 6881. DE SARREGUEMINES à VERNON

Metz	76k
Paris	393
Vernon	80
	549

N° 6882. DE SARREGUEMINES à VERSAILLES.

Metz	76k
Paris	393
Versailles	17
	486

N° 6883. DE SARREGUEMINES à VESOUL

Nancy	133k
Vesoul	146
	279

SAUMUR.

N° 6884. DE SAUMUR à SCHELESTADT.

Paris	300k
Schelestadt	546
	846

N° 6885. DE SAUMUR à STRASBOURG.

Paris	300k
Strasbourg	501
	801

N° 6886. DE SAUMUR à TARBES.

Bordeaux	411k
Tarbes	230
	641

N° 6887. DE SAUMUR à THIONVILLE.

Paris	300k
Thionville	419
	719

N° 6888. DE SAUMUR à TOULON.

Moulins	410k
Lyon	186
Marseille	350
Toulon	60
	1,006

N° 6889. DE SAUMUR à TOULOUSE.

Bordeaux	411k
Toulouse	251
	662

N° 6890. DE SAUMUR à TOURS.

Tours	64k

N° 6891. DE SAUMUR à TROYES.

Orléans	179k
Troyes	208
	387

N° 6892. DE SAUMUR à TULLE.

Limoges	294k
Tulle	89
	383

N° 6893. DE SAUMUR à VALENCE.

Moulins	410k
Lyon	186
Valence	105
	701

N° 6894. DE SAUMUR à VALENCIENNES

Paris	300k
Valenciennes	277
	577

N° 6895. DE SAUMUR à VANNES.

Angers	43k
Nantes	88
Vannes	108
	239

N° 6896. DE SAUMUR à VERDUN.

Paris	300k
Verdun	253
	553

N° 6897. DE SAUMUR à VERNON.

Paris	300k
Vernon	80
	380

N° 6898. DE SAUMUR à VERSAILLES.

Paris	300k
Versailles	17
	317

N° 6899. DE SAUMUR à VESOUL.

Orléans	179k
Auxerre	149
Langres	156
Vesoul	74
	558

SCHELESTADT.

N° 6900. de SCHELESTADT à STRASBOURG.

Strasbourg 45k

N° 6901. de SCHELESTADT à TARBES.

Chalon-sur-Saône . . . 310k
Moulins 148
Clermont 95
Aurillac 157
Tarbes 334
1,044

N° 6902. de SCHELESTADT à THIONVILLE.

Thionville 220k

N° 6903. de SCHELESTADT à TOULON.

Lyon 413k
Marseille 350
Toulon 60
823

N° 6904. de SCHELESTADT à TOULOUSE.

Lyon 413k
Montpellier 328
Toulouse 251
992

N° 6905. de SCHELESTADT à TOURS.

Paris 546k
Tours 236
782

N° 6906. de SCHELESTADT à TROYES.

Épinal 101k
Troyes 218
319

N° 6909. de SCHELESTADT à TULLE.

Chalon-sur-Saône . . . 310k
Moulins 148
Clermont 95
Tulle 143
696

N° 6908 de SCHELESTADT à VALENCE.

Lyon 413k
Valence 105
518

N° 6909. de SCHELESTADT à VALENCIENNES.

Paris 546k
Valenciennes 277
823

N° 6910. de SCHELESTADT à VANNES.

Paris 546k
Rennes 373
Vannes 103
1,022

N° 6911. de SCHELESTADT à VERDUN.

Verdun 233k

N° 6912. de SCHELESTADT à VERNON.

Paris 546k
Vernon 80
626

N° 6913. de SCHELESTADT à VERSAILLES.

Paris 546k
Versailles 17
563

N° 6914. de SCHELESTADT à VESOUL.

Belfort 103k
Vesoul 62
165

STRASBOURG.

N° 6915. de STRASBOURG à TARBES.

Chalon-sur-Saône . . . 355k
Moulins 148
Clermont 95
Aurillac 157
Tarbes 334
1,089

N° 6916. de STRASBOURG à THIONVILLE.

Metz 180k
Thionville 26
206

N° 6917. de STRASBOURG à TOULON.

Lyon 458k
Marseille 350
Toulon 60
868

N° 6918. de STRASBOURG à TOULOUSE.

Lyon 458k
Montpellier 328
Toulouse 251
1,037

N° 6919. de STRASBOURG à TOURS.

Paris 501k
Tours 236
737

N° 6920. de STRASBOURG à TROYES.

Nancy 152k
Troyes 197
349

N° 6921. de STRASBOURG à TULLE.

Chalon-sur-Saône . . . 355k
Moulins 148
Clermont 95
Tulle 143
741

N° 6922. de STRASBOURG à VALENCE.

Lyon 458k
Valence 105
563

N° 6923. de STRASBOURG à VALENCIENNES.

Paris 501k
Valenciennes 277
778

N° 6924. de STRASBOURG à VANNES.

Paris 501k
Rennes 373
Vannes 103
977

N° 6925. de STRASBOURG à VERDUN.

Verdun 245k

N° 6926. de STRASBOURG à VERNON.

Paris 501k
Vernon 80
581

N° 6927. de STRASBOURG à VERSAILLES.

Paris 501k
Versailles 17
518

N° 6928. de STRASBOURG à VESOUL.

Belfort 148k
Vesoul 62
210

TARBES.

N° 6929. de TARBES à THIONVILLE.

Paris 765k
Thionville 419
1,184

N° 6930. de TARBES à TOULON.

Toulouse 151k
Montpellier 251
Marseille 177
Toulon 60
639

N° 6931. DE TARBES à TOULOUSE.

Toulouse 151k

N° 6932. DE TARBES à TOURS.

Bordeaux 230k
Tours 347
577

N° 6933. DE TARBES à TROYES.

Limoges 376k
Bourges 219
Auxerre 142
Troyes 77
814

N° 6934. DE TARBES à TULLE.

Cahors 217k
Tulle 133
350

N° 6935. DE TARBES à VALENCE.

Toulouse 151k
Montpellier 251
Valence 223
625

N° 6936. DE TARBES à VALENCIENNES.

Paris 765k
Valenciennes 277
1,042

N° 6937. DE TARBES à VANNES.

Bordeaux 230k
Nantes 334
Vannes 108
672

N° 6938. DE TARBES à VERDUN.

Paris 765k
Verdun 253
1,018

N° 6939. DE TARBES à VERNON.

Paris 765k
Vernon 80
845

N° 6940. DE TARBES à VERSAILLES.

Paris 765k
Versailles 17
782

N° 6941. DE TARBES à VESOUL.

Limoges 376k
Moulins 222
Dijon 183
Vesoul 107
888

THIONVILLE.

N° 6942. DE THIONVILLE à TOULON.

Metz 26k
Dijon 249
Lyon 193
Marseille 350
Toulon 60
878

N° 6943. DE THIONVILLE à TOULOUSE.

Metz 26k
Dijon 249
Lyon 193
Montpellier 328
Toulouse 251
1,047

N° 6944. DE THIONVILLE à TOURS.

Metz 26k
Paris 393
Tours 236
655

N° 6945. DE THIONVILLE à TROYES.

Metz 26k
Châlons-sur-Marne . . . 221
Troyes 79
326

N° 6946. DE THIONVILLE à TULLE.

Metz 26k
Dijon 249
Moulins 183
Clermont 95
Tulle 143
696

N° 6947. DE THIONVILLE à VALENCE.

Metz 26k
Dijon 249
Lyon 193
Valence 105
573

N° 6948. DE THIONVILLE à VALENCIENNES.

Metz 26k
Mézières 153
Valenciennes 141
320

N° 6949. DE THIONVILLE à VANNES.

Paris 419k
Rennes 373
Vannes 103
895

N° 6950. DE THIONVILLE à VERDUN.

Verdun 91k

N° 6951. DE THIONVILLE à VERNON.

Paris 419k
Vernon 80
499

N° 6952. DE THIONVILLE à VERSAILLES

Paris 419k
Versailles 17
436

N° 6953. DE THIONVILLE à VESOUL.

Nancy 83k
Vesoul 146
229

TOULON.

N° 6954. DE TOULON à TOULOUSE.

Marseille 60k
Montpellier 177
Toulouse 251
488

N° 6955. DE TOULON à TOURS.

Marseille 60k
Nîmes 127
Clermont 312
Tours 439
938

N° 6956. DE TOULON à TROYES.

Marseille 60k
Lyon 350
Troyes 343
753

N° 6957. DE TOULON à TULLE.

Marseille 60k
Nîmes 127
Mende 148
Tulle 245
580

N° 6958. DE TOULON à VALENCE.

Marseille 60k
Valence 245
305

N° 6959. DE TOULON à VALENCIENNES.

Marseille 60k
Lyon 350
Paris 507
Valenciennes 277
1,194

N° 6960. DE TOULON à VANNES.

Marseille	60k
Lyon	350
Moulins	186
Nantes	531
Vannes	108
	1,235

N° 6961. DE TOULON à VERDUN.

Morseille	60k
Lyon	350
Dijon	193
Verdun	239
	842

N° 6962. DE TOULON à VERNON.

Marseille	60k
Lyon	350
Paris	507
Vernon	80
	997

N° 6963. DE TOULON à VERSAILLES.

Marseille	60k
Lyon	350
Paris	507
Versailles	17
	934

N° 6964. DE TOULON à VESOUL.

Marseille	60k
Lyon	350
Besançon	212
Vesoul	47
	669

TOULOUSE.

N° 6965. DE TOULOUSE à TOURS.

Tours	538k

N° 6966. DE TOULOUSE à TROYES.

Orléans	575k
Troyes	208
	783

N° 6967. DE TOULOUSE à TULLE.

Cahors	111k
Tulle	133
	244

N° 6968. DE TOULOUSE à VALENCE.

Montpellier	251k
Valence	223
	474

N° 6969. DE TOULOUSE à VALENCIENNES.

Paris	697k
Valenciennes	277
	974

N° 6970. DE TOULOUSE à VANNES.

Bordeaux	251k
Nantes	334
Vannes	108
	693

N° 6971. DE TOULOUSE à VERDUN.

Paris	697k
Verdun	253
	950

N° 6972. DE TOULOUSE à VERNON.

Paris	697k
Vernon	80
	777

N° 6973. DE TOULOUSE à VERSAILLES.

Paris	697k
Versailles	17
	714

N° 6974. DE TOULOUSE à VESOUL.

Montpellier	251k
Lyon	328
Besançon	212
Vesoul	47
	838

TOURS.

N° 6975. DE TOURS à TROYES.

Orléans	115k
Troyes	208
	323

N° 6976. DE TOURS à TULLE.

Limoges	230k
Tulle	89
	319

N° 6977. DE TOURS à VALENCE.

Moulins	346k
Lyon	186
Valence	105
	637

N° 6978. DE TOURS à VALENCIENNES.

Paris	236k
Valenciennes	277
	513

N° 6979. DE TOURS à VANNES.

Nantes	195k
Vannes	108
	303

N° 6980. DE TOURS à VERDUN.

Paris	236k
Verdun	253
	489

N° 6981. DE TOURS à VERNON.

Paris	236k
Vernon	80
	316

N° 6982. DE TOURS à VERSAILLES.

Paris	236k
Versailles	17
	253

N° 6983. DE TOURS à VESOUL.

Orléans	115k
Auxerre	149
Langres	156
Vesoul	74
	494

TROYES.

N° 6984. DE TROYES à TULLE.

Mézières	77k
Nevers	109
Clermont	148
Tulle	143
	477

N° 6985. DE TROYES à VALENCE.

Dijon	150k
Lyon	193
Valence	105
	448

N° 6986. DE TROYES à VALENCIENNES.

Châlons-sur-Marne	79k
Valenciennes	210
	289

N° 6987. DE TROYES à VANNES.

Orléans	208k
Nantes	310
Vannes	108
	626

N° 6988. DE TROYES à VERDUN.

Châlons-sur-Marne	79k
Verdun	81
	160

N° 6989. DE TROYES à VERNON.

Paris	179k
Vernon	80
	259

N° 6990. DE TROYES à VERSAILLES.

Paris	179k
Versailles	17
	196

N° 6991. DE TROYES à VESOUL.

Langres	128k
Vesoul	74
	202

TULLE.

N° 6992. DE TULLE à VALENCE.

Clermont	143k
Montbrison	113
Valence	132
	388

N° 6993. DE TULLE à VALENCIENNES.

Limoges	89k
Paris	390
Valenciennes	277
	756

N° 6994. DE TULLE à VANNES.

Limoges	89k
Nantes	425
Vannes	108
	622

N° 6995. DE TULLE à VERDUN.

Clermont	143k
Verdun	494
	637

N° 6996. DE TULLE à VERNON.

Limoges	89k
Paris	390
Vernon	80
	559

N° 6997. DE TULLE à VERSAILLES.

Limoges	89k
Paris	390
Versailles	17
	496

N° 6998. DE TULLE à VESOUL.

Clermont	143k
Moulins	95
Dijon	183
Vesoul	107
	528

VALENCE.

N° 6999. DE VALENCE à VALENCIENNES.

Lyon	105k
Paris	507
Valenciennes	277
	889

N° 7000. DE VALENCE à VANNES.

Lyon	105k
Moulins	186
Nantes	531
Vannes	108
	930

N° 7001. DE VALENCE à VERDUN.

Lyon	105k
Dijon	193
Verdun	239
	537

N° 7002. DE VALENCE à VERNON.

Lyon	105k
Paris	507
Vernon	80
	692

N° 7003. DE VALENCE à VERSAILLES.

Lyon	105k
Paris	507
Versailles	17
	629

N° 7004. DE VALENCE à VESOUL.

Lyon	105k
Besançon	212
Vesoul	47
	364

VALENCIENNES.

N° 7005. DE VALENCIENNES à VANNES.

Paris	277k
Rennes	373
Vannes	103
	753

N° 7006. DE VALENCIENNES à VERDUN.

Mézières	141k
Verdun	102
	243

N° 7007. DE VALENCIENNES à VERNON.

Paris	277k
Vernon	80
	357

N° 7008. DE VALENCIENNES à VERSAILLES.

Paris	277k
Versailles	17
	294

N° 7009. DE VALENCIENNES à VESOUL.

Paris	277k
Vesoul	381
	658

VANNES.

N° 7010. DE VANNES à VERDUN.

Rennes	103k
Paris	373
Verdun	253
	729

N° 7011. DE VANNES à VERNON.

Rennes	103k
Laval	73
Alençon	91
Vernon	148
	415

N° 7012. DE VANNES à VERSAILLES.

Rennes	103k
Versailles	356
	459

N° 7013. DE VANNES à VESOUL.

Rennes	103k
Paris	373
Vesoul	381
	857

VERDUN.

N° 7014. DE VERDUN à VERNON.

Paris	253k
Vernon	80
	333

N° 7015. DE VERDUN à VERSAILLES.

Paris	253k
Versailles	17
	270

N° 7016. DE VERDUN à VESOUL.

Bourbonne	171k
Vesoul	62
	233

VERNON.

N° 7017. DE VERNON à VERSAILLES.

Paris	80k
Versailles	17
	97

N° 7018. DE VERNON à VESOUL.

Paris	80k
Vesoul	381
	461

VERSAILLES.

N° 7019. DE VERSAILLES à VESOUL.

Paris	17k
Vesoul	381
	398

APPENDICE.

SAINT-ÉTIENNE.

N° 7020. DE SAINT-ÉTIENNE À AGEN.

Le Puy	77k
Rodez	204
Cahors	117
Agen	105
	503

N° 7021. DE SAINT-ÉTIENNE À AIX.

Valence	97k
Aix	203
	300

N° 7022. DE SAINT-ÉTIENNE À ALBI.

Le Puy	77k
Rodez	204
Albi	79
	360

N° 7023. DE SAINT-ÉTIENNE À ALENÇON.

Moulins	179k
Orléans	231
Alençon	189
	599

N° 7024. DE SAINT-ÉTIENNE À AMIENS.

Moulins	179k
Paris	342
Amiens	148
	599

N° 7025. DE SAINT-ÉTIENNE À ANGERS.

Moulins	179k
Angers	443
	622

N° 7026. DE SAINT-ÉTIENNE À ANGOULÊME.

Clermont	168k
Limoges	179
Angoulême	103
	450

N° 7027. DE SAINT-ÉTIENNE À ARRAS.

Moulins	179k
Paris	342
Arras	215
	736

N° 7028. DE SAINT-ÉTIENNE À AUCH.

Le Puy	77k
Rodez	204
Montauban	130
Auch	83
	494

N° 7029. DE SAINT-ÉTIENNE À AURILLAC.

Le Puy	77k
Aurillac	187
	264

N° 7030. DE SAINT-ÉTIENNE À AUXERRE.

Moulins	179k
Orléans	231
Auxerre	149
	559

N° 7031. DE SAINT-ÉTIENNE À AVIGNON.

Valence	97k
Avignon	125
	222

N° 7032. DE SAINT-ÉTIENNE À BAR-LE-DUC.

Lyon	56k
Dijon	193
Bar-le-Duc	201
	450

N° 7033. DE SAINT-ÉTIENNE À BARÉGES.

Le Puy	77k
Rodez	204
Toulouse	155
Tarbes	151
Baréges	57
	644

N° 7034. DE SAINT-ÉTIENNE À BAYONNE.

Le Puy	77k
Rodez	204
Toulouse	155
Bayonne	297
	733

N° 7035. DE SAINT-ÉTIENNE À BEAUVAIS.

Moulins	179k
Paris	342
Beauvais	108
	629

N° 7036. DE SAINT-ÉTIENNE À BELFORT.

Lyon	56k
Belfort	310
	366

N° 7037. DE SAINT-ÉTIENNE À BESANÇON.

Lyon	56k
Besançon	212
	268

N° 7038. DE SAINT-ÉTIENNE À BLOIS.

Moulins	179k
Blois	280
	459

N° 7039. DE SAINT-ÉTIENNE À BORDEAUX.

Le Puy	77k
Rodez	204
Toulouse	155
Bordeaux	251
	687

N° 7040. DE SAINT-ÉTIENNE À BOULOGNE.

Moulins	179k
Paris	342
Boulogne	272
	793

N° 7041. DE SAINT-ÉTIENNE À BOURBONNE.

Lyon	56k
Dijon	193
Bourbonne	108
	357

N° 7042. DE SAINT-ÉTIENNE À BOURG.

Lyon	56k
Bourg	62
	118

N° 7043. DE SAINT-ÉTIENNE À BOURGES.

Moulins	179k
Bourges	109
	288

N° 7044. DE SAINT-ÉTIENNE À BREST.

Moulins	179k
Angers	443
Rennes	125
Brest	245
	992

N° 7045. DE SAINT-ÉTIENNE À BRIANÇON.

Lyon	56k
Grenoble	108
Briançon	119
	283

N° 7046. DE SAINT-ÉTIENNE À CAEN.

Moulins	179k
Paris	342
Caen	239
	760

N° 7047. DE SAINT-ÉTIENNE À CAHORS.

Le Puy	77k
Rodez	204
Cahors	117
	398

N° 7048. DE SAINT-ÉTIENNE À CALAIS.

Moulins	179k
Paris	342
Calais	377
	898

N° 7049. DE SAINT-ÉTIENNE À CAMBRAI.

Moulins	179k
Paris	342
Cambrai	208
	729

N° 7050. DE SAINT-ÉTIENNE à CARCASSONNE.

Le Puy	77k
Montpellier	206
Carcassonne	157
	440

N° 7051. DE SAINT-ÉTIENNE à CETTE.

Le Puy	77k
Montpellier	206
Cette	27
	310

N° 7052. DE SAINT-ÉTIENNE à CHALONS-SUR-MARNE.

Lyon	56k
Dijon	193
Châlons-sur-Marne	229
	478

N° 7053. DE SAINT-ÉTIENNE à CHALON-SUR-SAONE.

Lyon	56k
Chalon-sur-Saône	126
	182

N° 7054. DE SAINT-ÉTIENNE à CHARTRES.

Moulins	179k
Orléans	231
Chartres	73
	483

N° 7055. DE SAINT-ÉTIENNE à CHATEAUROUX.

Moulins	179k
Châteauroux	203
	382

N° 7056. DE SAINT-ÉTIENNE à CHERBOURG.

Moulins	179k
Paris	342
Cherbourg	358
	879

N° 7057. DE SAINT-ÉTIENNE à CLERMONT.

Clermont	168k

N° 7058. DE SAINT-ÉTIENNE à COLMAR.

Lyon	56k
Colmar	390
	446

N° 7059. DE SAINT-ÉTIENNE à COMPIÈGNE.

Moulins	179k
Paris	342
Compiègne	100
	621

N° 7060. DE SAINT-ÉTIENNE à DIGNE.

Valence	97k
Digne	277
	374

N° 7061. DE SAINT-ÉTIENNE à DIJON.

Lyon	56k
Dijon	193
	249

N° 7062. DE SAINT-ÉTIENNE à DOUAI.

Moulins	179k
Paris	342
Douai	241
	762

N° 7063. DE SAINT-ÉTIENNE à DRAGUIGNAN.

Valence	97k
Avignon	125
Draguignan	186
	408

N° 7064. DE SAINT-ÉTIENNE à DUNKERQUE.

Moulins	179k
Paris	342
Dunkerque	356
	877

N° 7065. DE SAINT-ÉTIENNE à ÉPINAL.

Lyon	56k
Besançon	212
Épinal	123
	391

N° 7066. DE SAINT-ÉTIENNE à ÉVREUX.

Moulins	179k
Paris	342
Évreux	108
	629

N° 7067. DE SAINT-ÉTIENNE à LA FÈRE.

Moulins	179k
Paris	342
La Fère	153
	674

N° 7068. DE SAINT-ÉTIENNE à FOIX.

Le Puy	77k
Rodez	204
Toulouse	155
Foix	82
	518

N° 7069. DE SAINT-ÉTIENNE à FONTAINEBLEAU.

Lyon	56k
Fontainebleau	448
	504

N° 7070. DE SAINT-ÉTIENNE à GAP.

Lyon	56k
Grenoble	108
Gap	101
	265

N° 7071. DE SAINT-ÉTIENNE à GIVET.

Lyon	56k
Dijon	193
Châlons-sur-Marne	229
Givet	187
	665

N° 7072. DE SAINT-ÉTIENNE à GRENOBLE.

Lyon	56k
Grenoble	108
	164

N° 7073. DE SAINT-ÉTIENNE à GUÉRET.

Clermont	168k
Guéret	130
	298

N° 7074. DE SAINT-ÉTIENNE à HAGUENAU.

Lyon	56k
Strasbourg	458
Haguenau	29
	543

N° 7075. DE SAINT-ÉTIENNE à LANGRES.

Lyon	56k
Dijon	193
Langres	66
	315

N° 7076. DE SAINT-ÉTIENNE à LAON.

Moulins	179k
Paris	342
Laon	177
	698

N° 7077. DE SAINT-ÉTIENNE à LAVAL.

Moulins	179k
Tours	346
Laval	140
	665

N° 7078. DE SAINT-ÉTIENNE à LILLE.

Moulins	179k
Paris	342
Lille	274
	795

N° 7079. DE SAINT-ÉTIENNE à LIMOGES.

Clermont	168k
Limoges	179
	347

N° 7080. DE SAINT-ÉTIENNE à LONS-LE-SAUNIER.

Lyon	56k
Lons-le-Saunier	124
	180

N° 7081. DE SAINT-ÉTIENNE à LORIENT.

Moulins	179k
Nantes	531
Lorient	164
	874

N° 7082. DE SAINT-ÉTIENNE à LUNÉVILLE.

Lyon	56k
Dijon	193
Lunéville	219
	468

N° 7083. DE SAINT-ÉTIENNE à LYON.

Lyon	56k

N° 7084. DE SAINT-ÉTIENNE à MACON.

Lyon	56k
Mâcon	67
	123

N° 7085. DE SAINT-ÉTIENNE au MANS.

Moulins	179k
Blois	280
Le Mans	108
	567

N° 7086. DE SAINT-ÉTIENNE à MARSEILLE.

Valence	97k
Marseille	245
	342

N° 7087. DE SAINT-ÉTIENNE à MAUBEUGE.

Moulins	179k
Paris	342
Maubeuge	260
	781

N° 7088. DE SAINT-ÉTIENNE à MELUN.

Lyon	56k
Melun	462
	518

N° 7089. DE SAINT-ÉTIENNE à MENDE.

Le Puy	77k
Mende	89
	166

N° 7090. DE SAINT-ÉTIENNE à METZ.

Lyon	56k
Dijon	193
Metz	249
	498

N° 7091. DE SAINT-ÉTIENNE à MÉZIÈRES.

Lyon	56k
Dijon	193
Châlons-sur-Marne	229
Mézières	120
	598

N° 7092. DE SAINT-ÉTIENNE à MONTAUBAN.

Le Puy	77k
Rodez	204
Montauban	130
	411

N° 7093. DE SAINT-ÉTIENNE à MONTBRISON.

Montbrison	55k

N° 7094. DE SAINT-ÉTIENNE à MONT-DE-MARSAN.

Le Puy	77k
Rodez	204
Montauban	130
Auch	83
Mont-de-Marsan	112
	606

N° 7095. DE SAINT-ÉTIENNE à MONTPELLIER.

Le Puy	77k
Montpellier	206
	283

N° 7096. DE SAINT-ÉTIENNE à MOULINS.

Moulins	179k

N° 7097. DE SAINT-ÉTIENNE à NANCY.

Lyon	56k
Dijon	193
Nancy	192
	441

N° 7098. DE SAINT-ÉTIENNE à NANTES.

Moulins	179k
Nantes	531
	710

N° 7099. DE SAINT-ÉTIENNE à NAPOLÉON-VENDÉE.

Moulins	179k
Saumur	410
Napoléon-Vendée	133
	722

N° 7100. DE SAINT-ÉTIENNE à NEVERS.

Moulins	179k
Nevers	53
	232

N° 7101. DE SAINT-ÉTIENNE à NIMES.

Le Puy	77k
Nimes	178
	255

N° 7102. DE SAINT-ÉTIENNE à NIORT.

Clermont	168k
Limoges	179
Niort	162
	509

N° 7103. DE SAINT-ÉTIENNE à ORLÉANS.

Moulins	179k
Orléans	231
	410

N° 7104. DE SAINT-ÉTIENNE à PARIS.

Moulins	179k
Paris	342
	521

N° 7105. DE SAINT-ÉTIENNE à PAU.

Le Puy	77k
Rodez	204
Montauban	130
Pau	194
	605

N° 7106. DE SAINT-ÉTIENNE à PÉRIGUEUX.

Clermont	168k
Tulle	143
Périgueux	102
	413

N° 7107. DE SAINT-ÉTIENNE à PERPIGNAN.

Le Puy	77k
Montpellier	206
Perpignan	161
	444

N° 7108. DE SAINT-ÉTIENNE à POITIERS.

Moulins	179k
Poitiers	303
	482

N° 7109. DE SAINT-ÉTIENNE à PRIVAS.

Valence	97k
Privas	39
	136

N° 7110. DE SAINT-ÉTIENNE au PUY.

Le Puy	77k

N° 7111. DE SAINT-ÉTIENNE à QUIMPER.

Moulins	179k
Nantes	531
Quimper	231
	941

N° 7112. DE SAINT-ÉTIENNE à RENNES.

Moulins	179k
Angers	443
Rennes	125
	747

N° 7113. DE SAINT-ÉTIENNE à ROCHEFORT.

Clermont	168k
Limoges	179
Angoulême	103
Rochefort	109
	559

N° 7114. DE SAINT-ÉTIENNE à LA ROCHELLE.

Clermont	168k
Limoges	179
Angoulême	103
La Rochelle	125
	575

N° 7115. DE SAINT-ÉTIENNE à RODEZ.

Le Puy	77k
Rodez	204
	281

N° 7116. DE SAINT-ÉTIENNE à ROUEN.

Moulins	179k
Paris	342
Rouen	140
	661

N° 7117. DE SAINT-ÉTIENNE à SAINT-BRIEUC.

Moulins	179k
Angers	443
Rennes	125
Saint-Brieuc	100
	847

N° 7118. DE SAINT-ÉTIENNE à SAINT-GERMAIN.

Moulins	179k
Paris	342
Saint-Germain	23
	544

N° 7119. DE SAINT-ÉTIENNE à ST-LO.

Moulins	179k
Paris	342
Saint-Lô	300
	821

N° 7120. DE SAINT-ÉTIENNE à SAINT-OMER.

Moulins	179k
Paris	342
Saint-Omer	336
	857

N° 7121. DE SAINT-ÉTIENNE à SARREGUEMINES.

Lyon	56k
Dijon	193
Metz	249
Sarreguemines	76
	574

N° 7122. DE SAINT-ÉTIENNE à SAUMUR.

Moulins	179k
Saumur	410
	589

N° 7123. DE SAINT-ÉTIENNE à SCHELESTADT.

Lyon	56k
Schelestadt	413
	469

N° 7124. DE SAINT-ÉTIENNE à STRASBOURG.

Lyon	56k
Strasbourg	458
	514

N° 7125. DE SAINT-ÉTIENNE à TARBES.

Le Puy	77k
Rodez	204
Montauban	130
Tarbes	157
	568

N° 7126. DE SAINT-ÉTIENNE à THIONVILLE.

Lyon	56k
Dijon	193
Metz	249
Thionville	26
	524

N° 7127. DE SAINT-ÉTIENNE à TOULON.

Valence	97k
Marseille	245
Toulon	60
	402

N° 7128. DE SAINT-ÉTIENNE à TOULOUSE.

Le Puy	77k
Rodez	204
Toulouse	155
	436

N° 7129. DE SAINT-ÉTIENNE à TOURS.

Moulins	179k
Tours	346
	525

N° 7130. DE SAINT-ÉTIENNE à TROYES.

Lyon	56k
Troyes	343
	399

N° 7131. DE SAINT-ÉTIENNE à TULLE.

Clermont	168k
Tulle	143
	311

N° 7132. DE SAINT-ÉTIENNE à VALENCE.

Valence	97k

N° 7133. DE SAINT-ÉTIENNE à VALENCIENNES.

Moulins	179k
Paris	342
Valenciennes	277
	798

N° 7134. DE SAINT-ÉTIENNE à VANNES.

Moulins	179k
Nantes	531
Vannes	108
	818

N° 7135. DE SAINT-ÉTIENNE à VERDUN.

Lyon	56k
Dijon	193
Verdun	239
	488

N° 7136. DE SAINT-ÉTIENNE à VERNON.

Moulins	179k
Paris	342
Vernon	80
	601

N° 7137. DE SAINT-ÉTIENNE à VERSAILLES.

Moulins	179k
Paris	342
Versailles	17
	538

N° 7138. DE SAINT-ÉTIENNE à VESOUL.

Lyon	56k
Besançon	212
Vesoul	47
	315

Pour ampliation :

Le Conseiller d'État Directeur de l'Administration,

DARRICAU.

VU ET APPROUVÉ :

Paris, le 24 novembre 1855.

Le Maréchal de France Ministre Secrétaire d'État de la Guerre,

Signé VAILLANT.

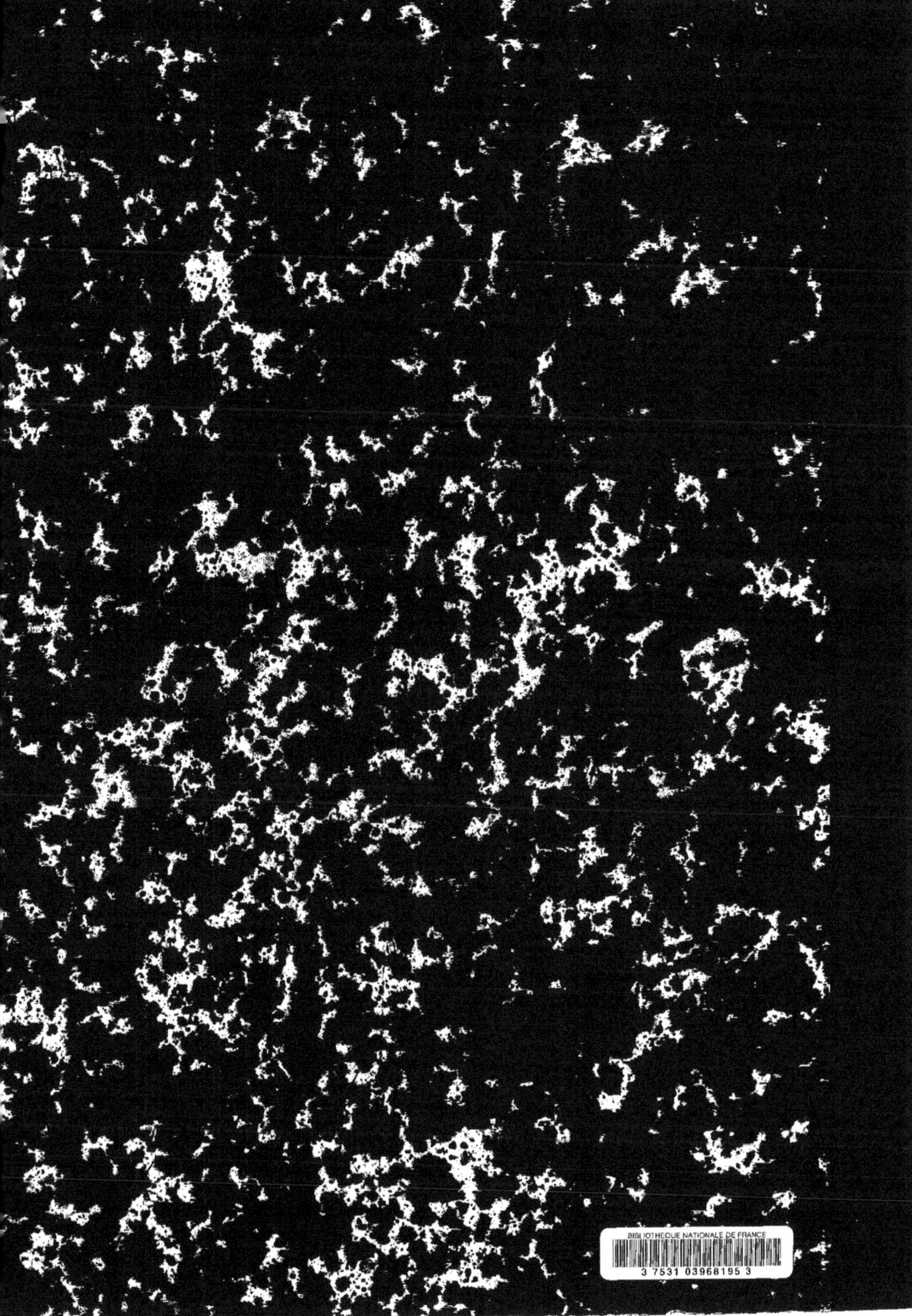

www.ingramcontent.com/pod-product-compliance
Ingram Content Group UK Ltd.
Pitfield, Milton Keynes, MK11 3LW, UK
UKHW020111200726
13856UKWH00002B/495